中国社会科学院　学者文选

尹 达 集

中国社会科学院科研局组织编选

中国社会科学出版社

图书在版编目(CIP)数据

尹达集／中国社会科学院科研局组织编选. —北京：中国社会科学出版社，2006.6（2018.8 重印）
（中国社会科学院学者文选）
ISBN 978-7-5004-5649-0

Ⅰ.①尹…　Ⅱ.①中…　Ⅲ.①尹达—文集②考古学—文集
Ⅳ.①K85-53

中国版本图书馆 CIP 数据核字（2006）第 039365 号

出 版 人	赵剑英
责任编辑	冯广裕
责任校对	尹　力
责任印制	郝美娜

出　　版	中国社会科学出版社
社　　址	北京鼓楼西大街甲 158 号
邮　　编	100720
网　　址	http：//www.csspw.cn
发 行 部	010-84083685
门 市 部	010-84029450
经　　销	新华书店及其他书店

印刷装订	北京市十月印刷有限公司
版　　次	2006 年 6 月第 1 版
印　　次	2018 年 8 月第 2 次印刷

开　　本	880×1230　1/32
印　　张	14.75
字　　数	353 千字
定　　价	79.00 元

凡购买中国社会科学出版社图书，如有质量问题请与本社营销中心联系调换
电话：010-84083683
版权所有　侵权必究

出版说明

一、《中国社会科学院学者文选》是根据李铁映院长的倡议和院务会议的决定，由科研局组织编选的大型学术性丛书。它的出版，旨在积累本院学者的重要学术成果，展示他们具有代表性的学术成就。

二、《文选》的作者都是中国社会科学院具有正高级专业技术职称的资深专家、学者。他们在长期的学术生涯中，对于人文社会科学的发展做出了贡献。

三、《文选》中所收学术论文，以作者在社科院工作期间的作品为主，同时也兼顾了作者在院外工作期间的代表作；对少数在建国前成名的学者，文章选收的时间范围更宽。

中国社会科学院
科研局
1999 年 11 月 14 日

目　录

衷心的愿望（代序）
　　——为《史前研究》的创刊而作 ………………………（1）

河南浚县大赉店史前遗址 …………………………………（7）
龙山文化与仰韶文化之分析
　　——论安特生在中国新石器时代分期问题中的错误
　　………………………………………………………（28）
中国新石器时代 ……………………………………………（56）
关于开展考古工作的建议 …………………………………（128）
四年来中国考古工作中的新收获 …………………………（138）
关于赤峰红山后的新石器时代遗址 ………………………（146）
论我国新石器时代的考古研究工作 ………………………（149）
论中国新石器时代的分期问题
　　——关于安特生中国新石器时代分期理论的分析 ……（155）
关于"硬陶文化"的问题 …………………………………（173）
新石器时代研究的回顾与展望 ……………………………（176）

中华民族及其文化之起源 ……………………………（245）
关于殷商社会性质争论中的几个重要问题 ………（263）
关于殷商史料问题 …………………………………（283）
怎样学习祖国的历史 ………………………………（301）
改进历史科学的研究工作
　　——为毛泽东同志发表《改造我们的学习》
　　　十五周年纪念而作 ………………………（309）
中缅文化的交流 ……………………………………（317）
坚持用马克思主义指导社会科学研究
　　——在河南省社联第二次代表大会上的讲话 …（329）
关于史学研究中的几个问题
　　——在郑州大学历史系的学术报告 …………（339）
从考古到史学研究的几点体会
　　——1982年4月22日在母校河南师大的谈话 …（350）
马克思主义与中国历史学的发展 …………………（361）

郭沫若与古代社会研究 ……………………………（381）
悼念梁思永先生 ……………………………………（398）
悼嵇文甫同志 ………………………………………（404）
深切怀念马克思主义史学家尚钺同志 ……………（409）
《甲骨文合集》前言 ………………………………（415）
《中国新石器时代》后记 …………………………（421）
《新石器时代》再版后记 …………………………（425）

附录一　照林与侯家庄1001大墓 ………… 石璋如（434）
附录二　刘燿先生考古的五大贡献 ………… 石璋如（441）

作者论著目录 …………………………………………（448）
作者生平年表 …………………………………………（452）
编者后记 ………………………………………………（460）

衷心的愿望(代序)

——为《史前研究》的创刊而作*

　　一个半世纪前,对于有文字记载以前的社会组织"社会的史前状态"几乎完全没有人知道。

　　马克思、恩格斯在世的时候,曾经注视着在俄国发现的土地公有制,注视着这种历史发展的原始形态。他们对于摩尔根的《古代社会》一书给予高度评价。恩格斯说:

摩尔根发现了氏族的真正本质及其对部落的关系,这一卓绝发现把这种原始共产主义社会的内部组织的典型形式揭示出来了。随着这种原始公社的解体,社会开始分裂为各个独特的、终于彼此对立的阶级。①

在《家庭、私有制和国家的起源》一书的序言里,还说:

摩尔根的伟大功绩,就在于他在主要特点上发现和恢复了我们成文历史的这种史前的基础,并且在北美印第安人的血族团体中找到了一把解开古代希腊、罗马和德意志历史上

---

* 刊载于《史前研究》1983年创刊号。《史前研究》系由西安半坡博物馆与陕西省考古研究所共同主办的学术期刊。——编者

① 恩格斯在《共产党宣言》1888年英文版上加的注。

那些极为重要而至今尚未解决的哑谜的钥匙。①

这里，我所以引用恩格斯的原话，是想说明在原始社会历史的研究中，首先是由马克思主义者肯定了摩尔根的重大发现，肯定了"他给原始历史研究所建立的系统"。摩尔根的重要著作出版之后，原始社会历史的资料，已经大为丰富起来了。他的某些假说或者已经动摇，或者已被推翻。但正如恩格斯所说："在基本要点上，迄今仍是有效的。"而"卡尔·马克思曾打算联系他的唯物主义的历史研究所得出的结论来阐述摩尔根的研究成果，并且只是这样来阐明这些成果的全部意义"②。

恩格斯自己所以写《家庭、私有制和国家的起源》，"在某种程度上是执行（马克思）遗言"。在这部著作里，他科学地分析了人类早期的社会历史的发展阶段，从而揭示了原始公社的解体、阶级社会形成的过程，阐明了阶级社会的特征，弄清了家庭关系在不同社会经济发展过程中的特点，剖析了国家的起源及其实质，说明了国家将随着没有阶级的共产主义社会的彻底胜利而消亡的历史必然。

这表明，关于原始社会历史的探讨，已作为马克思主义理论整个体系中的一个组成部分，从而它也就成为马克思主义历史学家的一个必不可少的重要课题了。

在我国，原始社会历史的研究，虽说已有半个世纪的历史，但是，真正开展起来，却是解放之后的事。

20年代末，郭沫若同志在马克思主义的唯物史观指导下，用当时所可能掌握的资料，探讨祖国的原始社会的历史，写出了《中国古代社会研究》。这在我国马克思主义历史学的发展中，

---

① 恩格斯：《家庭、私有制和国家的起源》，人民出版社1972年版，第4页。
② 恩格斯：《家庭、私有制和国家的起源》，人民出版社1972年版，第3页。

产生了相当大的影响。当时，郭沫若同志是在极端艰苦的环境中，在极端困难的条件下，以高度的革命热情和充沛斗志奋笔疾书，写出这样具有划时代意义的巨著。

在这部著作之后，他长期关怀着我国古代社会研究工作的进展。他自己，也在继续进行深入的探索，对一些过去的论证一再加以检讨，从而对我国古代社会的看法有了一定的发展和变化。他曾热情地在期待着新资料的发见，期待着有关问题的早日解决。他说：

> 地下发掘的材料每每是决定问题的关键。在目前进行着大规模经济建设的伟大时期中，被封锁在地下的图书馆与博物馆不断地开放，古代资料也源源不绝地出土。研究成果趋于一致的可能性逐渐增长了。我怀着欢欣鼓舞的心情，期待着史学界的研究工作会蓬蓬勃勃开展起来，并期待着我自己的错误会有彻底清算干净的一天。[①]

郭沫若同志在1953年为《中国古代社会研究》新版写的《引言》里所说的这段话，距今已经快三十年了。

这三十年，我国的考古学和民族学都随着社会主义建设的发展"蓬蓬勃勃"地开展起来。就中虽说曾经遭受过这样那样的干扰和破坏，但是，粉碎林彪、江青反革命集团之后，在党中央的领导下，这些学科又逐步得到迅速的恢复和进一步的发展。

三十年来的史前考古的成绩是很大的。从旧石器时代到新石器时代，从南到北，从东到西，在祖国大地发现了极为丰富的遗迹遗物。这正是一部真实可靠的祖国人民的社会生活实践所留下的极为珍贵的"无字地书"。千百万年来，祖国历史的创造者在这里曾经一代一代地艰苦奋斗，把他们生活中的吃穿用各个方面辛

---

① 郭沫若：《中国古代社会研究》，1953年新版引言。

勤劳动所创造的实在的具体内容陆陆续续遗留在大地之下，随着时代的推移，这部用社会劳动实践所写下的史书，按照历史前进的程度，透过遗迹遗物的层层堆积，像课本一样，一页页真实地展示在我们的面前。这样，祖国有文字记载以前的社会历史的面貌就会再现于世，应当说，这是历史科学中的一件极大的好事。

但是，极其丰富的遗迹遗物，只有通过史前考古学家的认真整理，经过各个有关学科的密切配合，才能够逐步把真实的社会历史的丰富内容翻译成为可读的史书。因此，我热切地希望史前考古工作者，在思想深处要念念不忘这样一个史前考古的最终目的。否则，就会在田野考古中、在考古方面探索中或在发掘报告中，把可能反映着"社会生活"性质的一些值得重视的现象忽略了。

1956年在毛泽东同志的倡议下，我国的民族学得到了空前的发展，组织了大规模的民族调查，写出了大量的调查报告，编写了各种有关祖国少数民族的论文和专著。我们的祖国是一个多民族的国家，是许多少数民族和汉族的祖先共同缔造的国家，汉族本身就是祖国大地上的一些部族及民族逐步融合而成的。在我们广大的国土上，各个民族的经济发展极不平衡，社会组织也有相当差异。从祖国社会的横剖面看，可以发现从原始社会到封建社会发展过程各个阶段的迹象。这样丰富的活生生的民族调查资料，对原始社会乃至阶级社会形成过程的探索都是极其珍贵的材料。这是祖先留给我们的一份宝贵的科学财富，应当充分发挥它在历史科学中的作用。

我国是世界上历史学发展很早的国家之一，在社会历史发展过程中，部落与部落间、氏族与氏族间在相互交往中，从社会生活到社会组织都必然会相互影响。部落或氏族对本族的历史在没有文字记载之前，往往以讲故事的方式，经过口头的传授，用以教育他们的后代。到了春秋战国时期，这些从奴隶社会转向封建社会的阶段各国相传的古代的种种历史性的故事，就成了当时的奴隶主乃至地主阶级运用来作为政治活动的历史依据和理论根据。经过纷繁的相互交往，以及各个部族间的长期分化与融合的状态，使得古代历史传说也相应地出现了不同体系和不同说法。在诸子百家中的相互抵触的古史体系。正是这种历史现象的反映。儒家思想逐渐形成为封建时期的统治思想之后，远古的历史经过儒家逐步改造，就出现了所谓三皇五帝的体系了。毫无疑问，夏曾佑先生把这一段历史看作"传疑时代"是很有道理的。顾颉刚先生认为这是神话性质的"伪古史"，进一步把这种歪曲了的我国古代社会的本质戳穿了。但是，我国古代社会的传说里究竟是否全属伪造？在这些疑说纷纭、似是而非的神话般的古史传说中是否有真正的社会历史的素地？我们能不能因此而对祖国的远古社会采取虚无主义的态度？这就成为值得我们深思的重要问题。

三十年来的考古学和民族学的发展，充分说明在我国有文字记载的历史之前，确实存在着我们的祖宗在这里劳动实践所遗留的社会史迹。

从民族调查中发现有些"传疑时代"的神话传说，还在一些少数民族间流传着，还在作为历史故事保留在一些少数民族的心里。

从考古发掘中还发现了和"传疑时代"的某些部族里的可能有相当关系的各种不同的新石器时代的文化类型。从地望上，从绝对年代上，从不同文化遗存的差异上，都可以充分证明这些神话的传说自有真正的史实素地，切不可一概抹煞。

我国的历史学可以说"得天独厚"，祖先给我们留下这样丰富的历史学的遗产，我们千万不要像"言必称希腊，闭口不谈中国"那样的学人，把它放冷了。我热切地希望着我们史前考古学者、民族学者、古史学者密切配合，从各个学科的角度深入探索下去，使祖国有文字以前的社会历史的本来面貌再现于世。这对祖国历史学将是一件重大的贡献。

《史前研究》的创刊是史学界的一件大事。我深信通过它一定能够把史前考古、民族学、历史学以及各个有关学科的学者们密切地联结起来，团结一致，从各个学科的各个角度进行实事求是地具体探索，推进史前社会历史这一领域的研究工作，使我国的没有文字记载下来的这段历史成为用现代语言写出的"中国古代社会"的科学著作来。

我虽说曾经学过新石器时代考古学，但由于工作的关系，时间精力都不容许我作进一步的探讨，现在实际上已成为这个学科业余爱好者了。写这篇文章时，因视力减退，力不从心，也不得不一度中断下来。本来想去找裴文中同志商谈一番，然后再继续写下去。但因为他正在病中，不便打扰他。不幸的是，就在数日之后我却接到了他去世的噩耗。我失去了这位学术上的诤友，悲痛无已；回忆起多年的深厚友情，更增加了无限的怀念。"北京人"的发见人——裴文中同志，不愧为我国"史前学"的一位拓荒者。这里，请允许我怀着沉重的心情，借《史前研究》的创刊，表示对文中同志的深切悼念。

1982 年 12 月 2 日

河南浚县大赉店史前遗址[*]

一　遗址

二　发掘

三　地层与文化层

四　文化遗存

五　结语

一　遗址

这史前遗址在大赉店南门外约半里的地方，在浚县的正西，离县城约有六十余里（插图十二、十三）。它较高于此处普通的地面，据本地人说，在水患来临的时候，附近的人们多避难于其上。西边紧靠着淇河，往西一里许便是平汉铁路（插图十三）。它的西部被河水冲刷成绝壁似的断崖；南部形成较广的斜坡；东部为一个南北路沟毁去了不少；北部也断断续续的被毁灭了许多（图版一）。仅就这残余的部分去看，也算得上伟大了；它南北

---

[*] 刊载于《田野考古报告》第一册（1936年），署名刘燿。——编者

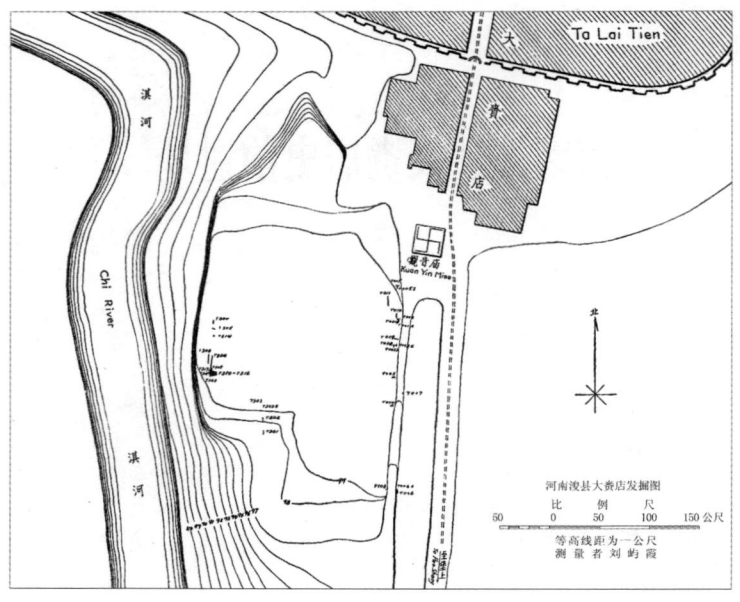

图版一

长约400多公尺，东西宽约300多公尺。在地面上见不到许多的陶片；但是那南北路沟却给我们不少的方便，在那里我们见到了酷似安阳后冈的"白灰面"和龙山式之黑而薄的陶片。在西南斜坡中发见了仰韶式之红色和带彩的陶片。这是二十一年（1932）春季第一次发掘浚县辛村时所发见的遗址；当于此季邀我前往开掘。

二　发掘

在未开工之前，我预先作个概然的计划，便将这整个的遗址分作东区、西区和中区三部分。东区是大赉店南门外之南北路沟的东西两岸；西区是沿着淇河的东岸；中区是东西两区之间的部分。我以 T001 至 T100 坑作为东区的坑名；以 T101 至 T300 坑作为中区的坑名；以 T301 至 T400 坑作为西区的坑名。预计着这四百多坑的开掘想能将这遗址中的遗存较详细的呈现出来。（插图一）

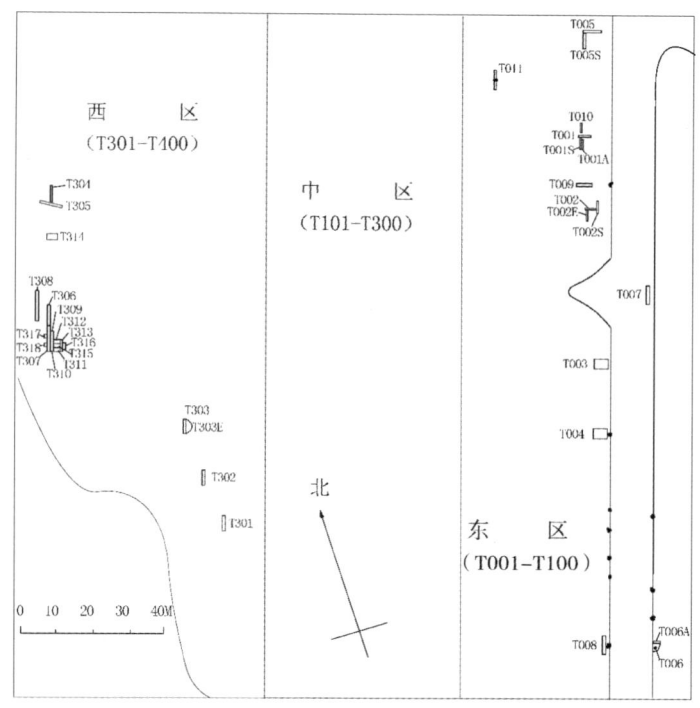

插图一　大赉店史前遗址发掘坑位及灰面分布图
● 发现白灰面处

我们根据着这计划，散布开所有的工人，沿着南北路沟的两岸开始挖掘，后来分出少数的工人到西部挖掘含有仰韶式陶片的地方。东区南部发现了后冈式的"白灰面"，路沟两岸有黑陶文化的土层，上面有一层灰陶文化遗物堆积着。西区发现了彩陶文化和黑陶文化的遗存。预计着在东区和西区得到相当的线索之后，再向中区进展；但是到那时麦子渐渐黄了，农民的生活也紧张了，我们不得不舍此伟大的遗址而去。

　　自 5 月 5 日至 5 月 22 日是我们的工作期，除掉星期和下雨，实际工作的日子只有 14 天。工作人员最初只有我一个人，后来王湘先生在西区作过一天，吴金鼎先生在西区作过六天。工人每天平均都有 26 个。在东区开了 17 个坑，深度约为 2—8 公尺；西区开有 19 个坑，深度较东区的浅些，约为 1—3 公尺。总计发掘的面积约有 230 方公尺；体积约有 340 立方公尺。

　　在这极短时间内，以极少的工作人员作这个伟大的遗址，自然不能将它整个的呈现出来；但是就此次发掘中所得到的知识，已经够我们去估计其文化遗存的概况了。

三　地层与文化层

　　这遗址的地层和其所含有之文化遗物的关系，似乎颇为复杂。东区和西区显然的是两种不同的现象。在东部农耕土以下是一层黄灰土，黄灰土之下是灰土；西部则松灰土和红褐土相间的存在着。东部的黄灰土里含有灰色绳纹的陶片，灰土里有龙山式的黑陶；西部的松灰土里含有龙山式的黑陶，红褐土里是仰韶式的陶片。为着进一步的去了解这整个遗址堆积的情形，现在分别详述这两区文化层的特性。

　　东区——足以代表其文化层的特性的有 T001 和 T010 两坑。

其中大致的含有三种不同的文化遗物，在不同的土层里堆积着。现在将这两坑综合起来，表述于下：

表一　　　　T001 与 T010 坑土层与文化遗物之关系

深　度	土　层	遗　物	特　征
0—0.4	地面层		
0.4—2.0	黄灰土	绳纹陶片、豆柄、近代瓦	灰色
2.0—3.5	灰土或深灰土	篮纹罐、黑光有耳盖、碗、甑；骨锥；蚌刀等	黑光者多（龙山式）
3.5—4.2	胶褐土	陶钵、陶鼎、圈口瓶	红而亮者最多（仰韶式）

这里使我们知道了黑陶文化和彩陶文化在东区之纵的分布情形。在黑陶文化的上层有近代的瓦和绳纹灰陶混在一起。自然这堆积的情形不是那样的整齐；但是相压而成的现象，始终没有跑出上述的次序。为纠正这过于整齐的观念计，我们将两坑的坑层图披露于下（插图二）：

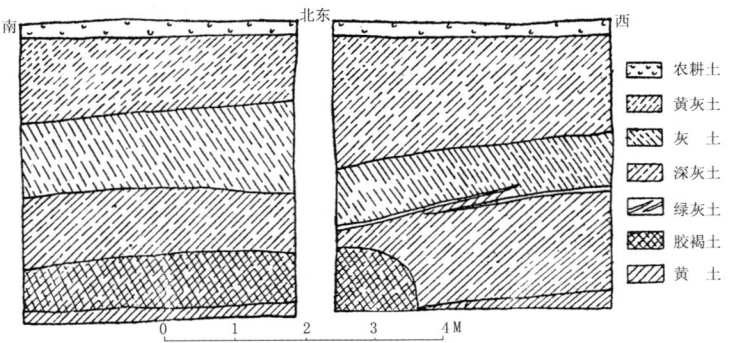

插图二　　T010 西壁与 T001 北壁之纵剖面

西区——可以代表西区文化层的特性的坑有四个 T306、T313、T311 和 T312 坑。因为是两期文化遗物相间的堆积，所以其上层最易混乱。现在将四个坑综合在一起，对于其土层和文化遗物的关系可以得到如下的观念：

表二　　　　　　　西区文化遗物与土层之关系

深　　度	遗物及特征	
0—0.4	地面层	
0.4—1.0	龙山与仰韶式遗物杂置	
1.0—2.0	红褐土：仰韶式陶片；未经细磨之石器	深灰土：龙山式陶片；经过细磨之石器

这是西区文化层的特性，土层亦不同于东区。下面将其代表坑中的三个加以联合，以表现其地下堆积的实况（插图三）：

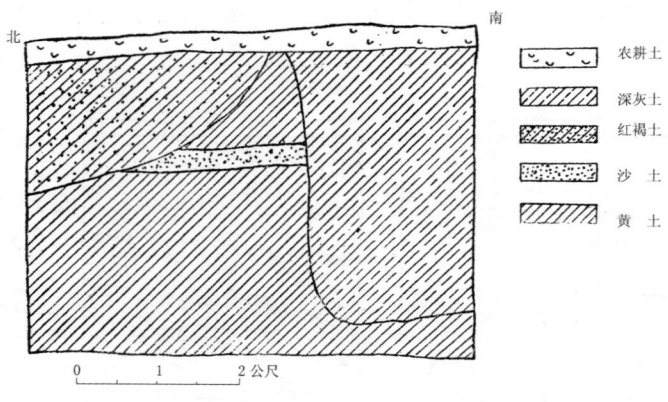

插图三　T315 东壁与 T311 及 T312 之关系

现在我们知道了黑陶文化和彩陶文化在东西两区之纵分布的

区别；再从这分布的区别上我们也许能找到相当的线索去解决整个遗址之堆积的问题。不过因为我们发掘的时间太短促了，所以有许多问题还没有得到最后的解决。例如西区的黑陶文化层是否堆积在彩陶文化层上面的疑问，我们还没有得到很清楚的事实去解答。不过西区的文化层较东区的文化层浅许多，所以这疑问决不致影响了我们对于遗址堆积现象所推测到的结论。

为什么西区的文化层较浅于东区的文化层；为什么东区的彩陶文化遗存蕴藏在堆积层的深处，而西区的彩陶文化遗存却与黑陶文化遗存平面的相间的分布着？这些都是急待解决的问题。

前面我们说过，这遗址的西部被河水冲去了不少，在这一点上我们现在要加以特别的检讨。淇河东流到大赉店的西南，突然折了一个陡湾转向正南流去。在山洪暴发的时候，急流至此，自然要加以有力的碰击与冲刷，结果便使这段河床渐渐的向东移动。这段河床的西岸形成了极大的斜坡，而东岸俨若断崖绝壁，便是冲刷作用之有力的实证（插图四）。

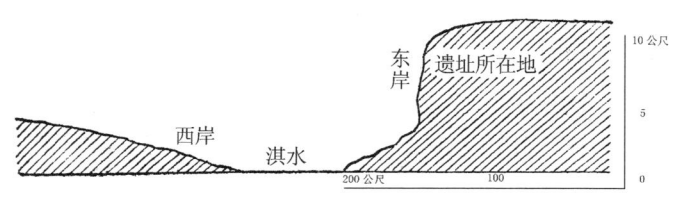

插图四　淇河在大赉店转弯处纵剖面图

合观各期遗存在遗址上平面的分布与河床移动的情形，我们对于这遗址的堆积过程得到以下的结论。当彩陶时期的人们占据着这遗址的时候，河床还在现在淇水的西边，所以那时的人们居住的中心地带偏向遗址的西部。在彩陶时期的人们走了之后，黑陶文化的人们来到之前，河床已向东有了相当的移动。所以黑陶时期的人们的居住中心不得不偏向遗址的东部。至于黑陶文化层之比较深厚占面积比较广大，大概是因为居住的时间较长或居住的人口较多的原故。

由以上的现象所给予我们的启示，知道这遗址经过了彩陶时期、黑陶时期和灰陶时期才堆积成功。后来这遗址的一部分曾经作过葬地。现在除中央仍为葬地外，其余的都化作农田了。

四 文化遗存

这遗址的堆积情形我们已知道上层是灰陶遗存，中层是黑陶文化，下层是彩陶文化的遗存。现在按照考古学上的原则，将这遗址的层位关系倒转过来，自下而上的加以鸟瞰的叙述，藉以明了其历史的演化的过程。

甲、彩陶文化层的遗存

关于彩陶时期的文化遗存我们得到的很少，建筑的遗迹更少。兹分遗迹、遗物两类述之于下：

子、遗迹

我们没有找到一个完整的居住遗迹，不过在红褐土的文化层里常时见到烧成淡红色的烧土块。它通常有一个平面，有时平面上带有席纹印。在河南的广武曾发见过被烧过的竖穴，它们的底部和立壁都是平面的烧土，和我们在大赉店所见的这些烧土块相同[①]。我疑心这遗址的彩陶时期或许也会有被烧过的竖穴。

---

① 二十三年春季郭宝钧先生在河南西部广武县西北的陈沟和青台都发见了长方形的烧土竖穴。长约4.0公尺余，宽约3.0公尺余，色质颇似未烧成之红砖。四周尚有立壁，高者约0.3公尺余。其平面当似 ⌐ ¬ 形，剖面当似 ⌊ ⌋ 形。里面遗存着彩陶时期的物品，带彩绘的陶片的纹饰颇似河南渑池仰韶村所出的陶彩。

丑、遗物

（一）带彩的陶片　这样的陶片只有王湘先生在遗址的西南下坡地面上所检得一块。作风和我们在西部所见的仰韶式陶片一样，所以我将它放置在这里。淡红色的地，上面画有红色的纹，花纹很简单，只是几条平行线的排列。和后冈彩陶期的花纹颇相似（梁思永先生：《后冈发掘小记》图版三）。这残片是没有口部和底部的腹片。

（二）陶器　完整的陶器我们只得到一个钵（插图五：甲）其余都是些碎片。从这些碎陶片上我们知道这期陶器的样式很简单。最多的是大小不同的钵，它们只是口部有点变化，大体上并没有特别的不同。（插图五：乙）其次是陶鼎，虽说没有找到一件完整的，但是拿所得碎片和后冈彩陶时期的鼎比较一下，就知道它们是鼎的口部、足部或腹部的残片。圈口瓶的口部也有。其余尚有几种不能辨认器形的碎片。钵和瓶都是深红色，光泽异常，质较陶鼎为细。鼎为淡红色，砂质。

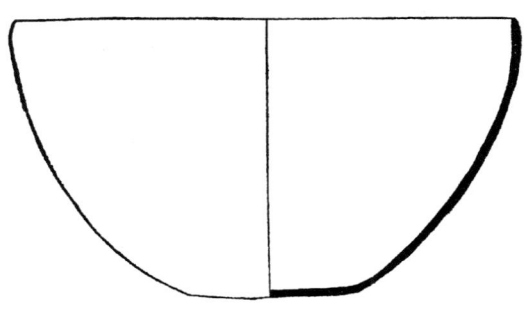

插图五甲　陶钵及其剖面（三分之一）

（三）石器　共得 12 件。大部分没有经过仔细的磨工，都是些粗糙且未加修饰的东西。其中只有一件有磨成的平面；但残

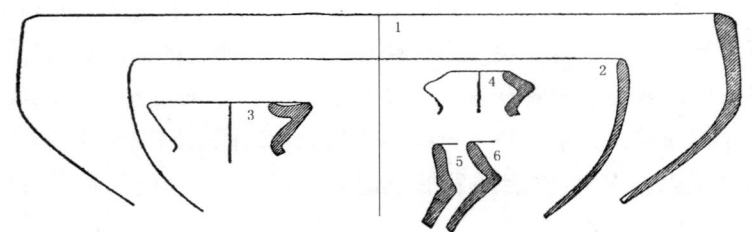

插图五乙 1，2 仰韶文化的陶钵口部；3，4 陶瓶口部；5，6 陶鼎口部残片

缺得太狠了，不能知道它的用途。其中较大的三件石器，都是三面有打制的刃，最大者长约 19 公分，宽约 20 公分，厚约 25 公厘（插图六）。其余 8 件都像是雏形的斧刀之类的器物。质料方面只有石灰岩和版岩两种。

乙、黑陶文化层的遗存

我们发掘所得的黑陶文化遗存尚不算少，遗迹有"白灰面"和袋形穴的发见，遗物有陶、石、骨、蚌等类。特分述于下：

子、遗迹

（一）白灰面 我们挖掘出来的灰面有两个：一个在 T006 坑发见，一个在 T011 坑发见。现在以 T006 坑的一面作材料，以说明其形制与构造。

这白灰面（插图七）的形状和构造差不多和后冈所见的完全相同。它是一个圆形的平面，周线不甚整齐。圆面"甲"的中部有小圆面乙。乙面也不是正圆形，但周线比较整齐些。由现存的部分推测，它在甲面上的位置略偏西北。全灰面的倾斜度是西北高东南低。乙面黑而光，有裂纹，显明是在泥土未干时打磨过的。表面的硬黑层似曾受过了极大的火力，厚约在 2 公分左

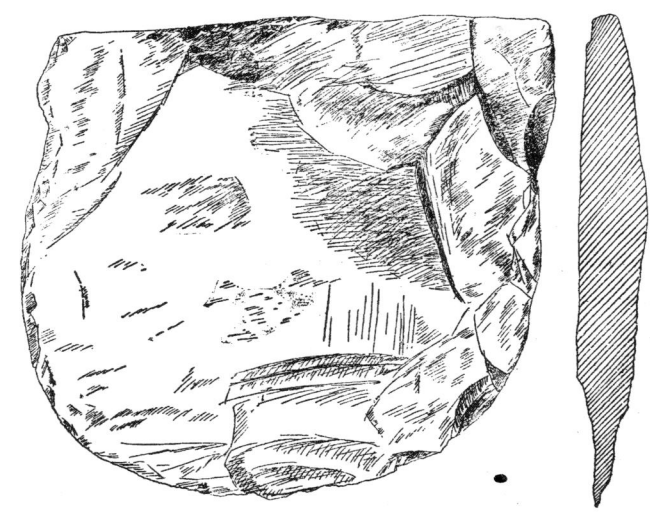

插图六　版岩石器（二分之一）

右。硬黑层下是一层烧土，厚约 9 公分；它上部的中央是褐色，向外则渐渐由褐而红，由红而棕而黄了。质纯无杂物，似近代未烧成之砖。甲面的表面有白色灰皮一层，厚在 3 公厘左右，质极坚硬，但亦易破裂。灰皮我们没有化验，不能确定是用什么原料制成的。在白灰皮的一面是厚约 9 公分的草拌泥。草拌泥是涂在微带红色的褐土上的。红褐土里发现了仰韶式的陶片。甲乙两面的交界处，甲面的灰皮斜折而下，约 6 公分，包围着乙面下部。甲面的南部有 5 公寸向外突出的灰皮，宽约 9 公寸；这部分好像是灰面的出入的口。

根据灰面的结构我们可以推测出它的建筑的程序：

（A）先就彩陶文化遗址上掘一圆坑，使坑底呈平面；

（B）摊草拌泥于圆坑之平底上，使成平面；及其将干时在

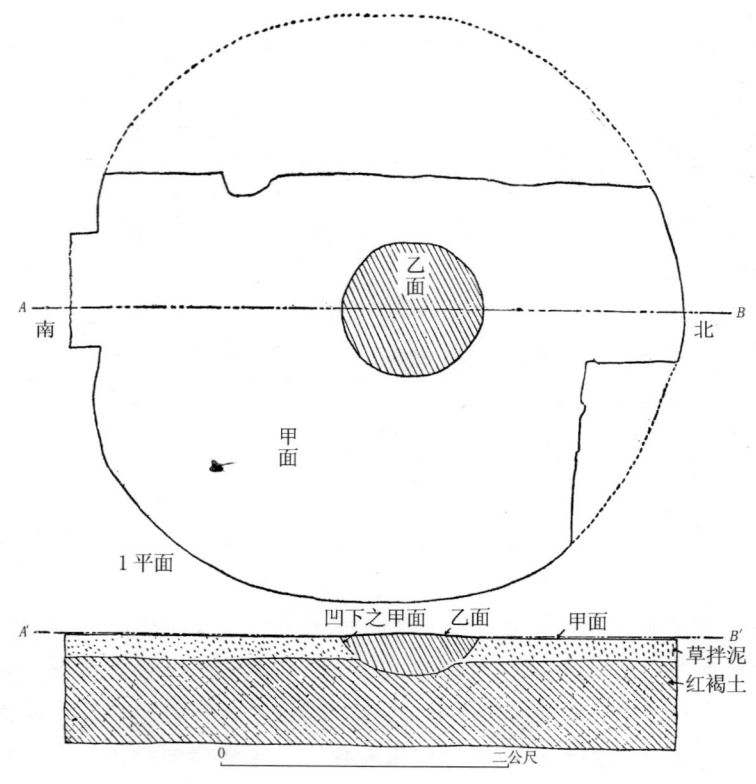

插图七　大赉店史前遗址的白灰面

中央挖一小坑，如釜状；

（C）然后以白灰泥自中央釜状坑起向外泥涂，于将干时加以打磨手续；

（D）灰皮干后于中央釜状坑中填以胶泥，制成龟背形的凸面；

（E）将中央的胶泥面于半干时加打磨，干而后止；

（F）建筑完成后，在中央的胶泥面上（即乙面）曾经过火力，渐渐的坚硬了，再经火力，便有了裂纹。

白灰面的上面是黑陶文化的遗物，下面是彩陶期的文化遗物。这现象适足证明它是黑陶期的遗存。

大赉店和后冈的白灰面同样都没有找到周围竖立的痕迹，所以对于它们的用途终于没有得到正确的解答。二十三年（1934）冬季，徐旭生先生在陕西宝鸡县的斗鸡台发见了和这些白灰面几乎完全相同的遗迹①。它有1公尺多的立壁，上面也涂有极薄的灰皮。因此我们知道大赉店和后冈的白灰面当为竖穴底部的残余，中央烧土面（即乙面）是当时的人们烧饭的地方。这两处的遗址都在河水近岸，且都在大平原的农田里，很容易被河水或人力将灰面竖穴的立壁毁坏。

（二）竖穴　在T004坑里发见比较规则的竖穴一处。上口离现在地面约1.9公尺，口径1.7公尺，底径2.0公尺，深约1.0公尺，纵剖面作袋形（插图八，插图一）。用途不明。穴中所出的都是黑陶时期的陶片，如篮纹竖鼻的罐、平底直壁的黑陶盆、圈足盘之类。

安特生（J. G. Andersson）在仰韶村（河南渑池）发见过和这样相似的袋形穴。他据哈同（Hooton）的意见，以为是贮藏五谷或其他品物所用的穴窖②。

---

① 二十四年春在北平得晤徐旭生先生，当时以在陕西所见的灰面竖穴告诉我，现在节记在下面：二十三年冬在斗鸡台发见了一个白灰泥成的竖穴。底部是涂有一层灰皮的圆面。圆面的中央向下凹入了。在中央凹入的白灰面上是一层较厚的烧土，在烧土上有一层较厚的灰面，周围尚有立壁的遗存，高约1公尺余。它被一个陶器随葬的墓破坏了；陶器殉葬的墓复为一陶鬲殉葬的墓所破坏；陶鬲随葬的墓又为一个汉墓所毁。

② 详见安特生的 Children of the Yellow Earth 第171—174页及他的《中华远古之文化》一文。山西万泉县荆村的彩陶遗址中也有这种洞穴发见。

丑、遗物

我们所得的遗物以陶片为最多，石器和骨器最少，蚌器大部分已残破。

（一）陶器　这期的陶器在形制方面不像彩陶时期那样的简单。就在我们收集的陶片中已有下列几种陶器的碎块。三足器有：鬼脸脚的鼎、黑而光的平底鬲、绳纹的鬲和绳纹的甗等。罐形器有：黑色篮纹的竖鼻罐子、深灰色方格纹的罐

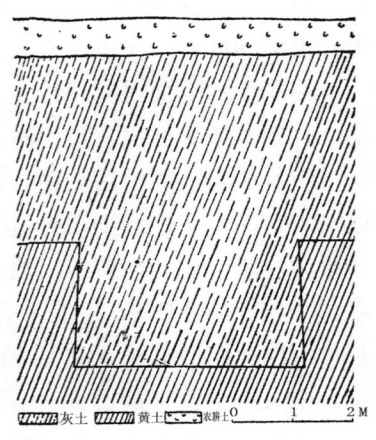

插图八　袋形穴的纵剖面

子、黑色绳纹罐子、黑而光的小罐和灰色绳纹的罐子等。其他黑色光亮的器物有：平底直壁的大盆、竖鼻的小碗、残余的豆把、带鼻的陶盖、大口小底的碗、圈足盘子、黑光的筒形器等。其余尚有两个纺轮和一件陶杆。

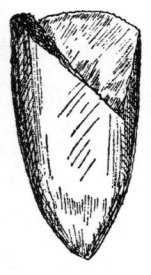

插图九　残石斧（原大四分之三）

（二）石器　共得15件。其中6件是火山岩和火成岩制成的，9件板岩和石灰岩制成的。有两件是火成岩的残斧，都仅是有刃的一部分（插图九）。两个火山岩的完整小斧、一个以板岩制的带孔残石刀（插图十：2）、一个以火山岩制的带孔残石器（插图十：1），这件磨的特别光亮。其余尚有残缺太甚的石块。

（三）骨器及角器　这两类，我们见到的不多，共得骨器8

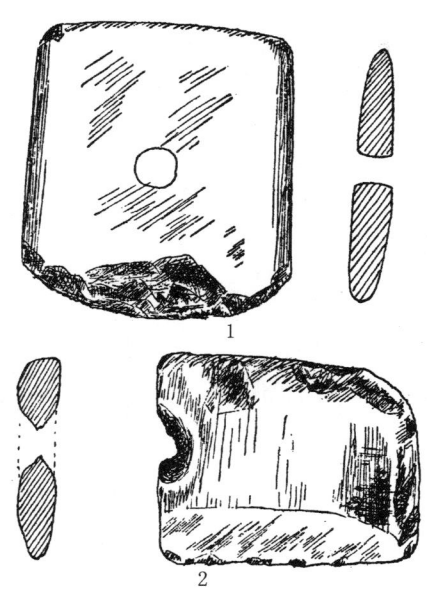

插图十　两件带孔的石器（原大四分之三）

件，角器两件。骨器中有锥、针（插图十一：C）和刀形用具（插图十一：B）。骨锥及骨针皆残缺。刀形用具略似辛村和后冈的骨凿，不过比较宽些。卜骨一块，上面只有灼痕，比较小屯期的卜骨原始点。角器中有一件制作特别精致（插图十一：A），一端穿孔，中心凿空，一端略尖，所用原料为鹿角。另一件角器仅略有用过的痕迹，没有修制完好。

（四）蚌器　蚌制的用具数量最多；但是大部因为侵蚀太甚，都残缺得看不出原形了。仅就完整的几件和尚存一部分器形的残片中，我们知道有无孔蚌刀（铲形链形的也有）、带孔的蚌刀和带齿的刀形器等。另有大蚌两个，长约 25 公分。它们的里

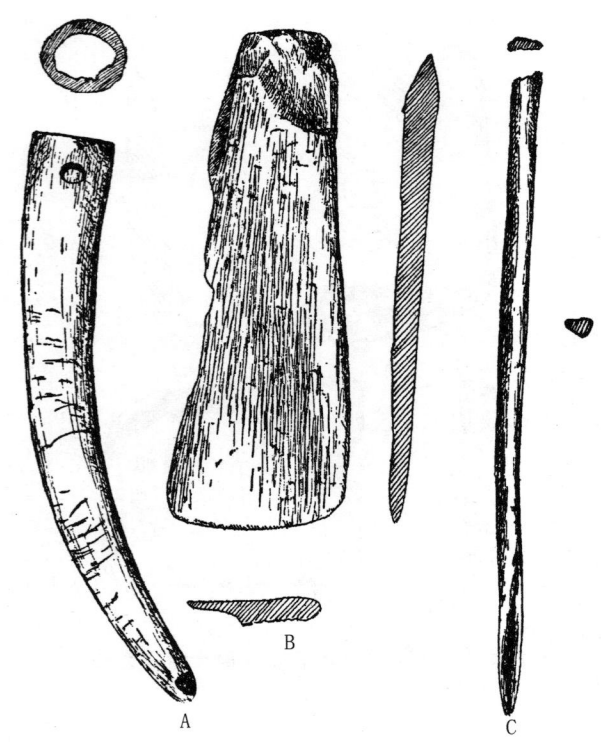

插图十一　角器及骨器（A 为角器；B，C 为骨器，原大四分之三）

外两面似曾经过相当的磨擦。因此我疑心当时的人们曾利用这些天然的蚌壳作为饮食的器具。

丙、东部上层的灰陶遗存

这层的遗物并不丰富，除陶片外，几乎没有可说的其他物品。陶片为灰色，多为粗绳纹。形制笨重，厚大。间有细把豆的残片，它和龙山遗址的上层相似。大概这层的遗物是小屯期以后的东西。《尚书·武成》有"散鹿台之财，发钜桥之粟，大赉于四海"的记载，这遗址离淇县不过数十里，离钜桥不过十多里，所以它很可能就是"大赉于四海"的遗迹。

五 结语

后冈在中国史前史上地位的重要，梁思永先生在他的《小屯龙山与仰韶》和《后冈发掘小记》里曾经详细的加以叙述。它具有小屯、龙山和仰韶三期的文化遗存，错综的分层堆积在地下。我们顺着层位的关系，自上而下的揭开，由小屯而龙山而仰韶便很清楚的一层层的见到了。这发现解决了中国史前史上不少的悬案，给我们一条正确的坦途去探索中国的史前期的社会。在后冈未发见以前，中国新石器时代的材料虽说已有相当的收获；而各遗址之时代的顺序，始终在推想和假设的途程摸索。后冈发见之后，则小屯、龙山与仰韶各期之时代的系列问题，得到了固定的具体的观念。以这遗址各期的文化遗存作基石，精密的去考究中国所发见的其他新石器时代的遗址，则它们的先后系列不难找到。

后冈发见后，吴金鼎先生在安阳西北的侯家庄又发见了和它相似的遗址。吴先生在《摘记小屯迤西之三处小发掘》（《安阳发掘报告》）里说：

> 吾人发见此地之表面一层，有细柄豆及灰色陶片，与龙山浅处颇有相似之处。掘破此层之后，便不外乎下列几种可能：（一）纯粹仰韶式物，以下为生黄土。吾人名之为仰韶区。（二）类似龙山下层之物，不过未见纯正之黑陶，而单见厚片之黑陶，且带有刻纹者，大概较龙山黑陶为晚。吾人名之为黑陶区。（三）先出黑陶再出仰韶。换

言之即灰陶、黑陶、红陶三层文化相压置。吾人名之为三层区。

后冈和侯家庄同在洹水的沿岸，相距不过十余里，这相似的遗址之发见，自然是意料中的事。

侯家庄发见之后，接着又有浚县大赉店史前遗址的发见，它同样是三层文化的积压，和后冈及侯家庄相似。它和后冈不同的地方，只是没有上层的"白陶文化"层（即小屯期），而有相似于侯家庄上层的灰陶文化层。现在就彩陶文化和黑陶文化两期的遗物，和后冈的中下两层比较一下：

两遗址中彩陶期文化遗物的比较　后冈彩陶文化期的彩陶纹饰的基本母题很简单，和大赉店检得的一块彩陶，几乎完全相同。他如陶钵的形状、鼎足的样式和圈口瓶的口部残片都很相似。

两遗址中黑陶期文化遗存的比较　两遗址中黑陶期的特征几乎完全相同。遗迹中的白灰面、陶器中的鬼脸式的鼎脚、篮纹竖鼻罐子、方格纹的罐子等，都是它们共同的特点。若将两遗址中的遗迹和遗物放在一处，很难找出其大不相同的地方。

梁思永先生发掘后冈的两次，我幸得参与其事，因此得到了很好的机会去对比两地中的遗迹和遗物。仅就记忆的追想一下，很能使我们相信除上层之外，两遗址之中层很难说出它们先后的关系；下层亦复如此。

两遗址对比的结果，使我们知道彩陶文化推进到河南北部的时候，就蔓延到洹水和淇水的两岸。彩陶文化消灭之后，黑陶文化同时也来到这两河的沿岸（插图十二）。

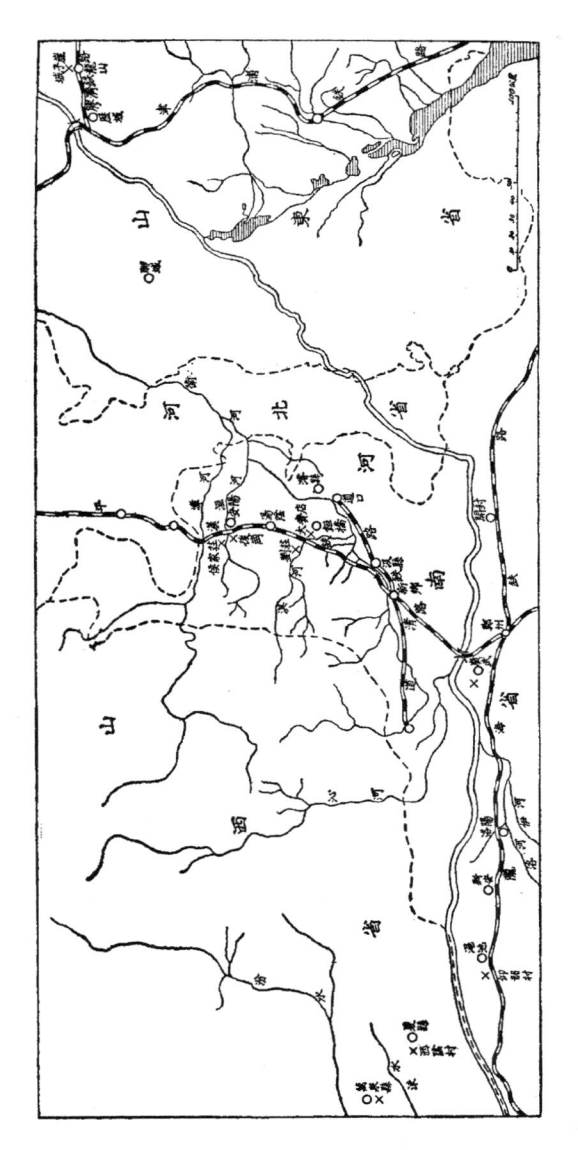

插图十二　洹淇沿岸及其相关诸遗址分布图

（1）山东历城龙山镇城子崖（中国考古报告集之一：《城子崖》）
（2）河南渑池仰韶村（安特生：《中华远古之文化》）
（3）山西夏县西阴村（李济：《西阴村史前的遗址》）（4）河南广武的陈沟与青台

下面我们简单的说明淇河沿岸的几个遗址（插图十三）：

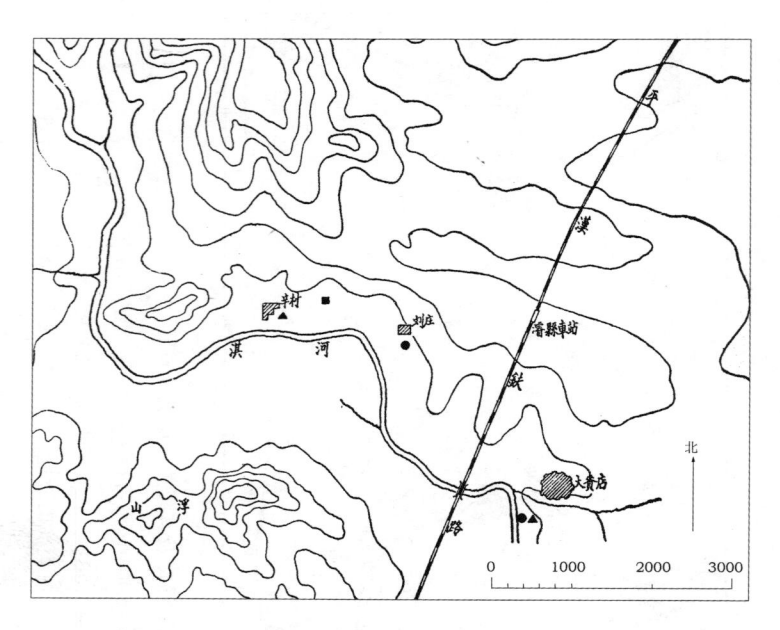

●彩陶时代遗址； ▲黑陶时代遗址； ■灰陶时代遗址
插图十三　淇河沿岸的地形和史前遗址分布图

辛村东北的较远处发见了灰陶的遗存，它所包含的遗物颇似安阳小屯遗址所出的东西。在里面我们找到了残铜片，大批骨料和细致的石器。这文化层却被铜器时代的葬地（卫国的陵墓）所破坏。因为我认为它是从新石器时代走向铜器时代之过渡期的遗存。

辛村近东的地方发见了黑陶时期的遗址。它和后冈及大赉店的中层（即黑陶文化层）几乎完全相同。

辛村东三里多的刘庄南地有彩陶期的文化遗存。就陶器的形制和纹饰上观察，比后冈和大赉店的彩陶期为复杂。它们却和甘肃的辛店期相似。因此我疑心这遗存是晚于"后冈期"的彩陶文化的遗存。

现在将这三个遗址和大赉店中下两层的遗存加以排比，依其时代的先后，列表于下。

淇滨史前文化简表

时代	遗址及文化特征	备　注
新石器时代	大赉店之彩陶文化	与后冈彩陶文化相似
	刘庄之彩陶文化	疑似甘肃之辛店期
	大赉店及辛村之黑陶文化	疑为龙山晚期
金石并用时代（?）	辛村之灰陶文化	与安阳之小屯相近
铜器时代	辛村之铜器时代葬地	周代之卫陵

二十四年三月三日重写于北平

龙山文化与仰韶文化之分析

——论安特生在中国新石器时代分期问题中的错误[*]

这篇文章的主要的目的，是试从中国新石器时代末期之陶器的各方面去分析龙山文化与仰韶文化的本质，藉以认识这两种文化在陶器上的特性；进而清理过去研究中国新石器时代陶器的工作，将这两种文化的遗物复归本原的陶器群中。这是一件从新资料中所提供出来的新问题；因为许多材料还没有详细而系统的报告可供参考，所以这里只能说是研究仰韶与龙山问题的发端，而不能认为是最后的定论。未来的工作，正有待于关心这一问题的考古学者的努力。

关于中国新石器时代陶器的研究，以安特生（J. G. Andersson）为最早，且有一定著作。他的《中华远古之文化》（An Early Chinese Culture）和《甘肃考古记》（Preliminary Report on Archaeological Research in Kansu）两书，是研究我国新石器时代较早的书；后来的学者多相信并引用这书中的意见，不曾引起大的怀疑。所以，我们的分析工作大部分便集中在这两册书里关于

---

[*] 刊载于《中国考古学报》第二册（1947年），署名刘燿。后收入《中国新石器时代》一书（1955年由三联书店出版），增加副标题。——编者

陶器方面的资料和他的研究工作了。

一 中国新石器时代遗址的考古发掘

在材料方面，我差不多完全依据着经过系统发掘的一些遗址。地面采集的遗物，只可作为研究分布问题的资料。现在依其发掘的先后，将中国境内新石器时代的考古发掘作一简要的叙述。

1921年，安特生在奉天锦西县采掘沙锅屯的洞穴遗迹，认为是中国新石器时代的遗存。著有《奉天锦西县沙锅屯洞穴层》（The Cave-Deposit at Sha Kuo T'un in Fengtien）[①]一书。

同年秋季，安特生在河南渑池县的仰韶村发掘村南的遗址。他认为这是中国新石器时代末期的遗存，代表中国远古的一种文化，因此，他名为"仰韶文化"。他根据这些材料，写成一篇简单的论文《中华远古之文化》[②]。阿尔纳（T. J. Arne）根据这些材料，作《河南石器时代之着色陶器》（Painted Stone Age Pottery From the Province of Honan, China）[③]一书。

1923年和1924年，这两年里，安特生在甘肃一带作考古调查工作，并不时的作小规模的采掘，发见不少新石器时代的遗址和葬地；著有《甘肃考古记》[④]一书。巴尔姆格伦（Nilg Palmgren）根据安特生采集的一部分材料，作《半山马厂随葬陶器》（Kansu Mortuary Urns of the Pan Shan and Ma Chang Groups）[⑤]

[①]《中国古生物志》丁种第一号第一册，地质调查所。
[②]《地质汇报》第五号，袁复礼译，地质调查所。
[③]《中国古生物志》丁种第一号第二册，地质调查所。
[④]《地质专报》甲种第五号，乐森珣译，地质调查所。
[⑤]《中国古生物志》丁种第三号第一册，地质调查所。

一书。

1926年，李济曾经在山西夏县发掘西阴村遗址，发见和仰韶相同的文化遗存。著有《西阴村史前的遗存》① 一书。梁思永先生将其部分的陶面加以分析，写成《山西西阴村史前遗址中之新石器时代的陶器》(New Stone Age Pottery from the Prehistorical Site at Hsi Yin Tsun, Shansi, China)② 一书。

1927年，滨田耕作在南满洲碧流河畔发掘高丽寨和单陀子两遗址，著有《貔子窝》③ 一书。

1928年，董作宾等开始发掘河南安阳的小屯村北地，至1937年夏共发掘十二次；1930年于小屯期（殷代遗存）堆积之下发见龙山文化遗存。④

1930年，吴金鼎先生在山东作考古调查，并在历城县龙山镇发掘城子崖遗址。1931年秋后继续发掘。这里的遗物和仰韶村的遗存是两种不同的风格。因此，在中国新石器时代末期，乃有"龙山文化"⑤ 这一新问题。著有《城子崖》(《山东龙山镇之黑陶文化遗存》)⑥ 一书。

同年，梁思永先生在黑龙江的昂昂溪作发掘工作，著有《昂昂溪史前遗址》⑦ 一文。

1931年，梁思永先生在河南安阳县西高楼庄的后冈作考古发掘，于此处得小屯、龙山和仰韶三种文化的堆积关系。他就此

---

① 《清华学校研究院丛书》第三种。
② 英文，Meno. Amer. Anthrop. Assoc.，1930年。
③ 《东方考古学丛刊》第一种第一册。
④ 参考李济的《小屯与仰韶》，载《安阳发掘报告》第二期；石璋如的《小屯村第十三次至十五次发掘简报》。
⑤ "黑陶文化"是以其标准遗址地址在龙山镇，故就地名称之为"龙山文化"。
⑥ 《中国考古报告集》之一，中央研究院历史语言研究所。
⑦ 载《历史语言研究所集刊》第四本第一分。

材料，写有《后冈发掘小记》①及《小屯龙山与仰韶》②两文。

同年，北京师范大学在山西万泉县发掘荆村附近的遗址，得有仰韶文化遗存③。

1932年，吴金鼎先生在河南安阳侯家庄发掘村北的高井台子，于此处发见龙山与仰韶两种文化的堆积关系。著有《摘记小屯迤西之三处小发掘》④及《高井台子三种陶业概论》⑤。

同年，河南古迹研究会⑥在浚县发掘辛村及大赉店遗址，在大赉店遗址中，复得龙山与仰韶两者的堆积关系。曾著有《河南浚县大赉店史前遗址》⑦。

1933年，石璋如、王湘两先生在河南浚县的刘庄发掘附近的遗址，于此亦得龙山与仰韶的层位关系。当时，我也在浚县参加发掘工作，所以有不少机会观察这遗址的堆积现象。

1934年和1935年，梁思永先生在河南安阳的同乐寨附近，亦得龙山与仰韶两者的堆积关系⑧。

同年，郭宝钧先生在河南西部广武的青台发掘，得龙山和仰韶两种文化遗存。

同年，徐炳昶先生在陕西宝鸡县的斗鸡台发掘，得仰韶文化遗存⑨。

---

① 载《安阳发掘报告》第四期。
② 载《历史语言研究所集刊》外编《庆祝蔡元培先生六十五岁论文集》。
③ 《山西万泉石器时代遗址发掘之经过》（董光忠），载《师大月刊》第三期。
④ 载《安阳发掘报告》第四期。
⑤ 载《田野考古报告》第一册。
⑥ 系国立中央研究院和河南省政府合组的考古机关。（1979年版《新石器时代》删去此注——编者）
⑦ 载《田野考古报告》第一册。
⑧ 关于同乐寨遗址的堆积情形，我曾仔细看过。
⑨ 徐先生的一部分材料存北平研究院，曾参观过。

1935年，日人滨田耕作在日寇武力庇荫之下，曾于我国热河的赤峰附近作发掘工作，闻也有新石器时代遗存，至今尚无系统报告发表，故未克剧定。他在赤峰附近曾得彩色陶器4件，作《赤峰附近发现的完形彩文土器》① 一文。

　　1936年，梁思永、祁延霈两先生和我，曾在山东日照两城镇西作考古发掘，于此得龙山文化遗存及同期的葬地，陶器收获最多②。

　　同年，李景聃先生在河南永城的王楼黑孤堆发掘，得龙山文化遗存。

　　这是十七年来，发掘中国境内新石器时代遗址的简要叙述。这许多次的发掘，给我们很多宝贵的材料；为中国新石器时代的研究，提出了不少新的问题，龙山与仰韶两种文化的关系问题，正是其中的一个。

　　此外，这十几年来各处的调查工作，也获得了不少可供参考的材料；于此，我们知道这两种文化分布的地区和其各个的地方性。这里只是简单的分析两者的先后系列，至于分布的情形以及其他问题概不涉及③。

二　对于龙山与仰韶两种文化的认识

　　关于中国新石器时代龙山文化和仰韶文化的系列问题，在这十几年来的考古发掘中得到了很多事实上的证据，使我们对于两者的认识日益清楚了。综合前节所述各遗址中所得到的有关两者

---

① 陶器非发掘所得，文载《考古学杂志》第二十七卷第二期。
② 两城镇遗址的报告，已成十分之九，未完稿存历史语言研究所中。
③ 关于中国新石器时代遗址的分布的材料，已搜集不少，容当加以整理。

的层位关系的有五处，现将这五处的堆积情况表述于下：

文化遗存 \ 堆积层位 遗址	上 层	中 层	下 层
后 冈	小屯文化遗存	龙山文化遗存	仰韶文化遗存
侯家庄高井台子	晚于小屯文化的遗存	龙山文化遗存	仰韶文化遗存
大赉店	晚于小屯文化的遗存	龙山文化遗存	仰韶文化遗存
刘 庄	××	龙山文化遗存	仰韶文化遗存
同乐寨	××	龙山文化遗存	仰韶文化遗存

从上表中，已可以明确看出两者的关系了。兹将五个遗址的堆积情形，分别叙述于下：

后冈。梁思永先生根据后冈的发掘，曾将其层位关系加以详细的研究，在其《小屯龙山与仰韶》一文中说：

> 中层（第二四一、三、四坑的下层和第二八三、四坑的上层）完全是绿土；虽然也分为颜色深浅的多少土层，但是遗物的内容完全一致。土层间间或遇着一片炉火留下的烧灰土或一片建筑物留下的"白灰面"。土里含有多量的炭屑，与城子崖出黑陶的土层的情形相似。这层出土的主要器物：
>
> 陶器有：光面黑色、光面灰色、粗砂、麻皮、压纹、镞纹、划纹、绳纹、席纹、方格各种陶片；仰口边、颈边、小碗盖、杯钮盖、竖置宽耳、横置窄耳、绳式耳、半月式耳、圈足（高、矮、粗、细各种）、尖喬足、鼎足（"鬼脸式"、三角、长方）、豆把、甑底、甗箅。

骨类有：圆椎式和叁棱平边圆形平底式簇①、鱼镖、凿、铲、狗骨。

石类有：斧、磷、叁棱平边圆形平底式簇。

其他：卜骨。

这些都是城子崖下层最常见或最特殊的东西，包含它们的中层属于龙山期是没有疑问的。

下层（第二八三、四坑的下两层）虽然分成很清楚的上下两层，但是上面竭色"鸡矢瓣土"里包含的遗物和下面深灰色土里的差不多完全没有分别。只是"鸡矢瓣土"里的遗物较比少而其中粗陶鼎足较比多，近上面出两片黑彩的红陶片。这层出土的主要器物：

陶类有：带红彩的红陶片、红边灰腹的光面陶片、红光面陶片、划纹红陶片、绳纹红陶片、粗灰陶片、亮红陶片，大口圆底钵、大口平底钵、高脚鼎、矮脚鼎、圈口瓶。

骨类有：尖骨器。

石类有：磷、石丸。

这些，虽然有点分别，都是仰韶特有或常见的东西，所以这层所包含的无疑的是仰韶文化的遗物。至于它们是属于安特生所定的仰韶文化的哪一期却很是问题。在陶质方面绝对可以和仰韶村或西阴村的陶片比美。②

梁先生曾参加过城子崖的第二次发掘，曾研究过西阴村的仰韶文化的陶片，对于这两种文化的特征，已有深刻的认识。以他这样的经验去分析后冈这一重要的发现，是一件值得庆幸的事。

---

① 参看《安阳发掘报告》第二期，第242面，插图二：1.0，0，Ⅳ，1.乙式。
② 梁思永：《小屯龙山与仰韶》，载《历史语言研究所集刊》外编《庆祝蔡元培先生六十五岁论文集》，第558—559页。

高井台子（侯家庄）。后冈发现的一年以后，吴金鼎先生在安阳侯家庄西北的高井台子，又发现了相似的情形。他在《摘记小屯迤西三处小发掘》里说：

> 吾人发现此地之表面一层，有细柄豆及灰色陶片，与龙山浅处有相似之处。掘破此层之后，便不外乎下列几种可能：一、纯粹仰韶式遗物，以下为生黄土，吾人名之为仰韶区。二、颇似龙山下层之物，不过未见纯正之黑陶，而单见厚片之黑陶且带有刻纹者，大概较龙山黑陶为晚。吾人名之为黑陶区。三、先出黑陶，再出仰韶，换言之，即灰陶、黑陶、红陶三层文化相压置。吾人名之为三层区。①

吴先生在他的《高井台子三种陶业概论》里，补充了上面的叙述，他说：

> 总之，此址最复杂最完备的文化堆积包含三层。其次第：红色陶层最下，黑色陶层居中，灰色陶层在表面。就此以推测时代：红陶层最早，黑陶层次之，灰陶层最晚。②

大赉店。这是我经手发掘的遗址，其堆积的情形，已详载于《河南浚县大赉店史前遗址》一文的"地层与文化层"③一段。它的东西两区情形略有不同：在东区是仰韶层堆积在龙山层之下，在西区是两者相间的分布。换句话说，就是在东区证明了其纵的分布的关系，知道这里的仰韶文化早于这里的龙山文化；在西区，由其横的分布中，知道它们不会是同一系统的文化，而各

---

① 吴金鼎：《摘记小屯迤西三处小发掘》，载《安阳发掘报告》第四期，第36页。
② 吴金鼎：《高井台子三种陶业概论》，载《田野考古报告》第一册，第201页。
③ 刘燿：《河南浚县大赉店史前遗址》，载《田野考古报告》第一册，第72—75页。

有其独立的特性。

刘庄。它在浚县西六十多里的地方。石璋如和王湘两先生在那里的发掘的结果,知道这遗址的下层是仰韶文化遗存,上层是龙山文化遗存。这里的仰韶文化遗存在文饰和形态上比其他三遗址下层的仰韶遗存都复杂得多[①]。

同乐寨。这是1933年石璋如先生和我调查时所得的遗址,它在安阳西的洹水岸上。我们反复的在断崖上观察,只见到龙山文化遗物,而见不到仰韶遗存。经过后来的发掘,知道在龙山文化层之下,还有仰韶文化层存在。

上面的五个遗址,都在河南的北部,且都在淇、洹两河的沿岸,或许会有人以为这是富有地方性的现象,还不可能作为一般的特征;但河南西部也有相似的发见,郭宝钧先生在广武高村镇的青台附近相距不很远的两处发掘了两个不同的遗址:一个含有龙山文化遗存;一个含有仰韶文化遗存。这些遗物,我过开封时曾经看过两次,其龙山文化遗存和河南北部所见的相似,仰韶文化遗存和仰韶村所见的相似。

这五个遗址里所含有的龙山文化遗存中的陶器在各方面都没有更大的差异;下层的仰韶文化遗存,虽说在时间上有早晚的不同,但其属于同一文化系统,却是很清楚的事实。综合上述的许多现象,我们可以得到如此的信念:龙山文化和仰韶文化是中国新石器时代末期的两种不同系统的文化遗存,它们各有其独立的特性,在时间上是河南所见到的仰韶文化早于龙山文化。

这十几年来发掘所得的一些遗址,我们假若按其内容的不同

[①] 关于刘庄遗址,王湘先生曾一再仔细的给我说明,使我得以了解其具体内容。

加以分析，可得如下的结果：

含龙山文化遗存的有 11 处：后冈、高井台子、大赉店、龙山镇、同乐寨、刘庄、辛庄、青台、小屯村、两城镇和鄢城县的造律台。

含仰韶文化遗存的有 10 处：仰韶村、后冈、高井台子、大赉店、同乐寨、刘庄、斗鸡台、青台、西阴村和荆村。

在这许多遗址中，我们对于龙山文化遗存知道得比较有系统些，也比较详细些；至于仰韶文化遗存，到现在还没有一个系统且可靠的文献资料。现在，从这两种文化遗存的陶器的各方面去探究其所独具的特征。

关于龙山文化陶器的特征，我们可分作形态、制作、色泽和纹饰几方面来说明：

形态——我们所得到的陶器大都是些残片，能够看到全形的并不很多。在陶器形态上收获最多的就是两城镇，但这个遗址还在整理中，现在还不能借用这些材料，好在不久即可编完，关心这种陶器的人可以参考。现在我们用龙山镇和大赉店两遗址里可以复原或可以推知其器形的一些材料，综合的研究一下龙山文化的陶器形态。

在龙山镇陶器中，可以复原且能代表其大部分形态的，有杯形器、盆形器、碗形器、罐形器、陶鼎、平底陶鬲、陶豆和陶鬶等；其他残片中可以推测其为哪一类陶器的有：圈足盘、陶甑，似后冈之绳纹陶鬲（有把与否不可知）、甗底和甗箅等。

在大赉店陶器中，可以复原且能代表其大部分形态的，有杯形器、碗形器、盆形器、条纹罐形器、方格纹罐形器和平底的鬲；其它的陶片，可以据以推知其为哪类陶器的还有：陶鼎（如龙山镇之"鬼脸式"脚），似后冈之陶鬲、圈足盘、陶豆和鬶的残片。

这两个遗址中，就陶器的形态上看，很清楚的有其相同的共有的特征。这些特征同样存在于其它的龙山文化遗址中。

制作——关于陶器的制作，还没有精密的研究过，所以还不能更详细的去说明它。现在仅就其所遗留之很显著的制作痕迹作简要的说明。龙山式陶器的表面和里面，十之八九都遗留着隐约可寻之同心的周线；有些在里面还有凸凹的旋痕，在外面有些以旋纹作简单的纹饰。就剖面说，则大部分是底和腹基较厚，愈向上愈薄，至最大腹部向上直抵口部其厚度似已固定而无很大之出入。

色泽——龙山式陶器特征之一，即其表面十之八九都涂有一层黑色光亮的外衣；有些竟将这些涂色的颜料羼入细泥之中，制成极薄极细的陶器。它若红色、白色或灰色的陶器也有些许，但数量上和黑光的陶器相差很远。我们假若看一下龙山式陶器群的全部，则黑光的色泽占很大的比例。

纹饰——龙山式陶器表面的纹饰大都有以下几种：方格纹、条纹（亦名篮纹）或绳纹，都是拍印而成的纹饰，这些纹饰在河南北部和西部的龙山文化遗存里都是比较常见的。在山东的日照县两城镇遗址里，这些纹饰就比较少些了。有些陶器是在坯胎已干或未干时刻划的各种花纹，这现象在两城镇的遗址中比较多些，而河南的龙山文化遗址中就比较少了。

仰韶文化遗存中所见的陶器特征，也从形态、制作、色泽和纹饰四方面加以分析：

形态——现在我们可以初步确定其为仰韶文化的遗址，虽说已有 10 处，但各遗址大都没有系统的报告[①]，所以关于仰韶式

[①] 关于仰韶文化遗存中陶器方面的研究，可以参考阿尔纳的《河南石器时代之着色陶器》，其中所收的材料比较单纯些，但多偏重纹饰方面，故亦无补于形态的研究；此外巴尔姆格伦的《半山及马厂随葬陶器》较有系统，且对形态方面也特别注意，但甘肃所见的着色陶器与河南的一些仰韶式陶器群是否相同尚待研究，故未采用。

陶器群的形态问题，我们还没有更可靠的办法去处理它。目前能够做的，只是综合我们确认为仰韶文化遗址里的陶器形态作为研究的材料。这种文化遗存所含有的陶器大约有：大口圆底钵、大口平底钵、高脚鼎、矮脚鼎、圈口瓶、罐形器和陶贮①。其重要的特征是在河南所见到的仰韶陶器群中还没有发见陶鬲。

制作——仰韶式陶器在表面有时也可以见到细线的痕迹，但是不曾发见过像龙山式陶器上的同心的周线。在里面大部分都有刮削的痕迹②。其剖面则大都是其最大腹部向上较厚，向下较薄，至底和腹基处又较厚些，至底中央则薄。

色泽——属于这种文化的陶器，在表面大都是红亮的颜色；其中很少的一部分是灰色，纯黑色的陶器在这里是很少见到的。因此，我们知道从色泽上相当容易辨认仰韶式和龙山式陶器：一般说，仰韶式——红色，龙山式——黑色。

纹饰——仰韶式陶器群中，在红地或灰地上绘以黑色或红色的花纹，是最常见的现象；有些是在红地上涂以白色，作为素地，然后绘以红、紫、黑或其他颜色的花纹③。刻纹是最少见的，拍印纹从不曾见过④。似绳纹的线条纹也偶尔见到，但为数甚少，且多施于粗质的陶器上⑤。

这里只是就其最显著且为讨论中所最需要的基本特征加以说明而已，固不能尽其什一。但从这里已可以辨认这两种文化遗存在陶器上的基本区别。这些最基本的特征，已经使我们得到了一个比较可靠的线索去分析中国新石器时代陶器了。

---

① 参看安特生《黄土底儿女》，英文，图版二。
② 吴金鼎先生在其《高井台子三种陶业概论》中曾分析过两者的制作方式。
③ 关于仰韶式陶器的纹饰，阿尔纳说得较为详细，可参考。
④ 见梁思永先生的《小屯龙山与仰韶》一文中。
⑤ 见安特生的《中华远古之文化》及《黄土底儿女》。

三 安特生所谓"仰韶文化"的分析

安特生在发掘了仰韶村的新石器时代遗址以后,即认为中国新石器时代末期有所谓"仰韶文化"存在。但他对于"仰韶文化"的内容,却只能是一个初步的认识;现在可证明他所说的"仰韶文化",实际上将两种不同的文化遗存混淆起来,而统名之曰"仰韶文化"。他在《中华远古之文化》里曾说:

> 惟仰韶遗址所得诸器中最显著者确为陶器。破碎片数既众多,散布复广,惟完全者极稀……因便利起见,将陶器暂分两类分述之:
>
> 一、粗陶器 灰色上有印纹或刻纹。多系手工制,工亦粗糙。但亦有经"陶人之磨轮"推圆者,薄而小,手工精细。手制之陶器其制法多先由布或麻绳作模型,外敷以泥,然后烧之,故各陶器每有此印纹。有刻纹者或使印纹不甚显明,然印纹究系烧陶时所印无疑。
>
> 二、此类较前者精致。色多红,因烧时火力强氧化所致。其上每有黑色或间有白色花样者。面皆磋磨光平,至于器上之花样,于篇尾当详述之。①

他在这里所说的"粗陶器"大部分合于龙山式陶器特征,而"较为精致"的第二类大部分合于仰韶式陶器的特征。他在《甘肃考古记》里又说:

> 河南仰韶遗址中,如不召寨及其未产彩色陶器之遗址,鬲属之器物极为普遍。而河南最完整之品,均自此等遗址得

---

① 安特生:《中华远古之文化》,第18页。

之。但似较仰韶村为古。①

与上情形相类者，如不召寨之少数古址，其中亦无彩色陶器之可寻。所得者极与仰韶村之单色陶器相近。吾人至今于二者时代之关系尚未十分确定。但此等未经彩色陶器流入之文化期，似当较早。若此为吾人所许，则河南与甘肃同有一较仰韶期为早之古址。②

他在1934年出版的《黄土底儿女》一书中，依然是过去的看法，他说：

在我们首次发现仰韶遗址的河南以及在更富于仰韶期遗址的甘肃，我们辨认出一些缺少最足表现纯粹仰韶期的彩色陶器的文化遗物群，在河南，离仰韶村西不过数英里的不召寨遗址，就代表着这样一个前于仰韶时代的遗址。这两遗址在时间上不会有很久的距离，因此我们可以简短地总结说：不召寨除掉没有彩陶这一点以外，和仰韶村相似的。③

从上引三段中，我们确知不召寨遗址里并没有发现彩色陶器，其中所出的都合于龙山文化陶器的特征。仰韶村的"单色陶器"既与不召寨的陶器极相近，则仰韶村遗址里似亦有龙山文化的遗存。现在进一步去分析安特生在《中华远古之文化》一文中所用的材料，以其地点不同，分为不召寨和仰韶村两处；其它新产地的些许，因为材料太少，不再论及了。

不召寨遗址。安特生指明其为不召寨所出的陶器共有五件：其中条纹罐形器二件，方格纹罐形器一件，鬲一件，残三足器一件。这五件都明显的带着龙山式陶器的风格，和仰韶文化的遗物

---

① 安特生：《甘肃考古记》，第41—42页。
② 同上书，第32页。
③ 安特生：《黄土底儿女》，英文，第334页。

大不相同。现在分别加以说明：

条纹罐形器。这件陶器在形态、纹饰、色泽和制作上，都和河南北部的龙山文化遗存中所见者相同。以这样罐形器和同乐寨及小屯下层的相比较，你决不会说是不同文化系统的东西。且看安特生的说明①：

……陶器，浅灰色，厚只二至四公厘，故易碎。底缺，然同地有相似陶器之碎块，内中有底有面，故合而观之，可知该器底部平坦。近底之边墙光滑。表面大部分有竖状篮印纹②。腰部更刻有四横线，腰与底之中间，有六横线，最上一线与颈部之中间光滑。该处之篮印纹全然消灭，但刻有三线。颈部内外光滑，惟有细线，想系磨轮之遗迹也。器之内部不整齐而有斑点，显然为手工所制。自颈部以上为轮工所制。

腰部直径二七〇公厘，口之直径一七二公厘，全器高三六〇公厘。③

这里可以说完全是龙山式陶器的特征。

条纹罐形器。它和龙山式的遗物相同，条纹和大竖耳正是河南北部龙山式陶罐的特征，底部有孔，应为甑形器，也是龙山式陶器中所常见的器形。将它和大赉店④及后冈所见的比较，益使我们确信其为龙山式的陶器。它如小屯村的下层和同乐寨的中层也有这样的器形发见。安特生曾说：

陶质棕灰，厚五至六公厘。底部有孔，排列甚密。径七至八公厘。边墙至底部有孔一道，器之下部三分之二有篮印

---

① 《中华远古之文化》一文已不多见，为了便于参考，故节录较多。
② 安特生所说的篮印纹（basket pattern）即我们所说的条纹。
③ 安特生：《中华远古之文化》，第43页，图版 XVI：1。
④ 刘燿：《河南浚县大赉店史前遗址》，图版 VI：1。

纹，在其余三分之一已经不清楚，惟与颈部同有磨轮线。又有耳一（或原有两个）。平面长方而兼椭圆式，直面三角式上部有深槽二，但下部光滑。

高二九五公厘，口径二〇八公厘。①

带把罐形器。它和山东两城镇所见的单把罐形器相似；其纹饰和河南北部所见的龙山式的方格纹陶器相似。安特生曾在以下的说明：

……壶之碎块，存一大耳。陶质灰色，内部颇不整齐，外面有斜方网形之脊，并绘以黑色。卷边光滑，有磨轮线。②

绳纹陶鬲。它和后冈的龙山层中所见的一件极相似，在形态和纹饰上都没有分别，把的放置也相同。安特生曾说：

……不召寨所产之土鬲。红棕色，腿与腹之表面均有席印纹③。颈光滑惟有同心圆线，想为轮工磨擦之遗迹。细察之，圆线之下，仍有半显著之席印纹。全器之表面几尽为黑色。柄之保存者只一小部分。柄之对面有一土质之隆起物，在颈之低部。全器之高二二四公厘，颈高三五公厘，口径一三二公厘。④

残三足器。它的纹饰和前面的一件陶鬲相同，形态也相似；但口部残缺太多，不克断定其确为鬲形器。安特生把它和另一陶鬲相较之后，他即说：

……鬲之残块，似为标本中之最奇者。其腿较普通者宽大，内部颈底有横圈，如图所示，其用处似与第一图之器相

---

① 安特生：《中华远古之文化》，第42页，图版 XV: 1。
② 同上书，第44页，图版 XVI: 8。
③ 安特生所说的席印纹（mat impression）即我们所说的绳纹。
④ 安特生：《中华远古之文化》，第34页，图版 VIII: 1。

同。全器有席印纹，颈有三横线，表面黑色。①

口部虽残，然就残存部分看，似较其他陶鬲为长，它很可能是陶甗，腰部"横圈"正为放置甗箄之用，甗形陶器也是龙山式陶器特征之一。

南京地质调查所史前遗物陈列室里，摆有一件不召寨出土的刻纹罐形残器，其各方面都和龙山式陶器相符，于此益知以上对不召寨陶器的推论大致不会错误。

总之，这五件陶器的一些特征，都和龙山式的陶器相同。就安特生的材料推测，则不召寨遗址是纯粹的龙山文化遗存，应从安特生所谓"仰韶文化"中除去，不得混为一谈。

仰韶村遗址。在《中华远古之文化》一文里，指明自仰韶村出土的许多陶器里，我们可以确认其为龙山文化遗存的有八件：

大杯。我们所发见的许多龙山文化遗址里，大都存在着许多这样的杯子。它们有高矮、大小和精粗的分别，但其大体的形态都很相似。城子崖和大赉店的两个，便是绝好的例证。安特生说：

……大杯，浅灰色，厚四公厘，底及表面有轮工遗痕。内部粗而不平，底部之表面有四个不整齐之槽（不若图版所绘之整齐）。表面平滑并有光泽。②

那不整齐的槽和大赉店的一件特别相似。

碗形器。这种陶器在龙山文化遗存中最常见。城子崖③和大赉店④的几件可件比较的材料。安特生曾说：

---

① 安特生：《中华远古之文化》，第43页，图版XV:6。
② 安特生：《中华远古之文化》，第33页，图版VII:4。
③ 《城子崖》，图版贰壹:3。
④ 刘燿：《河南浚县大赉店史前遗址》，图版柒:3。

……小盆，陶质精细，灰棕色，内外光滑，足之下部有高起之线，高六九公厘，口径二〇二公厘。①

带把杯形器。它在其它龙山式陶器群中是很普遍的东西，不过仅有厚薄精粗的差别而已。大赉店②的一件，在形态上和这件相似，不过比这件细致些。安特生说：

……棕色陶器，手制之杯，有耳。耳较第三图所示者小，高六八公厘，口径一〇公厘。③

罐形器。它的形态和边线的卷曲方式都是龙山式陶器的特征，"不清晰"的条纹和两城镇所见的部分条纹相似，高起的横线在龙山镇和两城镇都很常见。安特生说：

……陶质红棕色，厚三至六公厘，有卷边，外面有不清晰的斜篮印纹，盖以高起之三条横线。全器颇不规则，显然为手制。惟制作边沿之时，似略用磨轮，因其上边稍有圆线也。高一一三公厘，边线直径一七公厘。

所得标本中两块黑色，三块砖红色，故凑成之后，颜色绝然不同，其中数块似破碎后已经火烧者。④

绳纹罐形器。这种陶器在河南北部龙山式陶器中是最常见的东西。其形态、纹饰和制作都显示很多相同之处。安特生说：

……陶质红棕色，系一小壶之碎块，表面除颈部外有深而明晰之席印纹。底部有一狭带，光滑无纹，高一二〇公厘。⑤

条纹罐形器。就它的形态上看，似乎和其它龙山式陶器群中

---

① 安特生：《中华远古之文化》，第43页，图版XVI：3。
② 刘燿：《河南浚县大赉店史前遗址》，图版柒：4。
③ 安特生：《中华远古之文化》，第43页，图版XV：5。
④ 安特生：《中华远古之文化》，第42—43页，图版XV：4。
⑤ 安特生：《中华远古之文化》，第42页，图版XVI：7。

的罐形器不甚相同,但其纹饰却极相似。安特生说:

> ……长颈之瓶,陶质棕红色,表面黄棕色,手工制成。下半部有明显之篮印纹,上部光滑,高三〇六公厘。①

豆形器。这样的圈足器是龙山式陶器群中的特征,在河南和山东的遗址中都常常见到,只是多孔的圈足比较少见。在浙江杭州的良渚镇②附近,施昕更先生发见的龙山文化遗存里有很多圈足上带孔的豆形器。安特生的说明如下:

> ……陶器,质棕色,精细,厚三·五至六公厘。有高足者,足空而架一盆状之器。足有七孔,足径二〇至二三公厘。上部盆状之器,其外部有横脊;盆之内部,分为两部,边缘部微斜,中部深凹。表面磨光,无显著之磨轮遗迹,高二一五公厘,上部盆形之直径二〇二公厘。③

碗形鼎。在山东的两城镇曾发见和它相同的器形④,在制作和形态上都没有很大的区别。安特生的说明如下:

> ……陶质,灰绿色,甚粗糙,厚七至八公厘。盆小,有三足。外面有高起之线二,与一五版四图同。内部边缘之侧面,已如图所示,该部有磨轮线。高一〇九公厘,口径二二四公厘。⑤

此外如《中华远古之文化》第一六版第四图所示的陶器,安特生在南京参观两城镇遗物时⑥,曾说仰韶村有和这类极相似的东西。同书第七版第五图的条纹鼎,也很可能是龙山式的陶

---

① 安特生:《中华远古之文化》,第43页,图版 XV:7。
② 杭州所发见的龙山式陶器,施昕更先生所得最多,他曾以其所著之《良渚镇》稿本见示。
③ 安特生:《中华远古之文化》,第42页,图版 XV:2。
④ 详《山东日照考古调查记》,载《田野考古报告》第三册。
⑤ 安特生:《中华远古之文化》,第43页,图版 XVI:2。
⑥ 两城镇遗物存中央研究院历史语言研究所考古组。

器。但在未找到确凿的证据之前，我们只好暂时存疑了。

《中华远古之文化》第九版至第一二版及第一四版第四图，都是仰韶村所出土的"着色陶器"，其色泽、纹饰和作风和它所出土的龙山式"单色陶器"绝不相同，若将"着色"和"单色"陶器的图版加以对比，自能确信无疑。

从陶器的各方面分析，确知仰韶村遗址中实含有龙山和仰韶两种文化遗存，其本质各有不同，其时代或有先后。安特生最初命名的"仰韶文化"，实有加以纠正的必要。

四　仰韶村遗址堆积的新估计

安特生在仰韶村的新石器时代遗址曾发掘月余，对于遗址的各方面都有较详细的记载，关于仰韶村的位置和地势，有如下记述：

> ……仰韶村……在陇海铁路渑池县车站北十五里。渑池县城位于一小河流域之北，河两岸平坦，作东西行。地势自县城向北渐高，略似高原，北至二十里许，始遇山岭，山为寒武纪及寒武纪以前之岩石所成，地层倾向东南。仰韶村即位于山南之高原。高原为第三纪红土及第四纪黄土所成，被河渠冲刷，沟壑累累，深有三〇至五〇公尺者。①

关于遗址的范围和堆积的情形，有如下记载：

> ……仰韶村遗址甚广。其面积自村南端起，南行至东沟、西沟接连处，南北为九六〇公尺，东西为四八〇公尺。北部少有采获，南部于每公尺中心有灰土层厚一至五公尺不

---

① 安特生：《中华远古之文化》，第11页。

>　　等，平均约三公尺。①
>
>　　……除有临时试探外，吾人采掘地点计有一七，均详于袁君之地图中。余未及将所采掘地点之容量，详为计核。约略计之，实之及原地千分之一。②

仰韶村遗址面积如此之大，实为一大可注意的事。我们分析了仰韶村遗址中的陶器之后，知道其中实含有龙山和仰韶两种文化遗存；那末，这一遗址就很可能是两种文化居民先后居此，积渐堆积而成的。以第二部分所述的五个遗址为例，推测仰韶村遗址的堆积，似有两种可能：一、横分布的区分，仰韶遗存与龙山遗存两者相间分布，如大赉店的西区；二、纵分布的区分，两种文化叠压堆积，仰韶层在下，龙山层在上，如大赉店的东区。

龙山文化和仰韶文化既同为新石器时代末期的遗存，其地域的分布又有如此的特殊关系，则龙山文化是否可能受到仰韶文化的影响，因而产生一种新形态的文化？假若有这样的可能，那末仰韶村是否就是这一种的文化遗存？这当然是我们应当加以注意的问题。但我们分析仰韶村遗物的结果，确知其中有两种文化遗存，还看不出仰韶文化对龙山式遗存有若何影响，这也正和河南北部及河南广武所见的现象相同，这确证仰韶村的遗址是两种文化的堆积而不是两种文化融和为一之后的遗存。

安特生在仰韶村遗址中曾发现不少墓葬，他将这些墓葬统归于"仰韶文化"遗存。他说：

>　　是年秋季呈请中国政府，准许复至渑池县仰韶村发掘，……采掘共一月余，自十月二十七日至十二月一日止，并约中国助手五人同为采集，又布达生（Daviadson Biack）

---

① 安特生：《中华远古之文化》，第12页。
② 安特生：《中华远古之文化》，第13页。

博士亦曾一至其地，协助考验骨骸遗址，然不能久住，发现一骨骸遗址后，即行回京。①

从这一简短的记载里，我们只能知道仰韶村遗址里有墓葬存在，但究属仰韶文化遗存抑属龙山文化遗存，尚不可知。据安特生说，仰韶村遗址有十余座墓葬，则它们全部属于一种文化呢？还是两种文化墓葬都有呢？这些问题，也正是解决仰韶文化与龙山文化问题的重要关键。

龙山文化的葬地，我们在两城镇发现一处。安特生在甘肃和河南也发现过新石器时代的葬地，据他说都属于"仰韶文化"遗存。这两种文化在埋葬仪式上和随葬遗物上的特征，很有认真加以研究的必要；但现在安特生所发现的葬地还不曾作系统的叙述，其各方面的关系都还缺而无闻，故不克着手进行。

五 关于齐家坪遗址

安特生因为未能辨认龙山和仰韶两种文化遗存，所以他对于年代的推测，就必然要受到局限。他弄混了两种文化遗存之后，而分之以"着色"和"单色"，把龙山式陶器归于单色陶器群之中，然后再以着色与否推测其时间的先后。他在《甘肃考古记》里一再说不召寨遗址"似较仰韶村遗址为古"，因为这是"未经彩色陶器流入之文化"遗存。但我们在河南北部所得到的五个遗址，其堆积关系都证明了龙山文化晚于仰韶文化；不召寨既为龙山文化遗存，且和河南北部所见的龙山式陶器相同，它自然不会例外的早于仰韶文化。因此，安特生对于各遗址年代的推测，自有重新估计的必要。

---

① 安特生：《中华远古之文化》，第12页。

安特生在甘肃作过考古调查之后,将所得各地的材料加以比较,因而分"甘肃远古时代"为六期。他说:

新石器时代之末期,与新石器时代及铜器时代之过渡期:

齐家期,

仰韶期,

马厂期。

紫铜器时代及青铜器时代之初期:

辛店期,

寺洼期,

沙井期。①

我们仔细分析他的《甘肃考古记》中论"甘肃文化之相对年代"一章(第16—21页),知道他分期的基础便是各期陶器的形态和纹饰的比较,并辅之以铜器的产量。真正得到层位的堆积关系的,仅有仰韶期和辛店期:

辛店期之模范址为一葬地,名曰辛店甲址。其南三百公尺即一深沟之南侧,见有村落遗址一处,表面情形极为混乱。于此址之区域中,同见仰韶及辛店彩色陶器之破片相混各半。吾人骤视之,二者之混合似属同时。于当时思之,以为二者时代相同之物未尝不可混入一址,但人民之文化当不同耳。余最后决计于遗址之一部择其混淆较轻之处,作地层上之发掘。掘处深约三三公分,其中可得见者有四层之多。上部一层陶器之情形与表面无异。其下一层,仅有近似辛店期之陶器破片一件,其余皆属仰韶。最下二层则尽仰韶陶器,而无辛店之迹矣。吾人由是知此址大半属仰韶,其属辛

---

① 安特生:《甘肃考古记》,第19—20页。

店者仅上部之一薄层耳。①

若此，则可以断定仰韶期早于辛店期。

其它各期的系列，最使我们注意的，便是他把仰韶期置于齐家期之后。他的理由有三：

（一）齐家坪遗址中的陶器"尽为单色"，一部分与仰韶的单色陶器相类似；

（二）地面上仰韶陶器的碎片较多；

（三）石器较多而铜器绝迹。

他在1934年还是这样的看法。《黄土底儿女》一书中有以下两段：

> ……这些下边一部分带着篮纹的陶器非常精致而且器壁也异常薄；我们根据发现时的情况，把它们的时期订为早于仰韶期，引起了通常的惊异。②

> 同样，我们在甘肃齐家坪的发见几乎完全不见彩色陶器。它和河南不召寨并无显然类似的地方，但齐家坪早于甘肃的仰韶期遗址似乎近是。③

这三条理由里，除第三条尚能成立之外，其他两条都含有不少矛盾的地方。兹分述之。

安特生将龙山和仰韶两种不同文化遗存混为一谈之后，就得一较固定的观念——"单色陶器早于着色陶器"，所以他在划分时期的时候，也就以此观念为基础了。齐家坪遗址中既无着色陶器，且单色陶器中，一部分又和他所认为较早的河南单色陶器相似，故不能不将齐家坪置于仰韶期之前。但是，我们将齐家坪遗

---

① 安特生：《甘肃考古记》，第18—19页。
② 安特生：《黄土底儿女》，英文，第262—263页。
③ 安特生：《黄土底儿女》，英文，第334页。

址的内容加以探讨，显然可见，他这样的划分是不妥当的。他对齐家坪遗址有如下简要的叙述：

  齐家期　此期为多数小件之器物所代表，例如洮河县辛店遗址之所获及宁定县齐家坪遗址巨大之文化层。所谓齐家期者即从该地名得名。但齐家期之遗址均为村落遗址，至葬地遗址则尚未见焉。

  此期所产石器，大致与仰韶期者相同，内中多研磨之斧及石镰等，亦有各式尖锐之骨器。

  齐家期之陶器，全属单色，可别为以下三大类：

  （一）灰色陶质上缀席纹，或压成篮纹之陶器。其表面与河南仰韶遗址中之数种陶器相似。①

  （二）灰色陶质之陶器，大部与前类相似，但领及耳则满压成之美丽花纹，有时器之多部亦复如是（第五版第一图及第二图）。此种压花陶器与西伯利亚及北欧所谓之康氏陶器（Kamm Keramit，即一种陶器其花纹类似以梳齿所压而成多行列之点），关系极为切近，以其花纹制作酷似故也。②

  （三）形制秀丽之薄肉瓶（第五版第三图），系浅灰黄之陶质。此器领部颇高，表面光滑，有大耳二。就全体论，颇与希腊及罗马古代之安佛拉（Amphara 一种两联底瓶）有几分相类之处。此种类似安佛拉之薄肉高领瓶，为吾人采掘所得者其数较少；但大件之标本，均系购买而得。③

  1937年，安特生来南京，曾到历史语言研究所参观考古组所得的材料。我们曾问他关于仰韶村和齐家坪两遗址的问题，安

---

① 安特生原注：请比较《中华远古之文化》，图版第一六版第一及七图。
② 安特生原注：请参阅阿利俄之著作。Ailio-Fragen der russischen Steinzeit Zeitschrift der finnishen Altertumpsgesell-Schaft 第二十九卷第一号，第一四图及一五图。
③ 安特生：《甘肃考古记》，译文第9页。

特生似亦未能充分变更其过去的见解。后来我们看到了安特生所带的齐家坪遗物的照片，知道这些陶器确有不少特点和龙山文化遗存相似。

齐家坪遗址的陶器全是单色，且与河南不召寨①及仰韶村的龙山式陶器②相似。既知河南的龙山式陶器晚于仰韶式，则齐家坪是否可以置于仰韶期之前，似尚有问题。

安特生也知道用地面上的材料作为推测其时代先后的根据是不很可靠的，所以在叙述其所见的现象后，特别加以解释。兹录之于下。

> 当吾人测绘地形时，于麦田内偶见仰韶陶器之破片，半小时内，余于田中所得，已足当余从大道深谷中数日采集者而有余。

> 吾人于此等事实若有所考释，则必信齐家坪之文化较早于仰韶。故仰韶陶器之碎片，当散见于齐家坪文化层之上。其后大道之深谷渐次造成，而两壁之顶部时有崩塌之虞。是以仰韶陶器之破片，得与齐家期者相混，盖实可能之事也。③

"大道深谷"正可作自然的剖面，若于大道深谷所暴露的文化层加以探究，则齐家、仰韶堆积的关系，想亦可得近似的结果。若以其顶部崩塌适及仰韶文化遗存，似亦不可置信。两者的层位关系于安特生的记载中也可获得隐约的凭证。

> 在齐家坪采掘诸处，大部仅见单色陶器。惟在大道之深谷中，亦发见仰韶彩色陶器之破片少许。④

---

① 安特生：《中华远古之文化》，图版XVI: 1。
② 安特生：《中华远古之文化》，图版XVI: 7。
③ 安特生：《甘肃考古记》，第17页。
④ 安特生：《甘肃考古记》，第17页。

安特生在齐家坪的发掘报告，尚未写就，我们固然不能确知其发掘深度；但在发掘诸处未见彩陶，除地面之外，彩陶仅见于大道深谷，这正是大可注意的现象。这很可能是齐家期堆积于仰韶期之上的一点暗示；若然，则安特生的推测，似有重新估计的必要。

至于地面的彩陶为什么较多？我们想，此处的"着色陶器"和"单色陶器"可能有相间堆积的情形，像大赉店遗址的西区，安特生恰未掘到这里；此地断崖的塌陷，破坏了两者的遗迹，因而使"着色陶片"同样有散见于地面的可能。

综合以上五章所说的事实，可得如下的结语：

（一）龙山文化与仰韶文化同为中国新石器时代末期的两种不同系统的文化遗存；

（二）在河南北部确知龙山文化晚于仰韶文化；

（三）仰韶村遗址中实含有龙山和仰韶两种文化遗存；

（四）安特生所谓"仰韶文化"实杂有龙山文化遗物，应加以分别，不得混为一谈；

（五）不召寨为龙山文化遗存，不得混入仰韶文化之中；

（六）齐家坪遗址是否早于仰韶期，其间问题正多，不得遽为定论。

上面是就许多方面的材料加以比较和分析所得到的结论，这些问题的最后解决，自当求之于各个遗址的本身。安特生在齐家坪并没有作过较多的发掘，在仰韶村所发掘的部分尚不及遗址"千分之一"，许多问题之不能解决自然是意想中的事。若能将这两遗址重新作一次相当规模的发掘，这许多问题自然会获得最真实最可靠的解决，关心中国新石器时代研究的学者，幸勿放过了这些值得重视的问题。

新事物的发见，往往可以补充或纠正过去的人们对于一种事物的认识，此固一切科学发展的常规，考古学亦自不能例外。安特生在十余年前首作中国新石器时代的研究工作，且得到了相当的资料；但为当时的材料所局限，其对于仰韶村与齐家坪两遗址就不能得到近似的认识。我们从分析近几年来所得到的一些新的资料中，得到了一些新的观念，更以此重新检查过去的一些说法，愿以上述所得的一二问题就商于安特生。

仰韶村和齐家坪两遗址的正式报告，据安特生说快要付印了，很希望他在看到我们的许多材料之后，能够变更一下其过去的意见。

关于龙山和仰韶的问题，现在所不能解决而有待于将来之新资料的尚多，如：

（一）早期的龙山文化是否可以早于晚期的仰韶文化？

（二）龙山文化是否可能受到仰韶文化的影响而另行产生一种新的文化？

（三）两种文化的地域的分布上究竟有什么特别不同？

（四）鬲形陶器在这两种文化遗存中究竟有什么意义？

这一些问题的解答，自有待于考古学者的努力。

1937 年 7 月 7 日重写于南京鸡鸣寺旁

中国新石器时代[*]

一 中国新石器时代遗址的发见及其分期问题

中国新石器时代遗址的发见和发掘，已经有近二十年了。这多年里的调查和发掘所得的遗址，已有了相当多的数目。为了叙述的方便，且就地区的不同大体分别为二：

长城以北的区域 日人鸟居龙藏（Riuzo Torii）最先在我国东北地区作新石器时代遗址的调查工作。他在辽宁吉林两省调查多年，于1915年发表了一篇关于东北地区南部新石器时代的论文（Population Prehistorique de la Manchurie Meridionale. Journal of the college of science, imperial University of Tokyo, vol. XXXVI, art 8, 1915）。他虽然发见了许多遗址，收集了不少的标本：陶片、石器及骨器，且作了不少的结论；但是他的工作几乎全是地面上的调查，因之其结论并没有十分强固的基础。

---

[*] 原文系《中国原始社会》一书（1943年由延安作者出版社出版）之第一编《从考古学上所见到的中国原始社会》第二篇《中国氏族社会》。后略加修改，收入《中国新石器时代》一书（1955年由三联书店出版），改用此题。——编者

鸟居龙藏以后，日本人在东北地区作考古工作的逐渐增加了，但他们大部分力量是用在辽东半岛。他们在貔子窝曾作过发掘并印出了报告。

在日本人还没有发现貔子窝之前，安特生已在沙锅屯（当时的奉天锦西县）作过发掘工作了，在那里发见了不少的带彩陶器。

以上是松花江以南的情形。

松花江以北的区域里，在黑龙江境内，考古工作的成绩很少。1928 年俄人梯托夫（Titoff. E. I.）等在呼伦（即海拉尔）西南的沙冈上的工作要算是比较有组织的采掘了。梁思永先生在昂昂溪作过一次较有系统的科学的发掘，这可以说是黑龙江境内考古工作最有成绩的一次了。

鸟居龙藏到热河去作人种学的调查工作，同时他在考古学方面也搜集了不少资料。在他发表《东蒙的原始居民》(Population primitive de la Mongolie Orientale. Journal of the college of science, Tokyo imperial University vol. XXXVI Art. 40，1914) 的十年以后，德日进（Teilhard de Chardin）和桑志华（Emile Licent）在作地质调查时又发现了不少的遗址。

梁思永先生在热河境内也曾作过调查。

德日进和桑志华在绥远发见了新石器时代的遗址，并发见了旧石器时代的遗存。

大约是 1934 年，日本的考古学人尾随于其法西斯强盗之后，在热河会曾过一次考古发掘工作，其报告到现在还没有见到，据说就中有彩色陶器发见。

美国人纳尔孙（Nelson，N. C.）从张家口到阿尔泰山，沿途在美国自然历史博物院亚洲调查队的路线上发见了数十处文化遗址。他根据挖掘的结果和地面的观察，将这些遗址所代表的文化编成由旧石器经过中石器、新石器、铜器到蒙古时代联贯的几期。（Nelson, N. C. and Berkey, C. P.：Geology and prehistoric Archaeology of Gobic desert. American Museum Novitates No. 222）。但是他因为追随于大队之后，没有系统的发掘的可能，所以他的分期只有相对的价值。

这一地带的考古工作，大都没有作过系统的发掘工作，而只限于地面的调查。虽说也得到了不少材料，但到现在还没有更科学的基础去作系统而全面的研究。日人水野清一等曾企图作一扼要的描写，但是因为其基础不够巩固，所以结论不过只是一种假设而已（《内蒙古长城地带》和《满蒙新石器时代要论》）。这地域内新石器时代的分期问题，在现在还没有得到坚强的可靠的基础，我们未便妄加推论。

在这些材料中，比较可靠的是梁思永先生发掘之昂昂溪遗址，和长城以南的新石器时代遗址比较，它有以下的几个特征：细石器较多，磨制石器较少；陶器制法较原始，形状简单，数量亦不多。从社会发展的程序上看，大体上较仰韶文化更为原始些。

长城以南的区域　这里包括着广大的华北地区，兼亦述及华中或华南。到目前为止，发现新石器时代遗址最多的地方在华北一带，其中有不少的遗址是发掘过的，因之，其中有不少的问题要作新的估计。下面以分期问题为主，兼及重要遗址的发见经过。

瑞典人安特生（J. G. Andersson），最先在华北一带作考古发掘工作，且得到了不少资料，还出了不少报告和论著；但是，由于其思想方法上的和资料上的限制，使他在分析材料的工作中就发生了相当的错误。

安特生最初的工作是在河南渑池县的仰韶村。在那里他作过相当的发掘工作，找到了不少的遗物和遗迹。他根据一部分材料，曾写成《中华远古之文化》（An Early Chinese Culture《地质汇报》，第五号）一文。从此他对于中国新石器时代便树立了一个基本的观念——即"单色陶器"早于"彩色陶器"的原则。

他后来在甘肃等地作调查工作，发现了不少新石器时代的遗址。他以仰韶村的材料作基础，根据单色陶器早于彩色陶器的原则，去分析他在甘肃所得的许多新材料。于是将甘肃的许多遗址分为以下六期：

新石器时代末期与新石器时代及铜器时代之过渡期：

齐家期，

仰韶期，

马厂期。

紫铜器时代及青铜器时代之初期：

辛店期，

寺洼期，

沙井期。①

安特生在他的"Der Weg über die Steppe"（Bulletin No.1，Ostasiatiska Samlingama p. 153）一文里，因为甘肃沙井期的遗存里曾出现斯西安式（Scythian）的铜器，将沙井期的时代推晚了一千余年。②

巴尔姆格伦在其《半山及马厂随葬陶器》一书的前面列有一个甘肃古代文化的简表，就中不同于《甘肃考古记》的，只

---

① 安特生：《甘肃考古记》（《地质专报》甲种第五号），第19—20页。
② 梁思永：《小屯龙山与仰韶》，载《历史语言研究所集刊》外编《庆祝蔡元培先生六十五岁论文集》，第563页。

是将沙井期认为是铁器时代的早期而已，时期的划分并没有什么变更。巴尔姆格伦是安特生的学生，这册书当然是经过安特生看过了的，这分期办法自然可以代表安特生的意见。安特生在这册书的序文中曾说：

> 这些陶器的时代问题，以及那些花样的意义，我将在一种比较的研究中来讨论；我打算拿比较研究作为关于甘肃所发见的史前遗物的最后一卷。同时，请注意，在我底著作《黄土底儿女》（Children of the Yellow Earth）① 里面，对于我们现在关于这些问题已有的知识，我已经作了一种通俗的叙述。

他的《黄土底儿女》一书已经是出版了，在那里他还是和过去的意见没有什么更大的不同，由此可知，他对于分期问题的基本观点并没有变更，至多也不过是某期早些或晚些的变动而已。

1937年夏他重来中国，在南京地质调查所讲演时，还是过去的说法，并没有新的见解。

他所凭藉的划分时期的基本材料，就是河南和甘肃的一些遗址，这许多遗址除仰韶村及其他个别遗址经过了相当的发掘之外，其他遗址不过只是经过地面调查而已。仅凭地面上的材料和简单的探掘，就不可能确定文化遗存在地下的纵的或横的分布的真相。因为他的根据不十分巩固，其结论自然会有摇摆不定的危险。

近些年来，中国考古学者发见了不少新的材料。从而也发见安特生所发掘的仰韶村遗址的本身还存在着不少问题，他对于遗物的分析也有不够妥当的地方。因此，重新分析仰韶村遗址就是

---

① 伦敦，鲁特莱治父子书店，1934年版。

十分必要的了。

兹先叙述几年来考古学上所提供的新的材料和从此所导引出来的新的问题。

1931年春,梁思永先生在河南安阳的后冈发现了新石器时代遗址,这对于中国新石器时代文化的研究有着很重要的贡献。梁思永先生在其《后冈发掘小记》中说:

> 上层所包含的是白陶文化(即小屯文化)的遗物,中层所包含的是黑陶文化(即龙山文化)的遗物,下层所包含的是彩陶文化(即仰韶文化)的遗物。每层所包含的遗物里,不但有他所代表的文化的普遍器物,并且有那文化的特殊制品。如果把地层上下的次序依考古学的基本原则"翻译"成时间的先后,我们就可以知道后冈上在白陶文化的人居住之前,黑陶文化的人曾在那里住过,在黑陶文化的人以前,又有彩陶文化的人在那里住过,这简单的事实是城子崖黑陶文化发现后中国考古学上极重要的一个发现。在这发见之前,我们只知道中国在石器时代,东部曾有一种黑陶文化,而于这文化与其他文化的关系是一无所知的。在这发见之后,我们才知道他的时代的地位,以及他与白陶文化和彩陶文化的关系。[①]

后冈发见之后,在安阳附近又发现了两个和后冈堆积相似的遗址:一个是侯家庄西北的高井台子,一个是同乐寨遗址。河南浚县的大赉店和刘庄也发现了相似的遗址。这些事实很明确的告诉我们,在新石器时代,河南北部曾有着两种不同的文化遗存——仰韶文化和龙山文化。它们在时间先后上也有着相当的差别。

1934年,在河南西部广武的陈沟和青台,都发现了仰韶文

[①] 梁思永:《后冈发掘小记》,载《安阳发掘报告》第四期,第615页。

化和龙山文化分别堆积（从横的分布上看）的现象，益足以证明这两种文化各有其独具的特征，而不是一种文化遗存。

根据这六七年来的发见，我们明确的了解仰韶文化和龙山文化有不少的区别，决不能将这两者混为一谈。它们之间的最大区别是：仰韶文化遗存中的陶器多系红色，表面多涂有彩色的纹饰；龙山文化遗存中的陶器多系黑色，表面光亮，且常有刻划的纹饰。他如陶器的形状和纹饰的做法都各有其不同的特征。只要是经常摸弄它们，一看就可以分辨出来何者属于仰韶文化，何者属于龙山文化。这些，以后在详细分析的时候，自然会给我们以更明确的答复，这里不再多费笔墨了。

经过这六七年来的发掘工作，给我们提供不少新的史料，我们分析的结果，得到了不少新的基点和启示去检查安特生过去研究中国新石器时代的工作。

我们十分怀疑在安特生所发掘的仰韶村遗址里，包含着仰韶文化和龙山文化两种遗存，因为他未能从遗址之纵的或横的分布上将这两种不同的文化遗存的相互关系分析清楚，而竟将两者混为一谈，总称之为一个时期的文化遗存，这正是他所以发生错误的基点。

事实是最顽强的证据：仰韶村遗址中的陶器正表现着两种不同的特点，安特生看到了这不同的现象，未能仔细加以分析，将两者的关系弄个明白，而只是简单的分为"单色"和"彩色"便算了事。他所说的"单色"陶器，就我们所可能知道的说，大部分都是龙山文化遗存。梁思永先生说：

"龙山极普通的篮纹方格纹陶片常出见于仰韶[①]；龙山

---

① 见安特生：《中华远古之文化》（《地质汇报》第五号），第一五版，第一、七图；第一六版，第一、八图；第一七版，第一图。

主要的光面黑色和灰色陶片也屡见仰韶①。仰韶有几种陶器的形制完全属于龙山陶器形制的系统。②"③
从这里我们知道仰韶村不仅具有彩色陶器，且亦具有龙山式的陶器。

离仰韶村不远的不召寨遗址中只有"单色陶器"，不见"彩色陶器"，这是安特生发见的一个遗址，阿尔纳（T. J. Arne）说：

……不召寨之遗墟：

此处得陶器六件，均无色彩。详《中华远古之文化》附图第七版第六、七两图；第一五版第一、六两图及第一七版第一图。④

安特生看到这样的现象之后，从文饰的繁简这一原则出发，以为不召寨没有"彩陶"，就假定它应当早于仰韶遗址。"单色陶器"早于"彩色陶器"，这是安特生所得到的一个基本观念。

在南京时曾经看到了其中的陶器，事实上不召寨遗址正是纯粹的龙山文化遗存，如果就阿尔纳所说的一些陶器和龙山式陶器比较，就会发见它们具有同样的特征，会相信它们属于同一系统的文化遗存。广武的青台和陈沟所见的现象，更足以证明仰韶村遗址之所以部分的和不召寨相同，是因为仰韶村有龙山文化遗存的因素。河南北部的现象业已证明了仰韶文化早于龙山文化，这里不召寨既系龙山文化遗存，则其是否早于仰韶村当然还是值得

---

① 见安特生：《中华远古之文化》（《地质汇报》第五号），第七版，第三、四图；第一五版，第二图；第一六版，第四图。

② 见同上书，第七版，第四、六图；第一五版，第七图；第一六版，第二、四图。

③ 梁思永：《小屯龙山与仰韶》，载《历史语言研究所集刊》外编《庆祝蔡元培先生六十五岁论文集》，第560页。

④ 阿尔纳：《河南石器时代之着色陶器》，第7页。

考虑的问题。就现有的材料说，不召寨似应为晚于仰韶村仰韶文化的龙山文化的遗存，安特生所说的"单色陶器"实际上晚于"彩色陶器"。他的说法在事实面前就不能够成立了。

安特生由于不能正确地认识仰韶村和不召寨的遗址，因而得出了错误的基本观点。他依据着错误的基点出发，分析甘肃境内所获得的大批材料，自然也会误入歧途，莫知所归。他看到了齐家坪遗存中"单色陶器"多而"彩色陶器"少的现象，就推测这是早于仰韶期的遗存。他在《甘肃考古记》里说："吾人于甘肃曾判别一较仰韶期为早之文化曰齐家期者，前已述之矣。其中彩色陶器极少，但他式者则灿然大备。"①

他在齐家坪并没有作过应有的发掘工作，只是简单的探掘，以此为立论的根据，当然十分不够。所以他终于还不敢过分相信自己的结论。他说：

> 齐家期中仅见陶片一件，为陶器颈部里面之有彩纹者（附图第五版第一图）。但于齐家期之康氏陶器中，此为例外，且觉不甚重要。至齐家是否早于仰韶，此刻尚难确证无疑也。②

他一面怀疑着自己的结论，一面却大胆的将齐家坪遗址放置于仰韶期以前，这样，自然不会使他的分期工作得到正确的结果。

徐炳昶先生说："至于齐家坪的遗址同仰韶期的遗址散见于各处，并无地层上下的关系，不过因为陶器的作风间接的推断，至于直接的证据却是没有。"③ 这话说得很对。就陶器的作风上

---

① 安特生：《甘肃考古记》，第32页。
② 安特生：《甘肃考古记》，第42页。
③ 见徐炳昶《陕西最近发见之新石器时代遗址》，载《北平研究院院务汇报》第七卷，第六期，第208页。

讲，也有不少问题需要重新研究。1937年夏，在南京曾看到过安特生为齐家坪遗址报告所作的图版，陶器的特点和仰韶文化的陶器极不同，相反却和龙山式陶器有某种相似处；当然我们不是说齐家坪应属于龙山文化系统，不过这些现象给我们一定的启示而已。

综合以上的简要叙述，我们说齐家坪遗址是否早于仰韶遗址，还不能即刻得到解答。现有材料告诉我们它晚于仰韶村遗址的可能性比较大些，早于仰韶村遗址的可能性比较小，安特生的推测正是可能性较小的一方面。

综合以上关于这许多新石器时代遗址的具体分析，我们可以说：

昂昂溪文化是现在我们所知道的中国较为原始的新石器时代的遗存。

龙山文化与仰韶文化是两种不同的中国新石器时代晚期的文化遗存。

就现在所有的材料看，大体上可以说仰韶文化早于龙山文化。

安特生由于不曾具体而深入地从各方面分析遗物的特点，不曾就各遗址本身的层位关系作应有的分析，因之混淆了仰韶文化与龙山文化，在分期问题上就得出了不符合事实的结论。

二 中国新石器时代的发展程序

（一）以渔猎为基础的氏族制的社会

关于中国原始公社中较早的氏族制度的社会生活的研究，现在还存在着许多困难：因为这些材料大部分都不见得十分可靠，大部分是地面采集的东西，遗物在地下的堆积情形知道得很少，对于遗物和遗迹间的相互关系还不可能有更正确的了解。目前对这些问题，大部分的学者还是在推想和假设的过程中。要克服这些困难，只有根据比较可靠且比较合理的材料，经过审慎地分析，然后和一些调查所得的地面上的材料联系起来，才不会陷入不尽可信的推想中去。

研究这一种文化遗存的最可靠的材料，要算是梁思永先生所发掘的昂昂溪镇附近的遗址（在黑龙江滨江附近）了。他曾根据路卡斯金（Lukashkin）调查所得的材料，在那里搜寻遗址的所在地，并作了相当科学的发掘工作，写成《昂昂溪史前遗址》这一发掘报告，给我们不少可靠的史实。这遗址正是我们目前研究较原始的中国新石器时代文化的正确材料。

首先，让我们从这一遗址中所得的遗物着手研究，然后推论到其他问题。

石器　昂昂溪文化的人们所使用的主要工具是石器；制作的方法主要的是琢制（Chipping），其次为磨制。琢制的石器中有各种不同的样式（参看图版一）。

细石器（Microlith）是这种文化的最大特征，这些石器多系绿燧石制成的，经过了打制及琢制两重手续。器小而精，锋刃亦相当锐利。就形状说有石核刀、石核钻、小雕刻具、细锥尖石器、石箭头、削刮器和凹刮器等。

精琢过的石器在这里也是常见的东西，大都出自墓葬之中。其形状有长方形石刀、石箭头、尖石器、小石凿、钻类小石器及石刀等。

磨制石器这里只有石磅，路卡斯金共采得六件。梁思永先生在论及这里的石磅时说：

中国新石器时代 67

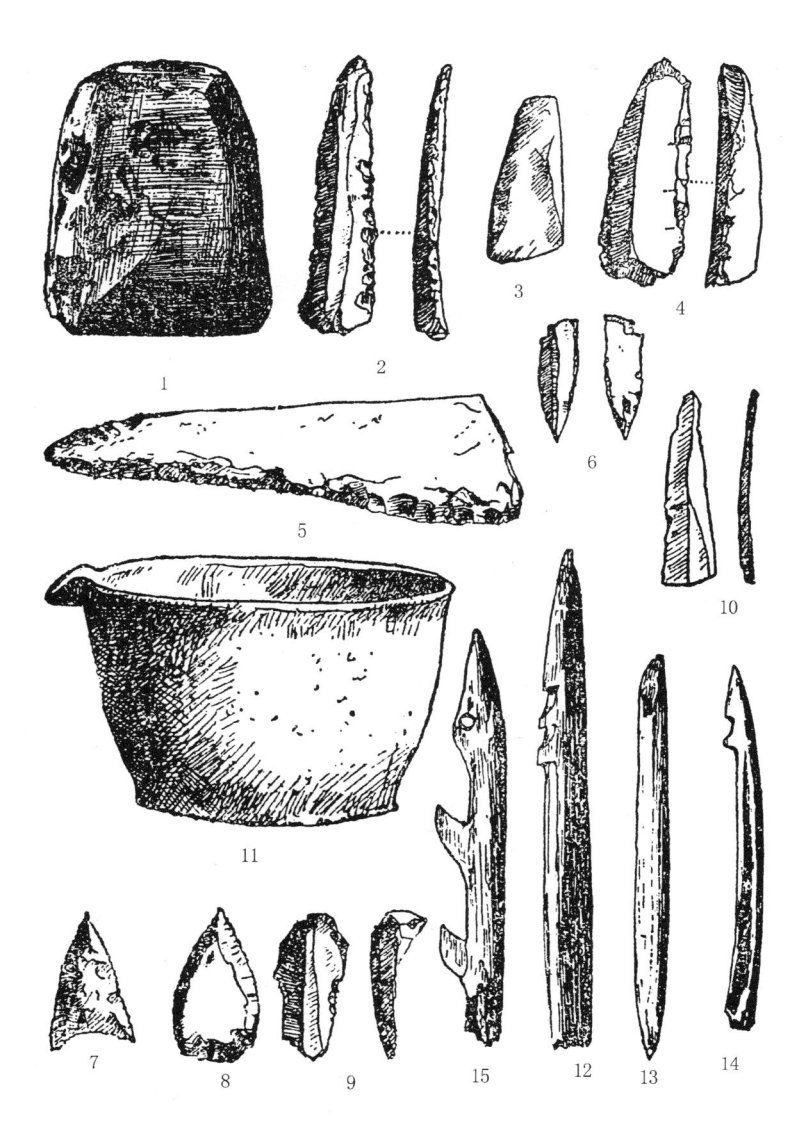

图版一 昂昂溪的石器、骨器和陶器

图版一说明
昂昂溪的石器、骨器和陶器

采自梁思永先生《昂昂溪史前遗址》；且系按原插图制成。就中有两图，因原图模糊，稍加修饰。

第一、二及一五为原大的八分之三，其余均为八分之六。

(1) 磨制石砢。
(2) 钻类石器，半透明带红霞石髓制。
(3) 小石砢，玄武石制。
(4) 小石錾，半透明石髓制。
(5) 三角形石刀，燧石片制。
(6) 完整的细石锥。
(7) 三角形凹底石箭头，黄燧石制。
(8) 平面桃形石箭头，绿燧石制。
(9) 石核钻。
(10) 雕刻用具，绿燧石制。
(11) 带流陶器，手制，深灰色。
(12) 小骨枪头。
(13) 骨鱼镖。
(14) 尖端已残的骨鱼镖。
(15) 单排倒钩的骨枪头。

在昂昂溪采集的口宽、脚窄、口端厚、脚端薄、长与宽相差不多。刃口略斜的磨光薄石砎与仰韶、沙锅屯、西阴村的长厚的石砎固然完全不相同，就是和仰韶、沙锅屯长宽相差不多而脚端厚口端薄的石砎也不一样。不过沙锅屯采集里有一个与昂昂溪相同的石砎。鸟居龙藏在东三省南部也找到过类似的石砎。①

从这里我们可以知道这些石砎的特征及其和其他遗址中石砎的相互关系了。梁思永先生说：

五件里……四件都可以归入小砎之类。……都不是直接以手运用的器具。但是我们没有找到柄把一类的物件，所以不能确定他们的柄把的形状。②

这遗址里磨制石器很少，且用具的种类很简单。

磨制的遗物，除用具之外，还有用作装饰的带孔小珠。样式都不同，有单孔垂珠、双孔珠、轴孔珠、六角珠、大孔圆片形小珠和小石圈等形状。

昂昂溪的石器很清楚的是以琢制的方法为主，磨制的方法似乎还不曾普遍且广泛的使用。就数量和形状上的现象推测，这结语大约不会有什么错误。

骨器 这里的骨器都出自墓葬里。就形状及用途分，约可分为枪头、鱼镖及其他不知用途的少数遗物。

枪头又有大的和小的两种。大枪头，梁思永先生说是"猎海兽用。是一种专用的器具"；其中有单排倒钩大枪头和大曲骨枪头两种，这"都是投掷类的枪头。"小骨枪头，比较前者简单

---

① 梁思永：《昂昂溪史前遗址》，载《历史语言研究所集刊》第四本第一分，第29—30页。

② 梁思永：《昂昂溪史前遗址》，载《历史语言研究所集刊》第四本第一分，第25页。

得多,"将骨料修成椭圆形长条,一端做成枪尖,一端做成秃的柄脚,枪尖以下刻成一排三个浅小的鸟嘴形倒钩";它们的"装插是死的,不能随时与杆脱离。至于用法,这两个大概不是投掷骨器"。

骨鱼镖与小骨枪头的制作样式几乎完全相同,只有大小的差别,骨鱼镖比较轻小。

骨锥有两种,一种"扁身,锐尖,近柄脚底处有四道极简单的装饰的刻纹,骨料硬重,皮面很光滑,似曾经过长期的摩弄";一种是兽骨制的,骨质轻松。

骨"刀梗",扁长骨制,"骨质坚硬、重、紧。沿两窄边刻有两道很直很深的沟……,两面也各有圆底的宽槽一道……,柄脚有长圆孔一个,……刀尖在殉葬以前已锯去"。这很可能是嵌放细石器用的刀梗。梁思永先生说:"在欧洲新石器时代的初期,这种嵌细石器的骨枪骨刀的发现地域,最南到意大利,最北到瑞典。亚洲东部,在拜尔湖岸也发见过这种的骨器。"[1] 这刀梗虽说是一件残器,但由其他各地的比较材料的证明推测,它的槽里嵌以细石器使用是很自然的事。

陶器　这里所出的陶器和陶片很少,这现象正足以引起我们特别的注意。梁思永先生说:

> 这遗址里出土的陶器和陶片很少。完整的陶器只有两件;一件在我们的采集里,一件在路卡斯金的采集里,破碎的陶片也不出二百块。[2]

这里所得到的陶器只有两件,一件是"深碗形、平底、差不多

---

[1] 梁思永:《昂昂溪史前遗址》,载《历史语言研究所集刊》第四本第一分,第35页。

[2] 梁思永:《昂昂溪史前遗址》,载《历史语言研究所集刊》第四本第一分,第36页。

直的口缘、带流"的陶器；一件是"全体作近球形，口缘稍向外张，底心略凹"的罐形器。"罐最大的周圆以上有一带，错对、同中心的三角拼成的刻纹装饰"①。

其他破碎陶片多不能看出其原来的器形。将所有的陶片研究一过，约可指出以下的几个特点：全部手做，分段、叠筑的方法最普遍。除少数的几片外，全部棕色。有少数的几片似乎带有色衣，另有少数的几片外面曾经磨光。质料有粗细两种。细料里所搀合的强煅料几乎没有例外的是介壳末，粗料里所搀合的强煅料也几乎没有例外的是砂粒。细料的陶片烘烤得较软，粗料的陶片烘烤得较硬。

陶器的边口并不十分复杂，除了几片属于颈圈的陶器和两个近球形罐的边口外，都是稍向外张的直边片。陶器的底部大都是平底的，就中也有少数微凹的底。没有柄把一类的附件，有流。完整的陶器只有一个近球形罐和一个带流的碗。

装饰照例成带，都在器物上半部分，只有低凸与刻画两种方法，低凸又分黏合和捏起两种。刻画的花纹有：简单的平行线，交错的平行线，错对的三角、平行相间的直线和点线，指甲痕。低凸的花纹有：简单的平行线，链索条、绳形条、直截段条、斜截段条、指甲截段条，完全是直线的。

从装饰（成带）、形状（颈、流）以及制作的精良（近球形罐等）看来，这遗址的陶业，在筑垒做法范围之内，已经达到相当高的程度了②。

综合上述陶器的特点，简略言之，则数量之少，形状和纹饰

---

① "以渔猎为基础的氏族制的社会"中所有未注出处的简短引文，均录自《昂昂溪史前遗址》一文。

② 参看梁思永《昂昂溪史前遗址》，载《历史语言研究所集刊》第四本第一分，第41—43页。

之简单，制作方法尚无轮盘旋制的痕迹，凡此种种，都足以证明昂昂溪文化较仰韶文化为原始。

在昂昂溪遗址附近，梁思永先生曾经发现了一座当时的墓葬，里面还保存着不少可贵的遗存。墓葬在黑沙层的底，离底层黄沙的上面只0.2公尺，并没有墓穴或墓圈的痕迹。骨架：头向北，躯向上；除头骨的面部、手骨、脚骨和坐骨，其余的骨骼保存的情形尚好；但是骨骼排列已经错乱。殉葬的器物的排列在埋葬时似曾经过扰动，但离本来的位置大概还不远。这墓葬里的殉葬遗物相当丰富：有骨器十二件，其中有大小骨枪头、骨锥（其中有一个被火烧焦了）、骨梗和不知用途的骨器；角器一件，陶器两件，石碜一及碎燧石片六；鸟骨及狗骨也有，其中有一根曾经锯过的鹿腿骨。

这里值得我们注意的是骨器特别多而石器很少，整齐的细石器非常缺乏。梁思永先生根据这墓葬的特点，曾经写过下面的一段话：

> 这几点使我们想起许多民族把死人抬到旷野，放在地面上不挖洞穴，安排了殉葬的器物，用土掩盖上，然后在墓旁哀宴的习惯。我们挖出来的猎人大概也是这样子埋葬的吧。①

从这里我们可以知道昂昂溪文化埋葬习惯的大概了。

路卡斯金在这里也曾找到了一座墓葬，梁思永先生说：

> 路卡斯金在这座墓葬之南的残骨堆里（大概是一座墓葬的残余）也找到很多遗物——石器多，骨器少，一个陶罐和一个带流陶器。

---

① 梁思永：《昂昂溪史前遗址》，载《历史语言研究所集刊》第四本第一分，第9页。

找到和人骨同出的石器有：一沿边精琢的石磤两个；一个绿燧石，一个石髓制；燧石缘边精琢（较大）石刀两把；全体精琢三角凹底的石磤四个；一个棕黄燧石，一个绿燧石，两个石髓制；净白石髓全体精琢的长石条九条，绿燧石尖头全体精琢长石条一件；棕黄燧石全体精琢的精琢具一件；石髓全体精琢的钻一件；绿色似玉石单孔珠一件，粗大理石小石圈一个。……①

梁思永先生根据着这两个墓葬的特点曾推测当时的埋葬习惯说：

　　昂昂溪沙冈的墓葬所代表的文化已实行比较繁重并且多少已有定格的丧礼。两座墓葬里各出一个近球形和一个带流的陶罐绝不是偶然的事。根据殉葬器物可以推定：我们挖的是一座男子的墓——出枪、镖、刀等打猎用的兵器；路卡斯金发现的是一座女子的墓——出精琢器、削刮器、饰珠等。②

　　在墓葬里还没有发现细石器，细石器和骨器的关系还不能十分确定。但是，墓葬里发现的骨刀梗，除了嵌置细石器以外，别无用处。梁思永先生在说明他所发掘的墓葬特点时，曾指出那里整齐的细石器的缺乏。他在叙述细石器时有小雕刻具，明明写着"出自墓葬"③。在说明石器与墓葬的关系时说："在我们挖掘的未曾扰动过的墓葬和路卡斯金所发现的已经一部分暴露的墓葬里，都没有发现过真正的细石器。"④

---

　　① 梁思永：《昂昂溪史前遗址》，载《历史语言研究所集刊》，第四本第一分，第9、29页。
　　② 同上书，第43页。
　　③ 同上书，第13页。
　　④ 梁思永：《昂昂溪史前遗址》，载《历史语言研究所集刊》，第四本第一分，第29页。

真正的细石器虽然在墓葬里没有找到,但是相当于细石器的东西是有的,小雕刻具和骨刀梗便是显明的事实,因此,我们说这里的骨器和细石器是同一文化遗存中的东西。

　　昂昂溪文化遗存的各个方面的具体分析,使我们有可能进而推测当时的经济生活。

　　这遗址的堆积还不广大深厚,虽说已经使用陶器,但数量还不太多,形状简单,纹饰也不甚复杂,制法比较原始。这说明当时已经走向定居生活了,就是说已经过着一定程度的定居生活了。

　　昂昂溪遗址的骨器里有很多的骨枪和鱼镖,大部分都是渔猎的用具。梁思永先生说:

　　　　根据地质学者的观察,昂昂溪一带的沙冈是从前大湖边的堆积。而我们所发见的又是一种水边文化的遗存。这遗存里的兵器大部分是专为打水兽用的猎器。所以在用这种猎器的人的墓葬里发见用鹿肉做祭品,使我们感觉到特别的兴趣。因为这情形使我们联想起楚克次、科律雅克以及其他猎水兽畜鹿的极东西伯利亚民族。[①]

在这遗址里曾发见了蛙、鱼、鸟、猪、鹿、兔和狗等七种动物的骨骼。根据用具的特点和动物骨骼的类别,我们推想当时的居民主要的是以渔猎为生。

　　梁思永先生说:"在路卡斯金所发见的墓葬里所得的石珠的原料都不是本地的岩石。这表示这文化和外界已有相当的接触"。这事实证明在当时已经发生了交换关系。

　　我们分析这种新石器时代遗存的内容,知道细石器是它的最

---

　　① 梁思永:《昂昂溪史前遗址》,载《历史语言研究所集刊》,第四本第一分,第43页。

大特征，可以说是这种文化的代表性的特征。根据这一基本特征进而研究其分布的区域，大体上是在长城以北的地区。当然细石器只是这种文化遗存的突出的特征之一，如果就遗存的各个方面作综合的研究，当然还可以找出以细石器为特征的文化的本身发展的序列，还可以找出在不同地区的不同特点，还能够找出其更具体的分布状况，还能够发现它们的更丰富的具体内容。这里只是用较可靠的材料加以叙述，作为研究这种文化遗存的基点而已。

（二）以农业为基础的氏族制的社会
（甲）仰韶文化的社会

在我们所知道的考古学材料里，关于中国新石器时代晚期的文化遗存有仰韶文化。仰韶文化之名源于仰韶村（河南渑池），安特生于仰韶村附近发现了这种文化的模范遗址，因之，后来在其他各处所发现与这种文化形态相同的遗址，统称之为"仰韶文化"遗存。

我们所说的仰韶文化这一术语的内容和安特生所说的"仰韶文化"有相当差别，安特生将"单色陶器"（即我们所说的龙山文化遗存）和"彩色陶器"（即我们所说的仰韶文化遗存）混在一起，而统名之为"仰韶文化"，这是一种错误的观念。这里是以仰韶文化代表含有"彩色陶器"特征的一种文化，将安特生所混进去的"龙山文化"的因素抽取出来了。

因为安特生混淆了龙山文化和仰韶文化遗存，所以，直到现在我们还不能更清楚地了解仰韶文化的各方面的具体内容，还不能更正确且更丰富的了解中国新石器时代晚期的这一种文化遗存。到现在已经是十七年了，安特生还没有将他所发掘和调查的遗址详尽的发表出来，这样，给我们以更大的困难去分析这一文化遗存的内容。

我们现在所依据的材料，只是从安特生的一些简短的报告里所吸取出来一些比较可靠的部分，同时参考了其他考古学者所发见的几个遗址。因之，其中自然会在个别的问题上费去相当多的篇幅，用以批评过去的考古学者对于这种文化的混乱观点。

仰韶文化遗址的居民　安特生在河南渑池的仰韶村、辽宁的沙锅屯和甘肃的洮河流域得到了不少的人类遗骸，他认为这些骨骸都属于仰韶文化遗存。仰韶村和沙锅屯的十八具骨骸，布达生研究的结果，曾作出如下的结语：

假若吾人将两系人骨（辽宁与河南）加以比较，在十八具中除了九具较有变异外，其余多数都可以显示出沙锅屯与仰韶村的人骨皆具有相同的性质。

将这两组的人骨特性加以严密的探究，则吾人可以重新地看出，石器过渡时代的人种与近代华北人的体质是相同的，……所以吾人很难避免这一结语即沙锅屯与仰韶村的遗骸，如果加以比较的话，足以代表现今的华北人。[①]

安特生在甘肃的洮河流域得到了五十多具骨骸，他认为都属于仰韶文化遗存，就中以得自"第二（韶仰）和第三期（马厂）文化期的"为最多。布达生根据其初步的观察，曾作出如下的报告：

故此搜集中大多数之头骨及骨骸呈列的品质确而无疑的属于蒙古种。比别于其他的黄色亚洲人，此种最似久复衣大——路格尼所谓亚洲嫡派人种。在我关于沙锅屯及仰韶遗骸之报告中，我曾证明为那两组骨骸所代表的人民之体质与现

---

① 布达生：《奉天沙锅屯及河南仰韶村古代人骨与近代华北人骨之比较》，英文，第79页。

在同地的居民（即我之所谓北支那人）之体质同属一派。假如所证是实，则仰韶、沙锅屯居民之体质与历史前甘肃居民之体质亦相似；因为三组人之体质均似现代北支那人即所谓亚洲嫡派人种也。

再说一句以作结束：初步测验这材料所得的印象使我们相信为这骨骸所代表的历史以前的甘肃居民大多数是原形支那派的，不是加尔格伦教授所拟议的土耳其种；但是在最早期的居民骨骸之中却有几个头骨与大多数同宗而不同派，或较之原形支那人更为原形。①

根据布达生研究这三组人类骨骸的结果，我们可以说仰韶文化的人类骨骸与现代人类比较，却毫无差别；仰韶文化的居民可能即为现代华北居民的祖先。

在仰韶文化遗存中，发现不少兽类的骨骸。学者鉴定的结果，知道有猪、鹿、羊、马、牛等类，其中以猪为最多，其种类皆与今日生存者无异。于此可知当时家畜的饲养，已相当普遍，足证仰韶文化的居民已经在过着相当巩固的定居生活了。

就现有的考古材料看，仰韶文化的居民分布的区域，大体如下：

就目前所知道的许多史前遗址中加以分析和判断，大体上认为仰韶文化遗址的共有二十二处，河南北部的洹水沿岸我们发现了四处（后冈、侯家庄的高井台子、同乐寨和大正集，都在安阳境内），淇河沿岸发现两处（浚县的大赉店和刘庄），河南西部的广武境内有秦王寨、青台、陈沟和池沟寨，偃师北黄河南岸的东蔡庄附近、渑池的仰韶村和巩县西北的塌坡。

在山西的南部有不少仰韶文化遗存，但因为调查者的粗疏，

---

① 布达生：《甘肃史前人种说略》，附载《甘肃考古记》，第49—50页。

还不可能确定它们是否单纯的仰韶文化遗址，目前可以断定的有夏县的西阴村、万泉的荆村和瓦渣斜。

在陕西境内，徐炳昶先生领导的考古团体曾于渭河流域作过相当的调查，但其调查报告还没有发表，他们所发掘的斗鸡台（在宝鸡）已可确知其有仰韶文化遗存。陕西北部的洛川北门外和　邑的看花宫也发现了仰韶文化遗址。

安特生在甘肃境内发现了不少的遗址，他统统归于仰韶文化；但是我们分析的结果，其中有些遗址并不能勉强的拉进仰韶文化的系统之内。大体上可以认为属于仰韶文化的遗址有：洮河流域之朱家寨（在西宁）、马厂沿（在碾伯）、辛店（在洮沙）和半山（在宁定）四处。

辽宁的沙锅屯（在锦西），为安特生所发现的遗址。其中遗物虽系新石器时代的遗存，然较诸仰韶文化有不少相异的特征。彩色陶片非常少见，且有陶鬲足部的存在，因之，我们现在还不能断定其确系仰韶文化系统的遗址。

日本的考古学者（由滨田耕作率领）追随于侵略中国的日本军阀之后，在热河的赤峰曾作过发掘，在那里发现了着色陶器，详细报告我们还没有见到。

辽宁南部的貔子窝，虽发见着色陶器，然其花纹与形状都与仰韶文化系统的陶器大不相同。就其大部分陶器的特征推测，和龙山文化遗存相似。

沙井遗址，在镇番以西，"其中陶器，大都为单色"，"上绘清晰之红色条纹，最特别者为绘鸟形之横行花纹"。就安特生《甘肃考古记》中所载的图版（第一一版）观察，它和仰韶系统的文化遗存有相当的区别，已经非常的明显了。

以上四址，在没有更多的证据以前，我们应当将它们放置于仰韶文化系统之外。

就我们所知道的这22个仰韶遗址分布的地区观察，仰韶文化存在于甘肃的洮河流域、陕西的渭河流域、山西的汾河流域、直到河南的西部和北部。大体上分布在黄河流域的上游。

仰韶文化发展的迹象　这仰韶文化系统的22个遗址，因为大都还没有较全面的详细报告发表，所以关于它们的时间的前后关系，目前还不能作更细致的分析。在这里只能就现有资料作以下简略的叙述。

安阳后冈（河南）发见了三层文化遗存（上层小屯文化、中层龙山文化、下层仰韶文化）之后，梁思永先生将后冈下层的仰韶文化遗存和仰韶村的文化遗存作了相当的比较，认为后冈的仰韶文化应当早于仰韶村的文化遗存。这现象在着色陶器花纹的繁简上表现得比较清楚。[①]

安特生对于甘肃诸遗址的分期，有很多不够妥当的地方，我在《龙山文化与仰韶文化之分析》一文里已经比较详细的加以分析，这里不再多说了。在他分的六期里，只有仰韶期和辛店期的关系他得到了层位上的比较可靠的根据。他说：

> 且辛店期后于仰韶期，有地层之次序可证。此为最可靠而难得之证明也。

> 辛店期之模范遗址为一葬地，名曰辛店甲址。其南三百公尺，即一深沟之南侧，见有村落遗址一处，表面情形极为混乱。……余最后决计于遗址之一部，择其混淆较轻之处作地层上之发掘。掘处深约三十三公分。其中可得见者，计有四层之多。上部一层，陶器之情形与表面无异。其下一层，

[①]　参看梁思永《小屯龙山与仰韶》，载《历史语言研究所集刊》外编《庆祝蔡元培先生六十五岁论文集》，第558—559页；《后冈发掘小记》，载《安阳发掘报告》，第622—624页。

仅有近似辛店期之陶器破片一件,其余皆属仰韶。最下两层则尽仰韶陶器,而无辛店之迹矣。吾人由是始确知此址大半属仰韶,其属辛店者仅上部一薄层耳。①

在这里我们应当注意的是:在辛店期下层的仰韶期和仰韶村这模范遗址究竟是否还有相当差别,两者间是否还有时间早晚的区分?这些却是应当作进一步研究的问题。但是,就目前所知道的辛店期的内容讲,它晚于仰韶村的仰韶文化遗存,大体上不会有什么错误。

仰韶文化各遗址,虽然由于材料的限制,目前还不能从其文化发展本身作出较合理较细密的前后序列,但就现有材料看来,大体上可分为以下三期:

(一) 后冈期——河南安阳后冈下层的仰韶文化遗存。
(二) 仰韶期——仰韶村的着色陶器遗存。
(三) 辛店期——辛店(甘肃洮沙)遗址的上层。

后冈期和仰韶期的遗址里到现在还未发现铜器,大体上应属于新石器时代末期;辛店期的遗址中已有些许铜器发见,大体上似应归于向紫铜时代过渡的遗存。

我们初步分析这 22 个仰韶文化系统中的遗址的基本内容,大体上属于后冈期的有后冈下层、侯家庄下层、大赉店下层和巩县的塌坡;属于仰韶期的有仰韶村、秦王寨、池沟寨、青台、陈沟、半山和西阴村;辛店遗址的本身还需要作进一步的研究,因之我们还不可能依以肯定其他遗址是否应属于辛店期。

从这里只能约略地看出仰韶文化发展的概然的轮廓,至于更具体更详细的分析和研究,当有待于各遗址报告发表之后和今后我国考古学中之新的收获。

---

① 安特生:《甘肃考古记》,第 18—19 页。

仰韶文化的村落　仰韶文化的遗址大都分布在肥沃的河谷间，这现象在河南、山西和甘肃都没有例外。安特生说：

> 吾人采掘古物之地，大都致力于以下三大肥沃之河谷中。即贵德盆地之黄河河谷、西宁河谷及洮河河谷是也。考远古殖民，多喜就此佳丽之河谷，尤以仰韶时代及辛店时代为甚。盖彼时谷中林木畅茂，禽兽繁多，而牧畜与种植等事，亦可得极良好之机会故也。①

河南洹河及淇河的沿岸的仰韶文化遗址，也具有这样的条件。他如河南西部、山西南部及陕西等处的遗址大都分布在河流附近。这样的环境正给牧畜和农业以良好的条件。

关于仰韶文化遗址的堆积情形，安特生在《甘肃考古记》中说：

> 石铜时代过渡期民族繁殖之地，自其位置之广，村落之大，可以判断彼等居留之时间，必不甚短。其实此等多数之古址，往往与现代之村落同一区域。就全体而论，可谓当日繁殖之地，大致与现代社会者无殊。……②

这不但可以说明甘肃所见的仰韶文化遗址，也可以说明河南、山西、陕西三地所见到的同一文化系统的遗址。晋南西阴村"遗址的面积，东西约长五六〇公尺，南北八〇〇公尺"。这样的村落遗址的范围和现在的小村落比较，并不见得小多少。安特生根据他所得到的诸遗址的特征，曾作以下的结语：

> 综合上述数种特点，可知过渡期之民族，其生存之道，大都仰给农业。村落遗址之广阔，文化层之深厚，凡此皆示其居住之悠久。设非务农为本，则殊难以自存。且陶器上之

---

① 安特生：《甘肃考古记》，第5页。
② 安特生：《甘肃考古记》，第44页。

绳纹及格纹，则示当日有纺织植物之培养。村落遗址豕骨之多，则示当日蓄豕之繁。此等施设，若非农业之社会，当不克维持者也。①

在仰韶文化遗址之中，陶片是最丰富的东西，这可以说没有例外。在山西夏县西阴村遗址的报告里说：

> 破碎的陶片居我们所寻的物件大半，这陶片差不多把灰土岭塞满了。挖出来的有好几万，都是极碎的；整个的陶器一个也没有。②

遗址范围的广阔，文化遗存堆积的深厚，陶片的大量出现，制陶技术的精巧，这些现象都证明了仰韶文化的居民已经过着相当巩固的定居生活了，农业已经是他们生活资料的主要来源，畜牧同样也在向前发展着。

总结以上的分析，我们认为仰韶文化是中国的新石器时代晚期的一种文化遗存，是以农业为基础的氏族制度的社会。

房屋及其他　仰韶文化遗址虽然发现了二十多处，但是居住遗迹却很少见。安特生说：

> 所谓住址者，乃古代村落之遗址。常例除陶器之破片或他遗物之存在外，在地面全无何等标识可见。遗址地基，亦无踪迹可寻。想系此等古族，极喜蓦居于黄土之中；以其性松易掘，而后随即消灭也。③

所以关于仰韶文化遗存中的住室情形，目前还没有更多的材料供我们研究。

河南西部广武县西北的陈沟和青台都发现了长方形的烧土竖

---

① 安特生：《甘肃考古记》，第44页。
② 李济：《西阴村史前的遗存》，第11页。
③ 安特生：《甘肃考古记》，第3页。

穴。长约4公尺，宽约3公尺，色质颇似未烧成的红砖。四周还残存立壁，高者约三公寸。里面遗存着仰韶文化的品物，带彩的陶片上的纹饰颇与河南仰韶村出土的陶器相近。河南大赉店遗址的"红褐土的文化层（仰韶文化遗存）里时常见到烧成淡红色的烧土块。它通常有一平面，有时平面上带有席纹印"① 这很可能是像广武的烧土竖穴的残存。

在山西夏县西阴村遗址里发现了"壁立的袋状的灰色储积"的现象。在《西阴村史前的遗存》一书里说："……我们披拣的那区域原旧大概是一个地下的窟室。……这地方原来也许是一个穴居。"接着就加以解释说："无论这侧出的历史如何，这袋状的储积绝不会是安特生所说的那仰韶类的一个土窖。它比仰韶的土窖大，并且是椭圆的。据我所知最与这相似的是那坎板（Campign）的地下窟室：这种窟室也是椭圆的，最长的径度不过四·三〇公尺。"这样的袋形穴，我想很可能是当时人们居住的遗存。

就上面这两种现象推测，我们说仰韶文化的人们所住的房子，大约可分为两种：一种是就黄土层挖下去成为简单的居穴；一种是挖成长方形的坑，将四壁及地面施以泥土，然后加火燃烧，使之成为比较坚固的小房子。

安特生在河南的仰韶村遗址里发见袋形的穴，他以为是作贮藏东西用的地窖（Cache-pit）。他叙述这地窖的形状和其中贮积的遗物如下：

  在这文化堆积的底部，我们常看到一种特征，插图六十八（一六六页）对于这特征有显著的说明——该图显示大

---

① 刘燿：《河南浚县大赉店史前遗址》，载《田野考古报告》，第一册，第76页。

路破面之一小部分。这文化堆积以轮廓分明的锐角的袋形下降，入第三纪红土泥底下层，这些袋形底边自一公尺九到二公尺八，口径自半公尺到一公尺九。

……它们里面充满灰土，有时非常之松，有大部分的灰。在这些袋形里发现的陶片和其他物件，常是很破碎的。①

依作者意见，这些地窖是用以储藏种子和其他物品的。在收获时，玉蜀黍是放在一些地窖里，这些地窖位于住宅近旁，甚至也许就在寝室里面，或与寝室相联接。在冬季，地窖一个个都空出来了，空了的就成为盛废物的地方，把灰土、食物残屑以及其他家中废物扔到里面。当一个窖内所贮的东西显层叠的时候，那乃是由于该窖系隔时陆续填起来的；如果没有层叠；大概乃是一次填满的。②

在这里我们可以知道仰韶文化的人们会利用地窖贮藏所收获的粮食了。

关于居住遗迹的研究，是一件比较困难的事：单纯的调查工作很难发现蕴藏在地下的许多居住遗迹，过去的发掘者往往对遗迹未能作充分的注意和探究，因之，资料极其缺乏，这就不可能使我们在这方面获得更多的知识。

石器和骨器 仰韶文化是新石器时代晚期的遗存。这时期在技术上的主要特征是使用经过磨制的石器。

后冈期的仰韶文化，在石器上所表现的特征是：椎琢的石器占相当大的成分，多系就天然的石片磨其一边作刃，谓之为斧、锛、刀、凿，皆无不可，且多是一些粗糙而未加修饰的东西。在

---

① 安特生：《黄土底儿女》，英文，第171—172页。
② 安特生：《黄土底儿女》，英文，第173—174页。

后冈的下层（仰韶文化层）有石磋和鹤嘴形残石器的存在。

这时候的骨角等器，皆就天然的材料略加磨修即行使用。在后冈的下层曾有尖骨器。

因为安特生将仰韶和龙山两种文化混在一起了，所以关于仰韶期的文化遗存的石和骨等器的研究，就不能凭藉仰韶村所见的材料。和仰韶村的仰韶文化遗存相近，且较为纯粹的遗址，就是在山西发现的西阴村（夏县）①，因此，我们就以西阴村的石和骨器作为仰韶期的代表。

西阴村遗址里有绿岩石的石斧、带穿的绿岩石的石斧、半月形带穿的石刀、带槽的石碓、琢制的燧石石矢、磨制的石灰岩石矢和石的纺轮。

石斧在定居的生活中有很大意义，房屋的建设，小舟和家具的制造，以及农业的耕种收获，当时都需要石器。半月形的石刀用以收割禾黍，在当时是很便利的工具。这事实证明在仰韶文化的时期，农业已经相当发展了。

仰韶期的遗存里，还有骨制的箭头、针锥及雕刻的环子，贝制的坠子和鹿角制成的锥子也发见了。

辛店期有了些许铜器的存在，就中有形似刀剑的东西。石骨器之中，大体和西阴村相似，其中有牛马胛骨所制的鹤嘴锄，证明当时的农业已经向前踏进了一步。

在仰韶文化遗存中发见了纺轮，证明当时已经知道纺绩了；骨针的发见，证明当时已知把纺织的成品缝成衣服。

陶器　关于仰韶文化遗存中的陶器，到现在为止还不能得到更系统更明确的了解；主要的原因是各个遗址的发掘者不曾全面的且更系统的将一些遗址整理出来，且往往有认识不清，和其他

---

①　李济：《西阴村史前的遗存》，1925 年出版。

文化遗存混淆在一起的错误。对于各遗址的陶器形态的复原工作没有认真做；没有从大量的经常见到的形态中，从陶器和其他遗物的关系上，作全面而系统的分析和研究。因之，我们研究这一种文化遗存中的陶器，就遇到了不少的困难。目前对于仰韶文化的陶器只能就现有材料作一大概的整理。

兹就仰韶文化发展的过程，叙述陶器在各期的特征，兼亦涉及与之相关的一些问题：

后冈期的陶器"带彩者极少，且颜色单纯，形状极简"①。其制作的方法"为模制，手制及范制者占极小之百分数"②。带彩的陶器为"红地红纹，基本母题是三道或四道平行的短线，排列成几种极简单的花纹，花纹很一致，没有什么别的杂样，在中国彩陶里是花纹最简单的一种"③。器形也不很复杂，最常见的为圆底钵，次为陶鼎及圆口的瓶形陶器。

仰韶期的陶器，阿尔纳分析河南的仰韶村、秦王寨和池沟寨等处所得材料以后，曾说："此等陶器，必为陶钧（potter's wheel）所制，察其表里之平行刻纹，及陶质之细薄匀调，即得见之，设为手工所出，其制作亦极精美。"④

巴尔姆格伦在其《半山及马厂随葬陶器》一书里，以为半山遗址应属于仰韶期。论及陶器的制法时，曾说：

> 从半山彩陶一贯的微微不规则的形状和瓶面上没有一点同心周线（这是陶轮旋转的特征）看来，在制造它们的时候是没有用陶轮的。仅只是有瓶颈和瓶肩上有同心周线的征

---

① 吴金鼎：《摘记小屯迤西之三处小发掘》，载《安阳发掘报告》，第四期，第631页。
② 吴金鼎：《高井台子三种陶业概论》，载《田野考古报告》，第一册，第205页。
③ 梁思永：《后冈发掘小记》，载《安阳发掘报告》，第四期，第622页。
④ 阿尔纳：《河南石器时代之着色陶器》，第9页。

象。关于此点我们以后再详细讨论。

制造半山彩陶（至少其中大半）所采用的技术乃是"环制法"。这种方法在原始人中间是很普通的，就是陶匠把泥捏成带形，他把泥带曲为环形或很宽的带形，把它们一个个叠起来，叠到陶器所需要的形状完成为止。在另外场合，一节节捏成一条所需要的长带，然后以螺旋式渐渐向上盘旋，到陶器完成为止。捏制陶器所用的长带，其纵剖面可以是宽而圆或狭而扁的，前者制成的瓶壁颇厚，后者则瓶壁较薄，一般说来，半山文化最常采用的是宽而扁的带子，制成薄的陶器。①

以上关于仰韶文化遗存中陶器制作的办法有两种：前者为河南诸遗址的现象，后者为甘肃遗址的现象。河南与甘肃的仰韶文化究有多少差异，在各遗址未有全面而详尽的报告发表以前，还很难作进一步的分析。

陶器的形状，就目前所知，大体上并不比后冈期复杂更多。我们根据着阿尔纳著《河南石器时代之着色陶器》一书中的材料，参证在河南广武见到的青台和陈沟等处的遗物，仰韶式陶器的形状大约有陶钵、盆形陶器、罐形陶器、陶鼎及特殊的陶贮。

巴尔姆格伦将半山陶器的形式分为四十种，然就其用途及形状大体分别，不过只有钵形、盆形、罐形几种而已。半山的材料想系杂凑在一起的，并不是一个居住遗址的全面观察，所以这些形状还不能够真正代表当时日常生活中所使用的一般陶器。

关于仰韶期陶器上的纹饰，阿尔纳研究得比较多些。表面的素地为红棕色者多涂以黑色或暗紫色的纹饰，表面为黄褐色或红地加白色彩衣者多涂以红或黑色的纹饰，间有涂以牙黄或咖啡色

---

① 巴尔姆格伦：《半山及马厂随葬陶器》，英文，第1页。

者。阿尔纳说：

> 陶器得自河南遗墟者，仅示几何花纹。近出甘肃者，且有各种动物圆形。此种装饰，每在水平带内。但有时不甚规则耳。陶器上之花纹多为直线、曲线、弧形、S形、螺线及带纹。三角纹有直边有凹边。常自顶延作曲线。半圆及正圆之花纹，或单形或集心形。又有圆盘形、或半圆盘形及细长椭圆形。种种参合，花样因愈繁复。直线纹每施于高大陶器。但陶钵亦有之。惟由平直斜三种线参合而成。二横线之间，有菱格纹，以平行斜线积叠为之。……
>
> 有时双弧花纹以背相向或交相切成)(之形。有时二个或三个同心半圆花纹，自横线垂下或更与立于横线之同式半圆相连。
>
> 最饶异致者，为常见之弧纹，从凸部处发出无数之短线。若两弧相合，即成一锐椭圆形。仿佛一眼，又加睫毛焉。……①

从上述分析里可以看出仰韶期陶纹饰的大概情况。西阴村遗址中陶器的纹饰，大体上也不出这样的范围。

半山陶器，安特生虽归属于仰韶期，但其中材料极为博杂，似难凭藉，故舍而未用。

辛店期的陶器在形式和纹饰上都与仰韶期有相当的差别。安特生有下面的记载：

> 吾人仅就第五版附图所示，已足见辛店期之图案，与前者根本不同，而辛店期陶器之形式亦不相类，盖陶瓮则口甚大，高者甚多而矮者则较少也。……
>
> ……此等陶器尚有一种令人注意之花纹，于辛店较大之

---

① 阿尔纳：《河南石器时代之着色陶器》，第12—14页。

陶瓷上最为普遍，即连续之回纹是也。……

此等陶器上之装饰，除大要之图案，为吾人已经说明外，尚有小件花纹杂置其间，即如与 N 字相似之图形是也。又有小动物之图形，如犬及羊者，点缀重要花纹之间。

有一得自辛店之陶器，上见马形之纹，更有得自辛店期另一址之陶器，其领部发见人形之纹，至其上绘有鸟纹及车形之图案者，尚不多觏。①

关于辛店期的材料，由于发掘者没有全面的报告，我们还不可能有更多了解，只得限于上面一些不全的叙述了。

最后，我们应当提出"陶鬲"的问题在这里加以分析：因为这是分析仰韶文化和龙山文化的关键。六年以来，我们在河南北部和西部所发掘的仰韶文化遗存里，都不曾见到陶鬲的残片，虽然这是河南所得到的现象，但是也应当引起我们的注意。安特生说：

甘肃之情形与河南异。于齐家、仰韶、马厂三期中，鬲之踪迹究无所见。同时鼎器亦极稀少，或竟不遇。盖著者查甘肃旅行之手簿中，仅载仰韶遗址之陶鬲残足一件耳。惟至甘肃远古文化之第四期（即辛店期），鬲之发见则渐丰富。而第五第六两期（即寺洼期与沙井期），则特式之鬲，极为寻常矣。②

从这里我们知道安特生曾以在甘肃陶鬲之少见为怪，这正是他所见到的具体事实。安特生又说：

河南仰韶遗址中，如不召寨及其未产着色陶器之遗址，鬲属之器物，极为普遍。而河南陶鬲最完整之品，均自此等

---

① 安特生：《甘肃考古记》，第 14—15 页。
② 同上书，第 42 页。

遗址得之。但似较仰韶村之遗址为古。①

前面我们已经对安特生的理论作了分析，确知不召寨是龙山文化遗存，且仰韶村遗址里含有仰韶文化遗存，很可能也含有龙山文化遗存。因为，鬲是河南北部的龙山文化遗存中的特征之一，而这里"未产着色陶器"的遗址鬲极普遍，适足以证明这些遗址不属于仰韶文化系统，而属龙山文化系统。安特生不曾把握住这两种文化遗存的特点，而竟混为一谈，所以在甘肃看到那样现象之后，就自相矛盾，不能说明这一现象的实质了。

齐家期是否与仰韶文化同一系统，正是一尚待详加研究的问题；我们不能将它混入仰韶文化系统之中，更不应为简单且机械的比较之后，即以为是早于仰韶期的遗存。关于这个问题在前面已经比较详细的分析和批评了。因之，我们在论及仰韶文化时应当将齐家坪遗址除去。

沙井和寺洼两遗址是有陶鬲的，但是这两遗址本身是否和仰韶文化同一系统尚为一相当复杂的问题。安特生说寺洼期有"丰盈之素地陶瓮"；沙井期之"陶器大都单色"。就他的《甘肃考古记》的图版推测，则这两期与仰韶文化大有区别，自不得混为一谈。

辛店期是安特生认为比较可靠的有层位关系的遗址，他说其中已有陶鬲的存在；但在其不少著作中都不曾见到他对于辛店遗址中的陶鬲图像和说明。所以，我们还不可能根据辛店遗址里所见陶鬲和龙山文化的鬲作进一步的比较和分析，以找出其异同之点。

根据安特生所得的材料以及六七年来我们所见到的材料推测，可以说"陶鬲"在龙山文化较晚的时期是相当普遍的器具。

---

① 安特生：《甘肃考古记》，第41—42页。

埋葬习惯 仰韶文化的埋葬习惯,亦一极堪注意的问题;但因材料有限,且多经安特生之手,其中是否与另一文化系统有部分相混淆之处,尚待研究。但大体说来其材料中之大部分,尚可代表仰韶文化;最大的缺陷,就是到现在我们还不能看到安特生所发见之许多墓葬的详细报告。他在《甘肃考古记》中,说:

……余之所谓葬地者,盖须以探掘所得者为衡。尤须明了此中并无何种石质之装置,亦无何种棺椁之痕迹。但仅有一人体遗骸,外附殉葬之陶瓮一枚或数枚,石器骨器数件,而年代较晚,文化较高者,则稍附有金属器皿若干耳。

葬地情形,大致相同。死者仰卧地中。头均向北。有时身体亦有俯卧者。亦有头部向西或他方者。最奇者,莫若宁定县半山附近仰韶纪之葬地二处,其中人体蜷伏,向左侧卧。其他与常例不符者,尚有辛店之葬地遗址。其中人骸,作卧仰姿势,但不成水平,自头至足,约成二十度至二十七度之角度。①

从上述材料,我们大体上可以知道仰韶文化的居民埋葬习惯的大体情形。在当时还有一种涂红色于死人尸体上的习惯,布达生有以下的记载:

关于历史以前的甘肃居民为死人储红颜料的习惯我也应当提一下。他们是否先去软部,再储颜料,我们不得而知,但是从每一个大的遗址,总有一两座坟墓的骨骸是带鲜红颜色的。为死人储红颜料(常为红赭石及过酸化铁)亦为旧新两石器时代欧洲各地坟墓所常有;在中国内地的坟墓亦有同样的发见(此处指与新郑铜器同时发见之人骨而言。译者识):所以甘肃发见的这种习惯又为联络东西风俗一件有

---

① 安特生:《甘肃考古记》,第4页。

趣的事实。甘肃红颜料的化合物尚不知。①

在甘肃仰韶期的墓葬中有"琢磨之玉片及玉瑗"的发见,甘肃的墓葬里也曾发见了贝货。

安特生曾于仰韶村遗址中发见二十余座墓葬,它们究竟属于仰韶文化抑或属于龙山文化,安特生还不能给我们一个肯定的答复。因此,不能借重这些材料作为凭证②。

从这些殉葬遗物的特点上看,证明当时已有交换关系发生。安特生说:

> 最足引人注意者,莫如仰韶期之墓地中,发见曾琢磨之玉片及玉瑗数件,其形质吾人常认为来自新疆和阗者也。解说者谓甘肃石铜器时代过渡期之民族,与新疆似有贸易上之连络,但就吾人所知,仰韶期之民族,缺乏金属,则彼等竟能作脆薄如瑗、坚韧如玉之器物,宁不足怪耶。③

高本汉曾就安特生所发见的材料,加以推论,就中有及于当时的交换问题者,兹转录之于下:

> ……但,河南之中华民族与甘肃民族之贸易,当为必有之事(安特生曾获贝货于甘肃之墓地中,此明示与东部沿海诸处之关系)。是以吾人实可冀及日后纯正中国器物之发见。其数虽少,吾人只能认为贸易上或攫夺之结果也。④

从上述两事推测,在仰韶文化时代当有交换的发生,想亦情理中事。

---

① 安特生:《甘肃考古记》,第50页。
② 曾见安特生之《华北的史前遗址》的英文稿本中的分布图。
③ 安特生:《甘肃考古记》,第10页。
④ 安特生:《甘肃考古记》,第38页。

我们将仰韶文化的遗存全面分析之后，对于这种文化可以得到如下的结语。

仰韶文化的居民，是人类学上所说的真正的人类，是现在华北人们的祖先。他们分布在华北西部（豫、晋、陕、甘）的黄河流域。

这种文化发展的线索，从新石器时代晚期一直到紫铜器时代的初期。

从遗址堆积的范围以及磨制石斧的使用等推测，当时的经济生活是以农业为基础的。

牧畜已相当的发展，遗址中兽骨之多就是很显明的证据。特别是对于猪的饲养已为经常的事。

他们已经过着相当巩固的定居生活了，遗址之大，堆积之厚，陶器之丰富等都是最可靠的证据。

他们制造陶器的技术已经是相当高明了，陶器表面的花纹已经有相当的艺术风味。

纺织已经发生了。

埋葬的方式已经相当固定化了，这已经成为当时的一种习惯，从这里，我们知道当时对于人死之后依然在另一世界生存的信念已经存在了。

交换已经萌芽了，玉和贝的发现，可以证明这一点。

（乙）龙山文化的社会

我国以农业为基础的氏族制的社会之另一形态，是新石器时代晚期的龙山文化。这名称是就最初发现这种文化遗存的地名定下的：

> ……石器时代的遗址，最早的发见是在济南附近龙山镇城子崖。但它包含的内容与仰韶式的有重要的分别，细陶完全是单色，漆黑发光，薄的与蛋壳相类，形制尤有特别的不

同，又有贞卜用过的兽骨。①

最初发见的地方是龙山镇，因之以后见到和这种文化同一系统的遗存，都统称之为龙山文化遗存。龙山文化与仰韶文化有相当的区别，就陶器的多方面看都不能够混淆在一起。现在我们以标准遗址为基础，去整理已发见的许多龙山文化遗址，对于这一文化系统的情况就可以得到一个相当的概然的了解了。

龙山文化的居民　龙山文化遗存中的人类骨骸的材料，到目前为止所得并不很多，只在山东日照两城镇得墓葬五十余座。然以朽腐过甚，收取困难；虽竭尽全力，亦只能收得头骨三十多个。这批材料于1936年夏运往南京；清理尚未就绪，七七事变起，全国沸腾，莫不以驱逐日寇，誓雪国耻为志；抗日的烽烟燃遍了全国各地，掀起了民族解放运动的怒潮。日寇在南北各地屠杀了不少同胞，占领了我们不少的城市，南京已经受到敌人威胁；这些可贵的考古学材料，也就在日寇的狂暴的侵略中牺牲了。我们虽然曾经看到了这样一些材料，但在未经人类学家的鉴定之前就已经完了，因此，我们对于龙山文化的人种问题还不能得到什么具体的答案。

龙山文化遗存的埋葬习惯，与殷代的小屯文化颇多相似之处。尸体放置的方式及方向，殉葬遗物之种类都显明的相似。龙山文化与小屯文化的关系，不仅系于埋葬习惯的相似；其他如陶器的形制与纹饰，占卜的习惯等都很明白的昭示给我们了。大体说来，龙山文化中的若干因素很可能为小屯文化所吸取。

如果关于安阳殷陵人骨的研究报告发表了，如果我们能够再找到一批龙山文化的人类骨骸，且经过专家的鉴定，就能够具体

---

① 李济：《中国考古学之过去与将来》，载《东方杂志》第五十一卷七号，第13页。

回答我们这些问题，现在还是不必要去作更多的推测。

动物群　在山东龙山镇的新石器时代遗址中找到了大批的兽骨、介壳以及其他动物的骨骸。兽骨经过了杨钟健先生的鉴定，认为有：狗、兔、马、猪、獐、鹿、麋鹿、羊、牛等九种。就中以猪骨和狗骨为最多，马骨和牛骨次之，鹿骨和羊骨较少，兔骨最为少见。① 可知当时家畜的饲养已相当发达，猪和狗已成为当时主要的家畜。牧畜业的发展，于此已获得了相当的证明。

龙山文化的分布　我们所确知的龙山文化遗址共有二十六处，它们分布的区域大都在华北的东部。

山东沿海一带的日照境内有两城镇、丹土村和大洼三个龙山文化遗址，诸城境内也发见了几处。历城的龙山镇附近，即典型的遗址城子崖的所在地。滕县安上村遗址也有龙山文化遗物。

河南北部安阳的洹水沿岸有后冈、同乐寨、侯家庄、寨子及东车村等处，浚县的淇河沿岸有辛村、大赉店和鹿台三处。河南的东部有永城附近的龙山文化遗址。豫西一带有广武的陈沟、巩县的塌坡和渑池的仰韶村、不召寨等处。豫北的汤阴附近也有不少龙山文化遗存。

山西境内，经过了几个人的调查，我看见了他们所获得的许多陶片，确知其中有不少龙山文化遗址；但因调查者对于龙山文化与仰韶文化不能区别清楚，且地址时有混淆，故不能确知在山西境内究有多少龙山文化遗址。就我们现在所能断定其为龙山式遗址者有文水的尚贤村和万泉的瓦渣斜两处。

徐炳昶先生曾经调查过陕西的渭河流域，得到不少的遗址和遗物；其遗物之中有不少是龙山式的东西。他的报告（《陕西渭河附近考古调查报告》）到现在还没发表，我们不能确知遗址的

---

① 参看《城子崖》（中国考古报告集之一），第90—91页。

地点；但是在渭河流域有龙山文化的遗存这已经是事实了。不过就现在所知道的事实讲，龙山文化遗址在陕西似乎不像仰韶文化遗址那样多。

安徽的北部在寿县境内有斗鸡台、陶家祠和魏家郢三处，其中都存在着龙山文化的特征。

浙江杭州附近的良渚镇于1936年夏发见了龙山文化遗存，梁思永先生曾去调查过，陶器的风格和龙山所出者极其相似，但纹饰略有不同①。

辽宁的貔子窝确为龙山文化遗存，就滨田耕作的报告分析，则单陀子的两个墓葬应属于龙山文化系统。那里的彩色陶器和仰韶文化有极大的区别。单色陶器和山东、河南所见的龙山式陶器亦略有区别，就其全部看，和龙山文化似应为一个系统的文化遗存。

这26个龙山文化遗址大都分布在黄河的下游：东及于海滨，西及于陕西，南及于皖北，北及于辽宁南部。这种文化和仰韶文化都分布到河南、山西和陕西的交界处；其先后系列虽说有了一个大概的观念，但其相互关系固甚复杂，这一问题的基本解决，尚有待于今后中国考古学者的努力，目前还不便妄加推论。

龙山文化的分期问题　龙山文化遗址，到现在为止，我们已发见了这二十多处；关于它们的先后关系的问题，到现在还没有整理出一个比较妥当的系统来。这六七年来的发见和研究，使我们已经得到了解决这问题的较为可靠的基础：大体上说，龙山文化的继承者是小屯文化，即殷代后期的文化；根据着殷代文化的特征追溯到龙山文化，分析它和殷代文化的关系，就各个龙山文化遗址的特征加以相互比较，从而会发见龙山文化本身发展的基

---

① 参看施昕更《良渚镇》稿本，闻已印出。

本线索。

陶器在新石器时代是日常用具，大量存在，且其形态和纹饰的变化最宜于掌握，所以它们是新石器时代分期工作中的最丰富而可靠的资料。就目前我们所得到的龙山文化遗存中的大量陶器加以分析，大体上可以得到以下三期：

两城期：以山东日照两城镇的遗址为标准。这期的主要特征是黑而薄的细致陶器数量较多，陶鬲是非常少见的东西，绳纹和方格纹也不常见，鬶形陶器非常多。

龙山期：以山东历城之龙山镇为标准遗址。在这一期里黑而薄的细致陶器的数量较两城镇少些了，陶鬲却比较的多了一些，绳纹和方格纹可以常常的遇到，鬶形陶器比较少。

辛村期：以河南浚县的辛村为标准遗址。这一期里黑而薄的细致陶器已经是少见的东西，陶鬲可以经常的遇到，绳纹和方格纹也成为常见的纹饰，鬶形陶器成为非常少见的东西。

就各遗址陶器的主要的特征分析大体如此，当然不可能这样单纯，下面叙述到陶器的时候，将作较详细的分析和研究。这里我们应当特别注意的，是在陶器形态的变化上，从两城期到辛村期渐渐的接近了小屯文化的特点，陶器的风格也有这样的现象。

从地理分布上看，早期的两城镇在沿海的日照，晚期的辛村在河南北部的浚县，从而可以推想龙山文化的发展，可能是循着自东往西的方向。

属于龙山文化的许多遗址的详细报告大都还没有发表，目前还不可能作全面的进一步的分析，所以，现在也还不可能把所有的遗址分别纳入上述分期的系列里，大体上豫北的龙山文化遗址都比较晚一些。

龙山文化的村落　龙山文化的遗址，大都是在土地相当肥沃的古老的小河道沿岸；我们调查了不少的遗址都没有例外，这正和仰韶文化的遗址相似。遗址范围大都非常广阔，堆积也非常厚，试举几个遗址作例：

遗　　址	南北长度	东西宽度	堆积厚度	所沿河流
两城镇	约200公尺	约400公尺	约4.0公尺	两乡河
龙山镇	约500公尺	约300公尺	约6.0公尺	武原河
大赉店	约400公尺	约300公尺	约8.0公尺	淇　河

遗址的范围是经过发掘测绘后推算出来的盖然数字，一般说，一个龙山文化的村落遗址并不比当地现在的村落小多少。这里只是举出几个例子，其他遗址大体上都和这情形相近。

河南的后冈和大赉店都发现了不少的居住遗址——"白灰面"，它们比较密的散布在一定的地区，一般是灰面坏了再重新泥上一层，有的竟达九层之多。在大赉店的一个路沟里就见到了十面这样的"白灰面"，发掘时很容易找到。这证明龙山文化的人们曾在这里定居过相当长的时间。

我们所发掘的许多龙山文化的遗址，在灰土里都充满陶器的残片和兽骨等，有时陶片竟比灰土还要多些。

总之，我们确知龙山文化的时代已经过着巩固的定居生活。他们依靠着农业耕作以供其生活上的食料；牧畜也占有相当的位置，猪、狗、牛、羊等已经是他们所驯养的动物了。

龙山文化的房屋及其他　关于龙山文化遗存的居住遗迹，我们见到最多的是竖穴底部的残余。当时因为不了解它究竟作何用处，就简单的叫它做"白灰面"。我们在叙述大赉店的"白灰面"时这样说：

……它是一个圆形的平面，周线不甚整齐。圆面"甲"的中部有小圆面"乙"。乙面也不是正圆形，但周线比较整齐些。由现存的部分推测，它在甲面上的位置略偏西北。全灰面的倾斜度是西北高而东南低。乙面黑而光，有裂纹，显明是在泥土未干时打磨过的。表面的硬黑层似曾受过了极大的火力，厚约二公分左右。硬黑层下是一层烧土，厚约九公分；它上部的中央是褐色，向外则渐渐由褐而红，由红而棕而黄了。质纯，无杂物，似近代未烧成之砖。甲面的表面有白色灰皮一层，厚在三公厘左右，质极坚硬，但亦易破裂。灰皮我们没有化验，不能确定是用什么原料制成的。在白灰皮的下面是厚约九公分的草拌泥。草拌泥是涂在微带红色的褐土上的。红褐土里发见了仰韶式的陶片。甲乙两面的交界处，甲面的灰皮斜折而下，约六公分，包围着乙面下部。甲面的南部有五公寸向外突出的灰皮，宽约九公寸；这部分好像是灰面的出入的口。①

在后冈（安阳）的龙山文化遗址里也发见了同样的灰面，且有残余的立壁存在着。梁思永先生在《后冈发掘小记》里说：

……甲面的外边与周围的泥土有直立的灰皮做限界。这直立的灰皮的现存高度只二——三公厘，半在甲面之上，半在其下，不像甲乙面间折向下的灰皮，和甲面并不是连成一片的；它本来的高度现在已无从知道，但是据甲面上灰皮碎片稀少的情形，我们可以推定是很矮的。②

陕西宝鸡的斗鸡台曾发见了和这灰面相似的遗迹，在那里还残存着高1公尺多的立壁，上面也涂有极薄的灰皮。我推测它应当是"竖穴底部的残余，中央烧土面（即乙面）是当时的人们

---

① 刘燿：《河南浚县大赉店史前遗址》，载《田野考古报告》第一册，第79页。
② 梁思永：《后冈发掘小记》，载《安阳发掘报告》第四期，第618—619页。

烧饭的地方"①。

龙山文化遗存中的"白灰面"——竖穴底部的残存,平均直径约 4 公尺,这样的一个圆形的小土屋已经是相当可住的小屋了。我在延安杜甫河畔所住的窑洞,大体长约 4 公尺多,宽约 3 公尺左右,高约 3 公尺;这样说来,龙山文化遗迹中的小土屋的面积已经不算太小了。

根据大赉店遗址中竖穴底部遗迹分布的情形,就可以推测出当时的村落的大体情况。在大赉店南门外的一条南北路沟里就见到了十多面的竖穴底部的残迹,假定这是当时村落的中心地带,则东西方向自然也会有相当数目,于此我们推测当时这样的小土屋大约会有八十乃至百座左右。

这样的遗迹在河南北部的龙山文化中是常见的现象,浚县的鹿台、汤阴城的附近都见到过了。安阳后冈的两次发掘中曾见到九面,且所发掘的也只是遗址的一小部分。

河南大赉店的龙山文化遗存中有袋形穴遗迹:"上口离现在地面约 1.9 公尺,口径 1.7 公尺,底径 2 公尺,深约 1 公尺,纵剖面作袋形。……穴中所出的都是黑陶时期(龙山式)的陶片,如篮纹竖鼻的罐、平底直壁的黑陶盆、圈足盘之类。"② 它的用途当和安特生在仰韶村所见的相同,大约是用以贮藏粮食用的地窖,在粮食用完之后,也许会将其他的东西随便的放进去③。

龙山文化遗迹中的板筑围墙　山东历城的龙山镇,有保存得相当好的板筑围墙的残存,这墙的时代当属于龙山文化。梁思永

---

① 刘燿:《河南浚县大赉店史前遗址》,载《田野考古报告》第一册,第 81 页。
② 刘燿:《河南浚县大赉店史前遗址》,载《田野考古报告》第一册,第 81—82 页。
③ 安特生:《黄土底儿女》,英文,第 171—174 页。

先生说：

> 此墙当为黑陶时期（即遗留下层遗物）之城子崖居民所建筑，并且是他们在城子崖居住了相当的时间后才开始建筑的。……这里的堆积情形无疑的指示出墙之建筑时代。①

这墙的建筑也相当费工。墙的原高，已不可知，在大道的切口处还残存着3公尺多高。因为这墙于废弃之后，毁减了很多，所以墙的厚度已不可知了。墙基厚10.6公尺、高约3公尺处，墙厚当为9.91公尺。根据残墙的倾斜度还可以推算出原墙的高度。关于墙和龙山文化遗存的关系，有以下说明：

> 就地下包含物的分配情形而论，黑陶期（即龙山期）人民是在全址上，东一家西一家，散乱的居着。……黑陶人民（即龙山人民）在此居住了许多年之后，才绕其居住之周围筑了城墙。墙形不甚规则，但它的根基即划出城子崖文化遗存的范围。其外即少见人住之痕迹。②

在这里我们知道龙山文化的人们，能够在自己的村落周围建筑防御用的围墙。

后冈的龙山文化遗存的周围也有这样板筑围墙，它恰恰的围绕着这高冈上的龙山文化遗址，在墙土的里面我们只见到了仰韶文化遗物，从不见有龙山式遗物。这证明在龙山文化的人们刚来此地居住时，即在仰韶文化的废墟上建筑起自己村落的围墙。

龙山文化的石器、骨器和蚌器 龙山文化遗存中的石器种类相当的多，大体上约有以下几类：石斧、石磷、石铲、石枪头、石凿、镰形的石刀，双孔半月式的石刀、各种形式的石箭头和磨

---

① 《城子崖》（中国考古报告集之一），第28—29页。
② 《城子崖》（中国考古报告集之一），第24页。

制石、骨、蚌等工具所用的砺石。这些都是许多龙山文化遗址中所常见的东西。在石斧里面有扁平带孔的。有的石斧刃部断了，就变成了一个石锤。有些小斧形的凿东西用的石器。

这些石器都是磨制得相当精致的东西。在两城镇遗址中看到了不少的磨制石、骨等器的砺石，上面有不少磨用时所残存的各式各样的痕迹，这证明当时磨制工作已相当精细了。

在两城镇遗址里，我们发现琢制的燧石的箭头和琢制的燧石的镰形残刀。但是，这样琢制的石器在龙山文化遗存中是相当稀罕的东西。

龙山文化中的骨器，也较为复杂，大略分别，有以下几种：骨凿是这种文化中常见的东西。骨锥有几种不同的样式，扁平带孔的和粗针式的为普通的样式。骨针有细长的，有一端带孔的，有两端都是尖的。骨梭是"穿线以便织物的工具"，其形有二：扁平式，一端有尖，"有的一端穿孔，有的两端穿孔"；空筒式，"一端有尖，中部有孔，以备线之穿入"。鱼叉这样的骨器在后冈和龙山镇虽说都发现了，但并不多。

由于骨针和骨梭的发现，我们知道在龙山文化的时期，人们已经相当的懂得纺织和缝纫了。

以鹿角制为用具，在这一时期也极为普遍，但"皆制作极粗性质普遍化的工具，如磨擦器、近锥形、近斧形、近凿形器"。

卜骨是龙山文化的特征，当时使用的材料有牛和鹿的胛骨及其他兽类的胛骨。攻治的方法非常简单。有完全未经刮制的，有只将背面的骨脊由根以上刮去的，最进步的也仅将骨脊及与脊对称的一边的外面全部刮去，留下极粗涩的钻灼面。钻痕的大小深浅也不很规则。

这说明龙山文化的人们已经有了占卜的习惯。

蚌制的用具在龙山文化中是相当普遍的现象。他们不但用天然的蚌作为饮水或掘土用具，且能够以蚌为原料制成各式各样的工具。蚌刀、蚌锯、蚌铲和蚌的箭头都是常常遇到的东西。有些蚌刀的样子和现在华北镰刀相似，且刃部还存在着当时使用之后的细微沟壕。这里的刀和锯用以收割禾苗是能够胜任的。

龙山文化的陶器　我们主要的依据就是陶器的制作、形状、色泽和纹饰来分别龙山文化和仰韶文化的不同。这两种文化遗存在陶器上的分别非常显明，前面已比较详细的说过了。龙山文化陶器最基本的主要特征有以下几点：

陶器表面色泽，大都是黑而光，发亮；就中有些精致的黑陶器薄如蛋皮，形状非常工整。

大部分陶器的表面或里面都有轮盘旋转过的痕迹，这证明龙山文化时代，大部分的陶器是轮制的。

陶器的形状相当复杂，在先后各期中最常见的有：平底盆子、圈足盘子、高杯子、碗形陶器、无耳的罐子、豆形器、"鬼脸式"足的鼎形器、甗形器、鬶形器及鬲形器等。

龙山文化陶器在纹饰上的最大特征是在泥土未干时的划纹特别的普遍，拍印而成的方格纹和条纹也是相当普遍的做法。绳印纹也是常见的样式。几何图形中以直线配合成的各式各色的纹样，云纹所组成的样式都常常的遇到。在所见到的龙山文化遗址中，还没有见到过像仰韶文化遗存中的着色的花纹。

这是龙山文化陶器的一般的现象；但就其各期的演化过程分析，可以看出各期都有其具体的特点，不能毫无分别的混为一谈。

两城期的最大特征就是：黑光且薄的细致陶器比较常见，陶器表面着有黑色外衣的现象也非常普遍；有个别的表面着红色或白色的外衣，但这是很少见的现象。

这时期鬲形器是很少见的东西，我们见到相当多的是鬶形器，这样空足的三足器是适宜于作煮水和饮水用的工具。盖子很多，一般陶器上大约可能有一个碗形或其他形状的盖子。

其余他种形状和以后两期大体相似，其间差别很多，故不多说了。我曾根据着两城所得的陶器作一盖然的统计，得出当时人们日常生活中所最一般的用具有以下几种：碗、盆、杯、罐、鼎（有盆形及罐形）、鬶、甗及两耳罐等。这样一套用具，将烧饭蒸饭煮水以及吃饭喝水贮藏食物的一些任务都负担起来了（参看图版二）。

就纹饰上看，两城期的特点是绳纹非常少见，方格纹和条纹也是相当稀少的东西。这时期最多的花纹是划纹的短直线排成的各种几何图形：有时竖短线平行排列成为长的带形；有以竖短线四条为一排，然后隔了相当距离重新排上另一组，这样成为一种带形饰；有时是斜的平行短线交错而成的菱形带纹；以云雷纹为单位排成了菱形和交错带形两种；有斜断线平行排成的带形，似乎象征下雨的意思。在盆形器的底部，有像轮子或太阳的花纹，是用突尖工具在坯胎将干时划上去的。像植物的有两种：一种是以叶子为单位绕着两条平行线交错排列的带形，一种是像松针样的花纹。器盖上的纽子多像鸟头，鬶形器多像鸟的全身，豆形器的柄多像竹节。他如附着饰物，亦各有其特点，因限于篇幅，不复加以叙述。

在两城期的陶器中，有一种质竖而白的鬶形陶器，质料比小屯文化遗存中的白陶砂质多些，不如小屯白陶纯净。但是，个别的这种陶片，却很能够和小屯的白陶比美。因此，我曾推测龙山文化的白陶很可能为小屯文化（殷代后期）所继承，并加以改良而成为其相当精致的白陶。

中国新石器时代 105

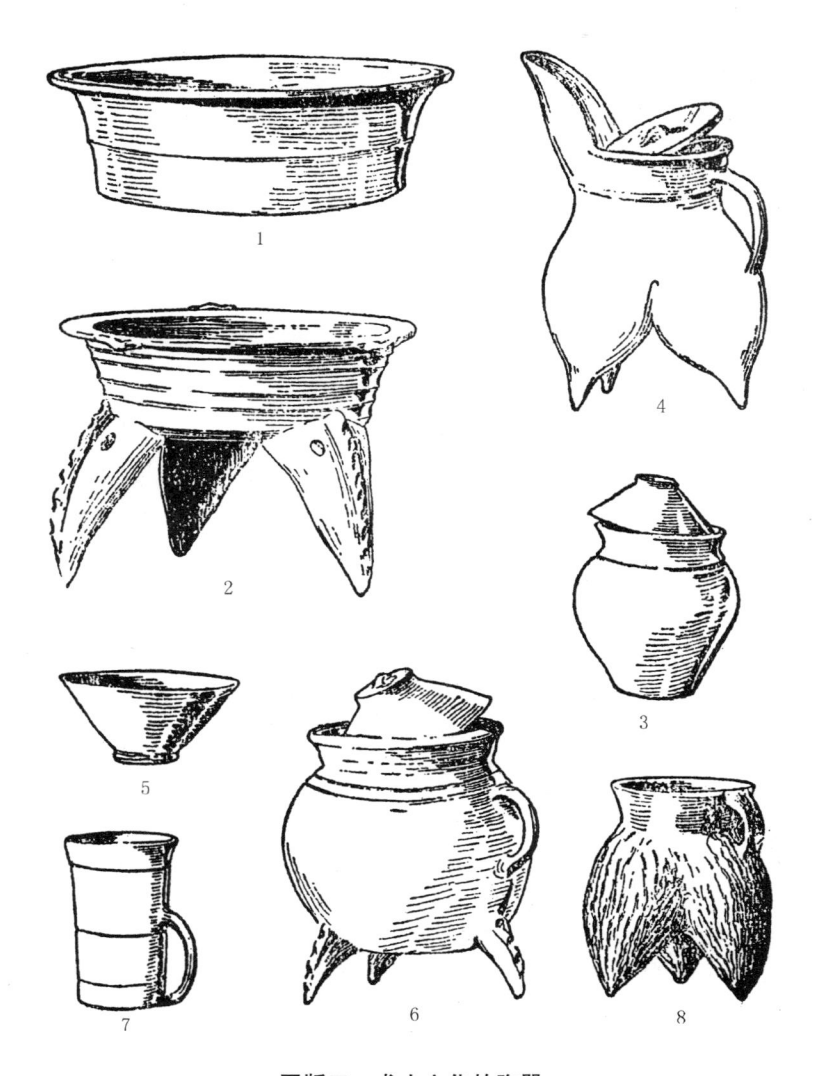

图版二　龙山文化的陶器

图版二说明
龙山文化的陶器

图中一至七的陶器，均选自山东日照的两城镇遗址。(《两城镇》未完稿)。此仅就日常使用的陶器而言，其他少见的陶器并未列入；就中有陶甗和陶鬹，因手头无此底图，未及列入。图中之八，系河南安阳后冈所出。

全部均约原大八分之三。

(1) 盆形器：表面黑光，似着有黑色外衣。泥质较细。

(2) 鼎形器：器身为盆形，表面黑光，似着有外衣。三足各似兽面形，有鼻有眼。有器盖。

(3) 罐形器：表面黑光，似着有黑色外衣；但不如前两器的精致。此种器形，大小不一；质亦有粗有细。

(4) 鬹形器：表面红而光，似有红色外衣，有时或涂以白色外衣。质较细，有时剖面亦呈红色。

(5) 碗形器：表面黑色。大小不一。大部分质均较粗。此种陶器也常作器盖用。

(6) 鼎形器：表面黑光，但较第一器为差，质较粗，且含有砂粒。

(7) 杯形器：表面黑光，似着有黑色外衣；质细，且制作大都非常精致。有的无把。

(8) 鬲形器：出自安阳后冈的龙山文化层中，质较粗，表面有绳纹。

龙山期中黑光且薄的细致陶器比较少些了，表面着黑色外衣的现象不如两城期普遍。

鬲形器渐多，而鬹形器渐少。他如杯形器亦多较两城期的厚些。平底空足的三足器在这期已经有了。他如碗、盆、杯、罐、鼎等器多与两城期大部相同；器形的部分的变化是有的，但并不十分显著。其日常使用的一套陶器与两城期大体相同，但是煮水用具似已由鬹变为鬲了。

陶器的纹饰略有变化，即绳纹和条纹已渐成比较常见的东西了，方格纹已为罐形器中最常见的花纹。其他划纹与两城期大体相同，但不如前期样式丰富；其唯一特点，是已有一定的规范，样式似较为固定化了。

辛村期中，鬹已成罕见的东西，鬲已有一定的形式，且为常见的用品，鬲的三足间且常带有烧过的灰痕。在辛村、后冈及仰韶村都曾见到鬲的残片。甑已经发现了，甑与鬲结合起来代替了甗的作用，所以在这一阶段甗比较的少些了。在两城期的双耳罐子，耳多横置于器肩；在辛村期这类器物的双耳则竖置于器肩稍下处。

薄而光的黑陶片成为很少的东西了，偶然发现一两片，也成为稀罕的东西了。

绳纹、方格纹和条纹是这一期的大量的现象，其他简单的直线凑成的各种几何纹也是常见的样式。云雷纹比较不常见到。

这期的陶器在形状制作和纹饰上都渐渐的和小屯式的陶器或多或少的有些接近了。

埋葬习惯　龙山文化的墓葬，我们只是在两城镇遗址中得到了五十多座。辽宁的貔子窝有两个墓，就其殉葬物和其放置的方式说也可能是这一文化遗存的东西；但是，这材料我们并不能有更多的认识，所以不能作为主要的根据。

根据现在我们所可能知道的这些材料加以分析，对于龙山文化的人们的埋葬习惯，已约略了解其大概的情况。

尸体大都是平伸式的放置，一般是仰身，个别的也有俯身的现象。大部分是头向东稍偏南一些（12度到15度），头向西的只有一个，头向南的也非常少见。就骨骸以推测其年龄，则壮年及儿童都有。

部分的人骨旁边有随葬陶器。这些陶器大部分都是些已经特殊化的东西，并非日常使用的工具，似乎是专供殉葬之用，器物的精致和巧小是它们最突出的特点。在随葬的陶器中以杯形器为最多，罐形器次之，鼎形器只见到一件。

两城镇的墓葬中有一座墓葬的随葬物特别丰富，就中有玉质的带孔扁平式斧，它略似殷代的圭，这样的东西和两城遗址中一种石斧相似。这一墓葬中还有绿松石凑成的东西，大约是头部的一种装饰品。据说就在这遗址的附近还有不少玉器殉葬的墓葬，当地的工友曾经替我指明那些墓葬的出土地点。这现象证明当时以玉器殉葬并不是什么特别稀少的事情。貔子窝的墓葬中也有和这玉器相同的殉葬物发见。

我们所找到的五十多个墓葬都没有什么棺或椁的残余痕迹；虽然个别的墓穴比较稍微整齐一点，但总不能见到部分的木质的残余。貔子窝的两个墓葬也有同样的现象。因此，我们推测当时可能没有使用棺材的习惯。

两城镇的墓葬和遗址在一起：最深的是在遗址下的黄土里，比较浅的是在文化堆积层之中。我们推测当时埋葬尸体大约就在村落附近或村落之中，在较长时间的居住期间逐渐的将死掉的人们埋在那里。

由于以上的材料，我们可以知道龙山文化的人们对于死人的处理已经有了一个固定的方式，这已经是当时的一种习惯。一般讲，仰身平伸的放置，东西方向，成年和幼年的处理在当时并没有什么不同。

龙山文化与小屯文化（即殷代后期的文化）的关系　安阳后冈遗址发现之后，我们已知仰韶早于龙山，而龙山早于小屯；后来在侯家庄、大赉店和同乐寨也有同样的发现。关于仰韶、龙山、小屯这样的时代先后的系列，已经为具体而明确的事实证明了。这在分期问题里我们已经详细的分析过了。

龙山文化与小屯文化的先后关系，还可以在龙山镇遗址与小屯村遗址的堆积现象中找到证明。在这两个遗址的层位关系上都明显的指示给我们"龙山文化早于小屯文化"的系列，这已经是无待旁证的事实。

龙山文化早于小屯文化我们知道了，但是它们之间究竟有什么样的关系，其文化因素中有什么相同或相异的地方，这些都是我们应当特别加以研究的问题。

小屯文化是龙山文化的继承者，至少在小屯文化中的一部分是从龙山文化接受过来的东西。有人这样说："有了城子崖的发现，我们不但替殷虚一部分文化的来源找到一个老家，对于中国黎明期文化的认识，我们也得了一个新阶段。"[1] 这是龙山遗址发现之后，考古学家对于龙山文化的估计；龙山遗址发现后的几年间，对于龙山文化和小屯文化的继承关系得到了更多的论据。

在陶器的形状上，这两种文化遗存有显著的继承关系，若拿两者的陶器作一比较，就不难找出其演化的线索；在小屯文化的铜器中也同样保存着这样的关系。从下面的简表里就可以看得出来：

---

[1]　李济：《城子崖》序二。

龙山文化遗存中的陶器	鼎	鬲	鬹	甗	豆	鬶
	↓	↓	↓	↓	↓	↓
小屯文化遗存中的陶器与铜器	鼎	鬲	鬹	甗	皿	盉

除了这六种显著的器形之外，如圈足的盘形器或罐形器，到小屯文化都多少转变为一种与之大同小异的器物。

小屯文化在陶器上的最大特征，是灰色的占最大多数，而龙山文化的后期灰色的陶片也渐渐的多了。龙山文化遗存的陶器中，尤其是在后期，绳纹成了常见的现象，这些在小屯文化遗存中也占相当多的数量。在龙山文化的陶器中有云雷纹凑成的带形纹饰，这样式的花纹在殷代的铜器和石雕（侯家庄殷陵中的残石人）上都有类似的花纹；虽然花纹制作有精粗繁简的不同，但其基本的排列却毫无差异。他如直线竖列排成的带形在铜器中也常常的见到。

两城镇遗址中的白色陶器，虽然质料和小屯村所出者微有差别，但是，根据这两种文化的其他相互关系推测，它演化为小屯文化的白陶的可能性是很大的。

小屯文化（即殷代后期的文化）特征之一，即是有大批卜骨的存在，占卜之风，极盛一时。在早于小屯文化的龙山文化中我们也找到了卜骨：

> 城子崖最可注意之宝物为卜骨。由此，城子崖文化（即龙山文化。——达）与殷虚文化得一最亲切之联络。下层兼用牛鹿肩胛骨，上层只用牛肩胛骨，故上下两文化层虽属两个时期，实则一个系统。
>
> 这组文化包含的意义，与仰韶殷虚及殷虚附近之后冈遗物比而更显明。构成殷虚文化最紧要之成分——骨卜，遂得一正当之归宿。

于此，我们可以确证远在龙山文化时代已知骨卜的使用；小屯文化继承了这一传统，并且加以发挥，而成为殷代"一切精神生活之所系"的占卜习惯。

从埋葬的习惯看，龙山文化与小屯文化也有不少相似之处。我们所采用的关于小屯文化的墓葬材料，是以大司空村和侯家庄两地的为根据的，因为它们是殷代比较一般化的遗存。我们在叙述龙山文化的埋葬习惯时已经知道了那一时期的墓葬的大概情况了，小屯文化遗存中的墓葬，一般说，同样是平伸放置，仰身葬为正常习惯；大部分是东西放置，方向也和龙山文化中者相差不多。

陶器随葬也是两种文化相同的地方，就中都有以陶罐随葬的习惯，不过有些陶器的形状不同些。小屯文化的随葬陶器以陶鬲为最常见，他如瓶、爵等都是它的特点，其最显著的就是有铜器及鸟或兽的随葬习惯。

这两种文化遗存中所发见的人类骨骸的研究，可以使其文化的继承问题得到更明确的答复。但是这些材料到现在还没有将研究的结果发表出来，所以目前我们还只能就其他各方面推论。

在山东的龙山镇和河南的后冈两遗址的龙山文化遗存中，有板筑围墙的发见。在小屯文化的遗存中板筑不但用作围墙和建筑房屋，亦且用之于埋葬，在尸体入穴以后即盖上了土，渐次夯之，使其坚固。于此，我们知道板筑的技术可能是小屯文化接受了龙山文化的传统。

综合以上四事，可知小屯文化中有不少的因素吸取了龙山文化遗产，并加以发展，而成为光辉灿烂的殷商文化构成的因素。就现有材料分析，应当说这是极为合理的推论。

综合以上关于龙山文化遗存的具体分析，我们作出如下的结语：

龙山文化是中国新石器时代晚期的一种遗存，是殷代文化以前的一种文化，殷代即吸取了它的许多文化因素。

它和仰韶文化都是以农业为基础的氏族制度的社会，当时的生活资料主要的是依靠着农业。

它分布的区域大体上是在华北的东部（鲁、豫、晋、陕、皖）的黄河流域，向南最多到浙江的杭州。

在龙山文化的村落遗址中狗、猪、马、牛、羊等兽骨都有，由此可知，当时对于兽类的饲养已经有了相当的技术了。

在骨器之中有鱼镖，在陶器中有网垂，这些都证明当时的渔业还是一种辅助生产的事业。

由于堆积层之厚及居住遗痕——洞穴、窖等的存在，我们知道当时已经过着巩固的定居生活了。

陶器制作技术的精致已经达到了相当高的境地了，形状之多，花纹之工整，都给后来殷代铜器以相当影响的范例。

埋葬的习惯已经有了一个固定的方式，对于方向已经有了相当明确的观念了。

三　关于中国新石器时代的一些问题

从1921年安特生发掘仰韶村遗址开始，关于我国新石器时代的发掘和研究到现在已经是近二十年的历史了。这近二十年里经过考古学者不断的努力，新的收获时有所闻；但是在半封建半殖民地的国土里，这种学问的发展当然会受到相当大的局限。零星的调查，没有统盘规划的发掘，妨碍着新材料中所提供之新问题的及时解决。"私有观念"支配着大部分国内外学者的脑子，因之，把材料看成一种秘密的宝贝，看成自己升为"名流学者"的阶梯。有不少的问题都搁置在脑后，他们既不去加以研究，却又妨碍着其他的人向这条路上前进。在这样的情形之下，有不少本来可以早些得到相当结果的问题，到现在却还在半停滞的状态之中。现在我们从这一些尚未得到相当解决的许多问题之中，抽出来几个和研究氏族制度有关的问题，加以叙述。

(一) 关于昂昂溪与仰韶文化的绝对年代问题

我们分析和研究昂昂溪文化的结果，认为是以渔猎为基础的新石器时代的这种文化，是氏族制度较前期的一种文化遗存，它应当放置于仰韶文化之前，这些在前面已经比较详细的叙述过了。现在我们根据着这两种文化遗存的内容，作一简表比较于下：

昂昂溪与仰韶两种文化比较表

特征　种类 \ 文化区别	昂昂溪文化	仰韶文化
陶　　器	数量少，形状简单，制作粗糙	数量多，形状较复杂，制作精致
石　　器	琢制石器多，细石器多，磨制石器很少	磨制石器已成普遍现象，琢制石器很少
遗址堆积	堆积范围较小	堆积范围较大
埋葬习惯	殉葬器物多系生前使用者	殉葬器物多系特制品

从上面的比较表里我们知道昂昂溪文化是比仰韶文化原始些的一种文化遗存。但是就遗址存在的地带上看来，一种在长城以北，一种在长城以南；到现在为止，我们还不曾在同一地区之内

发现这两种不同的文化遗存。徐炳昶先生说：

> 在东三省及内蒙古一带，桑志华及德日进、中国西北科学考查团、美人安德思（Andrews）及其他采集家，均有不少新石器时代遗址的发现。但是，这全是在地面上的采集，并没有真正作过发掘。它相对的时期到现在还没有研究清楚。并且这一带的文化同中国本部的文化，在本质上，似乎也很有差异，不能相提并论。①

长城以北新石器时代的研究非常不够，在这许多复杂的材料中到现在还没有找出可靠的系统来，因此，其本身的系列问题还不能得到相当的解决。现在我们可以知道的，是以细石器为特征的文化遗存在长城以北的内蒙古、热河和黑龙江都发现了。

昂昂溪文化和仰韶文化存在于不同的地区，徐炳昶先生以本质的差异区分长城南北的新石器文化，这话自有一些道理的。但是，其差异的基点在于：一个代表氏族制度发展较前的阶段，另一个却代表着氏族制度发展较后的阶段。

当然，这并不是肯定在具体的时间上昂昂溪文化就早于仰韶文化；很可能在同一时期内，在不同的地方存在着代表社会发展不同阶段的各种形态。当前中国社会的横剖面，大体上就可以看到中国社会发展的各个过程的缩影，这现象很明白的摆在我们的面前。征诸往古，自然亦无不可。

综合以上的诸多现象，我们说：

就社会发展的行程上说，昂昂溪文化是代表着前于仰韶文化的一种新石器时代的文化遗存。

它在时间上可能早于仰韶文化，也可能和仰韶文化同时存

---

① 徐炳昶：《陕西最近发见之新石器时代遗址》，载《北平研究院院务汇报》第七卷第六期，第208页。

在，乃至晚于仰韶文化。

到现在为止，我们还没有更多的材料具体的说明昂昂溪文化的绝对年代的问题。

(二) 关于仰韶文化与龙山文化的绝对年代的问题

在研究仰韶文化和龙山文化的绝对年代以前，应当分析安特生对仰韶文化的绝对年代的意见。

在仰韶文化的一节中，我曾经将安特生对于仰韶村遗址本身的错误观察指出来了，在那里有着仰韶和龙山两种文化遗存，不像安特生所说的是一种文化的两个组成部分。同时我指出他对甘肃远古文化的分期，也犯了相当的错误。我说他对于仰韶文化的本质的了解不够，这并非过分的评语。正因为他基本上没有弄清楚他所研究的对象，所以在研究仰韶文化的绝对年代时，也就必然会发生混乱。安特生计算的主要凭藉是阿尔纳的意见。他在《甘肃考古记》里说：

> 阿尔纳博士视仰韶文化期之带彩陶器与苏萨之第一及第二纪、安诺之第一纪及第二纪颇有连络之处，而计仰韶期之时代在纪元前约三千年之谱。

我们且看阿尔纳的原文：

> 欲定河南住址的时代，全靠大家对于苏萨一、二与安诺一、二及乌克爱思与赛思尼铜器期时代的意见。此处我没有空地方详细讨论所提出的各种关于各遗址的标年问题，似乎是大多数学者都同意以这种文化约在公元前二千五百年以前；大约在公元前三千年与二千五百年之间，近乎公元前三千年。①

阿尔纳的这段结论里有两点应当"讨论：(一) 关于苏萨

---

① 阿尔纳：《河南石器时代之着色陶器》，英文，第32页。

一、二期及安诺第一、二期等遗址的年代是否已如此肯定；（二）仰韶期文化是否无疑的与它们同时"①。这两个问题我们分析清楚之后，就可以确知安特生的根据是否巩固了。

对安诺的绝对年代，就有不同的推论，"我们知道关于安诺的纪年最初研究的两人意见就不相同，斯密低（Schmidt）以它的一、二两纪在公元前 2000 年至 1000 年；彭裴来（Pumpelly）却以为在公元前 8000 年至 5200 年。那公元前 3000 年的数目不过是旁人的一个折中的办法。"② 于此可以知道安特生所依靠的比较材料本身的标年问题还没有肯定的结果，调和的折衷的办法，并不能够彻底的正确的解决具体的绝对年代问题。

退一步说，即令安诺和苏萨的第一、二两期的标年大体可靠，但是它们和仰韶文化的内容是否大部分相似还是不能解答的问题。安特生仅就仰韶文化的彩色花纹与安诺和苏萨加以比较，就肯定的说它们是同时的东西，这未免失于过分的武断。佛兰克复（H. Frankfurt）说：

> ……顶奇怪的好像这种发见的重要（指安特生在中国的发见），除了他们的本身价值外，因为与好些别的地方比较而增高；这一些混杂的地名排在一起却代表些根本上不同的文化，那唯一的相同点就是碰巧这些地方都有画陶器的艺术。虽说是这种艺术需要些机械的知识；但是现在我们还看不出为什么在这几千年中各民族争相前进的时候，这种知识不能两次三次的不约而同的悟到……③

---

① 李济：《小屯与仰韶》，载《安阳发掘报告》第二期，第 342 页。
② 李济：《小屯与仰韶》，载《安阳发掘报告》第二期，第 343 页。
③ 佛兰克复：《近东古代陶器之研究》，第 179 页；自李济的《小屯与仰韶》转引。

这说明了"图案与花纹偶尔的相似不一定是因为传播的关系"①。彩色陶器的花纹和制作的方法，并不是只限于一定的民族间才会有的，到了一定的物质生产的发展阶段，受了某一定的物质条件的支配，自然可能产生出与之相类似的东西。

安特生在那些"根本不同的文化"的各个地带的遗址中，找到了"那唯一相同之点"，即片面的加以比较。因之，肯定的得出古代东方文化由西方传播而来的结论；更由此点出发，确定了仰韶文化的标年问题。我们研究任何问题，一定要多方的全面的去把握所研究的对象，要从普遍的大量的现象中寻求问题的核心所在；绝不应强调个别的部分的现象，而忘掉全局。安特生在方法论上正犯着这样的毛病，所以免不了要演出"瞎子摸象"的笑剧。

我们要明白"每个现象底各方面都互相依赖，有密切不可分离的联系"，绝不应将一个整体割裂为几个单独的部分，然后将这被割裂的部分孤立的作为这个整体的代表。安特生拿仰韶文化的彩绘花纹和安诺、苏萨作部分的比较，正犯了这样的不可宽恕的错误。

由上面的分析看来，我们肯定的说：安特生对仰韶文化的标年问题的结论，并没有巩固的基础，这判断并不能作为我们研究仰韶文化和龙山文化之绝对年代的依据。

我们应当抛开安特生的错误观点，根据着最近六七年来所得到的新资料，将仰韶和龙山这两种文化的绝对年代的问题作一初步的试探。

安阳后冈的发见，使我们很明确的知道了仰韶、龙山和小屯

---

① 李济在《小屯与仰韶》一文中的话。

这三种文化的时间先后的顺序了。按照其时间的先后，可以作成以下的系列：

仰韶文化遗存——在下层，属于后冈期；

龙山文化遗存——在中层，属于辛村期；

小屯文化遗存——在上层，属于殷代后期。

这些在叙述仰韶文化时已经比较详细的说明了，在这里我们且根据后冈的明确的事实，去研究它们的标年问题。

我们以后冈上层堆积的小屯文化作为研究新石器时代绝对年代问题的主要凭藉，因为它是有明确的纪年的遗存。梁思永先生在他的《小屯龙山与仰韶》一文中，有下面一段话：

> 后冈遗存里可以用作断定年代的遗物，只有1931年春季在白灰坑二的小屯灰土坑上层所得的一块字骨。这块字骨上共有四个字。董作宾先生在他尚未发表的《释后冈出土的一片卜辞》一文里将这四个字认作"丙辰受年"；并且根据书体判定："此版时代，可断其在文丁帝乙之世，即殷之末季"。从这块字骨在地层里的位置，我们可以断定后冈的上层（即小屯文化层）的堆积，同小屯遗址的堆积一样，到了公历纪元前12世纪的末年就停止了。这只给我们后冈小屯文化层最晚的年代。至于这层的最早即开始堆积的年代，我们只能靠我们在小屯所得的知识来推定。我们读历史知道殷代文化和政治的中心在公历纪元前15世纪末年移到小屯，近年来小屯遗址出土的甲骨卜辞证明历史的记载与事实很相近。因此我们可以断定小屯的遗存最迟在公历纪元前15世纪的末年就起首堆积了。后冈离小屯只一公里，上层堆积的开始与小屯同时是意中之事。如果然是公历纪元前15世纪末年开始，后冈上层两

公尺差不多三百年就堆积成了。①

我们假定后冈的上层文化大约从在纪元前1400年开始堆积，差不多三百年的时间可能构成这两公尺厚的文化遗存。

后冈上层文化标年基本确定了，给我们一个可靠的凭证去解决龙山文化的年代问题。它给后冈中层的龙山文化遗存一个最晚限度的标年的启示：即是后冈的中层文化遗存大体说不能晚在纪元前1400年以后。

后冈的中层堆积在龙山文化发展的系列上，我们认为是属于辛村期，是龙山文化晚期的遗存。那末，就现有的材料讲，辛村期自应在纪元前1400年以前。我们分析后冈的上层和中层的两种文化遗存，虽然是中层文化（即龙山文化）孕育着上层文化（即小屯文化），但是两者之间似乎还应有相当的时间作为从前者演化为后一种文化的过程。这中间究竟需要多长时间，现在还不能具体地解答。若必欲试求其明确的年代，我们只能作盖然的推论。

从龙山文化的晚期——后冈的中层文化演化为小屯文化，我们假定需要三百年左右的时间；那末，后冈中层的堆积当开始于纪元前1700年左右。假定以四百年为龙山文化发展每个阶段的时间，则对龙山文化各期的标年大体上可得出如下的结果：

两城期——公元前2900到前2500年

龙山期——公元前2500到前2100年

辛村期——公元前2100到前1700年

这样的标年自然只有相对的价值，具体的事实决不会如此工整；

---

① 梁思永：《小屯龙山与仰韶》，载《历史语言研究所集刊》外编《庆祝蔡元培先生六十五岁论文集》，第562页。

且龙山文化的分期问题还只是初步的试作,更精密更正确的划分,尚有待于更进一步的科学的分析和研究。

后冈下层堆积的仰韶文化遗存,在仰韶文化的系列上是较早的一期,我们称之为后冈期。就后冈遗址堆积的层位关系上看,是龙山文化的辛村期下面堆积着仰韶文化的后冈期,后冈期之早于龙山文化的辛村期已经是事实了。

从后冈遗址的堆积现象上和豫北的其他遗址的堆积关系上分析,我们深信仰韶文化的后冈期不仅早于龙山文化的辛村期,且它们之间也隔有相当长的时间。

后冈遗址的西部发现仰韶和龙山两种文化叠压堆积的第283、284 坑有以下现象:

第283、284坑土层	深 度	出土遗物	文化期
耕 土	0—0.3公尺	砖 瓦	近 代
绿土(北段1.5公尺深处有"白灰面"一层,南端有绿灰土坑深至3.5公尺)	0.3—2.0公尺	黑陶片,光面灰陶片,薄绳纹陶片,篮纹、方格纹陶片,尖骨器,骨凿,蚌刀,石磷,石斧,砺石	龙 山
褐色"鸡矢瓣土"	2.0—3.0公尺	光面红陶片,带彩陶片(这层出土遗物极少)	仰 韶
深灰土	3.0—5.0公尺	带彩陶钵,光面红片,粗陶片,尖骨器,琢成石器	仰 韶
黄沙土	5.0—?公尺	不出文化遗物	

从这个坑层表①上看到在龙山文化层和含有多量仰韶文化遗存的深灰土之间有一层厚约1.0公尺的褐色"鸡矢瓣土"，这层出土的遗物非常少。这现象我们可能作如下的解释：仰韶文化的后冈期在此地停留了相当时间之后，这地方曾一度的荒凉过，经过相当长的时间，才有龙山文化的辛村期在此地停留。

河南北部浚县的刘庄遗址的中层是龙山文化遗存，下层是仰韶文化遗存。这下层的仰韶文化较后冈期晚了许多，陶器的形状花纹等都比后冈期复杂些了。过去我们曾说它近似辛店期，但这还要作更精密的研究才能得出可靠的判断。总之，它是晚于后冈期的仰韶文化遗存这是无疑问的。中层的龙山文化遗存究应属于哪一期，我们还不能决定；不过在浚县淇河沿岸发掘时，各遗址的龙山文化遗存都大体上相差不多。因此，我们说龙山文化的辛村期晚于仰韶文化的后冈期，这是它们相互间时间先后顺序的盖然的推论。

若必欲追求仰韶文化究竟应在公元前多少年代，这就仍然要走假设的道路了。我们假定龙山文化的辛村期既晚于仰韶文化的后冈期，且在目前为止，我们还没有发现龙山文化与仰韶文化相互影响的现象，那末，龙山文化的辛村期和仰韶文化的后冈期之间必然有一相当时间的距离，姑且假定这距离约在一百年左右，而仰韶各期堆积形成的时间约为四百年，则可得：

后冈期——公元前2600到前2200年

仰韶期——公元前2200到前1800年

辛店期——公元前1800到前1400年

---

① 录自《小屯龙山与仰韶》，载《历史语言研究所集刊》外编《庆祝蔡元培先生六十五岁论文集》，第556页。

龙山文化和仰韶文化标年问题的试作，只有其相对的概然的价值，这里并不是千古不易之论，更不是在时间上的固定答案。为着使我们对于这两种文化有一个比较明确的大概的时间观念，我们不得不勉强根据现有的材料作出近似的推论。这只是在年代上的一个概然的轮廓而已。

如果把我们对龙山和仰韶两种文化的标年的结果排比起来，一定会有如此的疑问：龙山文化的龙山期是否和仰韶文化的后冈期同时？龙山文化的两城期是否早于仰韶文化的后冈期？这两个问题在我们的年代推测中似乎应当肯定；但事实是这样的：到现在为止，我们还没有直接的材料证明这点。因此，我们不能不依据现有材料作近似的推论，这问题的解决，将有待于新资料的发见。

这里只是就现有的较可靠的材料，对这两种文化各期绝对年代所作大概的轮廓式的分析，把它们各期的时间找出来一个序列，以便于今后的研究工作。自然这样排列以及时间推断，都会跟着新资料的发见逐渐得到修正，以至废弃。

（三）关于中国新石器时代早期的文化遗址问题

在中国长城以南的广大地带，进行了近二十年的考古工作，所发见的新石器时代遗址，为数不少，但是其中大多数是末期的遗存和少数从石器时代过渡到铜器时代的遗存。真正新石器时代初期的遗存，到现在为止，还没有发见。这一页空白是否在将来可能补起来，还是问题。

徐炳昶先生在陕西宝鸡发掘之后，发见了较早的遗址，他以为是可以将这个空白补起一部分来了。他说：

……从前在旧石器时代以后，新石器时代末期以前，有一页空白；我们这次斗鸡台的发掘，才算把这一页空白补起来了一部分。①

这遗址的真实情形,我们知道得很少,徐炳昶先生仅有一个极简单的叙述:

> 至于我们所发见的新石器时代的陶器,就颜色说,有红的、有灰的、有黑的,但均是天然色,绝无加彩。就纹饰说,一部绳纹的,与仰韶期及瓦鬲期的纹相同。至篮纹则为仰韶期内之所无有。另外有一种细刻纹及点状纹,也是此期之所独有。形状就我们所黏合成形的数器看来,则有细颈、鼓腹、平底之罍形器,直壁、平底、双唇之甬形器,及有錾之薄肉瓶等,均为仰韶期中所不见。质地比较粗糙,无仰韶期之精制红陶。②

这遗址的内容我们不能作更精密的分析。但是就这些现象看,它和仰韶文化的后冈期略有相似之处,它同样不可能是新石器时代初期的东西。

目前在华北虽然还没有发见新石器时代初期的遗存,但是,并不能肯定的说今后没有发见的可能。安特生说:"华北新石器时代之真确遗址,附有幼稚之陶器者,当有发见之可能。而初期和中叶亦有成立之日。"这话是有道理的,我们希望将来能将这一页空白补起来。

(四) 关于长城以北的考古工作

长城以北的考古工作,国外的学者虽然做得不少,但是真正的科学发掘却非常少。细石器分布的区域,大体上是内蒙古和黑

---

① 徐炳昶:《陕西最近发见之新石器时代遗址》,载《北平研究院院务汇报》第七卷,第六期,第208页。

② 徐炳昶:《陕西最近发见之新石器时代遗址》,载《北平研究院院务汇报》第七卷,第六期,第205—206页。

龙江一带，这种细石器文化的内容究竟都是些什么？它和陶器的关系又怎样？它本身是否有着时间早晚的不同？凡此种种，现在还都不能够得到更可靠更确切的解决。

内蒙古一带曾采获了不少新石器时代的遗存，就中有枪头、石碌等石器和灰色的绛色的手制陶器，陶器的花纹多为线纹或几何图形。纳尔荪（Nelson）称之为"沙布克"（Shaborakh）文化。但是他只作了地面的采集和探掘工作，真正的遗物之间的关系还是不够清楚。

江上波夫曾根据着现有的材料，找出一个线索来，他以为满蒙新石器时代分布的情形是这样子：细石器分布在内蒙古，绿石器（即磨石器）分布在满洲；热河是这两种文化错综的地带。①

但这只能说是研究这个问题的最初步的工作。

（五）关于西南、东南的考古工作及其他

中国南部的云南、福建、四川以及江、浙等地都曾有新石器时代遗址发见；因为材料太少，且没有经过相当的发掘工作，所以到现在还不能得到更多的知识。

在延安，我们曾发见了一些石器和陶器的碎片（有绳纹、方格纹和篮纹）。在延安的北门外一带，曾发见了石枪头和陶鬲；就鬲的形状上看，它和华北东部（龙山文化及小屯文化的）出土的是有相当差别的。它们都在一个"白灰面"（居住遗迹）的上部。就这一地区的陶器特点看，不可能属于仰韶文化系统；相反的，它和龙山文化系统却有一些若隐若显的关联。因为我们还没有进行科学的发掘，还不能作更多的推论。（参考图版三）

---

① 江上波夫：《满洲新石器时代要论》。

中国新石器时代 125

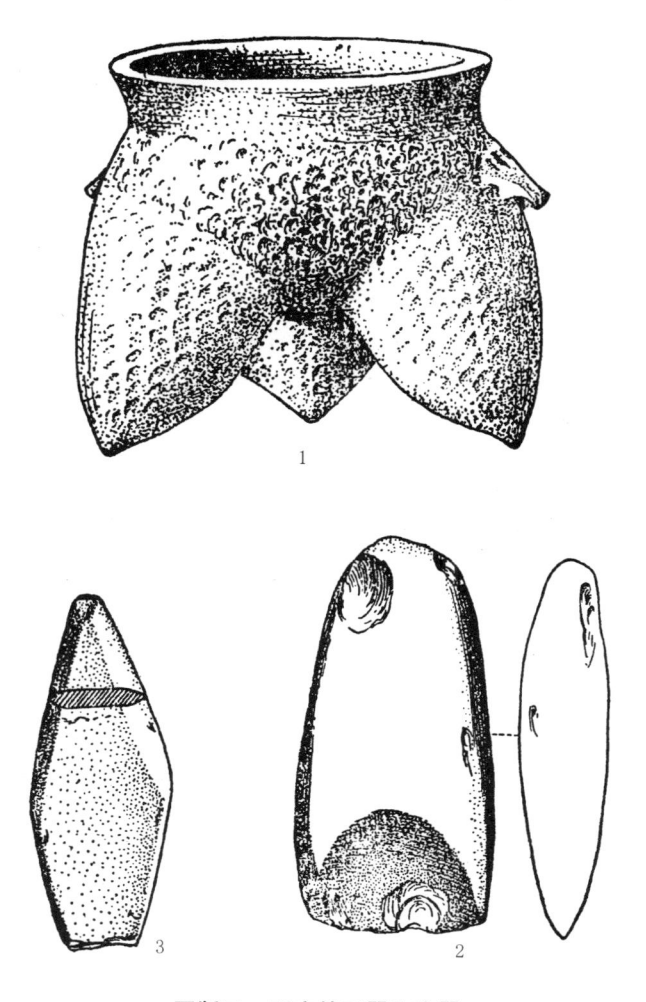

图版三 延安的石器和陶器

图版三说明
延安的石器和陶器

关于延安的新石器时代遗址未进行发掘及研究；兹就零星所得的可靠材料，制图三幅，以供参考。

(1) 陶鬲——系根据残器制成的复原图，约当原大十六分之三。1942年出自大砭沟北山坡上，腹部有绳纹，足部有斜方格印纹；灰色，质粗；制法亦与小屯或龙山之陶鬲不甚相同。

(2) 石斧——约当原大八分之三，发见于延安北延河沿岸蓝家坪山坡上。

(3) 石枪头——原大二分之一，与陶鬲同出。

其他遗址我们暂时还不能够把它们归于仰韶文化或龙山文化系统之内的也不少，它们是否可能和那两种文化有自别之处，还需要作进一步的发掘工作和更系统的研究工作，才能够得到解答。

1939 年冬写于延安蓝家坪

关于开展考古工作的建议[*]

在总路线的照耀下,经济建设正以空前的速度发展着。结合着经济建设的高潮,各种事业都正在日益扩大,日益发展。任何事业的干部如果能主动地步趋着经济建设的进程,动员一切力量,有计划有步骤地开展工作,这种事业就必然会顺利地发展起来,会获得极大成绩;反之,就必然陷于被动,不能适应时代的要求,从而落在其他事业的后面。

文化事业中的考古工作亦自不能例外。解放以来,考古工作已获得了空前的发展,工作已日趋繁重,新的收获在在皆是;应当说是有极大成绩的。但是,在前进的行程中,不可否认还存在着困难,还存在着矛盾。

一 对当前考古工作所处情况的分析

试从祖国经济建设发展中对考古工作的要求说起,进而分析目前考古工作者的主观力量与客观需要之间的矛盾。

---

[*] 刊载于《文物参考资料》1954年第3期。——编者

我们的祖国历史悠久，我们的祖先长期生活在祖国各地，遗留下极其丰富的物质文化遗存；这部用实物积累而成的最真实的祖国历史，一层层地保存在地下。地面上的遗迹遗物，虽说经过历代的破坏，但依然存在着非常丰富的足以补正祖国历史的宝贵史料。它们没有经过历代统治阶级歪曲，保留着当时当地劳动人民生活的真实情况。经过它们，将使我们真正了解祖国劳动人民创造历史的伟大业绩，将使我们有可能修正并充实祖国的历史。我们的祖先遗留下来的一份宝贵财产——这部最真实的祖国历史，是应当万分珍重地保存下来的，任何破坏都是不容许的。

现在祖国已进入经济建设的高潮，正在有计划地、加速地开展重工业建设，大规模的工厂必然要在全国各地逐渐建造起来；随着大工厂的建造，就必然出现不少的工业城市。这些建设所选择的地方，往往会是比较丰富的遗址，如陕西的咸阳、河南的洛阳、郑州、安阳……等。随着工业建设的发展，交通运输业势必发展，铁路、公路行将与日俱增地兴建起来。随着农村经济逐渐合作化，农业中的水利工程，势必在各地逐渐地、较普遍地兴建起。这就是说在广大劳动人民积极建设中，在翻天覆地的祖国建设高潮中，势必触及地下或地上的遗迹遗物，如果不在开工之前，将地下及地上的遗迹遗物加以清理和保护，势将遭遇到某些损失，甚至遭到破坏。适应着祖国建设的步伐，慎重地保存这部完整而真实的祖国历史，这一沉重而繁难的担子就落在考古工作者的肩上了。

考古工作者的主观力量怎样呢？

解放以前，在帝国主义的控制下，在封建的买办的帝国主义代理人的统治下，考古学不过是当时统治阶级的装饰品而已。加以考古工作者立场、观点的错误，"只见树木不见森林"的烦琐的思想方法，乃至个人占有材料的观念，使这一历史科学中的重要构成部分却和历史科学长期脱节，圈子愈来愈小，在学术的园地里变成一个神秘的孤岛，仿佛只是少数专家的特殊职业。于是，考古学就变成了一个"冷门儿"，一般知识分子对考古学都不甚了然，更不用说和广大人民的联系了。所以旧中国留下的考古工作者是很少的。

解放之后，随着经济建设的飞跃发展，对田野考古的要求也日益增加；由于工作需要，曾举办过考古训练班，初步地培养了一批考古工作干部；北京大学的历史系也开设了考古专业，这个"冷门儿"，才开始有些热闹的气象。但目前考古工作干部的数量和质量还远远不能适应客观的需要，更不用说今后的发展了。

人民政府对历史的珍贵遗产是十分重视的。解放以来，保护文物的法令都非常明确，自中央以至各地系统地建立了保护文物的组织机构。同时，经济建设是祖国的根本之图，总路线已经规划得清清楚楚了。作为考古工作者决不会要求推迟祖国的工业建设，以便慢慢清理遗迹遗物；相反的，应当在不推迟经济建设的前提下，尽最大的努力来完成清理保护古迹古物的任务。

考古事业发展中的基本情况已经作了相当的分析，在经济建设的高潮中到处发见古迹古物，急待清理，对考古事业的要求已日见频繁，而考古工作者的人力还远不能适应客观的要求。考古事业和经济建设密切的交织在一起，又不得不步趋着经济建设程序及时完成任务，这就是目前所存在的根本矛盾，也就是考古工作所急待解决的问题。

二　出版考古学基本知识的书籍，培养与提高考古工作干部

解决这个矛盾现象，除继续举办考古训练班，办好北京大学

的考古专业，帮助综合大学历史系开出"考古学概论"等工作外，大力编写与出版关于考古学基本知识方面的书籍，应当是培养与提高现有的考古工作干部、吸收业余的考古工作干部的有效办法。

（一）考古学基本知识的编写与出版。这是培养与提高现有考古工作者的首要工作，是培养与吸收业余考古工作者的最好的步骤。如果还不可能很快的编出《考古学概论》之类的综合性的书来，那么，编写一些个别问题的基本知识的单册，分别出版，也是必要的。过去《文物参考资料》里曾经刊载过的，如《田野考古序论》、《陶器》、《铜器》等，都可以充实，插入一些必要的图和照片，多作形象化的说明，稍加修正，单印成册，作为考古工作者基本读物。选择某些有代表性的，各时期遗址和墓葬，加以编写，插入必要的图和照片，作系统的叙述，说明其基本特征，以"怎样发掘新石器时代遗址"、"怎样发掘 × 墓"……之类体例，用具体例子编写成专文，或登于《文物参考资料》或《考古简报》性质的刊物上，必要时亦可单印成册。企图一下子写成"不易之论"，不敢于及时印出，就会妨碍着现有考古工作者的提高，是不对的。当然新资料的发现，将会充实、丰富现有的内容，但决不能因噎废食，放弃了当前考古干部的培养与提高的任务。

（二）编写并发表近几年来各地遗迹遗物的调查或发掘的简报，是推动考古工作的重要环节。四年来，各地都有不少新的发见，大都经过一定组织的调查或发掘，这些调查或发掘往往只是在报纸上发出极其简单的消息，扼要的报告很少见到。这样下去，会使这些调查或发掘的初步整理工作拖延很长的时期。等到把材料放冷了，发掘者的记忆模糊了，然后整理，就会使整理工作遭遇到一些不必要的困难。当然，就目前各地考古工作者的能力说，整理得合乎"标准"，够得上一定的"水平"，还是比较困难的；但是只要有一个领导核心，组织他们，指导他们，经过整理初步报告，就会逐渐提高。把可用的稿子予以发表，一方面鼓舞了他们整理工作的兴趣，另一方面又能够及时把新资料贡献出来，这对考古工作者的提高，对历史工作者的帮助，都是很有用的。

考古学应当是历史科学中的一个重要部分；考古工作所发见的新资料，经常是充实和修正历史的主要凭藉。因此，及时用考古发见的新资料分析社会历史的某些问题，发表文章，就更能够吸引不少历史工作者关心和重视考古工作。只要和历史工作者的关系密切起来，就会使考古工作更加活跃起来，会鼓舞青年考古工作者的工作热情，也可能逐渐吸收部分的历史工作者参加考古工作。

苏联的考古学，十月革命之后有了很大的发展，在马克思列宁主义理论的指导下，成为历史科学发展中的一个重要构成部分，它解决了不少苏联历史中的重要问题。我们的考古工作者应当大力的学习苏联的考古工作经验，在理论上、方法上以及密切结合历史科学的做法上，在密切结合国家建设进行考古工作的组织工作上，都应当诚心诚意的学习，然后根据中国具体情况，加以运用。目前虽然有人已开始翻译，但还是很不够的，希望进一步组织并培养考古学的翻译人才，更多翻译苏联关于考古学中的某些书籍和论文，及时出版，以便于提高考古工作者理论水平和业务水平。

编写和翻译，都需要一定的组织工作，如果没有一个组织核心，就不可能动员一切潜在力量。因此，希望能够出版《考古杂志》，在目前条件尚未成熟时，在《文物参考资料》里辟出专栏，加以充实和扩大，也还是可以作得到的。关键在于考古工作者是否愿意积极参加编辑，关怀它的成长和发展，使它形成为考古工作的组织核心。

"目前田野考古工作太忙，没有人来编写"。是的，解放之后，考古工作真的繁忙起来了，但是为了培养与提高田野考古工作者的业务水平和工作效率，在发掘之初即计划着初步报告的步骤，只要抓着这遗迹的基本内容，作忠实的报导，而不是用"绣花式"的烦琐的手法，那末，按理说，在田野工作结束后的一定时间内是有可能写出来的，这也是田野考古工作者应当积极完成的任务。至于考古学基本知识的编写，目前看来，也是有条件的，经过两期的考古训练班和北京大学历史系考古专业的教学过程，某些基本课程都已经有了初步的讲稿，如果集中力量整理付印，不是完全不可能的。即令还不可能全部整理出来，就中把可以单独付印的部分先行印出还是可能的。

"目前所编写的东西很不成熟，不能够拿出去"，这种意见也不完全对。应当了解目前许多地方的考古工作者连这样"不成熟"的考古学的基本知识都还不曾得到，但工作却逼着非作不可！中国考古学到现在为止还没有获得"成熟"的东西，不能不归咎于过去考古工作者的这种偏见和短视。当然，在中国考古学中，还存在着不少问题急待新资料的充实和修正，但是这决不能说根据现有资料就完全不可能作综合性的简要的论述。

（三）比较专门性的《考古学报》及《考古专报》的编印也是十分必要的，是应当作的，这应当是部分专家的工作。这类报告往往是要求较高、问题较专、印份较少、售价较贵，编印很不及时，因之，就不能够满足目前考古工作者的迫切要求。可否用图谱的方式把某些标准遗址或墓葬中的主要部分印出，或活叶或汇订成册，加以简略说明。这样既可及时印出作考古工作者的业务参考，又便于各地博物馆及工作队的展览，收效反会大些，编辑起来也比较容易。

如果能够出版一些书籍，现有考古工作干部和历史工作者对考古工作认识必然会逐渐提高，田野考古的工作质量也会逐渐提高。有志于考古事业的知识分子也就有可能逐渐吸收到考古工作的行列里来，必要的业余的考古工作者也就有可能参加一定时期田野考古工作，这就为推动目前的考古工作创造了有利的条件。

三 开展宣传教育，推进群众性的保护文物工作

向广大人民进行关于古代文物的宣传教育工作，是动员和组织群众性的保护历史文物的重要环节，同时也是进行爱国主义教育中的重要组成部分。考古工作者是应当十分重视这一工作，今年元月十二日《人民日报》登载了井鸿钧先生的信，说："河南各地人民在人民政府的教育下，保护历史文物成为人民的自觉行动"。他列举了许多生动的例子："洛阳龙门附近的农民们经常在农闲期把过去被帝国主义分子所盗窃的尚未运走的石佛、石刻找回来，运到当地区人民政府转交文物保管所"。汤阴县三区后营村的群众自动成立"保护文物小组"，以防止破坏和盗卖他们所发见新石器时代遗址和汉墓群，同时还自觉地献出了过去存在家里的大批古物。辉县百泉南海溪村农民在推土时挖出了元宝和金首饰等，自动交给当地文化馆。诸如此类，不一而足。这里充分证明，只要群众懂得了保护历史文物的理由，认识了那些是历史文物，他们就会把保护历史文物变成自觉的行动。有了广大群众的积极协助，考古工作的开展，就有了极其顺利的条件了。但是广大劳动人民，过去在反动统治之下，长期处于饥饿状态之中，受教育的机会都被剥夺了，更不可能有关于祖国历史文物的基本知识，考古工作者应尽最大努力，以通俗易懂的方式，根据

社会发展的体系，把祖国遗迹遗物生动地传播给劳动人民。宣传的方法约有以下几种：

第一，地方博物馆和文化馆举办经常性的或定期的展览会，是给人民以历史文物知识的较好的办法。建议由北京历史博物馆作出一套中国社会历史的简明的展览方案，从理论上和基本方法上加以说明；并编印历史图、表等，供给各地展览；然后由各地结合已经发现的文物特点，穿插进去，并附以简单说明，布置成通俗而丰富的展览室。这不仅对当地中小学的历史教学有极大好处，且对广大人民的爱国主义教育，对保护祖国的历史文物的工作也将起很大作用。

第二，考古工作者结合地方历史文物的特点及工业基本建设的工地特点，举行现地展览会或讲演会。这是就地取材，结合着祖国历史发展的体系，把现地出土的遗迹遗物加以陈列，同时编成简要说明，给以简要绘图，就地散发，并于观众聚集时，给以简单明确的演说。只要准备工作做得好，宣传的内容通俗易懂，就能够激发群众的爱国热情，能够给他们一些初步的考古知识，群众必然会自觉地注意到各地遗迹遗物的发现。听说在冀东的唐山及治淮工地都做过这样的工作，效果都很好；这种方式应当大大发扬，应当肯定它，发展它。"把考古学看作神秘的工作，把广大群众看作群氓，而不作任何的宣传"的时代已经是一去不复返了，这种思想应当从思想深处加以清除。

其次，编制幻灯图片。结合着中小学的历史教学，根据社会历史的体系插入已发现的历史文物及各个时代的简要地图，编制一套中国历史教学的幻灯片，这对各地的中小学教师进行教学工作帮助很大，同时也是提高他们的有效办法。他们散在全国各地，且和当地古迹古物接触机会最多，而又是当地的知识分子，经过他们将能普遍地教育当地的中小学生，教育当地的人民。这也是历史课程实物教学的不可缺少的一部分；同时这也正是进行爱国主义教育的最好的方式之一。

以上两种工作，如果各大行政区的博物馆有一定的人力和条件，是可以在这方面做不少工作的。

再其次，把祖国遗留下来的丰富遗产制成电影，在各地放映，也是十分必要的。祖国劳动人民创造财富的伟大业绩，应当有所表扬，也还是我们要表扬的。通过电影作考古知识的宣传，也是十分有效的步骤。这里可以编入的资料太丰富了：各种生产资料，伟大的建筑工程，艺术作品，如古代的著名的建筑、历代的遗迹遗物、万里长城、运河等，所有这些，如果按照社会历史发展的序列，编制成一套《伟大的祖国》的电影，对千万年来劳动人民改造祖国的伟大业绩将是一种有力的宣传方式，从历史上给以热爱祖国的教育，结合着现实的祖国建设的宣传教育，就能够启发起祖国人民的自豪感和信心。那末百年来帝国主义分子在我国所进行的奴化教育，以及由此所形成的某些知识分子的自卑感和信心不足的心理状态，在多方面的宣传教育下，是能够克服的。从国际宣传的角度看，由于帝国主义分子的长期歪曲宣传，世界爱好和平的人民对我国的认识是会受到影响的，对我国历史在国际间作真实的宣传是十分迫切十分必要的工作。

归结起来，我的基本意见有以下几点：

在总路线的照耀下，考古工作者应当结合祖国建设的发展，尽最大的努力，把地下所蕴藏的、极其丰富的、祖国劳动人民所创造的真实史迹，严肃地、科学地保存下来，整理出来，用以修正历代统治者所歪曲的祖国历史，充实并丰富祖国历史的内容。

要想克服目前工作过繁人力不足的现象，就必须用最大努力，组织、培养考古工作干部，编写考古学基本知识的书刊，有步骤地进行教育工作。

经过训练班和讲习会，经过考古基本知识的书刊，及时给各地的考古工作者以较系统的考古知识，以便提高其工作能力。

经过结合历史问题的考古文章、展览、幻灯、电影等，以提高分散在各地的中小学教员，经过他们向中小学生乃至广大人民进行宣传教育工作。

各地博物馆、文化馆举办展览，给当地人民以经常性的教育；此外，在发现遗址遗物的基本建设的工地举行展览会，把具体的最基本的知识教给当地工人和农民群众。

在这些反复宣传教育的过程中，人民必然会热爱祖国，热爱祖国的宝贵遗产，就能够自觉地保护古迹古物，就会预防在基本建设中的可能避免的损失破坏。广大人民的知识水平提高了，在广大群众性监督之下，不法古董商的盗窃行为，就会被及时揭发，就会使古董商获得应有的惩处。

解放以来，考古工作在经济建设的日益发展的形势下，已经得到了空前的发展，但未来的考古事业，将会百倍于今天的局面。预见到了这样的光辉的远景，决定下适应这一发展的具体步骤，将会使工作的推进更加顺利。

四年来中国考古工作中的新收获[*]

中国大陆解放以来，在经济建设的工程中，各地不断发现大量的文化遗存。中央人民政府对祖国的历史十分重视，极其关怀和支持考古工作者清理发掘所发现的各时代的遗迹遗物。四年来，经过各地考古工作者的努力，已经有了相当的收获。这里把比较突出的某些新的发现加以简要的介绍。

关于旧石器时代的考古工作，四年来我们继续进行了周口店中国猿人洞的发掘工作，发见了猿人牙齿、一些动物化石和石器。在山西汾城的丁村发见了旧石器时代的遗址。

一 关于新石器时代的发见及其综合研究

新石器时代的遗址四年来发见很多，不仅在华北、西北及东北陆续有所发见，且在过去发见较少的华东、华南及西南都有不少新的收获；到目前为止，约在一百五十处以上。虽然不少遗址还没有经过正式的发掘，各遗址的内容尚待系统研究，但是，在

---

[*] 刊载于《文物参考资料》1954年第10期。——编者

二十多年来中国考古学者研究的基础上,把这许多遗址加以初步地分析,依然能够看出中国原始社会的新石器时代的一个轮廓。

目前所可确知的,中国新石器时代大体上已有以下几个不同的系统:

(一)长城以北地带的新石器时代遗存基本上成一系统。大部分以打制的细石器为其主要的特征,且大都有打制的三角形石箭头,某些遗址还有箆纹陶器。这一新石器的文化系统的遗存在长城以北的地区分布极广,自东北各省而西,直到新疆一带。

(二)仰韶文化系统的新石器时代的遗存,大体上是以红色表面磨光且著以彩绘的陶器为主要特征,相伴而出的有磨制的石斧、石刀。某些考古学者称之为"彩陶文化"。这一系统的文化遗存大体上分布在河南西部和北部,山西、陕西、甘肃和青海一带。

(三)龙山文化系统的新石器时代遗存,大体上是以光亮的黑色陶器为主要特征,相伴而出的有磨光的石器;部分遗址里还存在着蚌器。某些考古学者称这种文化遗存为"黑陶文化"。这一龙山文化系统的遗存,就目前的了解,大体上分布在中国东海沿岸地区、黄河下游、淮河流域、长江下游及辽东半岛一带。

(四)在中国境内,还有另一新石器时代的文化遗存,以打印的几何纹的硬陶器为主要特征,伴随着的有磨制的石器。关于这种文化遗存,中国考古工作者将作进一步的研究,从这种物质文化遗存的各方面探求其特征,这将使中国新石器时代晚期的研究增加新的内容。就现有材料看,其分布的地区,大体说来,是在长江以南、东南沿海一带。

此外,西南地区曾发见过一些新石器时代遗存,它们和其他地域的新石器时代遗存有所区别;中国考古工作者将计划作系统的发掘和研究工作,并和其他新石器时代遗存作进一步的比较研究。这将使我们对中国西南地区在原始社会的新石器时代以及和其他地区新石器时代的关系，获得新的认识。

根据现有材料，就这几种新石器时代文化遗存的先后序列的关系加以分析，大致上可以说仰韶文化早于龙山文化；且可以肯定的说，在河南北部的仰韶文化遗存早于龙山文化遗存。东南沿海一带以硬陶器为特征的新石器文化遗存，大体上晚于龙山文化遗存。长城以北的细石器文化的特征，较仰韶文化为原始，就社会发展的进程上说，似应早于仰韶文化；但到目前为止，我们还不能据以判断其时间先后的关系，因为，在不同地区，较原始的文化很可能和较高级的文化同时存在，也很可能时间较晚。

关于仰韶文化和龙山文化本身的分期问题，过去某些考古学者曾做过一些工作；但在大量材料不断继续发见的现在，就不能不迫使中国考古学者突破过去的局限，重新考虑这样重要的问题了。

在沿长城北边的一部分新石器时代的遗址里，和细石器同时存在的有磨制石器，且有彩绘的陶片，这应当说是细石器文化和仰韶文化两者相互影响的结果。

仰韶文化遗存和龙山文化遗存在黄河下游分布较广，两种文化的交接区域之内，曾否有两者合流后的另一文化遗存？这一问题，已经提到中国考古学者的议事日程上了。中国考古工作者正在钻研河南中部和南部的新石器时代遗存，在这些遗址里，存在着仰韶文化与龙山文化合流的因素，这一问题的解决，已为期不远了。

总之，在中国的广大地区以内，由于自然环境的不同，经济生活的基础的某种差异，在新石器时代的漫长时期里，不同的地区自然可能发展成为不同的文化系统，如长城以北的细石器文化、黄河流域的仰韶文化、东海沿岸的龙山文化、长江以南的硬陶文化等。这些不同的文化，可能是在一定地区一定的自然环境中长期独立发展而成的；但在不同文化的交接地区，在一定时期内相互间受到一定的影响，相互间吸取了对方的某些因素，而使其文化发展更加迅速，也是很可能的现象。

这许多不同地区的文化由新石器时代逐渐发展到铜器时代，在纵横交错的繁复的关系中向前发展着。这些新石器时代的不同文化，在一定的条件下就会形成为中国古代史上的不同地区不同部落的文化。

二　关于殷代遗存的新发见

河南安阳小屯村附近是殷代遗存很丰富的地方，从 1928 年到 1937 年都曾在那里作过考古发掘工作。1950 年中国科学院考古研究所在小屯村附近作了发掘工作，曾发见一座大墓，这座墓虽说经过了多次盗掘，但清理这残墓的收获还是相当丰富。除残存的随葬遗物之外，最值得注意的是以人殉葬的现象。在墓室的两侧有四十多个陪葬的人，身首俱全；有的还有自己的随葬物品。在墓室的四周，还发见殉葬的三十多个人头。大墓附近发见十七座葬坑，分为四排，每坑之中大都有无头尸体十个，分层埋入，离大墓稍远处，还发见葬坑七个，其中大都埋着已被斩首的尸体或肢体，数目不等。大体说来，大墓附近的葬坑应为大墓的随葬坑。大墓随葬物品的丰富、殉葬人之多，都充分说明大墓主人在殷代社会中有相当高的地位，证明当时阶级分化已达到一定的程度。

河南郑州的市郊发见了殷代的遗址和墓葬，现正在发掘中。从目前所知的情况推测，这是比较完整的殷代遗址。其堆积的层位关系是：殷代文化层之下有龙山文化遗存。且殷代遗存本身还可能分出其先后堆积的层位关系，这对殷代文化发展程序的研究具有相当大的意义。在郑州的殷代遗存中已发见了卜骨和卜龟。卜骨和卜龟正是安阳殷代遗存的主要特征之一。

河南辉县琉璃阁在1950年及1951年曾发掘了五十多座殷墓和一些殷代灰坑，山东济南的近郊都发见了殷代的遗址。

到目前为止关于殷代遗址的发见不仅是河南安阳附近，且在郑州和辉县都已有所发见，且在山东的济南附近亦有一处。这不仅在地区的分布上给研究殷代社会历史以新的资料，且在这些地区经过科学地考古发掘和系统地整理研究之后，将会使殷代社会历史的内容更加充实，更加丰富。

三 战国时代遗存的新发见

关于战国时代的墓葬，各地发见得相当多，有些业已经过一定的发掘和清理。这里只将其中最主要的发见分别简略地加以介绍。

我们在河南辉县附近的几个地方都发掘过战国时代的墓葬，在那里发见了不少的陶器、铜器、错金银器和玉器。其中有两个铜鼎的里面还盛着祭肉，有制作精致的铜壶、铜人像、镶金嵌玉的铜带钩，错金银的辕饰。在这里还发见了车马坑，车子的木构都已经腐朽了，但根据车木所留下的痕迹还可以测验出其原来的结构来，按测绘的图就可能恢复其原来的大致的形状。更重要的是战国时代铁制的生产工具的发见，其中有铁铲和铁犁等用具。这对于研究战国时代的生产发展情况，对于研究当时社会经济生活情况，都是极其重要的材料。

湖南长沙的近郊发见战国时代的墓葬，1953年7月清理的一座竖穴的墓葬是曾被盗掘过的，墓室被破坏了，殉葬物品大部已被盗去；但清理的结果，依然发现不少可贵的材料。墓室为长方形，墓道斜下；墓室填土的上层铺有较厚的白色膏泥，因为它的防腐性较强，所以葬具保存得都还较好。葬具有四层；外椁、内椁，有外棺、内棺，形制大，木质厚重。内棺底部的上面放着雕有盘龙图案的空花花板，长180公分，宽45公分，厚4公分，雕工生动精致。外椁与内椁之间放置着随葬物品，有陶鼎、陶敦、陶壶，有残铜鼎、铜洗、铜带钩及铜剑，有木俑、木梳、木戈、木剑，有铁铲，有竹简。木俑的身上有墨绘的服装，斜领大袖，衣长遮脚，且饰有精细的花纹。竹简发现得很不少，全长约22公分，宽约1.2公分，四角为方形；其中有些写着黑色的字，一简最多有21字。这些发现，对研究战国时代的社会文化生活，对当时的社会历史的研究，都是很宝贵的材料。

其他各地也有不少战国时代的墓葬发见，且有不少可以充实战国时代社会历史的新资料；但最突出的要算是上述两地的发见了。

四 关于汉代遗存的重要发见

我们在经济建设的进程中，很多地方都发现了汉代墓葬，数量空前的多；某些地方的发见确实提供了不少可贵的历史资料。兹就其中最主要的发见简述于下。

在河南洛阳的近郊，曾清理过二百六十多个汉代的墓葬，得到了万件以上的遗物。其中有陶仓、陶壶、陶灶、陶井、陶瓮等，有不少铜镜，有五铢钱，王莽钱。这些遗物虽说都是常见的东西，但按照时间的序列，从器形和墓葬形制的变化上分析这批大量的材料，就可以找出从汉武帝到汉献帝这三百多年的陶器形式以及社会生活发展变化的线索。且某些陶仓里面还保存着汉代的谷物,可以作为研究当时农业生产的具体情况,可以研究当地农作物的变化历史,如谷物之中有水稻,而现在洛阳附近已不种水稻了。陶井中的灌溉井,井呈椭圆形,汲中绳索的两端各系一桶上下取水,这就节省了不少的劳动力。

四川在修宝成铁路的工程中,发现了大批的汉代墓葬,其中有砖墓,有崖墓。砖墓所用以砌成的砖大都带有花纹,方形大画像砖上,间有鸟兽,人物和建筑的图。殉葬的物品大都是他们生活上所常用的东西之模型,如陶制的田园、庐舍、车马、井灶、奴婢、伎乐、六畜、鱼蛙等;且间有金银器、日常用具和兵器等。其中最突出的,是一个陶制的水田模型,在田里共有五人:一个人用肩托着罐子,左手提筐,颇似送饭的形状;一人腹前悬鼓,双手执捶,作击鼓状;两人弯着腰,表现着工作的姿态;另一人身穿长服,袖手旁观,很像是地主的监工;在水田旁边的水池里有青蛙和鲢鱼。这正是汉代农民生产情况的一幅生动的图景。

在长沙的汉代墓葬里还发现了漆器、木俑和木车、木船的模型。

从以上三地汉墓的发现中,我们对于汉代的社会生活获得了相当具体的丰富资料,从而对于汉代的社会情况,对当时各阶级的生活状况,对当时农业生产及农民生活的情形,可能获得进一步的认识。

应当说这些正是研究汉代社会历史的十分重要的具体史料。

四年来,中国考古工作的发现还不止此,自纪元420—1644年(魏晋、南北朝、隋、唐、宋、元、明各朝代)间的遗迹遗物也都有新的发现。

这里所谈到的,还只限于已经报告的一些发现;我国自大规模经济建设以来,各地古代遗迹遗物发现很多,而考古工作的干部的数量，还赶不上工作的需要，因之，不少的发见还未能及时整理出报告来；五月间，在北京将举行全国性的考古发见的实物展览会，我们离开北京的时候，各地区的实物还没有全部运到，所以我的报告还未能充分使用这些材料，这就难免有挂一漏万的缺陷。

1954 年 4 月 26 日写于莫斯科

关于赤峰红山后的新石器时代遗址[*]

1935年日本的考古学者尾随着日本法西斯军人，在当时的热河东北的红山附近作了考古发掘，发现了位于红山的高出河床100至180公尺的山坡上的新石器时代遗址；1938年发表了这次的发掘报告——《赤峰红山后》[①]。

红山后的这一新石器时代的遗址（即红山后第二住地的遗址）具有突出的特点，对于研究长城以北和以南的新石器时代的文化遗存的相互关系问题有极大的启发和帮助。

从陶器的特征上看，有以下现象值得特别注意：

这里发现了彩绘的陶器，这种彩陶大都是钵形器和壶形器。质细，表面橙红色，间有灰色或亮黑色的。上面绘有黑色或深红色的几何纹。从这些彩陶的形状、花纹及制作各方面看，自有其独具的特点；但从陶钵的形状以及彩绘的手法上看，和甘肃及河南的彩陶也有某些相类之处。于此说明红山后这一新石器时代的文化遗址实含有某种程度的仰韶文化

---

[*] 刊载于《中国新石器时代》一书（1955年由三联书店出版）。——编者
[①] 《赤峰红山后》，载《东方考古学丛刊》，日文，甲种，第六册。

的因素。①

这里发见了一些红色素地的陶壶，其色泽和制作的方法都和彩绘陶器相似，而表面的纹饰却是印上的篦纹。这种篦印纹是长城以北新石器时代的细石器文化中陶器的特征。于此说明这类陶器，同时含有仰韶文化和细石器文化的两种因素。

在这一遗址里，且发见了不少粗质、黑红色的瓮形器和钵形器，表面饰以篦印纹、刻划纹。这种陶器正是长城以北新石器时代细石器文化特有的陶器。

就这一新石器时代遗址陶器的特征加以分析，可以看出这种新石器的文化遗存含有长城以北新石器时代细石器文化在陶器上的特点，同时，也含有长城以南新石器时代的仰韶文化中的着色陶器的特点。因之，我们可以说，这种文化似应为长城南北两种新石器时代文化相互影响之后的新型的文化遗存。

从石器的特征上看，有以下现象：

石器中有磨制的石斧，大型磨光的石斧的横剖面扁圆，刃较钝；小型磨光的石斧的横剖面略呈长方形。磨制的带孔石刀，有半圆形带孔的，有长方形的。

在石器中有大的打制石器，多系将扁平砾石的边缘打出而成石犁状及其他形状。

细石器中有燧石打制的细长石片，有短刮器。有燧石打制的三角形石镞，石镞的下部有各种不同的形状：底边平、底边为弧形凹入和底边凹入很深等状。

这里也发见了石磨盘、石棒和石杵等。

就石器具有的特征说，打制的细石器是长城以北细石器文化

---

① 参看《赤峰红山后》，第62—63页；第63页，第五八图；安特生：《中国史前史研究》，英文，第275—276页。

的特征，磨制的石器是长城以南仰韶文化的特征，因之，红山后这一新石器时代遗址在石器中，实同时具有细石器文化及仰韶文化的某些因素。

就红山后这一新石器时代遗址在陶器和石器的特点分析，这种文化遗存很可能是细石器文化和仰韶文化相互影响之后所产生的新的文化遗存，也就是说，是含有细石器文化和仰韶文化两种因素的文化遗存。我们可以名之为中国新石器时代的红山文化。

长城以北的新石器时代的红山文化，就其遗址的堆积及陶器的使用说，当时的居民已在红山的台地上过着定居的生活。

红山文化的石器中，有不少农耕用具，多似犁形；且有石斧及石刀。于此可知当时已知道谷物的种植，农业已成为当时居民的经济生活中的重要部分。他们用石磨盘、石杵等石器，碾磨谷物，以供食用。

在这一文化遗址中，还发现了猪和羊的骨骼、鹿和獐的角、鸟的碎骨。由此可知，当时的居民除农耕之外，还饲养家畜，猎取野生的鹿和獐。

红山新石器时代遗址的发见，对于长城南北新石器时代的相互关联问题，初步找到了解决的钥匙；但是，目前的资料还很不完备，沿长城地区类似的新石器时代遗址也还没有作系统的发掘和研究，所以也还只能说是出现了如何解决这一问题的端倪。

如果将红山文化的特征作进一步的研究，根据这一线索，沿着长城附近的南北地区作系统的调查和重点发掘，将给研究远古中国长城南北文化生活交互作用的问题，及研究远古中国的历史以极其重要而丰富的史料。

这是中国考古工作者应当密切注意的重要问题之一。

1954 年 12 月 2 日

论我国新石器时代的考古研究工作[*]

关于我国新石器时代的研究工作，虽说已有近三十年的历史，但是，多年以来，祖国长期处在帝国主义的侵略之下，这门学问的发生和发展都受到了极大影响。过去虽有不少发现，而综合研究却存在着很大缺陷。1949年以来，新石器时代的遗址发现很多，不仅在华北、西北及东北陆续有新的发现，且在过去发现较少的华东、华南及西南都有不少新的收获，到目前为止，约在200处以上。但是，结合国家经济建设的考古任务异常紧迫，有不少遗址暂时还不可能去作正式的发掘，已发现的遗址大都也还来不及作系统研究。为了今后整理研究这批宝贵资料的便利，在二十多年来中国考古学者研究的基础上，把这许多遗址加以初步地分析，作一综合性的概括的叙述，是十分必要的工作。这可以使我国青年对于我国新石器时代有一个概然的轮廓的了解，对于过去新石器时代的考古工作的状况及其存在的问题，也可以有一个大概的了解。

目前所可确知的，我国新石器时代大体上已有细石器文化、

---

[*] 刊载于《考古通讯》1955年第2期。——编者

仰韶文化、龙山文化和东南的硬陶文化四个不同的文化系统，现在就其基本特征和研究工作的基本情况分别加以论述：

一、长城以北地带的新石器时代遗存基本上自成系统。大部分以打制的细石器为主要的特征，且大都有打制的三角形石箭头，某些遗址还有篦纹陶器。这一新石器的文化系统的遗存，在长城以北的地区分布较广，自东北各省而西，直到新疆一带。

关于这一地区的材料，考古工作者过去做得不少，但大都相当粗疏，且大都是限于地面的调查，某些发掘工作中还存在着不少问题，这方面正有待我国考古学者的努力。我们在这些地区工作，应当有计划的科学的作些重点遗址的发掘工作，并给以科学的审慎的整理；以这些遗址为基点，结合普遍的调查工作，加以综合地分析研究，才能整理出一个比较可信的眉目来。

二、仰韶文化系统的新石器时代的遗存，大体上是以红色表面磨光且著以彩绘的陶器为主要特征，相伴而出的有磨制的石斧、石刀。我国部分考古学者称之为"彩陶文化"。这一系统的文化遗存大体上分布在河南西部和北部，和山西、陕西、甘肃、青海一带。

到现在为止，典型的仰韶文化遗存的全面而系统的研究，可以说还没有真正开始；安特生虽说在这方面作了一些工作，但是，却给认识这一典型的仰韶文化系统的遗存带来了不少的糊涂观念。我国的考古学者，应当认真把对中国古代文化有密切关联的新石器时代的这一文化遗存弄清楚，希望能在一定地区作些标准的发掘工作，全面而系统地加以整理；然后把各地区的带有典型性的遗址作深入的比较研究。只有这样，才能够真正看出仰韶文化的全貌，才能够进一步和其他文化遗存作比较研究。

三、龙山文化系统的新石器时代遗存，大体上是以光亮的黑色陶器为主要特征，相伴而出的有磨光的石器；部分遗址里还存在着蚌器。我国部分考古学者称这种文化遗存为"黑陶文化"。目前的了解,这一龙山文化系统的遗存,大体上分布在中国东海沿岸地区、黄河下游、淮河流域、长江下游及辽东半岛一带。

关于龙山文化遗存的资料日益丰富,但真正龙山文化遗址的典型性的发掘和报告还是很不够的。因之,对这一重要的中国新石器时代文化遗存,还不能说有真正的系统而全面的了解,迫切希望能在这方面做更多的工作。且这一文化系统和我国古代文化的关联极为密切,这种认真的比较研究,将为我国古代历史研究提供不少可贵的材料,对古代历史中的某些关键问题的解决是会起很大作用的。

四、在中国境内,还有另一新石器时代的文化遗存,以拍印的几何纹的硬陶器为主要特征,和这类陶器相伴而出的有磨制的石器。就现有材料看,其分布的地区,大体说来是在长江以南、东南沿海一带。到现在为止,关于这种文化遗存的知识,还只是一点粗糙的认识,还是很不全面的。在这方面,我们应当作系统的发掘和研究工作,从这种物质文化遗存的各方面探求其基本特征,使我们对于东南一带的新石器时代晚期的具体情形有一个更明确的认识,这对于我国古代文化发展过程中的复杂错综的关系的进一步的研究将会提供不少新的资料。

此外,西南地区曾发见过一些新石器时代遗存,就现在仅有的材料说,它们和其它地域的新石器时代遗存是有相当区别的。但是,现在我们对这一地区的新石器时代的知识实在是太缺乏了,如果能有计划地作系统的发掘和研究工作,并和其他新石器时代遗存作进一步的比较研究,这将使我们对我国西南地区新石器时代的具体情况以及和其它地区新石器时代文化遗存的关系将能获得新的认识。这对建立各地区少数民族的历史将会起很大的推动作用。

根据现有材料，就这几种新石器时代文化遗存的先后序列加以分析，大体上可以说仰韶文化早于龙山文化；且可以肯定的说，在河南北部的仰韶文化遗存早于龙山文化遗存。东南沿海一带以硬陶器为特征的古代文化遗存，大体上晚于龙山文化遗存。长城以北的细石器文化的特征较仰韶文化为原始，就社会发展的进程上说，应当早于仰韶文化；但到目前为止，我们还不可能确定两者的具体年代的先后关系。因为，在不同地区，较原始的文化很可能和较高的文化同时存在，也很可能时间较晚。这还只是一个大体的轮廓，充实和修正都还要做一系列的科学研究工作。各种不同文化系统的遗存的比较研究，以及各地区各种文化遗存的相互比较，将会使它们的相互关系更加清楚。这是急待深入研究的重要课题。

关于仰韶文化和龙山文化自身的分期问题，我国的考古学者过去曾作过一定的工作。但由于过去发掘和整理大都不够全面，且有程度不同的某些混乱现象，对于一种文化遗存还缺乏全面的系统知识，因之，使过去的分期工作必然有所局限，也只能停滞在片面的揣测的过程之中。近几年来，发现了大量的关于新石器时代的材料，从而在分期方面也提出了不少新的问题，这就迫使考古学者不得不突破过去的圈子，重新考虑各文化遗存的系统的分期问题了。从目前材料的情况说，在分期上也还仅仅是提出了新的问题；要求得确切的解决，就必须把重要的典型遗址作科学的发掘和全面的整理研究，从这一文化遗存的各方面作进一步的分析，把分期的基点弄清楚，才能谈到科学的分期研究；如果根据片面的材料，即妄加推测，纵横驰论，这只会造成更多的混乱，却不能得到任何结果。

在沿长城北边的一部分新石器时代的遗址里，有磨制石器和细石器同时存在，且有彩绘的陶器，这应当说是细石器文化和仰韶文化两者相互影响的结果。这是解决长城南北古代文化关系问题的关键；但现有材料还只能作为初步的认识，具体而深入的分析和研究，还需要有更切实的发掘工作，还需要有更多的可靠资料作为研究的基础。

仰韶文化遗存和龙山文化遗存，在黄河下游分布较广，在两种文化的交接的地区，曾否有两者合流后的另一文化遗存？这一问题，已经提到中国考古学者的议事日程上了。近几年来，在河南中部和南部所发现的某些新石器时代遗址里，初步的观察，其中似乎存在着仰韶文化与龙山文化合流的因素；但是这还只是问题揭露，还应当就这些遗址的本身进行系统的研究，使它们的全面情况更加明确具体，再进一步和其它典型的文化遗存作比较研究，才能够真正触及文化混合问题的实质，才能够使这一重要问题得到真正的解决。

在中国广大地区以内，由于自然环境的不同，经济生活基础的某种差异，在新石器时代的漫长时期里，不同的地区当然可能发展成为不同的文化系统，如长城以北的细石器文化，黄河流域的仰韶文化，东海沿岸的龙山文化，长江以南的硬陶文化等。这些不同的文化，可能是在一定地区的一定自然环境中长期独立发展而成的，其时间的先后，当然会有某些复杂错综的关系。且时间相当而不同系统的文化，在其交接地区，相互间受到某种程度的影响，相互间吸取了对方的某些因素，以促使其文化加速发展，也是很可能的现象。我们研究这些复杂问题时，必须避免比较研究工作中的片面性，我们绝不能以个别的局部的资料为满足，从而妄加推测，得出不着边际的所谓"结论"，这会制造出许多人为的混乱，使问题长期纠缠不清。对于交接地区的发掘工作应当十分审慎，对于遗址的堆积现象必须给予细密的观察，对于遗物遗迹都应作全面分析，然后才能够使论据具体可靠，从而得出相当稳定的结论来。

我国境内这许多不同地区的新石器时代的文化，由新石器时代到铜器时代，在纵横交织着的繁复错综的关系中向前发展着。这些新石器时代的不同系统的文化，在一定的条件下，就逐渐形成为中国古代史上的不同地区不同部落的文化。如果科学地系统地加以分析和研究，把地下遗存的资料整理出一个眉目来，再结合着我国丰富的古代传说和少数民族的现实资料作进一步的研究，这将使我国原始社会的研究获得更大成果。

在我国，从原始公社到奴隶社会的研究工作，正有赖于考古学工作者的大力支援，正有赖于丰富的地下资料的发现和整理，这将有助于我国古代社会历史中某些关键问题的解决。这是马克思列宁主义在历史理论斗争中的一个重要方面，任何忽视，都会造成历史科学中的损失。

这块荒芜的新园地，正有待于辛勤的园丁的垦殖；也只有不避艰苦的付出最大劳力的园丁，才能够首先尝到新园地里所收获的丰富而新鲜的果实。

1954 年 12 月 4 日

论中国新石器时代的分期问题

——关于安特生中国新石器时代
分期理论的分析*

一 引言

1921年瑞典人安特生在河南渑池的仰韶村发掘了新石器时代的村落遗址，他认为这遗址代表着中国新石器时代晚期的一种文化，名之为"仰韶文化"，1923年他发表了《中华远古之文化》一文。1923年至1924年他又在甘肃一带作了考古调查，且曾作试掘，发见了不少新石器时代的遗存，1925年他发表了《甘肃考古记》。他根据所调查的材料，把甘肃的远古时代分为以下六期：

新石器时代之末期，与新石器时代及铜器时代之过渡期：
  齐家期，
  仰韶期，
  马厂期。
紫铜器时代及青铜器时代之初期：
  辛店期，

---

* 刊载于《考古学报》第九册（1955年）。——编者

寺洼期，

沙井期。①

他并且进一步推算出六期的绝对年代。从此，研究我国远古历史的一部分学者即奉为圭臬，流传于论文、书籍以至于教科书中，并且和我国的古代传说强作联系，推演出一些似是而非的说法，使我国古代社会的面貌愈益失真。安特生的见解，我国个别考古学者虽曾企图作某些修改和补充，但总不曾触及其错误的根本之处。

1937年，我曾根据我国考古学者新发见的一些新石器时代的材料，分析了安特生对于我国新石器时代分期中的一些论断，发见其分期的基本理论根本是错误的，他对于材料的掌握和处理也是错误的，写了《龙山文化与仰韶文化之分析》一文。这篇文稿经过八年的抗日战争，总算不曾遗失，于1947年在《中国考古学报》第二册上发表了。1937年以后，因为工作的关系没有可能再去钻研这些问题，直到1954年的冬天，才看到安特生及其同事的以下四种著作：

（一）安特生：《中国史前史研究》（Researches into the Prehistory of the Chinese），《远东古物馆馆刊》（Bulletin of the Museum of Far Eastern Antiquities），第15期，1943年出版。

（二）安特生：《朱家寨遗址》（The Site of Chu Ch'ia Chai），《远东古物馆馆刊》，第17期，1945年出版。

（三）比林—阿尔提：《甘肃齐家坪与罗汉堂遗址》（The Site of Chi Ch'ia Ping and Lo Han T'ang in Kansu），《远东古物馆馆刊》，第18期，1946年出版。

（四）安特生：《河南史前遗址》（Prehistoric Sites in Ho-

---

① 安特生：《甘肃考古记》，第19—20页。

nan），《远东古物馆馆刊》，第19期，1947年出版。

安特生在这些新的报告里，对于分期问题的意见，只是过去的见解之继续发展而已，其基本观点没有改变，他的旧说在我国的影响尚未清除，其新著却又在我国一部分历史学者中发生了影响。我国部分的历史学者以为安特生是中国新石器时代考古的"权威"，因之信而不疑，还在使用着以至传播着他的理论。

我们必须了解，安特生的这种理论不仅仅关涉到我国新石器时代的分期问题，而且也关联着我国文化的起源问题，他在甘肃作一年考古调查，即用形而上学的方法，把甘肃新石器时代的陶器和近东新石器时代的陶器作片面比较，企图复活久已陈腐了的李希霍芬的"中国文化西来说"。他说：

> 著者因联想李希霍芬之意见，谓中国人民乃迁自中国土尔基斯坦（即新疆），此即为中国文化之发源地。但受西方民族之影响。[①]

他在错误的理论基础上，费了不少篇幅为这种陈腐的"西来说"寻找根据，这种民族偏见是应当引起我们的注视的。因此，我们继续揭发他在中国新石器时代分期问题上的错误，打破他这一分期的体系，清除他在我国新石器时代分期问题上所造成的混乱，从而清除他在我国文化起源问题上所企图复活的陈腐理论的偏见，就是十分必要的事了。

下面将逐步分析安特生在研究我国新石器时代分期问题中的一些基本论点。

---

① 安特生：《甘肃考古记》，第36页及第35—45页，《文化之迁移》部分。

二 安特生的中国新石器时代分期问题的基本论点

安特生在 1925 年发表《甘肃考古记》时，对中国新石器时代的分期问题曾作了分析，并将甘肃的一些遗址归纳到六个时期里。他的分期理论和具体的六期，我国的考古学者久已有所怀疑。1937 年，我们对安特生在仰韶村所得的材料也曾加以分析，指出他把仰韶文化遗物和龙山文化遗物弄混了，因而从"单色陶器"和"彩色陶器"这一基点出发，认为"单色陶器"早于"彩色陶器"。这是安特生对中国新石器时代分期的基础，这一点错了，那末，他的分期工作就必然错误。安特生根据这一基点分析齐家坪遗址，因而将齐家期作为最早的一期，当然是错误的，具体分析齐家坪遗址的内容就很清楚的看出来了。关于这方面，我在《龙山文化与仰韶文化之分析》一文中，已有比较详细的分析了。

安特生于 1937 年又到我国来过，当时我们曾就我国新石器时代分期的看法提出不同的意见，并把一些具体的论据——新材料让他看过；最初他还很坚持自己的意见，经过反复交谈，也不得不承认他的看法有自相矛盾之处。1943 年，他发表了《中国史前史研究》这部著作，在这本书里关于分期问题虽然作了某些修改，但是其所依据的理论原则基本上并没有改变。

我们把他在 1925 年写的《甘肃考古记》和 1943 年写的《中国史前史研究》对比一下，就可以很清楚的看出来，他在分期上，也就是对"相对年代"的看法上并没有什么改变，而只是把绝对年代往后推迟了一千多年而已。现在我们把他对各期具体年代估计的变化都排出来，成为下表，以便于了解他的具体变化。

时　代	分期相对年代	绝对年代（纪元前）	
		安特生1925年的意见	安特生1943年的意见
石器时代晚期	齐家期	3500—3200	2500—2200
	仰韶期	3200—2900	2200—1700
	马厂期	2900—2600	1700—1300
铜器时代	辛店期	2600—2300	1300—1000
	寺洼期	2300—2000	1000—700
	沙井期	2000—1700	700—500

在这里应当首先研究一下他的分期序列的基本原则，分析他确定"相对年代"的可靠程度。假如"相对年代"基本上是对的，那末，"绝对年代"才有所依托，才有基础，才有被人相信的可能；假如"相对年代"不甚可靠，也就是说分期的标准弄错了，那末，"绝对年代"也就失掉了依据，也就无从说起了。

首先分析一下安特生对于甘肃考古材料的相对年代的估计：

安特生把齐家期放在仰韶期以前，他说齐家坪是一个较大而丰富的遗址，这期的遗址广布甘肃各地。

1937年在南京时，我们向他提出"齐家期不应放在仰韶期以前"的问题时，他曾多方辩解，未能改变其原来的看法。到1943年他还在说：

> 关于齐家文化的时代问题，我也很愿意将他加以可能的修改，因为这文化期的家畜事业颇为进步。

但他一再考虑之后，仍然以为齐家坪"不得不放在仰韶以前"。其实他在齐家坪并没有找"齐家期早于仰韶期"的层位关系，他基本上还是1925年写《甘肃考古记》时的论点：

> 齐家坪之遗址论之，其陶器尽为单色。一部类似仰韶之

单色陶器……①

　　由此可知，他的理论的基础是建筑在他对于仰韶村遗址的看法上。事实是：仰韶村遗址包含着仰韶文化遗物（即以"彩色陶器"为基本特征的一种文化），也包含着龙山遗物（即以"单色陶器"为基本特征的一种文化）。他未能把这两种文化遗物分析清楚，而笼统的混在一起，以为"单色陶器"应早于"彩色陶器"，因而推出"齐家期早于仰韶期"的结论。当他知道安阳后冈发见了仰韶文化早于龙山文化的层位关系以后，他还以为：

　　　　仰韶和龙山的确实关系还不十分清楚。因为后冈一地的层位关系，有人以为仰韶早于龙山，但是仰韶村、西阴村、沙锅屯和其他遗址，甚至甘肃的遗址，都有黑陶与彩陶同时存在的事。②

事实上发见仰韶早于龙山的层位关系的，不仅仅限于安阳的后冈，安阳的同乐寨和高井台子，浚县的大赉店和刘庄，也都有相同的层位关系的发见。在山西和陕西境内都存在着仰韶和龙山两种文化遗物，它们是否同时，是否在一个地方而又同一时间存在着，还有待于今后科学的发掘和研究；安特生所说的那些地方，也仅仅是一般调查中所得的印象，还有进一步探究的必要。就我们现有的知识看，可以肯定龙山文化和仰韶文化是两种文化遗存，不能混为一谈；现有的材料证明，仰韶早于龙山，至少在河南北部甚至河南西部是可以肯定的。

---

　　① 安特生：《中国史前史研究》，第281页；安特生：《甘肃考古记》，第17页，关于齐家坪遗址；比林—阿尔提的《甘肃齐家坪与罗汉堂遗址》已有详细叙述，详《远东古物馆馆刊》第18期，第194页。

　　② 安特生：《中国史前史研究》，第292页。

三　从不召寨和仰韶村遗址的再分析说到安特生分期的基本论点

安特生在1947年发表了《河南史前遗址》,在这里他把河南渑池县的仰韶村和不召寨遗址的材料公布了,使我们有可能根据这些材料去具体分析不召寨和仰韶村这两个遗址。

在安特生公布的材料里,很明确地证实了在仰韶村西约五里的不召寨遗址是龙山文化系统的新石器时代的遗存,其中并无仰韶文化系统的遗物。也就是安特生所说的只有"单色陶器"没有"彩色陶器"。

1937年,我曾仔细分析了安特生在《中华远古之文化》一书里所公布的关于不召寨遗址的部分陶器,认为不召寨遗址系龙山文化系统的遗存。现在安特生在《河南史前遗址》一书里,已把他在不召寨遗址里所得的全部材料公布了,我们仔细阅读关于不召寨陶器的说明,审视关于不召寨全部陶器的照片(《河南史前遗址》图版八〇至一〇七),龙山文化系统陶器的特征十分显著,可以肯定说不召寨遗址系纯粹的龙山文化遗存。安特生自己也不得不承认不召寨遗物中含有"晚期型式"的东西,也不能不说不召寨遗址很可能晚于仰韶村遗址了[①]。

从安特生所发表的不召寨陶器的照片分析,这些陶器和河南北部所发见的龙山文化遗址的陶器确属一个系统,其形制、纹饰以及制作方法等各方面都没有更大的区别。1951年,中国科学院的考古研究所曾在不召寨作过调查,已证实不召寨属于龙山文化系统。夏鼐先生说:

---

① 参看安特生《河南史前遗址》,载《远东古物馆馆刊》第19期,第122页。

陶片有光面黑陶、压印方格纹陶、篮纹陶、绳纹陶、鬲腿、器把等,几乎都是灰黑色陶。红陶片极少,彩陶尚未发见过。显然的,这遗址的文化是属于龙山文化系统的。①河南北部的龙山文化遗址已经证明晚于当地的仰韶文化遗存,那末,不召寨遗址既属于龙山文化系统,且和河南北部的龙山文化没有更大区别,它大体上应当是晚于仰韶文化的遗存了。

我们既然确认不召寨遗址是龙山文化系统的遗存,那末,进一步分析仰韶村遗址就有了可靠的依据了。

从安特生的报告里我们知道不召寨纯为"单色陶器",没有仰韶村遗址中所见的"彩陶片";另一方面,除彩陶以外,不召寨和仰韶村其余的陶器大都是相同的②。这也就是说,仰韶村和不召寨的区别,只是仰韶村有些彩陶片。那末,我们根据这些基本的情况去分析仰韶村遗址的内容,就有了着手的基点了。

从安特生所写的《河南史前遗址》里,可以看出他虽然在1937年也曾见到了龙山文化的一些陶器,但是他对龙山文化的内容并无全面而系统的认识,且存在着某些模糊不清的观念,因之,对仰韶村遗址的复杂现象就感到难以处理,对层位堆积及遗物的分析就必然陷于自相矛盾的境地。

安特生在1921年发掘了仰韶村遗址;当时,他对于仰韶村遗址中的陶器只看到了"单色"和"彩色"的存在,而对这些陶器并没有更明确的分析。1937年,他初步了解了在中国有龙山文化的存在以后,知道仰韶村遗址本身又存在着黑色陶器——

---

① 夏鼐:《河南渑池的史前遗址》,载《科学通报》1951年第2卷第9期,第937页。

② 参看安特生《河南史前遗址》,载《远东古物馆馆刊》第19期,第122页。

龙山文化的特征。因之，1947年他印出的《河南史前遗址》里，就不能不对仰韶村遗址的堆积情况重加检查。

安特生选择了他认为没有经过扰乱的第二和第三地点，从文化堆积的层位关系上加以检查①。认为红色、灰色及黑色的陶器在仰韶村遗址的各层里都有，因之，他说：

> 照我们现有的知识看来，我不能不把仰韶村这个大遗址作为一个含有很丰富的而多样性的陶业，包括红色、黑色、灰色等各种陶器的同一时期的遗存。②

安特生在《河南史前遗址》里有不少地方谈到红陶、黑陶和灰陶的问题，从他的分类和分析中，看到他把问题的关键几乎全部归于陶器的颜色方面了。他以为：

> 黑陶并不是一个有明确分界的陶器群。在这些陶器里，即使形式一样，一个标本可以是黑色的，而另一个可以是深灰色的；这样不明确的情势，迫使我建立了一个大的"灰黑陶器"群。从上述事实所得的结果，我们不得不将仰韶村的全部遗物视为代表着一个以非常丰富而多样性的陶器为特征的单一的文化时期。③

在这里，首先分析一下黑色陶器和灰色陶器的关系，对我们以后解决仰韶村遗址的问题是有很大帮助的。龙山文化遗存的主要特征是黑色而光亮的陶器，但这决不是说它仅仅存在着黑色陶器；实际上，在龙山文化遗存中还存在着不少的灰色陶器，也有少量的红色陶器④。在研究新石器时代的陶器时，假如只是片面的强调颜色，从而孤立的把它作为主要的断代标准，就必然会走

---

① 安特生：《河南史前遗址》，载《远东古物馆馆刊》第19期，第25页。
② 安特生：《河南史前遗址》，载《远东古物馆馆刊》第19期，第30页。
③ 安特生：《河南史前遗址》，载《远东古物馆馆刊》第19期，第31页。
④ 参看梁思永《龙山文化》，载《考古学报》第七册，第5—14页。

入迷途，造成混乱。如果作为一个整体去看龙山文化遗存中的陶器，全面而系统的从形式、色泽及制作等各方面加以分析，那末，安特生在这里所反复讨论的黑陶和灰陶，实际上不过是龙山文化系统的陶器遗存而已。在安特生所写的《河南史前遗址》的图版一至四〇中及这些图版的说明中，都可以得到充分的证明，用不着把这种文化的陶器机械的按颜色分为什么"黑陶群"、"灰陶群"或"灰黑陶群"，这种形式主义的逻辑的推论只能把人们导入迷宫，从而产生一系列的糊涂观念。

这就是说：仰韶村遗址中的黑色陶器和灰色陶器统属于龙山文化系统，安特生在黑色陶器和灰色陶器上的许多议论，都是多余的事。

仰韶村遗址里还存在着黑色陶器和彩色陶器的关系问题。就安特生在《河南史前遗址》及《中国史前史研究》两书中所发表的有关仰韶村遗址的全部材料分析，仰韶村遗址里所出的陶器大部分属于龙山文化系统，一部分属于仰韶文化系统，安特生《河南史前遗址》的图版一至四〇基本上属于龙山文化系统，图版四一至五〇基本上属于仰韶文化系统。在这里凡属于龙山文化系统的陶器，不少可以看出原来的形式，而凡属于仰韶文化系统的大都是一些破碎陶片，从数量上看龙山文化系统的陶片占了压倒的优势。安特生也说："在仰韶村不曾找到一件完整的彩色陶器。"[1] 安特生在仰韶村遗址所发见的一些墓葬，绝大多数只有骨骸，并无随葬遗物[2]，其中仅仅有一个墓葬（安特生称之为墓q）发见了五件陶器。这个墓葬据安特生的观察是没有被扰乱过的，

---

① 安特生：《河南史前遗址》，载《远东古物馆馆刊》第19期，第55页。
② 参看夏鼐《河南渑池的史前遗址》，载《科学通报》1951年第2卷第9期，第936页。

五件陶器和骨骸伴出①。这些陶器属于中国新石器时代的仰韶文化呢？还是属于龙山文化呢？从安特生的说明里可以得到答复：

> 在仰韶村找到了一些墓葬，特别是在大的村落墓地一二②，其中只有一个墓发现了些陶器（《中国史前史研究》，图版二〇〇）。这五件全属于单色陶器群的陶器，像从仰韶村普通的单色日用陶器系统里拿出来的一样。这座仰韶村的墓q和甘肃的有高度特征的（半山式）随葬彩陶没有什么关系。③

在这里已经有了明确的交待了，如果把安特生在《中国史前史研究》第246—247页关于这五件陶器的说明和同书图版二〇〇的照片对照着分析一下，就知道它们确实属于"单色陶器群"，更确切地说它们属于龙山文化系统。

安特生在仰韶村遗址所发掘的部分，据说还不及整个遗址的"千分之一"，他所得的陶器大部分是龙山文化遗存。安特生在1947年的正式报告里说，他在仰韶村遗址发掘的十七个地点中，只有两处做得比较仔细，把出土物的深度记下来了。据他的观察，这些陶片分布在文化堆积的各层之中。

1951年，中国科学院的考古研究所曾经在渑池县作过考古调查，证实了不召寨遗址属于龙山系统，在不召寨西约五里的下城头发现了仰韶文化遗址，在杨河北发现了和不召寨相同的龙山文化遗址。调查团并在仰韶村遗址用一星期的工夫，开了一条探沟，发现了以下的现象：

> 在第二层的原来文化堆积中，我们发现了仰韶式的陶片

---

① 安特生：《中国史前史研究》，第246页；《河南史前遗址》，载《远东古物馆馆刊》第19期，第27页。
② 安特生：《中国史前史研究》，第244—247页。
③ 安特生：《河南史前遗址》，载《远东古物馆馆刊》第19期，第123页。

（例如红底黑彩或深红彩的罐或碗，小口尖底的红陶瓶，灰褐夹砂的陶鼎等），但也发见龙山式的陶片（例如薄片磨光黑陶，压印方格纹灰陶，压印篮纹灰陶，残豆柄，内褐外黑的陶片，绳纹鬲，带流的陶杯等）。此外又有磨光小石磷，有孔石刀，打制石器，泥制弹丸，残陶环等。食物残余的兽骨也有几块，似乎是猪骨。这些出土物证明这里的仰韶和龙山的遗物，确是混在一起；又证明打制石器也是当时的制品。①

夏鼐先生说："因为时间的限制，我们不能发掘短时间不能完工的深厚文化层；所发掘选择的这条探沟的文化层，最深处约只一公尺六寸。"他们在另一个地方，曾发掘了一个灰坑，其中遗物的情况如下：

出土物中陶片占最多数，以灰褐色陶为主，有少量的红陶及彩陶片。有两片磨光黑陶薄片；其中一片表面绘以朱色粗线及小圆点，是在陶器烧后涂上去的，乃是前所未见的。仰韶文化的彩陶，以前所知道的，都是在烧窑以前绘涂上去的。此外又有木炭细块、残陶环、小石刀、陶纺轮、打制粗石器等物。这灰坑的发掘，可以证实了第一探沟的结果，使我们能确定这里的文化是一种仰韶和龙山的混合文化。在灰坑底层又曾发现了一片颇为别致的彩陶，红底深红彩，是属于仰韶系的；但是器壁曲折度很大，厚度又薄，有点近似龙山的陶器形式，这正可以代表一种混合文化中所产生的陶器。②

---

① 夏鼐：《河南渑池的史前遗址》，载《科学通报》1951年第2卷第9期，第935页。

② 夏鼐：《河南渑池的史前遗址》，载《科学通报》1951年第2卷第9期，第937页。

调查团经过了这次探掘，认为仰韶村遗址的"文化是一种仰韶和龙山的混合文化"。在这次的探掘中，虽然已经发现了这种现象，但其中所存在的某些问题，还有待进一步的探讨，正如夏鼐先生所说：要想对于仰韶村新石器文化作"更进一步的了解，需要规模更大的发掘"才有可能。

我们了解河南西部新石器时代末期的一般情况，对于解决仰韶村的问题将会有相当的帮助。就河南西部所已发现的现象分析[①]，大体如下：

（一）河南西部确实存在着两种新石器时代末期的文化遗存——仰韶文化和龙山文化，且这两种文化遗址往往相距很近；不召寨遗址和河南北部龙山文化又非常相近。在河南北部，既已发现了三处龙山文化在上而仰韶文化在下的叠压堆积现象，那末，在河南西部也很可能发现这种叠压堆积的现象。深望考古学者注意把这种层位关系弄清楚，因为，这将是解决龙山文化和仰韶文化在河南西部的先后序列的关键。

（二）就现在调查和探掘的情形看，在河南西部的个别新石器时代遗址的文化层中曾发现了仰韶式的陶片，也曾发现了龙山式的陶片，这就是说，这种文化遗址很可能真正会含有仰韶和龙山两种文化系统的因素，也就是说两种文化的"混合文化"。就现有的材料说，也还只是问题的提出；像这样较为复杂的问题，我希望能够全面而系统地作些典型发掘，对这两种有复杂因素的文化遗址的全貌作一较彻底的认识。

以上是河南西部的一般情况；现在让我们重新回到仰韶村遗址，作进一步的分析。

---

① 参看安志敏、王伯洪《河南陕县灵宝考古调查记》，载《科学通报》1954年7月号，第79—81页。

仰韶村遗址是一个相当丰富的遗址，安特生曾说：

> 仰韶村遗址是我在华北作过的发掘工作中所遇到的最大的史前村落遗址之一。这一老村落的面积，东北到西南长九〇〇公尺，西北到东南宽约三〇〇公尺。文化堆积丰富的地方，厚四公尺，一般厚二公尺。[①]

仰韶村这样丰富的遗址，安特生所发掘的也只是其中的一小部分，1951年中国科学院考古研究所也只是作了一次探掘，当然还不能说将这遗址所含有的复杂因素已经完全解决。就目前在这遗址所见到的现象加以分析，可以综合如下：

（一）从安特生在仰韶村遗址所发现的墓 q 中的 5 件陶器看，它们确属龙山文化系统，而不含有仰韶文化的因素，这证明它是纯粹龙山文化系统的遗存。

（二）从安特生在仰韶村遗址所发现的大量陶器看，属于龙山文化系统者多，而属于仰韶文化系统的较少，他在这里没有找到一件完整的彩色陶器，这反映着仰韶村遗址中龙山文化的因素是存在的。

（三）从目前在仰韶村遗址所发现的文化堆积的层位关系说，在安特生认为没有混乱的个别探沟和考古所试掘的一条深沟的堆积情形中，似乎都说明龙山式和仰韶式陶片在各层都有。

纯粹龙山文化墓葬的发现，说明这遗址似曾有纯粹龙山文化居民住过。从现在所知道的堆积情形说，似乎是龙山文化和仰韶文化在这里业已合流，而成为一种所谓"混合文化"。这里就发生矛盾了。这矛盾的解决，就需要把仰韶村这一丰富而复杂的遗址作一次系统而科学的发掘工作。这在我国新石器时代的研究中是一个重要的课题，只有把它弄清楚了，过去安特生所造成的混

---

① 安特生：《河南史前遗址》，载《远东古物馆馆刊》第19期，第23页。

乱才会停止下来。

从以上分析看，不召寨是纯粹的龙山文化遗址，仰韶村遗址里有龙山文化的墓葬。河南西部有龙山文化和仰韶文化两种遗址的存在。大体上仰韶文化早于龙山文化。那末，安特生所假设的"单色陶器"早于"彩色陶器"的基点就站不住了，他为这一错误论点所作的辩护也就不攻自破了。

四 关于齐家坪遗址及其他

齐家期是否早于仰韶呢？在1937年，我分析了安特生所曾发表的有关齐家坪的材料之后，曾说它不可能早于仰韶期，可能是晚于仰韶期的一种文化遗存，这意见已经证实是正确的了。1945年，夏鼐先生曾在甘肃的宁定县作过考古调查，在魏家咀附近的阳洼湾找到齐家型的墓葬，并且找到了齐家坪式文化遗存和仰韶期的层位关系。他说：

> 我们居然找到了齐家文化期的墓葬。新发现的结果，不仅对于齐家时代的埋葬风俗及人种特征方面，供给新材料；并且意外的又供给地层上的证据，使我们能确定这文化与甘肃仰韶文化二者年代先后的关系。①

夏鼐先生找到的年代先后关系，并不符合安特生的推测，相反的是：

> 这次我们发掘所得的地层上的证据，可以证明甘肃仰韶文化是应该较齐家文化为早。②

---

① 夏鼐：《齐家期墓葬的新发现及其年代的改订》，载《中国考古学报》第五册，第101页。

② 夏鼐：《齐家期墓葬的新发现及其年代的改订》，载《中国考古学报》第五册，第113页。

因此，我们说安特生关于甘肃新石器时代的相对年代排列的第一期就是错误的，齐家期不应当放在仰韶期之前；正确的序列应当是齐家期在仰韶期之后。

更准确些说，齐家坪遗址是晚于仰韶期文化①遗存的另一种不同于仰韶文化系统的文化遗存，为了明确醒目，我们可径名之为"齐家文化"②；目前所知，它大体上分布在甘肃一带。

关于齐家坪的问题，夏鼐先生在《齐家期墓葬的新发现及其年代的改订》一文里已经有详细论证，我这里就不再多说了。

至于其它各期的序列，安特生真正找它们堆积的层位关系的，只有仰韶期和辛店期；此外就"只是推测，并无证据"。

辛店期和寺洼期的先后关系也还不是定论，也还有作进一步研究的必要。1949年，夏鼐先生在甘肃的寺洼山发掘之后，对安特生的意见提出了不同的看法。他说：

> 至于寺洼文化和洮河流域的齐家和辛店二期的先后关系，安特生氏因为齐家文化尚在石器时代，并无铜器；辛店虽有铜器，但尚不多；所以将二者都放在寺洼文化之前。很清楚的，安特生氏这一假设根据是很薄弱的，尤其是寺洼期和辛店期的前后关系，更难确定。③

夏鼐先生批判安特生的意见之后，说："辛店和寺洼可能是同一时代的两种文化……"④ 那末，安特生对于辛店和寺洼这两

---

① 这里所用的"仰韶文化"，是指以红地彩绘为主要特征的一种文化。安特生把仰韶村作为这一文化的标准遗址，就仰韶村这一地名作为这种文化遗存的名称；现在暂用这一名词，将来仰韶村遗址弄清楚了，这一名词也会改变的。

② 参看裴文中《西北考古调查记》（英文），载《李四光先生六十岁纪念论文集》，第115页，1948年。

③ 夏鼐：《临洮寺洼山发掘记》，载《中国考古学报》第四册，第123—124页。

④ 夏鼐：《临洮寺洼山发掘记》，载《中国考古学报》第四册，第124页。

期的安排就不能说不能改移了。

根据中国考古学者发掘所得新资料，已经证实了齐家期不应早于仰韶期，且动摇了辛店期早于寺洼期的说法。其他"只是出于推测"而没有确实证据的几期，当然也并不是定论。

综合以上所述，我们说安特生对中国新石器时代分期的理论基础是很不巩固的，因之，他对于甘肃新石器时代的"相对年代"的估计也必然是错误的，我们不能听之任之，使之长期在我国流行下去。

既然他所估计的"相对年代"根本上是靠不住的，那末他从这一"相对年代"的估计出发，去估计中国新石器时代以及铜器时代的"绝对年代"，自然是无根之谈，不足为凭了。

综合以上的分析，我们可作如下结语：

安特生对于中国新石器时代分期问题的基本论点，建筑在"单色陶器"早于"彩色陶器"之上，从我国考古学的新资料中证明这样的理论是错误的。

不召寨这个以"单色陶器"为特征的中国新石器时代的遗址，不属于仰韶文化系统，而属于龙山文化系统；它是晚于仰韶文化系统的遗存，不能把它和仰韶文化混为一谈。

就安特生发现的材料分析，仰韶村遗址中确有龙山文化的墓葬；就遗址中的陶器说，有龙山式的，也有仰韶式的，弄清楚这一复杂现象，尚有待于未来的发掘工作。

齐家坪遗址确属另一系统的文化遗存，不得和仰韶文化混为一谈；目前所知，它晚于仰韶文化。安特生把齐家期放在仰韶期前面是错误的。

安特生由于在这些遗址的认识上有了错误，因之，他为甘肃新石器时代的各期所安排的"相对年代"也就错了。

由于安特生对我国新石器时代的相对年代安排错了,所以他关于绝对年代的估计也就必然是错误的,我们必须予以抛弃。

我们应当用科学的方法,综合大量的关于我国新石器时代的新资料,早日建立起我国新石器时代分期的标准来。

1955 年 4 月 7 日

关于"硬陶文化"的问题[*]

我在《论我国新石器时代的考古研究工作》一文里（《考古通讯》1955年第2期），曾提出了所谓"硬陶文化"，并把它作为新石器时代晚期的遗存加以论列。我原来的意思认为这种文化遗存的面貌还不很清楚，应当作系统的科学的发掘和研究，才能作最后确定。这篇文章我收入了《中国新石器时代》一书中；那本书快印出的时候，我又多接触了一些片断的资料，认为直称为"硬陶文化"是不妥当的，把它通作为新石器时代更不妥当。当时书已印就，就在后记里把这个意思从积极方面简单提了一提。现在我感觉有把这一概念更明确一下的必要。

"硬陶文化"或"几何印纹硬陶"系统的文化，这样的名称都不够妥当。因为，这并不能代表一种文化的全貌，也不可能通过这一特征，使人家明确这种文化突出有代表性的特点；相反的，给人以片面的感觉，就会引起一些不必要的错觉。我常常主张用一种标准的地名，作为某一文化的名称，如龙山文化等，这样才可以概括这种文化的最主要的特征，而不致引起不必要的混

---

[*] 刊载于《考古通讯》1956年第1期。——编者

乱。"硬陶文化"这个名称就不很妥当，这是应当说明的一点。在目前还没有标准的遗址足以代表一定时期的这种文化的时候，权且暂时使用，以唤起考古工作者的注意，固属必要；但是，决不能说是一种长期的正确的办法。

"几何印纹硬陶"，如果只就这种硬陶说，它可能在新石器时代晚期就有了，但新石器时代以后的中国，这种几何印纹的硬陶不能说已经绝迹，据我们知道在春秋战国就有类似的东西，春秋战国之后也不能说没有。所以只说几何印纹硬陶而不和其他形制、不和其他同时出土的遗物、遗迹以及层位关系加以研究，就必然会发生年代的混乱。因此，还以几何印纹硬陶或硬陶说明这种文化也是不妥当的。

几何印纹硬陶发现很久，且长久未能搞清它的来历；而我在《中国新石器时代》一书中所用的两个印纹陶器的图片，就更不足以代表这种文化；甚且可能是不同地区不同时期的东西。这是十分不妥的，本来想抽出时间去钻研一下，竟未能如愿，书已印成，且已发行，只有利用这里篇幅向考古界的朋友们自承过失。再明确的说，《中国新石器时代》中关于印纹陶器的图片我觉得不是新石器时代的遗物。

陶器的研究，有助于断代工作，也有助于前后文化的继承关系的研究，我们应当予以注意。关于印纹硬陶也正是值得研究的一种。目前为止，我们还没有得到各种全面而系统的材料，说明它的确实的时代，它的发展变化。因为，它出在东南沿海的地区，希望那一地区的考古的朋友们能够在这方面更多的把系统的材料发表出来。

科学是老实学，只有老老实实，面向实际，才能够少出错误；稍不经心，就会闹出错来。在写《论我国新石器时代的考古研究工作》时，企图就个人所见，把一些不清楚的，值得注意的问题提出来；后来收进《中国新石器时代》里时，未经认真研究，既插入两图，那就更错了。我已和出版社商量，加印一页更正，以免误人。

《中国新石器时代》一书刚出版，自己也就发见了这一不可宽恕的错误，我想其他地方也必然会出岔子，希望考古工作的朋友给以直截了当的指正。

只有经过大家的批评讨论和辩证，才会得到进步，我在这里诚恳地祈待着朋友们的指教。

1955 年 11 月 5 日

新石器时代研究的回顾与展望[*]

前　言

　　新石器时代的研究在我国约有四十几年的历史。这四十几年里，祖国的人民在中国共产党的领导下，经过长期的艰苦斗争，终于翻身了，站起来了。我国新石器时代的考古事业，从此进入了一个新的时期。

　　解放以前，我国处于半殖民地的情况之下，新石器时代的研究极为困难，所得结果，亦极其贫乏。

　　从1920年到1927年，我国的新石器时代的考古还处于萌芽状态。一位外国人开始在个别地区作了调查，试掘了个别遗址；这部分资料大都运往国外，文章大都用外文发表，间亦附有汉文翻译；到现在，那批遗物还流落在国外。当时个别中国人在外国的所谓学术机构的支配下，曾经在个别地区进行过简单的发掘工

---

[*] 刊载于《新石器时代》一书（1979年由三联书店出版）。其第二部分《现状和展望》曾以《新石器时代考古工作的回顾与展望》为题单独发表于《新建设》1963年第10期及《考古》1963年第11期。二者文字略有不同。——编者

作。我国新石器时代研究，一出生就打上了半殖民地的烙印！

1928年到1937年，中国的学术机构曾经进行了某些调查工作，也发掘了少数遗址。当时在反动的统治下，军阀连年混战，日本帝国主义乘机入侵，弄得国破家亡，动荡不安；在这样的社会里，虽然个别学术团体局处一隅，作了一点新石器时代考古工作，但，究竟是微乎其微的事。

从1937年起，直到1949年，经过八年抗日战争和三年解放战争；这十三年里，新石器时代的考古工作，大体上已陷于停顿状况。

这三十年的时间，不为不长；但是，在那样一个半殖民地的社会里，新石器时代的考古也只是在苟延残喘，作了极其可怜的一点点工作。调查工作极为粗疏，极不全面；田野发掘也只有几处，而且发掘的面积很小；考古工作者寥寥可数。在这样局面之下，根据极为有限的资料，当然谈不到什么科学的综合研究，至多是把某些问题提出来而已，如何能谈得上问题的解决呢？当时有些朋友曾自称这个学科是个"冷门"，在半殖民地的国家里，新石器时代考古就是这样遭到了冷遇。国将不国，还谈什么新石器时代考古事业？

在半殖民地的社会里，连"古"也是"考"不成的啊！

解放以后，新石器时代考古事业随着祖国的解放，翻身了，站起来了，半殖民地的惨境一去不返了。

从1949年到1954年，随着祖国经济的恢复和发展，考古事业得到相应的发展，成立专门的考古研究机构，个别大学开始设立了考古专业，开办了训练班，培养了一批考古工作者，进行了相当的考古调查，发掘了一些遗址；新石器时代考古已经不再是"冷门"，而竟成了"热行"。到1954年底，这短短的六年里，就发现了300多处新的新石器时代的遗址，进行了一定的发掘工作，为以后的大发展训练了干部，打下了基础。

1955年以后，随着祖国经济的飞跃发展，新石器时代的考古事业也迅速发展起来。调查工作在全国范围内几乎是全面展开了，在不少地区进行了田野发掘；到1960年已经发现了3000多处遗址，经过一定发掘的就有200多处。大量的考古资料，解决了过去所不可能解决的问题，提出了许多闻所未闻的新鲜问题，我国新石器时代的考古事业已经进入一个新的阶段。

回顾过去，展望未来，一个全新的我国新石器考古学科已在向我们招手。我们认为，全面地检视一番这大量的丰富资料，认真地分析一下过去的工作，找出迅速前进的关键，对今后的全面发展会有极大的好处。

在这里，我将提出个人的一些粗疏的看法，请同志们考虑、批评。

一 新发现和新问题

1955年以来，关于新石器时代的调查、发掘和研究工作有哪些收获，这在《新中国的考古收获》[①] 中已经作了必要的概括了。我想基本上就这册书里所综合的内容，分别作进一步的探索。

（一）黄河流域的新石器时代
（甲）关于仰韶文化的新认识及新问题

解放以来，在黄河流域经过广泛的调查，西达渭河上游，东至河南，南及汉水，北抵河套。在这广大的地区里发见了上千的仰韶文化遗址；在陕西和河南，曾重点发掘过十几处。

---

① 参考该书第7—42页，中国科学院考古研究所编；文物出版社，1961年。

经过这几年的工作，特别对仰韶文化的某些典型遗址的较全面的发掘①，提供了极为丰富的资料，使我们更系统、更深入地了解了仰韶文化的内容。大量的各式各色的遗物，扩大了我们的视野；数以百计的人骨，提供了极为珍贵的人类学的资料，证明他们属于蒙古人种；动物遗骸的搜集，植物遗体的保存，使我们知道他们确已养鸡，养狗，猎鹿，种粟。更值得我们注意的，由于发掘技术的提高，发掘面积较大，不仅发现了不少他们居住的房屋，而且对于当时整个村落的布局已经有比较具体的了解。住房的布局、住房和储窖、住地和陶窑、村落和墓地，所有这些，都提供了比较全面、比较具体的知识。

仰韶文化的村落，大体说来，大都是几十个甚至百多个直径4米左右的圆形或方形土屋，环绕着一个大的房子，构成村落，住房的附近挖有各式为储藏用的窖穴。住地近旁往往是烧制陶器的窑场。他们的墓地往往位于村落的近郊。

墓地的发现，极为重要，它为研究当时社会习俗及社会生活提供了生动可靠的根据。一般说，他们是男女分葬，男的集聚在一起，女的集聚在一起，由二人到四十几人，在一个墓坑或一片地方埋葬。头向已有一定的方向，大都西向。像陕西的元君庙和横阵村，大都还是二次迁葬，在一个墓坑里一层层葬下去，有的多至三层。随葬的器物，因性别而有所不同。小孩子死后，大都用粗的陶瓮盛装尸体，或埋在居住的地区，或夹在成人的墓地里。

在这里，我只是综合墓地的一般情况，个别事例就不多说

---

① 经过重点发掘的，在陕西有西安的半坡，宝鸡的北首岭，邠县下孟村，华阴的横阵村，华县的泉护村和元君庙；在河南有三门峡的庙底沟，洛阳的王湾，郑州的后庄王和林山砦等。

了。这是极其重要的发现，充分说明当时氏族制度的特征。这十几个遗址的发掘，清楚的说明，仰韶文化的人相当长的时间内居住在陕西、河南和山西交界的地区。在长期的生活过程中，必然有所变化，有所发展。目前所知，已大体分为两种类型：半坡型和庙底沟型。这两种类型的仰韶文化遗址又往往互相交错的分布在同一地区。假如真正掌握了这两种类型的特征，明确了基本差异之点，那么，它们应当是代表着仰韶文化长期发展中的两个不同的阶段。那么，半坡型在前呢？还是庙底沟型在前呢？它们既然是交错同处于一地，只要审慎地进行发掘工作，把它的层位关系真正搞清楚了，问题的答案也就出来了。

就现有的资料看来，仰韶文化的人们在这一地区居住的时间很长，不论是半坡型或庙底沟型，它们都有其长期发展的历史，我们从某一类型的遗存中找出其先后发展的过程，找出其差异，就是十分必要的工作了。关于半坡型，从半坡遗址房子、窖穴和陶器中已看出其时间前后的端倪[①]。半坡遗址还有大部分尚未发掘，希望将来继续发掘时，能够作进一步的探究。同时，在这一地区发掘半坡型的遗址时，希望根据已有的线索找出属于早期或晚期的遗址来。

仰韶文化遗址分布很广，而经过重点发掘的仅有十几个，又都集中在陕西中部和河南西部。很显然，我们所说的仰韶文化的特征，有很大的地域的局限性。我们希望在广大的区域内，能够分别选择典型的仰韶文化遗址，加以发掘，就各地资料作比较研究。只有这样才能比较全面地了解分布在黄河流域的仰韶文化的具体内容。

[①] 参看《新中国的考古收获》，第 11 页；中国科学院考古研究所、陕西省西安半坡博物馆：《西安半坡》，文物出版社，1963 年。

（乙）关于龙山文化的新认识及新问题

仰韶文化之后，黄河流域的中游和下游这一广大地带，在相当长的时期里，曾居住过龙山文化的人们。东至海滨，西至陕西，南及江苏，北达辽东半岛，大都可以找到他们的遗存。这一地带的考古调查，已发现有三百多处。在陕、豫、晋这些地区，凡是仰韶文化的人们住过的地方，龙山文化的人们往往就在那些遗址上住下来，形成了龙山文化遗存堆积在仰韶文化遗址之上的层位关系。

龙山文化的基本特征，目前所知，大体如下：

他们住着半地穴式的圆形房子，直径约 5 米左右；室内的地面上大都涂有一层白灰，这几乎成为相当普遍的现象。偶然也有少数方形的房子。房子的周围挖有供储藏用的袋形窖穴。

他们使用着石斧、石碎，制造了半月形的石刀、石镰；有的还用蚌壳制成镰刀，用骨头制成铲子。

他们饲养着一定数量的猪、狗、牛、羊，有的还养着鸡，养着马。他们还从事渔猎。

他们制造着各种用途的陶器，有鼎、鬲、斝、甗、甑、鬶、罐、豆、盆、盉、杯、盘等等。从陶器的制作上看，轮制已经开始了，且有了相当的技巧。从器形的特点看，圈足和三足的陶器很多，不少的陶器上附有把手。陶器上的纹饰，常见的有绳纹和篮纹，有方格纹，有划纹。有些地区大都是素面。陶器表面的颜色大都是灰色或黑色，偶然也有红色和白色；有的黑色陶器的表面非常光亮，有的甚至薄如蛋壳，这是龙山文化中的一个突出的特点。

他们墓地往往在住地的附近，大都是单人仰身直肢的埋葬，有的遗址中也发现了少数男女合葬。

占卜的习俗开始了，他们用牛、羊或鹿的肩胛骨作为卜骨，以占吉凶。有的遗址中还发现了陶且（祖）①。

在这里只能根据现在的了解，大体上综合一下龙山文化的共同的基本特征。但是，龙山文化的人在这样广阔的地区里，度过了漫长的岁月，必然会产生不同地区或不同时期的具体差别和特点。只有进一步探讨这些差别和特点，才能够更深入地了解龙山文化在发展中所形成的各时期和各地区的丰富的具体内容。

十多年来，关于龙山文化的发现日益增多，发现的地区日益扩大；我们对于这种文化遗存的知识也日益丰富起来；过去不可能解决的问题，现在解决了。这是一件可喜的事情。同时这种丰富多彩的资料，却又带来一系列的复杂错综的新课题，不及时的认真解决这些问题，就会产生某些混乱，就有可能把比较容易解决的个别问题复杂化了。

我想，为了使丰富多彩的资料发挥应有的积极作用，为了使它们所带来的复杂错综的问题比较容易地找出解决的线索，有必要追溯一下发现龙山文化遗存的历史。

1930年吴金鼎先生在山东历城的龙山镇发见了一种新石器时代的遗址，它不同于河南渑池的仰韶村；因而称这类的新石器时代的遗存为"龙山文化"。1931年梁思永先生在河南北部安阳的后冈发现了"小屯、龙山和仰韶三种文化的堆积关系"，证明龙山文化遗存早于商代，而晚于仰韶文化。此后，又在河南北部和西部证实了后冈所发现的现象。接着在山东东部进行了调查和发掘，初步了解了龙山文化在山东分布的概况。从那时起，龙山文化遗存就逐渐在中国新石器时代的研究中站住了脚。这是解放

---

① 陕西的客省庄、泉护村等遗址中所发现。中国科学院考古研究所：《沣西发掘报告》，文物出版社，1962年。

以前中国的考古学者为祖国新石器时代研究所提供的新课题，我们应当予以珍视。

我们分析了这样一些事实，认为：

1. 龙山文化与仰韶文化同为中国新石器时代末期的两种不同系统的文化遗存；

2. 在河南北部确知龙山文化晚于仰韶文化①。

在当时根据所发现的堆积关系以及遗物、遗迹的特点，把龙山文化和仰韶文化区别开来，找出其先后关系，应当说是十分重要的发现。以后陆续出现的大量资料都继续证明这些论点是正确的，这已经是不容争辩的事实了。

龙山文化分布在黄河中游和下游，地区极为广阔，时间相当悠久；他们在漫长的时期，在各个地区，必然会形成不同地区的各个时期的具体特点。在过去，我们只是初步了解山东东部和河南北部的情况，调查未周，资料不全，对这些问题，还不可能提供有力的证据，展开深入的研究。

目前看来，从新发现的资料中已经透露出解决这些问题的端倪了。从龙山文化本身说，山东沿海一带具有一定的特点，在陶器中表现为黑色的多些，鬶形器较多，轮制较为普遍，绳纹鬲少，可以日照两城镇为代表。山东中部较近于河南北部，可以龙山镇遗址为代表。河南北部的陶器，黑色的比山东的沿海一带少些，鬶形器少些，绳纹鬲较山东沿海一带为多，绳纹、方格纹、篮纹较多；一般还是轮制，圆形的有白灰地面的房子，较为普遍，可以安阳后冈和浚县大赉店为代表。沿黄河中游，西及渭河流域，南达汉水两岸，北及黄河北岸，这一带发现时期不同的龙

---

① 详《龙山文化与仰韶文化之分析》。

山文化叠压的层位关系①。压在上面的龙山文化和河南北部大致相似；但从陶器的特点上看，鬶形器比河南北部的更少了，平底盆还不多见，黑色的陶器更少了；这些究竟是地区的特点，还是时间早晚的不同？还有待进一步的探索。压在下面的龙山文化遗存，从陶器看，它们虽说基本上具有龙山文化陶器的特征，但已经含有某些仰韶文化的因素了。这是十分重要的发现，它至少说明在这一地带龙山文化和仰韶文化很可能已经具有某些继承关系。

（丙）仰韶文化与龙山文化的相互关系的新资料及新问题

仰韶文化和龙山文化的相互关系，是一个极为复杂而又十分重要的问题。多年以来，我们在河南、陕西等地多次证明仰韶文化早于龙山文化；同时，证明在这一地带这两种文化的人们都长期居住过，证明龙山文化的人们往往又住在仰韶文化的人们住过的村落上。在这里就必然会产生一些疑问：是否仰韶文化的人迁走相当时期以后，龙山文化的人才来到这里？早期的龙山文化的人是否有可能接受晚期的仰韶文化的某些因素？龙山文化是否直接继承着仰韶文化长期传演而形成的？解放以来，经过考古工作者的努力，已经找到了解决这些问题的基本线索了。

沿着黄河的中游，西至华阴，东至洛阳，在这一地带曾发现三处遗址，从它们堆积关系看，下层为仰韶文化遗存，压在仰韶文化遗存上面的，是一层基本上类似于龙山文化而又有仰韶文化某些特征的遗存。

河南陕县的庙底沟就是一个比较典型的例子。这里的陶器全系手制，某些陶器的形状显然来自仰韶文化，而又有所变化，如

---

① 陕西华阴横阵村和河南洛阳的王湾。

罐、杯和尖底瓶等；陶器的表面着色——即彩陶，这里边有少量的发现；这些特点可能来自仰韶文化。但是，从陶器的篮纹、绳纹以及小量的方格纹上看，从陶斝、陶鼎、陶豆以及某种陶罐的形状上看，它们和河南北部的龙山文化都有类似之处[1]。庙底沟这一类型的文化遗址含有仰韶文化的某些因素，是比较清楚了；它和河南北部所发现的龙山文化的关系密切到什么程度？就是我们所应当注意的问题了。

在河南洛阳的王湾，发现了它们的层位关系[2]。王湾这样地层的堆积关系，不仅再一次证明庙底沟的现象，同时，这也说明了第二层和第三层的相互关系。事实证明，这里的第二层和庙底沟的第二层大致上属于同一类型的遗存；第三层和庙底沟的第二层比较，不论在陶器形状和纹饰上都更加接近于河南北部的龙山文化。这种现象也发现于陕西华阴的横阵村[3]。

在这一带，经过发掘，确知在河南的庙底沟、王湾，陕西的横阵村，有这样的新石器时代晚期的遗址：它继承着仰韶文化的某些因素，却形成为不同于仰韶，而孕育着这一地区的类似于龙山文化的某些因素；它继续发展，就成为带有地区特点的一种龙山类型的文化。在这一带，决不止这三个遗址，由于过去发掘工作的疏忽，把它们弄混了；这三个遗址的发掘，才把它们分辨清楚。这一发现是十分重要的，它证明在陕、豫、晋交汇地带，仰韶文化发展的过程中，很可能逐渐孕育着这一地带的龙山文化，仰韶文化的特征在逐步减退，渐渐形成为不同于仰韶文化的龙山文化。这一发现，不仅把这一地带的仰韶文化和龙山文化的继承

---

[1] 中国科学院考古研究所：《庙底沟与三里桥》，第108—113页。
[2] 北京大学考古实习队：《洛阳王湾遗址发掘简报》，《考古》1961年第4期。
[3] 见黄河水库考古工作队陕西分队：《陕西华阴横阵发掘简报》，《考古》1960年第9期，第5—9页。

揭示出来了，而且也为这一地带的龙山文化本身的分期问题提出了明确的线索。

（丁）研究龙山文化所应当密切注意的新发现

山东宁阳堡头的一个墓地①，是十分值得注意的新发现。在这个墓地里，已经发掘了 120 多座墓葬。其特点是：

大都是仰身直肢葬，侧身屈肢的很少，合葬的很少；头向东北。墓室有大有小：大的长约 3.2—4.2 米，宽约 1.7—3 米，有木椁的痕迹，随葬的东西最多的达 160 件；小的墓室窄而短，随葬的东西很少，甚至没有。

所有的墓都有随葬的猪及其它动物的头骨；这常是三五个，少的一个，多的可达 14 个。死者手里往往握着一二个猪的犬齿。有的还随葬着龟甲。

在随葬的东西里，有制作精致的骨器、角器或牙器；就中有生产用的铲、锯、锥、鱼叉和鱼钩，有生活用的针、梳、笄，有透雕的工艺品。

随葬的东西中，最引人注意的是陶器。从器形上看，有鼎、鬶、盉、杯、壶、豆等；它们多系手制的，也有少数轮制的。陶器的表面大都是素面或磨光，就中灰色的最多，红色的也不少，黑色的约占十分之一，白色的约有百分之八，着有彩色的约有百分之六。

这些着有彩色的随葬陶器，具有独特的风格，有的在黑色的素底上画着红的纹饰，有的在橙黄色底上画着黑、白彩，有的红底或橙黄底涂白彩；纹饰大都是卷云、弧线或网状的几何图案。

这一墓地的发现，为新石器时代的考古工作者提出了一个新

---

① 杨子范：《山东宁阳堡头遗址清理简报》，《文物》1959 年第 10 期；《新中国的考古收获》，第 19—20 页。

的课题。从墓地的现象上看，已经发现有墓室大小，随葬品多少的现象，已经发现少数合葬的现象，这可能反映着氏族公社开始解体的特征。从陶器形状上看，像陶鬶、陶豆、陶杯等都和日照两城镇的极为相似。但是，从陶器的另外一些图形上和着彩的特点看，又不同于两城镇。这里的大都是手制，而两城镇的大都是轮制的，从这一角度看，似乎是早于两城镇的遗存。着色陶器的特点，又和青莲岗遗址似乎有某些关系。

这类文化遗存晚于两城镇类型的遗存，还是早于两城镇？它和青莲岗的关系究竟怎样？这些问题不仅仅关系着龙山文化本身的分期，而且对解决龙山文化同长江一带文化遗存的相互关系问题，将起着很大的作用。

这里只是发现了墓地，它的居住地区在哪里？特点如何？墓地固然可以看出一种文化的特点，但更全面、更系统的了解，却要依靠居住遗址的科学发掘。

目前了解，在山东滕县的冈上村和平阴的于家林都发现和堡头相类似的遗址；曲阜的西夏侯业已发现堡头和两城镇这两类型遗址交错相处的遗址。切望有关考古单位抓紧这一重要的现象，仔细观察它们的层位关系，审慎地研究它们之间存在的打破关系，科学地找出它们的早晚关系的事实根据，把问题弄个水落石出。

（戊）有关龙山文化和商代的关系的新资料及新问题

我们在小屯和后冈的层位关系中，确知龙山文化早于商代；从陶器形状、制作和纹饰上，从占卜及埋葬的习惯上，知道商代文化源自龙山文化[①]。但是，这还只是深入研究这个问题的开端。因为，小屯是商代后期的遗址，而商代文化本身又经历着一

---

① 见本书第61—65页。——原注。指《中国新石器时代》一文中《龙山文化与小屯文化的关系》部分。——编者

个长时期发展过程，龙山文化如何逐渐为商代所吸收、发展，形成为商代文化？还有待于进一步的探索。

解放以来，我们又陆续发现了一些商殷时代的遗址，经过发掘的就有河南的辉县、郑州和洛阳，河北的邢台和邯郸，山东的济南和平阴，陕西的华县。在长江流域的安徽、湖北和湖南都发见了商殷的遗物①。就中在郑州的人民公园，发现和安阳殷墟相同的商殷遗存堆积的下面，还有一层属于商殷的遗存，这当然是早于安阳殷墟的商殷遗存②。它不同于殷墟遗存的是：陶器的胎比较薄，细绳纹多，三足器的足部细而高；铜器质薄，花纹较粗疏；卜骨较为原始。这一发现，不仅为商殷文化的研究开辟了一个新的领域，而且为深入研究龙山文化和商代的文化关系树立了一个可靠的基点。

河南郑州的洛达庙曾发现了早于二里冈下层（比较殷墟早）商殷遗存的文化遗存，它晚于河南北部所发现的龙山文化③。它既含有较多的商代早期的因素，又含有某些河南北部的龙山文化的因素。这类文化遗存在河南西部已发现不少，除洛达庙外，经过发掘的还有郑州的上街、洛阳的东乾沟、三门峡的七里铺和偃师的二里头。洛达庙文化遗存的发现，把龙山文化与商殷文化相互关系的研究更向前推进了一步。对于龙山文化的下限，有了更进一步的认识。

由于大量新资料的出现，在黄河中游，对于龙山文化和仰韶文化的关系已经有了新的认识，初步解决了这一地带龙山文化的上限问题；商殷遗存和龙山文化相互关系也取得了相当丰富的新

---

① 《新中国的考古收获》，第45页。
② 河南文物工作队：《郑州二里冈》，第43页。
③ 《新中国的考古收获》，第44页。

资料，初步解决了龙山文化的下限问题。这就大大有利于深入探索这一地带龙山文化本身的分期问题了。如果我们审慎地选择一定数量的典型性的遗址，自上而下，自下而上，进一步作些科学的比较和分析，那么，这一地带龙山文化自身的发展过程，就可以弄得比较清楚些了。

由于商殷考古的新发现，扩大了有关商殷考古的知识领域，对盘庚迁殷以前的商殷文化遗存已经取得了比较具体的认识，那么，探求商代以前的夏代遗存就提到议事日程上来了。

传说中的夏代，曾经活动于河南的洛阳、登封和禹县，活动于山西的西南一带；这些地区或者和夏代的都城有关，或者和他们的重大事件联系在一起。在这一地带经过考古调查和发掘，确知早于商代的有两种文化遗存：仰韶文化和龙山文化。多年以来，有人认为仰韶文化属于夏代，有人认为龙山文化属于夏代；洛达庙的发现，为探寻夏代遗址找到新的线索。但是，洛达庙类型的遗址和商殷早期极为相似，它究竟属于商代的先王先公，还是属于夏代？尚有待于进一步的探索。

在这里，我想回忆一下商殷考古发掘的经验，是十分必要的。殷墟和殷代陵墓的发掘，发现了有大量的甲骨卜辞和精致的铜器，才真正认识到商殷时代高度的文化面貌。殷墟是盘庚迁殷之后的都城，它集中反映了殷代的高度文化。在殷墟周围发现的一般殷代遗址，所见到的往往是大量的陶片，一些石斧、石刀等等，不仅甲骨文字很少见到，铜器也是很少的。郑州商代遗址的发现，也证明了这一点。假若我们不曾发现商殷的都城，而只是发现了它的一般遗址，就会低估了它的文化。夏代在商代之前，会比商代文化低一些；但是，从历史的传说看来，决不会和商代差得太远，它已具有相当高的文化生活。那么，能够集中反映夏代高度的文化水平的，应当是夏代都城遗址。我们根据考古资料所提供的线索，结合着传说中夏代都城的地望，找到一二个"夏墟"，进行科学的发掘，是非常必要、非常可能的。这是解决夏代历史问题的重要环节。发现了夏墟，就会把新石器时代晚期的某些纠缠不清的关键问题点活了。

（己）黄河上游新石器时代的新发现

我们在黄河上游的甘肃、青海一带，作了相当规模的考古调查和发掘工作。目前所知，这一地带的原始文化遗存大体上可归结如次：马家窑文化、齐家文化、辛店文化、寺洼文化和卡窑文化。辛店、寺洼和卡窑大体已经进入青铜时期了。

马家窑文化发现于甘肃临洮的马家窑——瓦家坪；在这里确知马家窑文化遗存叠压在仰韶文化遗存之上，而齐家文化又叠压在马家窑文化遗存之上[1]。因此，确知在这一地带，它是晚于仰韶文化而早于齐家文化的一种文化遗存。目前所知，它分布在黄河诸支流的渭河上游、洮河、大夏河和湟水中、下游的广大地区，西至酒泉及海南藏族自治州的东南，南达岷县，北及宁夏。

解放以来，我们通过兰州的雁儿湾和白道沟坪、皋兰的糜地岘、临夏的马家湾和白银红砂沟等地的发掘，了解了马家窑文化的基本内容。

他们居住的是半地穴式的圆形或方形的土屋[2]。方形的长约4米，圆形的直径约4米。屋里的地面涂着一层草泥，中间有圆形的灶址。屋与屋的距离远近不等，近的约1米，远的约11米。住屋的附近往往有袋形穴窖。

---

[1] 甘肃省文物管理委员会：《甘肃临洮、临夏两县考古调查简报》，《考古通讯》1958年第9期；安志敏：《甘肃远古文化及其有关的几个问题》，《考古通讯》1956年第6期。

[2] 在马家湾曾发见7座，详黄河水库考古队甘肃分队：《甘肃临夏马家湾遗址发掘简报》，《考古》1961年第11期。

他们从事农业生活，饲养猪、狗等家畜；同时，也还进行狩猎。他们使用着磨制的石器，偶尔也有少数的细石器。

他们使用的陶器，有瓮、壶、罐、盆、钵、盂、豆、碗等。这些陶器都是用泥条盘筑的手制法制成的，其中有泥质的和夹砂的两种。泥质的盆、钵、碗、壶等陶器，往往绘有黑色的条纹、垂幛纹、圆点纹、网纹、弧线纹或人形纹，有时也绘有红色。夹砂的陶器上，多着有绳纹和附加堆纹。

在兰州的徐家坪发现了12座陶窑[1]。陶窑的附近还发现了研磨颜料的石磨盘、调颜料的分格陶碟，碟子里面还有赤铁矿粉末。

埋葬的习惯大都是单人侧身屈肢葬。随葬的陶器有的2件，有的近10件；大都放在头部、脚下、或面向的一侧[2]。有的地方，在尸体上覆盖着一层树枝，随葬的陶器里还放着谷物或兽骨。有的地方多系二次迁葬。个别的墓在墓室的南壁还竖着二块石版，头部还有1830粒骨珠串成的项链，这里随葬着8件陶器。

马家窑文化接受了仰韶文化的某些基本因素，这在农耕、饲养和狩猎所使用的工具上反映得十分显著。他们使用的石器里还有少数的细石器，这很可能是草原地带原始文化的影响；这类文化分布的地区很广，这里山川阻塞较他地为甚，即令基本上属于同一文化遗存，也很可能形成某些地区性的差异；我们应当选择各处的典型遗址，进行较全面的分析和比较，弄清楚这一文化遗存的地区差异。

---

[1] 甘肃省文物管理委员会：《兰州新石器时代的文化遗存》，《考古学报》1957年第1期。
[2] 在白银红砂沟、兰州的刘家坪和皋兰的糜地岘等地曾发现三十多座。陈贤儒、郭德勇：《甘肃皋兰糜地岘新石器时代墓葬清理记》，《考古通讯》1957年第6期。

齐家文化是这一地带在马家窑文化之后的一种文化遗存，分布的地区和马家窑文化大致相同。在这广阔的地区里，已经发现了350多处。就中发掘过的，有秦安的寺嘴坪、武威的皇娘娘台、临夏的大何庄和秦魏家等遗址。

他们大都在河旁的台地上，建造着方形的半地穴式的小土屋，长宽约在4米左右，有时东西稍微短些。屋的四壁有立柱，墙上泥有一层薄的红泥，下部还刷着白灰，发现的残墙还有1.7米左右高①。屋里地面是泥上一层草泥，再敷上白灰。屋的中央都有一个圆形的"灶址"。房门向南。房子的周围是储藏用的穴窖；个别地方在窖口的边沿还竖有立柱，想系一种带棚的窖。

他们主要从事农业，已知种粟。农业的生产工具主要是磨制的石器，也用一些打制的石器，长方形的石斧，两侧有缺口的或穿孔的长方形石刀，是他们大量使用的农具；石镰和长条形的石铲也经常发现。他们还经常使用骨制的长条或长方形的骨铲。猪、狗、牛、羊已成为他们的家畜。

骨制的生产工具，有铲、锥、凿、刀、镞、针；骨制的生活用具或装饰品，有匕、叉、簪、珠。他们已知用范模制成小的红铜的刀，用锤锻法制成铜锥和指环。铜器的制法相当原始，数量也很少。

他们使用着甗、鬲、斝、罐、盆、盉、杯、碗、盘、豆等各种陶器。这些陶器均系手制。泥质的陶器上往往饰以篮纹，夹砂粗陶上往往拍印上绳纹。有时在陶罐上也偶然画着黑色（有时也用红色）的菱形带纹或方格纹；偶然在陶罐的口部还塑着人面的形象②。

---

① 任步云：《甘肃秦安县新石器时代居住遗址》，《考古通讯》1958年第5期。
② 在皇娘娘台发现。

大量的石、陶纺轮和残布纹痕迹的发现[1]，说明当时已知用麻的纤维纺织粗糙的麻布了。

　　我们已在秦魏家发见齐家文化居民的共同墓地。它在居住地之西。墓室都是长方形的竖穴，尸体头向西北或西方，整齐地成行排列起来。一个大的墓地有107座排列成六行，一个较小的墓地也有26座排列成三行。这里大都是仰身直肢的单人葬，部分是合葬。成人合葬的墓，如果是一男二女[2]，则男的仰身直肢，女的侧身屈肢，面向男尸的左右两侧。小孩合葬，往往是三个或四个葬在一起。一般的墓大都随葬着陶碗、陶豆和各种陶罐，有的每类一件，有的每类七件；有的陶碗里还放着骨匕。个别的墓里还发现了铜指环。部分人还随葬着猪的下颚，少的两块，多的竟达68块。有的地方，在个别墓葬里随葬着丰富的东西，有几十件陶器，有石斧、石刀、石镰、石矛等。在个别合葬的墓里，除陶器外，还随葬着石璧、绿松石珠和铜锥等。

　　有的地方，在墓地里还发现用石头摆成的圆圈，附近遗留着牛、羊的骨骼和卜骨，这说明已有了祭祀和占卜的习俗了。

　　临夏张家嘴遗址的窖穴里，还发现了石且（祖）。

　　齐家文化分布的地区大体上和马家窑文化相同。它的房子的结构、着彩陶器的某些形状和纹饰等方面，都显然继承着马家窑文化的因素。另一方面，齐家文化的遗存中发现了铜器，出现部分合葬的墓，出现了石且，畜牧有了相当的发展，这说明它比马家窑文化向前跨进了一步。齐家文化的单把陶鬲、某些陶罐的形状、卜骨的使用，都和陕西客省庄所发现的龙山文化极为近似。

---

　　[1] 黄河水库考古队甘肃分队：《临夏大何庄、秦魏家两处齐家文化遗址发掘简报》，《考古》1960年第3期。
　　[2] 甘肃省博物馆：《甘肃武威皇娘娘台遗址发掘报告》，《考古学报》1960年第2期。

它究竟早于客省庄型的龙山文化,或者晚于客省庄?还是不同地区同时存在的两种文化?这还是一个急待解决的问题。

辛店文化,是黄河上游的沿岸、洮河、大夏河及湟水沿岸部分地区的一种文化遗存。它晚于齐家文化[①]。现在已发现的,有100多处,经过发掘的有临夏的张家嘴、莲花台、韩家嘴和姬家川。

辛店文化居民的房子和齐家文化大体相似,是长方形半地穴式的土屋。他们使用着石斧、石刀和弧刃的石铲,进行农业生产。经常用的是两侧带有缺口的石刀,也用带孔的长方形石刀;还用牛肩胛制成骨铲。用杵臼进行谷物的加工。他们畜养着大量的猪、狗、牛、羊。

他们用兽骨制成骨针、骨锥和骨镞等用具;还制成骨梳。

张家嘴遗址里发现了炼铜渣,说明他们已经初步掌握了冶铜的技术。

他们使用着鬲、罐、杯、盘、豆等陶器。它们都是手制的,大都是夹砂粗质的红色陶器。陶器的表面磨光,往往施以白色或红色的陶衣;在器面上画上黑色(有时也用红色)的带纹、曲折纹、双钩纹或回纹,有时也画上"勿"形纹或"S"纹,有时还画着太阳形或狗形的花纹。

埋葬大都用长方形的竖穴,仰身直肢,头向不定,随葬着陶器和家畜。有时还作二次迁葬。

经过近几年的调查,大夏河和湟水的中下游在陶器的形状、纹饰上,同洮河中下游的还有相当的不同,这种不同的遗址在临夏附近交错相处。这是地区性的差异,还是时间先后的不同?我

[①] 黄河水库考古队甘肃分队:《甘肃永靖县张家嘴遗址发掘简报》,《考古》1959年第4期。

想，应当在临夏附近寻找具有不同特点的两类遗址的层位关系，经过科学的发掘，把这个问题解决了。

寺洼文化不仅分布在洮河流域，而且分布在渭河上游①，近年来的调查，在漳河流域的武山阳呱发现了墓地，在庄浪河流域的静宁柳家村发现了他们的住地和墓葬。这时期的陶器像罐、鼎和鬲都有其突出的特点。三足器大都是敛口、浅腹、短足，个别在表面还涂有红色陶衣；鬲足大都是作乳状，腹部有附加堆纹或绳纹，大都是红褐色的夹砂的粗陶。

卡窑文化分布的地区，东至甘青交界的黄河沿岸，西至海南藏族自治州的西边，南达黄南藏族自治州，北及海北藏族自治州；在这里已经发现了150多处。

磨制的石斧、石刀、石磋，穿孔的石铲，弧刃有肩的石锄以及骨铲，是他们从事农业时使用的工具。铜制的戈和镞也出现了。

陶器有鬲、盆和各种罐形器，大都是手制的。这些陶器以夹砂红色的为最多，泥质的和夹砂灰色的较少。在器面上有绳纹或附加堆纹，有的还画上曲折纹、三角纹或方格纹。

墓葬系仰身直肢，随葬的陶器大都放在头部或脚下。在墓里，还发现了铜环、穿孔的兽牙、贝和兽肢骨制的笛形乐器。

寺洼文化和卡窑文化的相互关系，目前还不甚清楚，还有进一步探索的必要。从卡窑文化的铜戈和铜镞看，它的下限似乎相当晚，从陶器的制作上看，又不一定太晚；它本身很可能有一个漫长的发展过程。那么，它和这一地区早一些的文化遗存的关系如何，就是必须解决的一个问题了。

---

① 甘肃省博物馆：《甘肃渭河支流南河、榜沙河、漳河考古调查》，《考古》1959年第7期。

(二) 长江流域的新石器时代

长江流域的新石器时代的考古工作，在过去，虽说也曾发掘过个别遗址，但对这一地区的情况，总是不甚了然。1954年以来，在这里分别展开了广泛的考古调查，发现了不少的新石器时代遗址；从而获得了极为丰富的新资料，使我们对这一地区的新石器时代的情况有了初步的了解。到目前为止，我们确知，在新石器时代长江流域曾经存在着三种不同的文化遗存：江汉一带的屈家岭文化，江淮一带的青莲岗文化和浙北苏南的良渚文化。

(甲) 屈家岭文化

屈家岭文化，是长江流域新石器时代研究中的一个重要发现[①]。通过考古调查，知道它大体上分布在荆山、武当山、桐柏山和大别山等群山环抱的江汉地带。几年来，曾发掘了屈家岭、石家河和青龙泉几个遗址，对这种文化有了较全面的知识；在青龙泉和大寺遗址里，发现了可以确定它的相对年代的地层关系，说明它晚于仰韶文化，而早于龙山文化。

这里所说的屈家岭文化是屈家岭遗址的上层和青龙泉遗址中层所代表的一种文化遗存。它的基本特征，大体如下：

他们已经相当普遍的种植着水稻。他们使用着各种石斧和其他石器，从事农业，其中有穿孔的石斧、石铲、石镰、石刀。在青龙泉还发现打制凹腰的石锄。

这里发现了很多的兽骨，但大都业已腐朽，不易辨认；目前已确知其中有猪和狗。同时还发见了很多石、骨制的各种箭头，说明弓箭已成为他们的主要狩猎工具。屈家岭还发见了石矛。

[①] 长江流域规划办公室文物考古队直属工作队：《1958至1961年湖北郧县和均县发掘简报》，《考古》1961年第10期；石龙过江水库指挥部文物工作队：《湖北京山、天门考古发掘简报》，《考古通讯》1956年第3期；中国科学院考古研究所：《京山发掘报告》（未刊稿）。

在石器中，还有长方形的石磷、有段石磷以及各种石凿。

他们住的房子初步了解，大都是长方形；有的是双间的大房，南北长约14米，东西宽约5.6米，中有隔墙；有的是单间的小房。在屈家岭双间的大房中，北部有高起半米的烧土台子，两侧有对称的4根立柱洞遗痕；南半部低平，这里残留着16根立柱洞遗痕。

在这里发现了大量的陶质纺轮，纺轮的形式有10种之多，有的上面还画上彩色的花纹。这说明当时的纺织已有了相当发展。

他们的陶器有其突出的特征。大型的陶器有直径约0.9米的陶锅，有足长0.4米的鼎，有口径在0.5米以上的陶罐和陶缸，有高圈足的陶豆，有长颈、圈足的陶壶，有陶盆、陶盘、陶盂、陶钵。陶碗和陶杯最为突出，器壁薄如蛋壳，胎橙黄，外施黑色或灰色陶衣，然后画着红褐色等色花纹，由卵形、弦形、叶形、弧形、U形或方框形组成；陶杯的彩绘多施于器内，陶碗多施于器外，或内外兼施。陶器已比较普遍的使用了陶盖，榫口式的器盖业已出现。

屈家岭文化，在长江流域经历了相当长的时期，从屈家岭遗址的堆积现象中已经初步看到，它本身有其逐步发展的过程。它的下层黑色的陶器比灰色的多，且有壁薄如蛋壳的黑陶，有的上面还画着朱色的花纹；小型的鼎，胎薄、带盖，矮圈足的圆底碗，他如碟、杯、盘、罐等陶器都有其自身的特点。这很可能是屈家岭文化早期的特征。上面堆积着屈家岭文化。在石家河遗址的下层，出现了陶鬶，粗质红色的陶器渐多，有黑色及灰色的陶碗，彩绘的陶器渐少。它可能是屈家岭文化的进一步的发展。这只能说是一个耐人追寻的线索，希望跟踪追去，找到各种典型性的遗址，全面而科学地解决这个问题；这将会找到江汉地带新石器时代发展的具体进程，同时很可能为屈家岭文化和中原地区的仰韶文化、龙山文化以及汉淮一带的青莲岗文化之比较研究，提供科学的基础。

关于屈家岭文化与仰韶文化以及龙山文化的关系，从青龙泉遗址的层位关系看，似已不成问题；其先后的序列应为：仰韶、屈家岭、龙山。但是，我们应当了解，不仅屈家岭文化本身有其长期发展的历史，而仰韶和龙山本身在广阔的地区内也各有长期发展的历史；青龙泉遗址中发现的三种文化相叠压的关系中，所见到的三种文化的特点如何？它们在各自的文化序列中如何摆法？在这里所发现的仰韶和龙山其本身又具有多少地区性的特点？不弄清这些问题，即概然地确认三种文化的继承关系，推论其相互间的影响，就容易把问题导入"此亦一是非，彼亦一是非"的境地。

（乙）青莲岗文化

青莲岗文化分布在江淮一带，目前所知，有江苏淮安的青莲岗①，南京的北阴阳营②，庙山③，新沂花厅村④，新海连市的二涧水库⑤，无锡的仙蠡墩⑥。它的基本特征大体如下：

---

① 华东文物工作队：《淮安青莲岗新石器时代遗址调查报告》，《考古学报》第九册，1959年。

② 南京博物院：《南京市北阴阳营第一、二次的发掘》，《考古学报》1958年第1期。

③ 蒋缵初：《1958年江苏省的几项重要考古发现》，《史学战线》1959年第1期。

④ 南京博物院新沂工作组：《新沂花厅村新石器时代遗址概况》，《文物参考资料》1956年第7期。

⑤ 南京博物院：《江苏新海连市锦屏山地区考古调查和试掘简报》，《考古》1960年第3期。

⑥ 江苏省文物管理委员会：《江苏无锡仙蠡墩新石器时代遗址清理简报》，《文物参考资料》1955年第8期。

他们已知种稻。农业上使用大量的磨制石器，其中有厚重的石斧，扁平、长方、弧刃、带孔的石斧，长条形的多孔石刀和少数带孔的石锄，在石器中还有磷和石凿。

在这里发现了大量的兽和鱼的骨骸，发现了鱼镖、鱼网的坠以及箭头等，说明渔猎在当时生活中占有相当的地位。

在陶器中，有鼎、罐、盆、壶、钵、杯、豆、尊等。陶鼎的形状相当复杂，腹部有钵状，有盆状，有罐状，有壶状等；足有尖锥的，有长条的，有扁平的，有曲折的等。这里的陶器多系手制，表面磨光，有泥质和砂质，多系红色，灰色和黑色的较少。陶器的表面多有刻纹、划纹、压纹、附加堆纹以及镂孔等；绘彩的陶器比较少见，花纹也比较简单，有方格、宽带、弧线、波浪等纹。

在北阴阳营和花厅村发现他们的墓地。一般都是仰身直肢，头向东；有的俯身或屈肢。死者大都是壮年。有单身葬，有的叠压在一起。随葬的东西中，有石斧、石刀、石磷、石凿、石锄以及陶纺轮等生产工具，有陶器，有玉璜、玉玦、骨珠等装饰品；猪的下颚也成为随葬品中常见的东西。在北阴阳营发现的225个死者中，有206个放着随葬品，但多少不等。

青莲岗文化是江淮地带的一个重要发现，从已发现的一些现象分析，它和其他新石器文化的相互关系大体上有以下几点：

1. 新海连市二涧水库遗址可能是青莲岗文化较早的遗存；

2. 陶钵的形状、陶器表面施加陶衣以及彩绘的技术，都和黄河流域的仰韶文化有某些相似之处；

3. 陶鬶和陶鬲的形状，具有沿海一带龙山文化的基本特点；

4. 这里所发现的彩绘陶器和山东宁阳的大汶口及滕县的冈上村的极为相似；

5. 这里的扁平圆刃石斧和有段石斧，却和东南沿海一带的新石器时代的遗物相近似。

这只是现在所可能提供出来的一些线索；还只是深入研究这些问题的开端，还有待于进一步发掘和研究。我们必须摸清这种文化本身的基本情况，弄清其自身长期发展的基本过程，才能够在科学的基础上和其他不同类型的文化遗存进行全面的比较研究，从而取得可靠的科学成果。青莲岗文化问题的科学研究的结果，将为它和东、西、南、北各地区不同文化类型的关系问题找到解决的途径。我们希望考古工作者渗透到这一复杂问题的深处，进行科学的发掘和探索，我深信，在不久的将来一定会取得辉煌的成果。

（丙） 良渚文化

良渚文化分布在钱塘江下游和太湖的周围。经过发掘的，有杭州的良渚镇[1]，杭州的老和山[2]和水田畈[3]，吴兴的钱山漾[4]和邱城[5]，嘉兴的马家滨[6]。目前所知，它有以下基本特征：

在钱山漾和马家滨曾发现了他们的房子。房子作长方形，面积约5—20平方米。平地起墙，四周有立柱，芦秆编篱，其上涂泥，以成墙壁。房顶的正中架一木梁，上扎竹竿和树枝，然后盖芦苇、竹席或树皮，构成两坡面的屋顶。房子附近有窖穴，正中

---

[1] 浙江省文物管理委员会、浙江省博物馆：《浙江新石器时代文物图录》，浙江人民出版社，1958年版。

[2] 蒋缵初：《杭州老和山遗址1953年第一次的发掘》，《考古学报》1958年第2期。

[3] 浙江省文物管理委员会：《杭州水田畈遗址发掘报告》，《考古学报》1960年第2期。

[4] 浙江省文物管理委员会：《吴兴钱山漾遗址第一、二次发掘报告》，《考古学报》1960年第2期。

[5] 梅福根：《江苏吴兴邱城遗址发掘简介》，《考古》1959年第9期。

[6] 浙江省文物管理委员会：《浙江嘉兴马家滨新石器时代遗址的发掘》，《考古》1961年第7期。

树一、二根立柱，用竹竿、木棍和树叶盖成顶篷。

他们已知种植粳稻和籼稻。在农耕中，用扁平带孔的石铲翻土，用两翼形的石器耘田，用长方形或半月形的带孔石刀和石镰收割庄稼；他们在砂质的大口尖底的陶器里，用木杵进行谷物的加工。

他们饲养着水牛、猪、狗和羊等家畜。

在马家滨遗址里发现了大量的鹿、麝、野猪、狐狸以及鱼、蚌、水龟等遗骸。证明渔猎在他们生活中占有相当的比重。在这类遗址中，还发现了网坠、木浮标和木桨等，这说明当时已能乘船、撒网、捕鱼了。

他们伐木、建房、造船所用的工具，有石斧、石硿、石凿、大形的石钺以及长形带柄的石刀。

他们使用的陶器，有鼎、罐、鬶、盆、盘、豆、壶、觯、尊、簋……等。大部分是轮制的，部分是手制的。在陶器中，有些是未干前大部分经过打磨，然后煅烧得漆黑而光泽的器面；有些还饰有弦纹，竹节纹或镂孔。有些陶器像鬶、罐和部分的鼎、盘，间或含有砂质，黑红色，往往饰以绳纹或篮纹。良渚发现了朱绘的黑色陶器，水田畈还发现了彩绘的陶片。

在马家滨曾发现他们的墓地。尸骨有 30 具，大都是单人俯身直肢，少数是仰身直肢或屈肢。大都没有随葬品，有随葬品的也只是一、二件而已。两人合葬的只有一座，周围用木板作为葬具。

从发现的资料中，已经初步揭示了良渚文化和其他新石器时代文化的相互关系。从邱城遗址的堆积看：上层黑色的陶器较多，随葬的陶器和北阴阳营下层的器形相近；下层红色的陶器较多，而黑色的极少。在老和山遗址里，类似青莲岗文化的红砂质陶器和良渚型的陶器都有。良渚文化的陶鬶、陶豆等形状、色泽等方面都和山东的龙山文化相似。这些现象说明良渚文化在长期发展中，和青莲岗文化以及山东的龙山文化是有些关联的。但还只是提出了问题，都还有待于认真探索：

1. 它和青莲岗文化的地望既相当接近，那么，它在早期吸收了青莲岗文化的因素呢，还是它们之间相互影响的结果？

2. 它的早期晚于山东的龙山文化早期，还是早于龙山文化的早期？它的晚期如何吸收龙山文化的因素？

这些都是目前所不好解答的问题。这三类文化本身发展的历史还没有弄清之前，就不可能进行比较。我们希望针对着这些问题，在这一地区进行必要的科学发掘工作，比较全面地找出每种文化本身发展的序列来；这个基础打定了，和其他文化的关系问题也就好解决了。

（丁）大溪遗址的发现

长江流域的四川和湖北交界地带的新石器时代遗存，过去知道得很少；几年来，在四川巫山的大溪镇和湖北宜昌的杨家湾都有所发现[1]，大溪镇遗址的发掘，为这一地区的新石器时代研究揭开了序幕。

大溪遗址大体上属于新石器时代晚期，从居住遗址的层位看来，大体可分为早晚两期，早期的陶器有侈口圜底釜、鼎、罐和碗，晚期的有罐、钵、豆、碗、杯、碟、瓶、簋、尊。它们大都是夹砂红色，有的是细泥质的，其中有红色，有黑色。少数的瓶、钵、罐、碗等红胎的陶器上还绘有弧线纹、条纹和圈点纹等黑色花纹；有的在器面着白色陶衣。

---

[1] 四川省博物馆：《川东长江沿岸新石器时代遗址调查简报》，《考古》1959年第8期；杨锡璋：《长江中游湖北地区考古调查》，《考古》1960年第10期；中国科学院考古研究所长江队三峡工作组：《长江西陵峡考古调查与试掘》，《考古》1961年第5期。

这里发现了打制及磨制的石斧、石锄、石凿、石镞以及刮削器，还有骨矛、骨针及纺轮，还发现了大量的鱼骨。

在大溪遗址还发现了属于晚期的墓地。墓地紧连着住地，大都是单人、仰身直肢，头向北，有的是仰身屈肢；侧身屈肢或俯身的较少。他们埋葬重叠，排列紧密，一般相间只20至30厘米。他们随葬的东西多少不等，有的多至50多件，有的则完全没有。随葬品里大都是生产工具和日用的陶器。有的身上还佩戴着一些装饰品：戴着绿松石的小耳坠，胸前佩着玉璜、玉玦或玉环，颈上戴着蚌珠串成的项圈，两臂戴着骨圈或蚌环。个别的墓里还发现死者的两乳上都放着陶碟，或者三件彩绘的陶瓶排成一行，放在两腿之间；有的头枕着象牙或口衔着鱼，有的随葬着狗。小孩的墓随葬的东西大都比较丰富。

这一发现相当重要，它很可能为江汉和西南两地区的新石器时代的关系问题提供了某些线索。但是，这也还只是一个线索，必须在这个交界处寻找含有两地不同性质的文化因素，或者不同性质的文化遗存的居住关系，作较系统的发掘和分析，才能够取得有力的佐证，科学地解决这个问题。

（三）华南一带的新石器时代

这里所说的华南地区，包括着长江以南的沿海各省，浙江南部，福建、广东、广西以及江西、湖南、云南、贵州等地。解放以来，在这些地区曾进行了一定的调查，广东和福建调查得还比较多些，发现了不少新石器时代的遗存，使我们对这里的新石器时代的考古研究获得了一些初步的认识。

（甲）两广地区早期新石器时代遗址的发现

广东翁源的青塘曾发现两种洞穴遗址，里面有几件打制石器和几块红色绳纹的粗陶器。石器是将边缘的一面打成器刃。洞穴里还发现了大量的螺壳、烧骨和炭骨①。广西来宾的龙洞岩②和武鸣、桂林③也发现相类的现象。

广东南海的西樵山遗址④，在珠江三角洲的冲积平原上，约12平方公里。这里发现了大量的打制石器，其中有斧状器、尖状器和刮削器，大部分是石片。石片的制法，大都从两面加工，交互打击，打制一面后再打制另一面。有些石器上发现深而短的斑痕，说明是直接打击而成的。这里还发现磨制的石斧、石刀和砺石，有的只是部分琢磨过，它们都还存在着打制的痕迹。陶器不多，有绳纹的粗陶片，有篮纹的粗质或泥质的陶片，其中有黑胎的，有红胎的，火候都很低。

广东沿海的东兴马兰嘴发现了三处贝丘遗址。这里有打制的尖状砍伐器、手斧形器和网坠，一般都比较大。磨制石器有带肩斧、磅、凿、磨盘、石杵和砺石，技术较西樵山的进步些。这里发现了骨镞和骨椎形状的残器。陶器都是夹砂的粗陶，火候低，有红色，有黑灰色；其中细绳纹最多，也有篮纹或划纹。

从这些遗址的情况分析，大体上可以说是新石器时代早期的遗存，一般是以打制石器为主，但已开始使用磨制石器，开始使用夹砂的粗陶器。它们之间还有一定的差别，看起来似乎存在原始些或进步些的现象。这反映着它们的早晚的关系呢，还是地区上的差异呢？还有待于进一步的探究。

---

① 广东省博物馆：《广东翁源县青塘新石器时代遗址》，《考古》1961年第11期；广东省博物馆：《广东东兴新石器时代贝丘遗址》，《考古》1961年第12期。
② 贾兰坡、邱中郎：《广西洞穴中打制石器的时代》，《古脊椎动物与古人类》1960年第2卷第1期。
③ 解放前发现的，当时曾认为是中石器时代遗存。
④ 广东省博物馆：《广东南海西樵山出土的石器》，《考古学报》1959年第4期。

（乙）营盘里和金兰寺遗址及其相关的问题

江西清江的营盘里遗址①的发见，给我们一把钥匙，去解决华南新石器时代长期发展的时间序列问题。这里有上中下三层文化的积压现象，从各层文化陶器的特征上看：上层为几何纹硬陶，中层为几何印纹软陶，下层为夹砂红陶器。广东增城的金兰寺贝丘遗址②，也发现了相似的现象。这里集录营盘里的简况于下：

上层是厚约0.25—0.6米的黄褐土。这层发现了各种陶器，有罐、缶、瓮、碗、盂、盅、鼎、三足盘、盒等几何纹硬陶和釉陶。陶器表面或系素面而着赭红色陶衣，或有模印的方格纹、米字纹、或划有水波纹、篦纹等，有的在口沿着赭红色条纹。三足盘是相当突出的东西，器大，壁厚，火候高。这里还有陶纺轮和网坠。据说，这层已被后人扰乱，其中遗物相当杂；其他共存的遗物尚未发表，它的年代目前尚难推断。

中层又可为分二层：上部贝壳约百分之二十，厚0.2—0.7米。发现了石器和骨器，有斧、锛、凿、铲、刀、锥、镞、矛、饼、环、砺石等。突出的是有段和有肩有段石锛、磨光的铲、刀、镞、矛、环。打制石器极少，仅有敲砸器和网坠。陶器系手制，粗砂质为主，或红色，或黑色。表面多篮纹、曲尺印纹、方格印纹、也有少量的云雷纹等。下部的陶器大都是粗砂质的，黑色居多，有少量的几何印纹软陶，或呈红色，或呈灰色。

中层的陶器有罐、缶、鼎、钵、盘、豆、尊等，不少的陶器系圜底圈足。制陶工具有杵、压槌、印模等。陶纺轮出现了。这

---

① 饶惠元：《江西清江的新石器时代遗存》，《考古学报》1956年第2期；饶惠元：《清江遗址的文化分析》，《考古学报》1959年第3期。

② 莫稚：《广东考古调查发掘的新收获》，《考古》1961年第12期。

里发现了大量的牛、猪、鹿、龟、鱼、蚬、蠔、螺蛳等的骨骸和残壳。

上部还发见了四座墓，都是仰身直肢，单人，头向东，面向南。其中有一女性，胸前有磨制的骨牌，膝旁随葬着陶缶一件，系红色方格印纹的软陶。

下层是棕黄色的贝壳层，厚0.5—0.65米。这层发现了打制和磨制的石器、骨器。有砍斫器、敲砸器、斧、碴、锥、凿、砺石等。有陶罐、陶缶、陶豆、陶钵、陶盘等，还有制陶工具杵、压槌等。鹿、牛、龟、鱼、蚬遗骸都有发现，而以蚬为最多。

这两个遗址的发现，大体上为我们找到了华南新石器时代的一个初步的序列。这就是说，在华南地区先后曾经有三类型的新石器时代晚期的遗存：以夹砂红色陶器为特点的文化，以几何印纹软陶为特点的文化，以几何印纹硬陶为特点的文化。以几何印纹硬陶为特点的文化，经常伴随着一些青铜器。我们根据这三类文化遗存的先后序列，试分别综述其基本特征如下：

以夹砂陶器为主要特征的文化遗存，在湖南安仁的安坪司①、广东新会的罗山嘴②和福建的某些地方都有发现，这种文化遗存都是夹砂陶器和磨制石器共存。

江西清江的营盘里遗址的下层，发现陶鼎、陶鬲、陶罐、陶盆、陶盘、陶豆等，其中大都是夹砂红色，素面，或着陶衣，少数饰有粗方格纹、篮纹、绳纹或弦纹；也有少量的泥质黑色，素面。发现最多的是夹砂红色的陶鼎，鼎足或扁平或呈丁字形。

---

① 湖南省博物馆：《湖南安仁新石器时代遗址试掘简报》，《考古》1960年第6期。

② 广东省博物馆：《广东中部低地区新石器时代遗存》，《考古学报》1960年第2期。

广东一带这类文化遗址，陶器中以夹砂粗质、黑色素面的为多，着陶衣或加纹饰的较少。石器中有斧、锛、凿、镞等。韶关的鲶鱼转遗址[①]里发现了这类文化的房屋残迹，它是半地穴式的方形房子，长3.2米，宽3米，门向南，墙的角还残存着立柱的洞，房的地面系红色的硬土。

滇池的周围曾发现十几处贝丘遗址[②]。这里的陶器有罐、盆、碗、盘等。陶罐和陶盆大都是夹砂，多掺有螺蛳壳和石英末，呈红色或灰色，饰以方格纹或划纹；碗小盘浅，大都是泥质，素面、红色。在陶器上往往夹有谷壳或谷穗的痕迹，这里还发现了大量的螺蛳壳，这说明当时已从事农业，且营渔业。

（丙）华南新石器时代与几何印纹陶器

华南新石器时代进入晚期以后，在不少地方的陶器中发现了几何印纹。这种特征和当地新石器时代的关系如何？分布地区如何？其本身的地方性差异如何？这许多问题长期未曾获得解决。近几年来，由于这一地区考古工作的开展，经过较广泛的调查或某些遗址的试掘，已经为这些问题的解决提供了极为可贵的线索。

江西清江的营盘里和广东增城的金兰寺这两个遗址的发现，说明在华南一带，新石器时代文化发展到一定时期才出现了几何印纹陶器。几何印纹陶器本身也有一个漫长的发展过程，就现有的资料说，几何印纹陶器大体可以分作印纹软陶和印纹硬陶，它们在遗址的堆积中，往往出现叠压的关系，印纹硬陶层压在印纹

[①] 《新中国的考古收获》引广东省博物馆：《韶关鲶鱼转、马蹄坪和走马岗三处遗址》（未刊稿）。

[②] 云南省文物工作队：《云南滇池周围新石器时代遗址调查简报》，《考古》1961年第1期。

软陶层的上面①。大体上说明在这一带印纹软陶早于印纹硬陶。目前所知，印纹软陶和印纹硬陶在陶器的形状上虽说大体相近，如罐、缶、盘、杯、盂、豆、尊、簋等，但从其他方面分析，却各有其不同的特点：

印纹软陶，有泥质，有细砂质，火候较低，器胎作褐、灰或灰白色，纹饰较粗糙，有绳纹、波纹（曲尺纹）、格纹、编织纹和圈纹。印纹硬陶，火候高，器胎多作灰色，纹饰较精致，有方格纹、回字纹、编织纹、云雷纹和米字纹；且常有二、三种花纹饰于同一陶器之上。这种几何印纹硬陶分布较广，各地也有一定的差异，这里只是个大体的综合概念而已。

这些遗址，有些主要是印纹软陶而又有部分印纹硬陶，有些主要是印纹硬陶而有部分软陶。有些则是单纯的印纹硬陶。

以几何印纹硬陶为特征的文化遗存，分布在华南的广阔地区，存在的时期较长，因此，它们又往往反映出某些地区性的、年代上的差异。其基本内容，大致如下：

这类遗址的石器，有锛（包括有段石锛）、斧、刀、凿、镞、戈等。在江西，长方形带孔石刀和石镞最普遍；在福建则石锛、有段石锛和石镞最常见；在广东则少见。

几何印纹硬陶，虽然为这类遗址的主要特点之一，但各地区却各有其自身的特性。福建地区大都是以印纹硬陶为主要的特征。福建福清的东张遗址中②，曾发现上层是印纹陶与釉陶共存，中层是印纹陶与彩绘共存，这种不同的共存特点可能反映时

---

① 尹焕章：《关于东南地区几何印纹陶时代的初步探测》，《考古学报》1958年第1期。

② 厦门大学人类博物馆：《福清县东张镇白豸寺新石器时代遗址第一——三九探方发掘报告》，《厦门大学学报》（社会科学版）1959年第1期；福建省文物管理委员会：《新石器时代资料汇编》（油印本）。

间先后的关系。福建东部和浙江南部有某些这类遗址中，发现了彩绘陶器，上面画着黑色的线条①。在福建不少遗址里，在这些印纹硬陶表面还上着灰褐色或黄绿色的釉，这种现象在浙南、广东都发现了。

广东地区所见的这类遗址里，印纹陶器上有很像铜器上的夔纹②，这很可能是模仿而来的。福建福州浮村遗址中的印纹陶器上，还有刻划的符号③。这显然是印纹陶器本身发展到晚期的现象。

这类以几何印纹硬陶为主要特征的遗址，在有些遗址里和大量石器伴出的还有青铜的斧、刀、矛、镞等。

福建福清的东张遗址里，曾发现长方形的房子，墙基是用石头砌成的，房里的地面是厚约 10—20 厘米的烧土，靠墙处有石头砌成的灶，旁边有小圆坑，灶的周围有竹木的炭屑、兽骨和一些工具。韶关的走马岗曾发现半地穴式的椭圆形房子，约 9 平方米，四角遗有立柱的洞，房里偏西有椭圆形的灶址。

综观华南新石器时代发展的特点，几何印纹陶器曾经是它发展到一定时期的特征之一，而印纹陶器自身还有其发展的历史，因此，我们认为用几何印纹代表一定时期的华南新石器时代，就很不全面。且在华南广大地区里，虽说在一定时期大都存在着几何印纹陶器，但几何印纹陶器这一特点，却不可能准确地反映出其地区的或时间的差异。几年来，这一地区的考古工作已经提供了大量而丰富的资料，为解决这个问题提供了一些线索，这是极

---

① 华东文物工作队福建组、福建省文物管理委员会：《闽侯县石山新石器时代遗址探掘报告》，《考古学报》第十册，1955 年。
② 梁钊韬：《我国东南沿海新石器时代文化的分布和年代探讨》，《考古》1959 年第 9 期。
③ 曾凡：《福州浮村遗址的发掘》，《考古学报》1958 年第 2 期。

为可贵的；我们迫切希望再前进一步，就各地区、各时期的一些遗址中选择具有典型性的遗址，进行的科学发掘，对各地区、各时期的文化面貌有了较全面、较系统的认识之后，用某些典型遗址的地名称呼代表一定时期、一定地区的新石器时代的文化遗存。这样就有了更科学的基础，在这一科学的基础上，展开比较研究工作，就能够把这一带的新石器时代的问题解决得更透彻一些。

以几何印纹硬陶为特征的遗址里，有些还发现了青铜器，有些陶器上显然有模仿铜器的某些纹饰，这说明几何印纹硬陶有其长期发展的过程，当它还是华南一带新石器时代一定时期的特征时，那里新石器时代的文化已经受到中原青铜文化的影响。就几何印纹硬陶本身说，它的下限可能很晚，直到春秋战国，甚至以后，还可能为华南一带居民使用着，这就超出我们所要讨论的范围了。

（四）北方草原地带的新石器时代

北方的草原地带，包括着东北的北部、内蒙古自治区、宁夏回族自治区及新疆维吾尔自治区，在这一广阔的地区里，分布着以细石器[①]为共同特征的新石器时代的文化遗存。他们大都使用玛瑙、燧石等石料打制的尖状器、刮削器、石叶、石片、石镞和石核，大都以间接打片法或压制法加工制成细小的石器。这类遗址分布在这样广大的区域里，除"细石器"这一共同的特点之外，各地区的文化面貌又存在着很多的差别。

[①] 在过去曾经把含有这类特点的遗存统称之为"细石器文化"，看来"细石器"只是其特点之一，以偏赅全，并不足以反映这一广大地带中地区上和时间上的差异。

（甲）昭盟地区的新石器时代

内蒙古自治区昭乌达盟的西拉木伦河和乌尔吉木伦河流域[1]，这里西至克什克腾旗的瓦盆窑，东达内蒙古和吉林交界处的双辽，北至巴林左旗乌尔吉，南及赤峰。赤峰遗址曾作了发掘[2]。

昭乌达盟地区，大部是平原，曾发现农牧结合而以狩猎为辅的新石器时代的文化遗存，它以"细石器"为其特征。这里有各种打制或磨制的"石耜"、石铲、亚腰形石锄、宽肩石锄、石刀、石磨盘、石磨棒和带孔的圆石砸（重石），"细石器"和其他打制的石器大量出现。发现了不少的陶器。猪、牛、羊、马等家畜的骨骸，鹿、獐等野兽的遗骨都有所发现。

昭乌达盟地区的这类文化遗存，就现有的资料分析，大体上可分为两个类型：

林西的锅撑子山遗址[3]是其中之一。在这里"细石器"的打制技术相当进步，大型石器多系打制，而很少磨光的石器。瓮是这里常见的陶器，多系手制，素面、夹砂、褐色，陶器上很少纹饰，有的腹部着连点弧线纹、纵行或横行的短弧线纹、人字形纹，有的在口部着凸弦纹或附加堆纹。巴林左旗乌尔吉、富河沟门、马家园子等遗址，大体属于这一类型。

赤峰红山后遗址的下层可以代表另一类型。这里"细石

---

[1] 内蒙古自治区文化局文物工作组：《昭乌达盟巴林左旗细石器文化遗址》，《考古学报》1959年第2期；内蒙古文化局文物工作组：《内蒙古自治区发现的细石器文化遗址》，《考古学报》1957年第1期。

[2] 吕遵谔：《内蒙古赤峰红山考古调查报告》，《考古学报》1958年第3期；中国科学院考古研究所内蒙古发掘队：《内蒙古赤峰药王庙、夏家店遗址试掘简报》，《考古》1961年第2期。

[3] 吕遵谔：《内蒙林西考古调查》，《考古学报》1960年第1期。

器"较少。陶器的形状较多，其中夹砂的褐色陶器，大都是素面，部分着有彩绘，有弧线纹、涡纹和平行条线。这部分着彩陶器的质地、制法及个别的形状、花纹，大体和仰韶文化相似。

松辽平原的中部和西部这一广大地区，包括着西辽河下游、松花江中游、嫩江下游①，发现了以渔猎为生活的新石器时代的遗址，它们大都位于砂丘或临河的台地之上，其文化面貌大体上可以昂昂溪为代表。哈尔滨黄山南北城子遗址②，石器较简单，多系"细石器"。这里有细泥黄色的陶钵和陶罐，大都是素面，有夹砂褐色的陶罐。陶器上有平行凸带纹、三角形刻纹、指甲纹和篦纹等纹饰。杜尔伯特蒙古族自治县的官地村和肇源县西南低根遗址③，其中细石器的数量不多。陶器比较复杂，有鬲、罐、单耳杯、盆、钵、壶等；乳状空足、篦纹的直口鬲，是比较突出的陶器。陶器大都手制，陶质较细，呈黑、灰、淡黄色或红色，火候较高。有些陶器上还着有篦纹、几何刻纹或指甲纹。这类遗址里往往发现大量的鹿、狼、鸟以及鱼等骨骸和贝壳。大安永合屯、双辽西坨子等遗址里，发现不少的石镞、尖状器等细石器，它们大部分经过精细的加工；同时，还有打制的敲砸器、磋、网坠和磨制石器。这里发现了大量的羊、牛、狗、马及贝类水生动物的遗骸。这里所发现的陶器大都是夹砂褐色，其中往往掺着贝壳的粉末，器上着有篦纹、几何纹夹直线划纹、指甲纹、细绳纹

---

① 黑龙江省博物馆：《嫩江下游左岸考古调查简报》，《考古》1960年第4期。
② 黑龙江省博物馆：《嫩江沿岸细石器文化遗址调查》，《考古》1961年第10期；黑龙江省博物馆：《哈尔滨市东郊黄山南北城遗址调查》，《考古》1960年第4期。
③ 李莲：《吉林安广县永合屯细石器遗址调查简报》，《文物》1959年第12期；李莲：《白城发现细石器文化遗址》，《文物参考资料》1958年第11期。

和堆纹,有少数细泥红色的陶器,在西陀子还发现了彩绘的陶器。

(乙) 河套地区

河套地区,基本上系草原地带,南接黄土地带。这里的遗址大都在黄河及其支流沿岸的台地或沙丘上,已发现的有中宁县和中卫县[1],伊克昭盟的准格尔旗和伊金霍洛旗,乌兰察布盟的托克托县和清水河县[2]及山西北部。在包头的转龙藏遗址作了发掘[3]。

宁夏回族自治区中卫县的一碗泉、中宁县的风店子沟,内蒙古自治区准格尔旗的石口子,伊金霍洛旗的尔吉奈曼沟,托克托县的城关镇,清水河县的横子茆以及山西大同的高山镇区发现了十几处遗址。这些遗址里,细石器最多,打制或磨制的中小型石斧、石碎数量不多,有石磨盘和石磨棒。这里陶器并不多,有陶罐、陶盆、陶碗和陶瓮,大都是夹砂、褐色,质较粗,皆手制;器面有不少是素面,也有着篮纹、方格纹、箆纹和附加堆纹的,其中以篮纹为最多。这里的特征与内蒙古东南的遗存有显著的差别。

包头转龙藏,准格尔旗牛隆湾后区,沙壕和杨塔村等处遗址,其文化堆积层一般较厚,且有袋形窖穴,这说明当时已过着较长时间的定居生活。这里细石器很多,打制或磨制的大型石斧、有肩石铲、带孔石刀、磨制的带孔锤斧也不少,还有石磨

---

[1] 宁笃学:《宁夏回族自治区中卫县古遗址及墓葬调查》,《考古》1959年第7期。

[2] 李逸友:《清水河县和郡王旗等地发现的新石器时代文化遗址》,《文物参考资料》1957年第4期。

[3] 内蒙古自治区文化局文物工作组:《内蒙古自治区发现的细石器文化遗址》,《考古学报》1957年第1期。

盘、石磨棒。此外，骨锥、骨针和陶刀都有。这里发现了陶罐、陶瓮、陶碗，数量不少，陶器多灰色，也有红灰色的，皆手制，纹饰和宁夏的基本相同。转龙藏的泥质篮纹灰色的陶器最为突出，而连点划纹的陶器很少。

这一地区的南部的遗址里，曾发现"细石器"和少量的仰韶文化的彩绘陶器共存，器形有罐、盆、钵、碗，这是十分值得注意的现象，它和赤峰红山后具有同等重要的意义。

（丙）沙苑地区

陕西朝邑、大荔的沙苑地区①，曾发现十几处"细石器"和石片石器共存的文化遗址。这里的"细石器"和北方草原地带的"细石器"基本相同，但较为原始，两面加工的较少，上面往往保留原来的岩面。石片石器——如单片加工的尖状器，在这里是常见的，而在北方草原地带"细石器"遗址中却很少见到。这里还没有发现陶器，且兽骨已开始石化。这些遗址，也可能还有时间先后的区别，但大体上可能反映着黄河地区新石器时代初期的面貌。

北方草原地带新石器时代的文化面貌，经过几年来的考古调查和发掘，大体上已经有了一个粗略的眉目。在这一广大地区内，新石器时代的长期发展中，大体说来松辽平原的中部、内蒙古自治区的昭乌达盟地区、河套地区又各有地方的特点，这几个地区的自身必然又各自有其发展的历史。"细石器文化"这样一个笼统的名称，已不可能反映客观实际所存在的复杂现象。我们希望各地的考古工作者，就地选择带有典型性的遗址，作进一步

---

① 安志敏、吴汝祚：《陕西朝邑大荔沙苑地区的石器时代遗存》，《考古学报》1957年第3期。

的发掘,更确切、更全面地了解在一定时期代表某一地区的文化遗存的具体面貌。

这一地区的南沿,大体上也就是靠近长城的南北,正是黄河流域的新石器时代文化和草原地带新石器时代文化交汇的地带。目前的发现,已为解决长城内外两种新石器文化遗存的相互关系,提出了一些初步的线索。如果在这个基础上,进一步作些科学发掘,必然会为解决这个问题提供出大量的科学佐证。

这些地区新石器时代的下限,是值得进一步探究的一个重要问题。赤峰药王庙和夏家店两遗址的发掘,正是一个很好的开端。这里已发现了青铜器,初步估计,夏家店的下层遗存与商代有某些关系,上层可能是西周、春秋乃至战国时期的遗存。这类遗址的深入研究,对于草原地带新石器时代文化发展的研究是很有益的,忽视了这个课题,将为解决那里的"细石器"问题造成困难。

目前看来,这一地区还遗留下不少的学术问题,急待解决。调查工作虽有一定开展,而发掘工作却没有跟上,因此,许多问题都还不能解答。进一步的科学发掘,将是解决问题的根本环节。

(五) 东北地区的新石器时代

东北地区,大体上包括松花江至河北的唐山这一地带,从遗存的具体内容分析,大致可以分为两种不同类型:

(甲) 吉长地区

吉长地区[①],以吉林、长春为中心,包括黑辽分水岭北侧和长白山西侧的松辽平原的中部。在这里曾作了一定的调查工作,

---

① 李莲:《吉林省十年来考古工作概况》,《吉林文物工作通讯》1957年。

在吉林市的西团山[①]、骚达沟、土城子[②]，永吉的旺起屯[③]曾作了发掘。发现了这一地区新石器时代以及稍后的遗址和墓地，这些资料反映了当时人们生活的基本面貌。

当时这地区的人们，大都居住在山坡或冲积平原上，住着半地穴式的长方形房子，长约 6 米，宽约 4 米。靠山坡建造房子时，往往以上坡的坑壁作墙，下坡用石头垒起，以成等高的四壁。有的墙壁和屋内地面都经过火烧，光滑坚硬；屋的中央或墙角，往往用几块卵石围成灶。

他们已知种粟，养猪；使用着石锄（镐）、石斧、石刀、石镰。石锄作亚腰状，有的腰靠器中部，有的靠后部，有的腰部还带槽，一般长 15—20 厘米，宽 8—10 厘米。石刀大都是双孔半月形，直背弧刃，最长的达 30 厘米。还发见带柄直背的石割刀、长方形石刀，谷物加工的石磨盘、磨棒，一般工具有礌、凿等石器。

青铜所制的东西，有斧、刀等工具，有刀、矛等武器，有环、扣、连珠状等饰物。

陶器里有鼎、鬲、罐、钵、豆、壶等。鬲系直口，鼎的腹部作筒形，陶器的口、肩或腹部常有横耳；豆把系实心。这里的陶器大都是素面，红色砂质，个别的着有绳纹、划纹或锯齿状压纹。

石棺墓是当时这一地区突出的现象。西团山所发见的墓地，

[①] 贾兰坡：《吉林西团山古墓之发掘》，《科学通报》1950 年第 1 卷第 8 期；吉林大学历史系文物陈列室：《吉林西团山子石棺墓发掘记》，《考古》1960 年第 4 期。

[②] 吉林省博物馆：《吉林江北土城子古文化遗址及石棺墓》，《考古学报》1957 年第 1 期。

[③] 刘法祥：《吉林省永吉县旺起屯新石器时代石棺墓发掘简报》，《考古》1960 年第 7 期。

在330平方米内就发现了石棺墓34座,它们有的连在一起,有的相距2至5米。墓的方向基本一致。这种石棺,有的从平面上修起,有的向下挖作土圹,然后以石块修筑。石棺一般长1.8米,宽、高各约0.5米,底、盖、四壁都用石板铺砌,盖石厚、大且重。骚达沟和西团山所发现的这类墓,往往在棺尾或右侧还设有耳室,用以放置随葬品。

这些墓大都是单人、仰身直肢,有的下肢稍屈。他们的头部、颈部或胸前,往往有玉石珠、管、穿孔猪牙、连珠状青铜饰物或青铜环;身侧放着石斧、石䂮、石刀、石凿、石镞、陶纺轮或青铜的斧、刀;棺尾或耳室里放着陶壶、陶罐、陶钵、陶碗、陶杯等,个别的放在棺外的近旁。西团山所发掘的五六十座墓中,都没有发现青铜器,随葬品没有显明的数量的差别。凡是有纺轮随葬的墓,相伴的往往是石刀、石磨盘、石磨棒和陶器,而没有石镞;凡是有石镞随葬的墓,相伴的往往是石斧、石䂮、石凿和陶器。这是反映了男女的社会分工状况。在这墓地里,有个别墓的石棺修建得相当考究,随葬的东西也特别丰富。

(乙) 长白地区

长白山地区的图们江、牡丹江[①]、头道江[②]和浑江[③]流域,都曾发现新石器时代或较晚的遗址,在汪清百草沟[④]还进行了发掘工作。

这里所发现的石器中,有斧、矛、镞等。石斧大都是梯形直

---

① 黑龙江省博物馆:《牡丹江中下游考古调查简报》,《考古》1960年第4期。
② 李莲:《吉林头道江下游考古调查简报》,《考古通讯》1958年第9期。
③ 康家兴:《浑江中游的考古调查》,《考古通讯》1956年第6期。
④ 王亚洲:《吉林汪清县百草沟遗址发掘简报》,《考古》1961年第8期;王亚洲:《吉林汪清县百草沟古墓葬发掘》,《考古》1961年第8期。

刃或斜刃；石矛一般长约15—30厘米，柄部往往有凹缺或穿孔，以便于安柄。石镞是这里所常见的东西，百草沟遗址就发现了三四百件，一个墓里就有33种，它们大都细而长，有针锥状、柳叶状和带有血槽的几种。这里还有用黑曜石打制的石镞和刮削器。在生产工具及生活用具里，骨器占着相当大的比例，骨矛、骨镞最为常见。百草沟遗址里曾发现少数的铜扣和炼铜的渣。

百草沟遗址里，曾发现住屋残迹，居住面上排列着石础，室里有石块围成的灶，灶旁砌有灶台，上面放着陶器，室里还遗有生产工具。牛场遗址里也曾发现石墙建筑的残迹。

这里有陶罐、陶杯，很少发现陶鬲和陶鼎。它们大部分是手制的，素面、粗砂质，器形粗大厚重。陶罐或作筒形，或有侈唇。陶杯多系敞口平底，间有圈足。陶器上耳部大都是竖贴的环状或桥状耳。镜泊湖边的莺歌岭遗址里还发现个别带彩的泥质红色陶片。这里还发现火烧过的桦树皮，可能以它作为部分生活用具。

在百草沟曾发见了当时的墓葬，随葬着石镞。这里曾见到一块羊肩胛骨制的卜骨，有灼无钻，灼痕排列整齐。

东北地区的新石器时代遗存，目前的资料大都是调查所得，经过发掘的典型遗址为数不多，就已知的情况推测，这一地区无疑地包含着极为丰富的内容。如果就现有的线索，进一步展开科学的发掘和研究，当能为我国的新石器时代的研究增加许多的新知。

从已知的资料看，这里的新石器时代具有强烈的地方特点，从石器、陶器上看，从居屋上看，从石棺墓的习惯上看，都有所反映，认真发掘和深入研究这些具体特点，是十分重要的课题。

这一地区和具有"细石器"特征的文化遗存之关系如何？

和仰韶文化乃至龙山文化的关系如何？都是急待进一步探讨的问题。如果沿着解放前和解放后所发现的线索，认真追下去，将为我国新石器时代的比较研究，提出一些新的问题来。

在这一地区的遗址或墓葬里，有的是石器随葬，而无青铜器；有的和石器共存，都随葬着青铜器。这些很可能是一个时期的墓葬，说明大体已进入铜器时代，有无铜器随葬可能反映贫富的分别。总之，在东北地区新石器时代有一个长期发展，直到青铜器出现。这就迫使我们去探求这一发展过程。这些青铜器是自制的，还是外来的？青铜器怎样在这里逐渐增多？……诸如此类，都还要作进一步的探求。

目前看来，现有资料已说明它们反映着一种相当原始的生产状况，大体上属于新石器时代直到新石器时代相当晚的时期。从我国历史的绝对年代上看，它们可能相当晚。这就是说，当中原地区已进入相当发展的时期，那里还处于比较原始的状态。我想，这是研究东北地区新石器时代时所应当注意的一个方面。这里也正反映着远古时期我国广大地区社会经济发展的不平衡状态。

二　现状和展望

解放之后，我国新石器时代的研究工作，有了极大的发展，1955年以后更为显著。适应着国家的经济建设，考古事业以空前的速度展开了；考古工作的队伍扩大了，几乎是全国各地都经过了一定的考古调查，不少地区还进行了发掘工作。据不完全的统计，全国各地已发现了3000处以上的新石器时代的遗址，经过一定发掘的已有200多处。过去了解不深的黄河流域，现在因新资料的发现，已经引向问题的深处；过去了解较少的长江流域，现在已得到相当丰富的资料，呈现出一个基本的轮廓；华南地区所得的新资料提供了新的线索；西南也有了新的进展。他如西北、东北、北方草原，都已提供了新的内容和新的问题。

但是，这十几年里，正因为结合着经济建设大规模的开展，新的考古干部迅速投入考古调查和发掘工作中去；各地经济建设的局面日益扩大，考古干部就不得不尾随着各地的工程，进行调查和发掘工作，这就没有余力编写发掘报告，更难以进行综合研究工作了。已发掘的遗址，写出报告的只有少数；有的还只是写了简报，有的甚至还只是更简单的报道。不少新的发见，还积压在那里，这就为深入研究造成了一定的困难。

（一） 一些尚待深入钻研的学术问题

从全国范围看，新石器时代的调查和发掘工作，发展得很不平衡。

黄河中游的调查工作进行得相当广泛，发掘的遗址较多，规模也较大，为中原地区的仰韶文化和龙山文化的深入研究，提供了大量的资料，同时也提出了一系列新的问题。由于过去调查和发掘的任务很重，初步的观察固然已经给我们以许多有益的新知；但是，这大量资料中所反映的复杂错综的现象，都还没有来得及仔细揣摸、钻研和消化。资料愈丰富，为我们提出的科学研究任务也就愈艰巨、愈细致；如果不经过认真研究和切实讨论，而轻率地处理某些复杂错综的问题，轻易地作出结论，就会人为地陷入是非莫明的局面中去。在这一地区究竟有哪些问题需要认真钻研呢？我们反复考虑，认为有以下几个方面：

1. 十几年的工作已确证仰韶文化和龙山文化在中原地区存在过相当长的时期，且已初步反映出它们自身发展过程中的具体迹象；但是，这一重要的问题绝不能说已经解决，而只能认为是解决问题的开端。

2. 十几年的工作已确证这两种文化在中原地区分布极广，且已反映出每一种文化自身都还存在着某些地区性的差异，这已经是大家所公认的事实了。但是，从某一文化遗存的整体看，有其共同之点，而各地区又有某些不同之处。它们"有所同，有所不同"的具体内容究竟如何？究竟是"大同小异"，还是"大异小同"？在这一地区"大同小异"，而另一地区"小同大异"？像这样一些问题，只有认真作一番科学钻研，才能够得出比较确切的结论。

3. 十几年的工作再次证明仰韶文化早于龙山文化，且各自具有本身的特征；同时，在有些龙山文化遗址里发现了仰韶文化的某些因素。这些都是一再重复出现的现象。

既然仰韶文化早于龙山文化，而它们又各有其长期发展的历史，那么，是否仰韶文化结束之后，才产生龙山文化呢？如果是这样，龙山文化又如何从活生生的仰韶文化中吸取某些因素呢？

如果说仰韶文化直接孕育着龙山文化，龙山文化直接继承了仰韶文化而发展起来，其具体的转化过程又将如何？

我们想，仰韶文化和龙山文化的人们，很可能在一定时期内曾经同时存在于相邻的地区，也就是说，晚期的仰韶文化很可能和早期的龙山文化同时存在。如果事实是这样的，那么，在一定地区的龙山文化的晚期就可能吸收仰韶文化的一些因素了。

我们这样想，一个新石器时代考古学家，面向着这样大量资料中所反映的复杂现象，必然会慎重地考虑到这一系列的疑难问题；如果轻率地处理这些问题，不仅解决不了，反而会治丝愈棼，产生某些理论上的混乱。如果我们认真作进一步的努力，把这些问题凿通了，中原地带的新石器时代研究的科学基础也就真正树立起来了。

长江流域的新石器时代的内容如何，长期处于若明若暗的状况。解放以来，在这一地带进行了空前的考古普查，发掘了一些遗址和墓地，为我们增加了许多新的知识。现已确知：有青莲岗文化和屈家岭文化的存在；对于良渚镇遗存有了进一步的认识，已探明大体晚于新石器时代的湖熟文化；发见了大溪遗址。这些发见，已为这一地区新石器时代的面貌描绘出一个基本轮廓了。现已确知，在新石器时代，从长江中游到下游，大体上分布着三四种不同性质的文化遗存。不仅如此，在江汉平原已发见屈家岭文化与仰韶文化以及龙山文化的相互关系，为研究长江流域和黄河流域在新石器时代的关系问题，提供了有力的科学论证。这无疑是极为可贵的收获。另一方面，正因为这一切大都是新的发见，过去的底子很薄，十几年来，调查虽多，而科学发掘的"点"还很不够，规模还不够大，因此，就必然遗留下不少的问题。归纳起来，我们认为有下面的问题，还必须作进一步的探索：

1. 青莲岗文化、屈家岭文化和良渚文化虽已基本确定，但是，对每一种文化遗存的本身都还需要认真深入钻研，进一步探求其全面而具体的内容，了解其自身发展的历程，探索地区分布的具体状况。只有作更深入的钻研，才能够系统地把握住每种文化的基本内容，为今后的比较研究打下巩固的基础。

大溪遗址是非常重要的发见，我们应当积极进行必要的发掘，把这一遗存的基本面貌弄清楚，经过它，很可能为解决这一地区新石器时代的某些不同类型的文化遗存之相互关系，提供一些重要线索。

2. 屈家岭文化、青莲岗文化和良渚文化同处于长江的中游和下游，它们的互相关系中的一些问题，如谁在前？谁在后？谁影响了谁？等等，都正在积极探讨中；但全面而深入的解决，却还需要对于各有关文化遗存作更进一步的科学探索。

3. 这三种文化遗存和中原地区的新石器时代的关系，虽说从丹江口及良渚遗址里找到了一些线索，但是，在这里所见到的不同的文化遗存究竟属于早期？晚期？有无地方特点？其异同如何？所有这些，如果不能追查清楚，即概然推断，遽下结论，是会把问题导向纠纷中去的。

长江流域的新石器时代研究，可以说是解放后提出的新课题，我们有必要一开始就把工作做得更细致、更科学些，为今后的开展打下一个巩固的科学基础。

华南地带的营盘里和金兰寺两遗址的发现，为这一地区新石器时代的研究配了一把相当可贵的钥匙：它们把多年来纠缠不清的几何印纹陶器的问题凿开了一个缺口，它们为那里新石器时代发展的过程描出了一个比较可靠的线索，这一地带调查所得的资料，依靠着它们就有可能发挥更多的作用了。从这一地区的考古调查看来，这里具有丰富的新石器时代的遗存，分布极广，有些地方分布得还相当密集；就现有的资料看，其内容亦具有地方的风格。我们相信，工作再深入下去，很可能发见新类型的文化遗存，这里正是大有可为的地方。由于发掘工作还没有跟上去，试掘的面积较小，每一种不同性质的文化遗存的全貌都还了解得较少，这就为进一步的钻研造成了极大的困难。譬如具有红色粗质陶器特征的文化遗存其基本面貌如何？分布如何？具有几何印纹软陶特征的文化遗存其基本面貌如何？具有几何印纹硬陶特征的文化遗存其基本面貌如何？其下限如何？软陶和硬陶的关系的具体内容究竟如何？这些问题都还有待于更深入，更系统地探究。我们迫切期待这里的考古学者审慎地选择典型性的遗址，进行必要的一定规模的发掘，把已知的三种不同性质的文化遗存的面貌较全面地展示出来。

北方草原地带，过去工作很少，解放以来，已有相当的开展。对这里的以细石器为特征的新石器时代遗存，有了进一步的理解，初步找到了其时间先后以及地区的差异，已经比较清楚地了解它和长城以南仰韶文化的相互关系。这对于今后的深入钻研是有极大益处的。但是，不容置疑，这里的调查工作虽然开展较多，而典型遗址的发掘就比较少了些；因此，有些问题就解决得不是那么透，也还不是那么准确。我们想，有两个基本问题还需要进一步求得解决。

1. "细石器"只能说是这一地区在一定时期内的特征之一，"细石器"的本身在发展着、变化着，在不同地方、不同时期，也都存在着某些具体的特点。因此，只有进一步寻找某一时期、某一地方的典型遗址进行发掘，较全面、较系统地了解一定地方一定时期的文化遗存的基本面貌，进而探索其中的细石器之具体特点，才算是把问题落实了。否则，就没有真正的科学的基础，就不可能透彻地解决问题。

2. 长城南北是中原和北方草原交错的地带，像赤峰红山这样的遗址，就为我们解决两者的关系问题打开了缺口，在山西北部也发现了类似的遗址，这是极可喜的事。但是，目前看来，问题还没有得到根本解决，应当深入一步，进行一定规模的发掘，把这个问题解决得更透彻、更准确、更有力。这是一个十分重要的关键，希望不要轻易放过。

东北地区，在解放之前，所知较少；解放以后，经过多方调查和一定的发掘工作，大体上分出吉长地区和长白山地区的不同。同时也基本上肯定了这一地带所具有的地方特点。另一方面，由于发掘工作还没有跟上去，调查所得的资料又不可能把某一文化遗存的全貌反映出来，这就必然为进一步的研究造成某些困难。我们迫切希望，就这一地带选取三五个典型遗址，开展全面而科学的发掘工作，从而进一步解决新获资料中所提出的新问题。就这一地区说，我们认为所存在的一系列的重要问题，必须提到议事日程上来：

1. 从松辽平原的西部和中部这两个地方看来，它们在新石器时代是有一定差别的；但是，草原地带含有"细石器"的文化遗存和松辽平原中部的文化遗存之间相互影响如何？同时，在松辽平原里，各遗址的共同特点是些什么？其不同之处何在？时间的先后关系如何？所有这些，都是综合性的比较研究中的重要课题。

2. 东北的辽东半岛存在着龙山文化遗存，这已经是多年来为人们注意的问题了，那么，这类文化遗存和长白山地区以及松辽平原东部已经发现的那些文化遗存之间的相互关系如何？我们应当认真加以探讨。

3. 锦西的沙锅屯和辽宁的貔子窝都曾发见过彩绘的陶器，其风格与仰韶都不尽相同。那么，它们是否同一类型？它们在东北地区的新石器时代里与其他文化遗存的关系究竟如何？它们和华北一带的仰韶文化遗存的关系究竟如何？如此种种，都还需要认真作全面的深入探讨。

现有的资料，已反映出东北地区存在着极为复杂的多样的新石器时代的文化遗存。它们相互间必然存在着复杂错综的关系，它们时间的先后、地区的差异等等问题，都还有待于钻研。凿通了这一系列的问题，将会为我国新石器时代的研究作出很大的贡献。

回顾这十多年有关新石器时代研究的成果，确实给人以无比的兴奋。不少遗址已经过了一定的发掘，发见了各种各样新类型的文化遗存，为比较研究提供了一些比较可靠的科学依据。几年来，在广阔地区里的考古调查，获得了极为丰富的资料。我们以各地典型遗址作基础，经过初步的比较研究，使我们有可能在全国范围内画出一个大体可信的基本轮廓了。这就为今后的新石器时代的深入研究打下了必要的基础。大量新资料的出现，必然反映出过去所意想不到的新问题，同时，也必然出现许多使我们困惑不解的新现象，也必然会突破过去的知识领域，把许多已经放冷的老问题重新提出来。我们分析过去研究的状况之后，提出了上面一系列的问题，实际上，这还只是其中的一部分，也只是一些引子而已。认真分析，更多的急待解决的疑难问题，还会一个个出现在我们的面前。这样做，绝非否定成绩，挑剔是非；相反的，我认为这正是科学发展过程中的必然现象。关键在于如何提出问题？如何积极而科学地进一步追索下去，找出逐步地深入解决的途径。自以为"没有问题"，浅尝辄止，画地自限，是会使自己的科学研究工作停滞不前的。

（二）怎样前进？

十多年来，新石器时代的考古工作，为我国原始社会的氏族制度的研究提供了大量的丰富资料，使我们远古氏族制社会的研究进入一个新的阶段，这是史学界和考古学界的一大喜事。无可讳言，正因为这一学科发展极猛，干部生长极快，地区迅速扩大，资料不断地涌现出来，也必然为它的进一步发展带来一些问题。

这几年，我们参与了祖国历史的编写工作，首先遇到的就是原始社会的问题，就中最困惑人的、最难处理的要算是氏族制度这一部分了。我们遍翻了这一阶段的考古资料，参考了一些考古论文，企图从大量的资料中搭起我国氏族制社会发展的基本间架来，但是，一着手就碰到了重重困难。大量的报道往往是千篇一律，简化到只是残缺不全的部分遗物或个别模糊不清的遗迹，并不能提供某些确切的科学根据。这些资料作为某种文化遗存分布的参考固然有一定用处。但是，作为研究氏族制度的科学论据，就往往是软弱无力。经过一定发掘的典型遗址，当然是可靠的资料，但是从氏族制社会的角度加以分析，却又感到十分不足。从这样一些考古资料中，很难比较系统地反映出某一地区、某一时期的具体的氏族制社会的基本状况。写来写去，或者是忍心割爱，放弃那些残缺不全的资料，描绘出一幅抽象的空洞的社会发展过程的幻景；或者是充满盆盆罐罐，却缺乏人的气氛、生活气氛以及社会气氛的综合考古报道。经过反复讨论、修改，稿凡四易，才初步编写出一个仅供删削之用的底稿。

我们走了这段苦恼的途程，就不能不反复考虑：为什么面向着这样丰富的大量资料，却不能具体而生动地描绘出祖国氏族制度发展的图景呢？这重重困难是否受到考古学本身的局限而不可能克服呢？这里是否反映着史学和考古学之间隔着难以互通的鸿沟呢？不，不是的，现有资料中所反映出来的缺陷，迫使我们向考古学家提出进一步的要求，希望在今后的考古发掘和综合研究中，能够认真考虑：如何使新石器时代的考古资料较全面、较系统地反映出某一类型文化遗存的社会面貌。

我们认为这并不是无端生事，也并非苛求于考古学者。相反的，为了科学地写出祖国历史中的氏族制的社会历史，就不得不提出这些迫切而合理的要求。我们深信新石器时代考古学家是决不会置身事外，无动于衷的。在这里，想分两个方面把我们的理由和具体想法贡献于考古学家。

（甲）考古学、史学及其相互关系

考古学是历史科学的有机构成部分之一，它通过实物的历史资料的研究,以了解人类过往的历史。"劳动手段不仅是人类劳动力发展程度的测量器,而且是劳动所在的社会关系的指示物"。"研究劳动手段的遗物",对于"判别已经灭亡的社会经济形态"具有重要意义①。从这里我们应当得到这样的启示:考古学是历史科学的一个构成部分,它的目的是为了研究过往的历史,而不是其他。新石器时代遗址的考古调查、发掘和研究的最终目的,应当是为了更具体、更深入地了解祖国原始社会氏族制度的历史,而不是其他。这就为我们新石器时代考古学者规定了明确的科学目的性。

我们知道,历史科学是具有高度阶级性和高度党性的科学,它是阶级斗争反映在理论斗争上的一个重要的阵地;无产阶级的史学家必须在马克思主义理论指导下,坚决粉碎反动资产阶级的一切虚伪理论,写出真正科学的历史,以教育广大劳动人民。马克思主义的史学家从来都不隐蔽这一坚定的目的。新石器时代研究的最终目的,既然是探索氏族制度的具体历史,那么,它就应当和史学家一样具有高度的无产阶级的责任感和战斗精神。这就要求我们掌握并运用马克思主义的思想方法,运用马克思主义的理论去进行自己的研究工作。离开马克思主义的理论指导,像失却灵魂一样,就会使自己陷入"为考古而考古"的烦琐的泥沼里去。那就必然"只见其小,不见其大",醉心于一个一个的个别事物,而忘却事物之间的内在联系。像没有设计、没有蓝图的建筑一样,只是在盲目砌砖涂泥,究竟要建筑什么?却不甚了了。"考古就是一切,最终的目的是没有的!"这难道不会把新石器时代研究导向错误的道路上去吗?

氏族制度是原始社会研究中的一个极其重要的课题。它具体

---

① 《资本论》第一卷,人民出版社1953年版,第195、194页。

地指出了阶级社会以前曾经存在着没有阶级的原始共产主义社会，证明阶级社会有它的发生、发展的具体过程，从而说明它必然走向消亡的规律。这在理论战线上是一个重大的胜利。几十年来的考古发现日益证明恩格斯理论的正确性。从恩格斯发表《家庭、私有制和国家的起源》以来，资产阶级的反动学者不是在想尽办法，企图驳倒这个理论，从而证明私有制自古就有，且将永世长存的谬论吗？新石器时代的考古发掘和研究，正是氏族制度研究中的极其重要的科学基础，我们面向理论战线上这样一个重要的课题，掌握着祖国大量的丰富的科学资料，应当继承马克思、恩格斯的事业，以高度的阶级责任心深入钻研下去，巩固并扩大这一斗争的战果。这就为我们马克思主义的新石器时代考古学家规定了明确的战斗任务。

我们常常这样想：祖国氏族制度的历史好像一部"无字地书"，它千万年来、一编编、一章章、一页页地渐渐叠压在大地之下；但是，我们的祖先用生活实际写下的这部遗著，却不那么好读，每页上都没有文字，而只是一些残缺不全的一个个的遗物，一块块的遗迹，由于千万年来无意间积累下来，经历了无数次损坏，章节篇页残缺不全，且相当凌乱。另一方面，它确实是一部没有经剥削阶级史学家篡改过的、最真实、最可靠的好书，我们应当万分珍视它。要使这部好史书成为人人可读的书，就非经过马克思主义的新石器时代考古学家大量的科学工作不可。要我们把遗迹遗物所含蕴着的社会生活内容如实地翻译成明白无误的现代文字，要我们小心翼翼地把这部书的篇章和内容整理成为眉目清醒、篇页正确的书。整理好这部真实的史书，对马克思主义史学的理论斗争将是一件极其重要的贡献。

这是一个严肃而繁重的科学任务，决不能草率从事。我们认为，必须严格遵守应有的几道科学的工序，才能够逐步完成这一任务。那就是：大规模的考古调查，有计划的科学发掘，确切的发掘报告，认真的比较研究和综合研究。在马克思主义的理论和思想方法的指导下，经过这一系列的科学的考古工作，才能够从考古学的角度把这些复杂错综的现象理出一个眉目来。这就是说，必须经过认真的科学分析，才能在考古学的科学基础上建立起我国氏族制度的可信的历史。如果还未具备考古学的基本知识，还未掌握考古学本身的科学规律，还未能够真正识别和消化考古学所提供的大量资料，就随心所欲地妄加解说，侈谈什么氏族制度的历史，那就不可能取得任何科学的结果。

我们认为，为了使新石器时代研究工作更加顺利的前进，必须把三个不同阶段的工作分别开来。科学的考古发掘和发掘报告的整理出版，是最根本的基础工作，也是第一个重要环节。全面而系统地科学反映某一遗址的现象，是它的首要责任，比较研究和综合研究是根据科学发掘的资料进一步的深入，这是考古学中必不可少的一个步骤；它将从考古学的理论的高度，分析考古资料中所反映的复杂现象，解决某些学术性、理论性的问题。在这两阶段中，所使用的大都是考古学上的学术术语；这两阶段内把考古学上所存在的问题基本解决了，然后进入第三阶段中去。这就是，在前两阶段的科学基础上从事氏族制度的研究，这就要以最大的可能把考古学中的术语翻译为历史的社会生活中所习用的语言，使之更加具有人的气氛、生活气氛和社会气氛，在可靠的科学根据上，把残缺的遗物遗迹复原为完整而生动的社会历史的资料。这样，我国氏族制度的历史面貌才有可能重现出来。这三个不同阶段的工作，当然是相互渗透，相互作用，不可机械分割的；但是，如果不弄清楚每个阶段应有的主要任务，从而混同起来，纠缠在一起，就会影响科学工作的进程。

总之，我们认为必须在马克思主义的理论和思想方法指导下，首先作好新石器时代的考古工作，才能够为我们的氏族制度的历史研究打下巩固的科学基础。

（乙）综合研究、科学发掘及其相关诸问题

在新石器时代考古学的科学研究中，科学的调查和发掘为综合研究提供可靠的资料和论据，科学的综合研究的结果，反过来又指导并推进调查工作和田野发掘。这就是说，科学的综合研究必须在科学的调查和发掘的基础上，才能使自己的比较、分析和综合所得的结论有结实而稳定的论据；科学的发掘工作必须以综合研究所得的知识和理论为基础，并从其所提出的问题出发，才能使发掘工作具有更明确的学术目的。综合研究和发掘工作之间应当是互相渗透、互相作用、互相推动的关系。不在科学发掘的资料基础上进行综合研究，就不可能得出可靠的学术成果；不在科学的综合研究指导下进行发掘工作，往往会处于盲目状态，忽略其应当注意的重要现象，从而失却其可能解决某些学术问题的机会。这是新石器时代研究工作中的极为重要的经验，不重视这一点，就会造成学术上某些不可弥补的损失。

在这里我们特别强调"科学的"三个字，因为我们是马克思主义的新石器时代考古学家，所作的是科学工作，任何不够"科学"的事，我们都应当抛弃。资产阶级的考古学家常常卖弄"科学"来同马克思主义对立，实际上他们只是在个别的具体事实中打转，而不能掌握科学的整体。我们所说"科学的"三个字的意义，是在马克思主义思想方法指导下的科学，而不是在形而上学的方法论指导下的所谓"科学"。因此，我们的考古工作者就必须提高马克思列宁主义的思想水平和理论水平，就必须认真开展在马克思主义理论指导下的综合研究，就必须努力提高田野考古的技术水平。

1. 关于综合研究工作

如果说我们新石器时代考古学家的思想深处具有理论斗争的责任感，那么，他就会念念不忘地注视着大量资料中所反映的复原氏族制度的重要现象，他就会不满足于个别的盆盆罐罐，不会满足于个别无关宏旨的所谓"奇宝"，他就会转而致力于当时社会生活中所遗留下来的复杂现象，这就必然要进行艰巨吃力而富有高度理论性的学术综合工作。正因为这一课题是无产阶级理论斗争中的重要环节之一，他就必然力求在马克思主义理论和思想方法指导下，严肃地进行工作。这样的综合研究，一方面为氏族制度的探索提供了经过科学分析的资料，另一方面也为考古的调查和发掘工作提出了具有斗争意义的学术问题。忽视这一环节，就会造成学术上的损失。

马克思主义的新石器时代考古学家所研究的对象，既然是我国历史上氏族制度的社会生活中所留下来的物质遗存，其目的是透过遗迹、遗物反映出当时人们的社会组织及其生活。那么，这样的考古学家在进行研究时，首先是从某一遗址所反映的社会生活的整体中去观察、分析其中的个别遗物、遗迹，就是说，把它们放在相互关联着的整个社会生活中去，而不是割裂为一个个不相连属的遗物。这就是说，他的比较研究、综合研究所依靠的资料，不仅仅是一个个孤立的个别东西，而是把这些遗物作为某一具体社会生活中相互联系着的、不可分割的构成因素，然后和其他遗址或文化遗存进行比较研究。当然，在具体的科学分析以及比较研究中，必须从一个个具体事物着手，有时甚至只是个别具体事物的深入分析；但是，总应当从全局着眼，从整体出发，去进行具体事物的分析。有了整体观念，就扩大了自己的视野，所发现和钻研的问题，就会具有明确的目的性和高度的理论性，就不致"只见树木，不见森林"地陷入个别枝枝节节的问题中去了。

我们的最终目的既然是探究氏族制度的社会历史的具体面貌，那么，综合研究就应当是通过考古现象的观察、分析、比较和综合，找出在一定时期内一定地区的考古文化遗存的基本特征，找出其共同之点，进而和不同地区或不同时期的文化遗存作全面的比较、分析和观察，以便透过这一系列的科学探索，把长时期内各种不同文化在不同地区的发展过程弄清楚。这是科学研究的一个重要阶段，我国氏族制社会能否科学地复原其历史的真实面貌，将取决于综合研究工作的科学水平。

当然，我们绝不否认，在新石器时代的研究中，还有一些对探索氏族制度不能起直接作用的专题研究，这同样是十分必要的；但是哪怕是间接的作用，也要新石器时代考古学家首先明确自己的学术目的，才有可能选择出恰当的专题，而不致钻进牛角尖里去。

2. 相对年代与绝对年代

新石器时代研究既然以探索特定历史时期的社会状态为职志，那么，首先要有科学的时间观念。因此，关于年代的研究就是一个重要的课题了。

新石器时代还处在没有文字记载的历史阶段，从遗存的具体遗物本身，不可能直接找到明确的纪年标帜，不可能直接获得其绝对年代的证据。依靠自然科学的方法，如利用碳十四的测定，就可能鉴定遗址的绝对年代。我们已成立了实验室，应当积极搜集广泛的资料，及时行动起来，早日取得应有的科学成果。

依靠文化遗存堆积的层位关系确立其相对年代，是考古学者在田野考古中的一项经常的基本工作。

但是，层位关系的确定，确实行之不易，其中包含着相当复杂的道理，需要高度的考古技术，才能在田野工作中及时辨认清楚。因为这里面包括着一系列的科学观察和具体工作,严格地按土色、土质分层,正确地记录出土遗物的层位,辨认和分析各层的遗物,正确判断遗址堆积的过程及其废弃的原因等等。这一切不仅要求我们的考古学家具有丰富的实际经验和很高的考古技能,而且要求考古学家有高度的学术责任感,以严肃认真的态度对待这些工作。如果粗枝大叶,草率处理,就会弄得时间错乱,祖孙颠倒,对遗址的相对年代的解决是极其不利的。

我们强调确定遗址相对年代这项工作的复杂性,决不是把它神秘化,决不是把它看作深不可测的东西。而是希望我们的考古学家认真地对待它,运用正确的思维方法去考虑问题,积极探求更科学的操作方法进行工作,使新石器时代的分期建立在更结实的科学基础之上。我们提醒考古学家,不要把古人遗留下来的这一复杂的重要现象,看得太单纯了,在田野工作中马马虎虎,根据片面的现象,主观地臆造出难以令人置信的文化分期来,这种做法,恰恰会把科学的分期工作引入神秘主义的泥潭里去。

十几年来,大规模的考古调查和许多遗址的考古发掘,已经反映着相似或相同的文化遗存往往在同一地区长期存在,黄河上游和中游的所谓仰韶文化以及黄河中游和下游的龙山文化,就是突出的例子。这种相似或相同的文化遗存,在长期发展过程中,必然会发生先后的时间上的差异,它本身的年代上的探索就十分必要了。几年来,有些同志在这方面曾作了些研究,但到目前为止,还是处于若明若暗的状态。我们认为必须选择堆积相当丰富的、相似或相同的文化类型的遗址,有计划地进行科学的发掘,仔细观察其堆积的地层变化,找到科学的分期根据,摸索出解决分期问题的线索来。根据发掘这类遗址所取得的结果,在它的附近反复试探,寻找比较单纯的早期或晚期同一类型的遗址,然后进行比较,加以验证,就有可能逐步解决某一文化遗存本身的分期问题。

相似或相同的文化遗存，往往分布在一个比较广阔的地带，在这广阔的地带，它们又往往会带有地方性的特点；这种相似或相同的文化遗存，虽然处于不同的地方，但认真探索，有可能找到两种具有地方特点的相类文化遗存的交汇地点。十几年来，已初步发现不同类型的文化遗存交互错综分布情况，调查工作较深入的地区且已发现了比较明确的两种不同类型文化遗存交汇的地区。我们认为有计划地探寻这种交汇地区的遗址，发现其叠压的地层关系，将为年代的研究开辟一条通畅的道路。

3. 陶器在新石器时代研究的作用

新石器时代考古学家在科学研究中十分重视陶器，这是完全合理的；陶器给我们以相当明确的标帜，去识别各种不同类型的文化遗存。它具备其他遗物遗迹所不可能有的各方面的优越条件。

陶器是新石器时代日常使用的东西，在生活中做饭，吃饭，喝水，盛东西，乃至其他用具往往都是陶制的，因此，大量遗留下来，资料极为丰富。

陶器的变化较多，最便于反映时间或地区的差异，从色泽、质料、纹饰、制作及形制等各方面都很容易看出它们的具体特征。

陶器，由于资料丰富，特征明显，就成为我们识辨不同地区、不同时期以及不同类型文化遗存的可靠而有力的科学根据。

由于陶器遗留极多，它就成为调查新石器时代遗址的可靠的向导，成为辨认不同文化遗存的层位关系之有力的物证。

陶器既具有容易识别的具体的特征，又异常丰富，它就为新石器时代各种不同类型文化遗存的比较研究提供了具体的科学资料。

陶器既然保存量大，本身变化较多，其特征容易识辨，这就为共存的其他遗物的研究提供了一些方便，在地区的差异、年代的区别上，都起着标兵作用。

在新石器时代的研究中，陶器是不可忽视的。如果我们熟悉了各个时期、各个地区的陶器特征，那么，在考古发掘以及综合研究中就会少出些乱子，就会取得比较可靠的成果。

但是，我们绝不应忽视陶器本身的特点。一般说来，它是当时普遍使用的生活用具，而不是生产工具，因此，通过它，就不可能对当时的社会经济生活方面取得更直接、更明确的基本知误。陶器的数量很大，变化较多，而又易于破碎，发掘一个遗址，往往就会出现大堆残破的陶片，所以，很容易使我们陷入支离破碎的大量陶片之中，从而忽视了主题，把新石器时代的考古研究带到烦琐的道路上去。

我们认识了研究陶器在新石器时代研究中的积极作用，又了解到它的弱点、缺陷，它所可能产生的消极作用，这就有可能掌握它，运用它，充分发挥它的积极因素了。根据它的基本特征，作为新石器时代考古学家，就会有了极为明确的目的性，而不至流连忘返，坠入烦琐的泥沼里去了。归纳起来，我们认为研究陶器的目的应当是：

（1）通过它了解当时日常生活用具的部分情况，了解手工制作的一个方面，了解它所可能反映当时部分的意识形态方面的现象。

（2）通过不同年代、不同地区的陶器的比较研究，确定新石器时代的年代学研究的标准，确认各种不同的文化遗址的地区分布状况。

我们想，这是新石器时代考古学家研究陶器的基本目的。经过这一阶段的认真研究，作出成绩，才能为氏族制度的研究提供科学的基础。从新石器时代考古工作的现状看，已经具备了基本条件来进行陶器的综合研究。我们必须选择典型遗址，把大量的陶片作为一个整体，从破碎的陶片里复原出各种完整的器物，从各种陶器中找出日常使用的一套器物，以确定某种文化遗存中最通常、生活气息最浓厚的整套陶器的内涵。这将成为比较研究中的较完整的科学根据。在这样的基础上，把有关色泽、质地、纹饰以及制作等和用途不同的陶器形制密切联系起来，加以分析，方能使陶器的研究不致成为支离破碎的烦琐研究。

当然，我们在某些文化遗存中，往往可能发现具有突出特征的所谓"标准化石"，为科学研究提供"力证"；但是，我们不应因此就放弃全面而系统的陶器研究。有些人脱离遗物堆积的层位关系，脱离遗存现象的其他条件，片面地夸大陶器的个别特征，从而推断某一文化遗存的时期或性质，以致把研究工作导入迷宫；有些人在陶器明明可以复原的情况下，不致力于它的复原工作，依然割裂为口沿、颈、肩、腹、底、足等等，津津有味地分析、比较，不厌其烦，甚至达到难以理解的琐细地步；有些人放弃了大量陶器的综合研究，而醉心于个别突出的所谓珍品，反复玩味，不忍释手。如此等等，不一而足。这种种搞法，似乎是高深莫测，奥妙无穷，实际上只不过是一种琐碎的游戏而已。何补于新石器时代的科学研究？何补于探究氏族制度历史的最后目的？

总之，我们研究新石器时代的陶器，必须有明确的目的性，必须摆脱烦琐的研究方法，才能够充分发挥陶器的积极作用，才能取得应有的成绩。

4. 复原工作及其相关的问题

我们新石器时代的考古既然以探究我国远古的氏族制度的社会为最终目的，那么，我们的调查、发掘以及综合研究工作，就应该始终贯穿着这个目的。我们应当通过考古的具体工作,想尽办法,力求逐步达到这个目的。

一个遗址,既然是过去人们在这里长期生活之后遗留下来的,通过这里所残存的许多房屋布局及其墓地的安排,大体上是可以推测出当时社会组织的情况的。个别房子的复原固然十分必要,而整个聚居地点中许多房子的组成情况却更为重要。十几年来,我们发掘了不少的遗址,个别遗址的发掘规模也还相当可观,这就有可能提供一些科学根据,复原聚居地点的全貌;如果这一指导思想不甚明确,就有可能丢掉复原的机会。我们迫切希望新石器时代考古学家,在今后工作中积极寻找各种不同类型的比较完整的遗址,进行较大规模的发掘,耐心搜集复原聚居地区的数据、论据和根据,力求达到能够复原其基本面貌的程度。从个别房子的复原到整个聚居地的复原,是一件复杂而繁难的工作。我们必须积极总结经验,创造性地开展这一方面的工作。如果自以为业已达到顶点,满足于现状,从而裹足不前,就会成为前进中的障碍。

新石器时代遗址,往往比较密集地分布在某些古老河流的两岸。假如我们在某一地域已经发掘了几个同一文化类型的遗址,那么,就应当进一步作详细的考古调查,以便了解其分布的具体情况。十几年来,从广泛调查的初步资料里,已经看到某些地方同类遗址密集分布的大体状况;但是,有些地区还没有经过应有的发掘工作,有些遗址的性质还不能够肯定下来,还需要我们继续开展工作。这对了解氏族制度的社会组成状况,是必不可少的科学根据。

关于遗迹遗物的复原,当然是从个别具体残存的东西着手,复原的最终目的是通过这些实物的复原,反映当时的经济生活及社会生活的面貌,那就必须有一个整体观念,研究它们的相互联系，研究它们在生产及生活中所起的作用。这就不致把它们分割开来，使之仅仅成为一个个孤立的东西了。

在这里，我们要求考古学家，在进行考古学的科学工作时，从恢复当时的社会面貌这一最终目的着眼，充分注意考古发掘中所发现的有利于复原的一切现象，并根据这些现象进行关于复原的综合研究工作。这是考古工作中必不可少的过程，越过这个科学的程序，是不行的，希望考古学家把这方面的工作做得更充分、更踏实、更科学些，在这样的基础上复原当时的社会面貌就比较顺利了。

5. 新石器时代研究的下限、命名及其他

新石器时代考古学所研究的范围，是以新石器为生产工具的这一历史阶段的物质文化，一经发现铜器，就应归于铜器时代考古学家，顾名思义，似乎没有必要多加说明了。但是，在晚期的遗存中，新石器往往会和铜制工具共处。恩格斯曾说青铜器不可能代替石器，那么，我们研究的下限，就应当下达到石器和铜器共处的这类文化遗存，分析铜器逐渐增长的基本过程。在我国的西北和西南已经发现了这类现象，很值得我们深入钻研，新石器时代考古学家应当重视它，研究它。它将为我国氏族制度历史的研究开辟一个新的领域。

安阳小屯附近和郑州附近商殷遗址的发现，使我们了解商殷的都城和商殷的一般遗址有相当差别。在商代的都城和墓地里，往往可以发现大量的铜器，同时也发现一些石制工具；而在小屯周围的某些殷代遗址里往往是大量的陶器、石器及其他遗物，却很少见到铜器。如果我们仅仅发现了不见、或很少见到铜器的一般商殷遗址，而没有小屯和郑州这类商代都城遗址的知识，就有可能低估一般商殷遗址文化发展的程度。商代已有高度发展的铜器，而同时还存在着石器；以商推夏，则夏代的一般遗址也可能很少见、甚至见不到铜器的踪迹。但是，从商代向上推测，夏代似已使用铜器。如果能发见夏代的都城，就有可能像商代一样了解到夏代文化发展的真实情况。几年以来，从考古学的角度寻找夏代遗址，已经有了一些线索，但是，它们究竟是否确实属于夏代？还需要更有力的科学根据，才能够肯定下来。我们迫切希望考古学者根据文献的线索，找到夏都遗址，进行科学的发掘和研究，确切地解决夏代的物质文化遗存的问题。这会把考古学上的新石器时代和铜器时代的关系弄得更清楚些，同时也会把远古的历史传说和考古的物质文化资料结合起来，新石器时代研究的下限也就会更加明确了。这对我国的历史研究将是一个极大的贡献。

在新石器时代的考古研究中，各种类型的文化遗存的名称极为复杂：有以典型遗址的地名命名的，如仰韶文化、龙山文化、青莲岗文化、屈家岭文化等；有以某种文化遗存中某类遗物的部分特征命名的，如黑陶文化、红陶文化、灰陶文化、彩陶文化、几何印纹陶文化、细石器文化等等。名称多种多样，内涵极不一致，给研究工作造成了不少人为的困难。十几年来，调查的地区扩大了，已发见了3000多处遗址，原有的名称已不能确切地反映客观实际的复杂内容，因之，也就很难适应进一步展开的科学研究工作，势必从新的发见中产生新的名称、新的学术术语，如不及早解决，就会成为开展研究的障碍。

在这样的情况下，如何命名就成为急待解决的问题了。

新石器时代研究的最终目的既然是恢复一定历史期的社会面貌，那么，各种文化遗存命名的基本原则，应当是：能够反映出一定时期、一定地区的某种文化遗存的基本特征，这就是说，它必须能够反映着一定的时间观念和空间观念，必须能够概括着它各方面的相互关联着的主要内容。如果这样的基本要求是完全必要的话，我们就应当研究各种类型的遗址，分析、比较、观察它们的相同之处何在，互异之处何在，弄清楚它们在时间和空间上的异同，然后审慎地选择典型性的遗址，以遗址所在的地名命名为某某文化。以地名为某种文化遗存的名称，既可以反映相对的时间观念和一定的空间观念，也能够概括文化遗存的主要特征，而不致产生片面性的错觉。所以，我们认为以最先发现之遗址的地名称呼某一类型的文化遗存，是比较科学的办法。

现在还在使用着的"细石器文化"、"硬陶文化"等等名称，其本身就很不科学。像细石器、硬陶等这类遗物的个别特征，可以延续很长时间，可以分布在很广的地带，如果不和共存的其他遗存联系起来，作为一个整体去看，就必然会制造出一些混乱来。目前看来，调查工作已相当普遍，有些遗址且已经过试掘，完全有条件选择较完整、较丰富的遗址，进行必要的发掘工作，弄清其文化遗存的基本特征，然后给以比较科学的名称。

一种文化遗存的名称，应当具有严密的科学含义，应成为足以概括某一特定事物内容的科学概念。新发现日益增多，我们的知识日益丰富，过去的某些名称、术语、概念，如果不足以反映新事物的新内容，就必然适应着这一学科发展的新内容，产生一些新的名称、新的术语、新的概念。这是科学发展的必然结果。黄河流域的新石器时代遗址的调查、试掘和发掘都比较多，新的发现也较多。过去习用的名称似已不能科学地反映客观存在的复杂现象了。以"仰韶文化"为例，有人就称之为"彩陶文化"，因之，凡发见含有彩绘陶片的遗址，往往归于"仰韶文化"类型之内。目前看来，在广大的地带都曾发见有彩绘陶片的遗址；认真分析，它们之间却往往存在着某种差别。仅仅"仰韶文化"①这个概念是否能概括得了？这就成为必须考虑的问题了。再如类似于"龙山文化"的遗存分布在广大地区之内，大都统统名之为"龙山文化"，但又发现其强烈的地方特点，因此冠之以地区名称。这样做是否恰当？如何命名更为妥帖？同样是值得深入研究的问题之一。

某一类型的文化遗存，在一定地区之内，经过相当长时间的发展，形成某种程度的差异，这正是我们研究某种文化遗存的断代问题的关键。我们应当经过有计划的发掘工作，认真分析，找出其共同之处，识辨其不同之点，探索其发展的具体迹象，然后根据这些科学资料，按照其时间的序列名之为某种文化遗存的某某期、某某期。我们绝不应当片面强调其部分差异，忽视其共同之处，根据某种文化遗存历史发展过程中的差异，把它分割为孤立的不相关联的单独形态，名之某某文化、某某文化。这样就会割裂历史，造成混乱，害及研究工作。

总之，我们应当适应着这一学科发展的形势，及时综合、分析、概括所已经发现的新事物、新问题，提出切合客观实际的新术语、新名称，而不应被旧的东西纠缠着。不然就会挡住这一学科前进的道路。另一方面，由于新石器时代遗址的发见日益增加，地区日益扩大，如果偶尔看到某些具有部分特点的个别现象，即遽然命名，势必弄得名称很多、很乱，造成研究工作中的人为的困难。因此，我们必须严肃地对待命名问题，要经过相当的探索，才提出有科学论据的名称。必要时，应当经过一定的会议，集体讨论，共同协商，把一些关系重大的名称定下来。草率从事，只

---

① 仰韶文化，是由仰韶村遗址而命名的，这是较早的名称，就"约定俗成"的沿用下来。但是，仰韶村遗址本身所含的内容，并没有弄清楚，从新的资料所反映的现象分析，这一名称并不那么确切，也还有重新研究的必要。

能为考古研究工作带来一些烦扰，而不可能解决任何问题。

　　新石器时代考古学，需要其他学科的辅持和协作，才能够全面而健康的发展起来。它迫切需要史学、民族学、体质人类学、动物学、植物学以及物理、化学等等学科的大力支援，从这些学科中吸取必要的营养资料。十几年来，我们也曾力争其他有关学科的支援，作出了一定的成绩。但是，由于这一学科发展很快，调查和发掘的任务极为繁重，综合研究就没有跟上去；更没有来得及从复原当时的社会面貌的角度，分析大量的考古资料，指出其中所存在的各个方面的科学问题。因之，从考古学的角度检查，还没有可能全面而系统的对其他学科提出科学的要求来。这就看出过去只是在个别科学问题作了些自发性的配合，还缺乏更长远的学术目的，还需要有组织、有计划的全面安排。这样下去必然影响到我们的田野考古工作，使之忽视某些迫切需要的实物标本，放过某些应当注意的遗存现象。现在我们应当进行全面的学术检查，找出积极发展的方向，有组织、有计划地展开有关学科的通力协作，把新石器时代的考古学推向新的境地。

三　结语

　　氏族制度的研究是马克思主义史学中的重要阵地之一，是理论斗争中不可缺少的课题。新石器时代考古学是恢复氏族制度社会面貌的科学基础，它负有严肃的科学任务。忽视这一学术目的，就会使新石器时代考古学迷失方向。

　　新石器时代的考古研究具有其自身的科学程序、科学规律，包括着大量的实事求是的科学工作；越过考古学的认真的综合研究，即进入氏族制度的社会历史的探索，就有可能制造一些学术上的混乱。

考古发掘是综合研究的科学基础，考古发掘的技术的熟练程度又决定着发掘工作的质量，任何忽视考古技术的做法，都会削弱发掘工作的科学性，降低发掘的科学水平。但是，片面强调考古技术，排除学术理论对考古发掘的指导作用，就会使田野考古失却灵魂。

新石器时代的研究已进入一个新的阶段。如果1955年以前还是一块"荒芜的新园地"的话，那么，现在已经出现百花争艳、万紫千红的局面了。但是，它还迫切需要园丁们的选种，培育，灌溉，施肥，锄草这一系列的大量劳动，才能出现杂草不生，百花盛开的、更为宜人的景象。

1963年4月26日初稿，8月23日修改

中华民族及其文化之起源[*]

这是一个老问题了，就它的性质上看，好像是一个学院式的问题；在民族垂危的今天，我提出这样的题目，似乎是有些脱离现实，似乎并非"当务之急"。

但是，我们睁开眼睛看一下，在民族抗战的阵营之内，还隐藏着"认贼作父"的民族败类，还有不少缺乏民族自信心的动摇分子，还存在着严重的投降妥协的危险。他们对于中华民族光辉灿烂的历史将要添上一页血腥的耻辱的史篇，他们将要把中华民族拱手奉送到日本法西斯蒂的手里。这样就会使中国的历史，中国的社会史转变成殖民地的历史，转变为残酷的帝国主义国家的组成部分，帝国主义国家所奴役的部分！

欧美以及日本的学者在过去和现在都竭力搜集证据，去证明中华民族及其文化不出于中国广大的领土之内，而是来自它处；他们怀着民族成见，在替其统治阶级服务，说明中国的人民及其文化不应在中国产生。这见解已经有几十年的历史了，国内一部

---

[*] 刊载于《中国文化》第 1 卷第 5 期（1940 年）。《中国文化》期刊由延安中国文化社编辑，新华书店发行。——编者

分醉心欧化的学者也曾盲目的附和了这种论调。在抗战的过程里，部分的准备投降妥协的顽固分子，很可能利用这样的论调，一笔抹杀那悠久的中华民族的史迹。因此，为了加强民族自信心，为了使中华民族的子孙了解过去这光辉灿烂的史迹，为了反对那"认贼作父"的民族败类之无耻行为，重新提出这样的问题，加以说明，我以为是必要的工作。

我在这里分三部分来讨论这个问题：第一部分是根据十几年来考古学和古生人类学上的材料，去探寻中国远古的文化和人类的遗存；第二部分是根据中国古典文献上的传说，证明远古的文化系列；第三部分是批评主要的东西洋学者的不正确的理论。

（一）从考古学上所见到的中华民族及其文化发展的过程

中国的考古学只有十几年的历史，和西欧各国比较起来它是再幼稚不过的一种学问。正因为远古的中国有其丰富且灿烂的史迹遗留在地下，所以这短短的十几年里，就已经获得了极可宝贵的惊人的成绩。我们依据着这些丰富的考古学和古生人类学上的材料，去探求中华民族及其文化之起源问题，我深信是一条比较可靠的道路。

我为了一般的读者易于了解计，在这里依照着生产工具的变化，分为旧石器时代、新石器时代和铜器时代的系列加以叙述；当然，这样的分法并不能反映出原始社会的社会经济制度的变化，这些在我们研究中国原始社会的时候再去仔细分析，在这里我不去详细的说明了。

首先我们来检讨一下中国旧石器时代的材料：

周口店猿人文化是中国旧石器时代最早的遗存，在那里有着丰富的考古学和古生人类学上的材料。经过许多国内外学者研究的结果，证明在大约 40 多万年以前，华北已经存在着能够使用石器和火的，介于人与猿之间的一种过渡动物[①]。

这丰富的中国猿人遗骨之科学的研究，确定了它在社会发展过程中的位置，指出了它所具有的特征。其中有两点值得我们特别的加以注意。

甲，中国猿人的下门牙和现代人无甚差别，惟上犬齿及上门牙部作勺形（Shovel Shaped）。

乙，有些中国猿人的下颚在第一下前臼齿和第二下前臼齿之间的后面及犬齿与第一下前臼齿之间的后面，以及犬齿与第二下门牙之间的后面都有一瘤状突起。

现在我们分别的说明于下：

魏敦瑞对于中国猿人的上犬齿及上门牙的呈着勺形曾反复的加以研究。最初关心研究门牙呈勺形这一现象的是人类学家郝特里卡（A. Hidlieka），他从印第安人和依斯基摩人的研究中，注意到他们的上门牙有后面两边的突起，因此，牙面较为凹深，而牙冠遂呈勺形。这种勺形仅限于第一或第二上门牙，或者两边突起呈完全勺形，或者一边突起呈半勺形。这种勺形门牙，依据了郝特里卡和魏敦瑞的研究，可以得到下列结果：

		第一上门牙	第二上门牙
头骨	印第安人（Indian）	百分之九一	百分之九三
	蒙古人（Mongolian）	百分之九一·五	百分之一〇〇
	依斯基摩人（Eskimo）	百分之八五	百分之一〇〇
	马兰尼西亚人（Melanesian）	百分之六六	百分之六·七
活人	中国人	百分之九二·四	百分之八一·六
	日本人	百分之九五·九	百分之九三
	白人	百分之八·八	百分之九·三
	美国黑人	百分之一二·〇五	百分之一六·一

---

① 参考杨锺健《中国人类化石及新生代地质概论》。

从以上的事实看来，这种现象似乎是类蒙古人（Mongoloid）的特征。在中国猿人里面，现在共有四个第一上门牙和三个第二上门牙，它们属于三个不同的个人，这些门牙的里面都有高度勺形的存在。同样，在奈安德塔尔人里其上门牙亦呈勺形，可是这种勺形在现在欧洲人里却很少见。

下颚的瘤状突起并不是一种发炎的病态，却多少是一种常态的局部的加厚，尤其是在第一下前臼齿与第二下前臼齿之后，较在犬齿与第一下臼齿之后的发展为强。这种突起与牙齿并无特殊的关系。最奇怪的是同样的突起形状也发现在现在的下颚里，而这种具有同样瘤状突起的下颚几全属蒙古人种。最初注意到这种特征的是丹麦的费士德（C. M. Fürst）。在依斯基摩人的研究中，他发现百分之八十五的依斯基摩人都有这种瘤状突起的特征，他名之为颚瘤（Torus Mandibularis）。在西伯利亚的各人种中及居留于北欧的拉泊人（Lapps）中，也有同样的特征。郝特里卡在于1930年所发表的《阿拉斯加之人类的调查》（Anthropological Survey in Alaska）也说到这种颚瘤是依斯基摩人的特征，约有百分之八十以上的依斯基摩人都有这种特征；并且断定这种突起"它本身既非病态，亦不由于病理上的或是机构上的刺戟，却是一种生理上的正常的发育"。

魏敦瑞除注意到中国猿人具有这种颚瘤外，并发现在中国有史以前的新石器时代末期（Aeneolithic）和现代人类亦有同样的特征。他们的型式及其变异和中国猿人一样，尤以第一前臼齿及第二前臼齿之后的瘤状发展为最强。在甘肃发现的新石器时代末期的人类下颚里，约有百分之二十都有这种颚瘤；在现代华北人的头骨里，约有百分之十五都有这种特征。现在的人类里，颚瘤似乎是一种类蒙古人的特征。

在现在所知道的各人类化石里,似无这颚瘤的特征,海德尔堡下颚及奈安德塔尔下颚都没有这种型式。因此,中国猿人的颚瘤特征似乎只移传到类蒙古人。魏敦瑞认为"中国猿人必与这种人(类蒙古人)较欧洲的奈安德塔尔人及白种人与黑种人有更接近的关系,……指示着中国猿人与现代人类中的蒙古人有着直接的发育关系。"

魏敦瑞在论门牙勺形时曾说:"虽然这种型式(勺形)至少似乎并没有从奈安德塔尔人移传到现今的欧洲人种,可是它也许可以从中国猿人移传到现代的蒙古人……似可证明中国猿人与现代人有直接的联贯关系,而现代人类中,以与蒙古人类的关系最为密切。"

中国猿人虽说还不是真人,还不能划到人属(Geonus Homo)之内,且时间远在几十万年以前,我们不能说它就是一种先类蒙古人(Pre-Mongoloid.),但是,他所具有的这两个特征却不能过分忽视。我以为这绝不是偶然的现象,正如魏敦瑞所说的他和"现代人类中的类蒙古人有着直接的发育关系"。因为材料的限制,使我们不能得到更多的论据,但是这部分材料的启示,使我们深信中国猿人很可能是蒙古人的前身[①]。

晚于周口店中国猿人文化的有河套及宁夏的旧石器文化。那里有丰富的石器,间亦有利用鹿角作为用具的。河套之无定河的文化遗存中有不少的小石器。

在河套旧石器文化层里,仅有一个人类牙齿的发现,他是一个未成年的左上外门牙,经过布达生(Davidson Black)的研究,

---

① 参考布达生等著《中国原人史要》(Fossil Man in China)和魏敦瑞"The Sinanthropus Population of Choukoutien (Locality Ⅰ) with a Preliminary Report on new Discoveries" Bull. Geol. Soc. China. Vol. ⅩⅣ, 1935.

认为亦有"勺形"的存在。但其他遗骨并不曾发现，我们对于河套旧石器文化的作者还不能作任何推测。我们知道这仅有的河套牙代表亚洲旧石器时代的一种人类①。

周口店山顶洞的旧石器文化晚于河套文化，那里有不少的石器、骨器和精致的装饰品，有不少的动物化石。

在那里曾找到了四个人头骨化石、几个下颚、十个牙齿和十几件身上的骨骼。这些材料还没有更精细详尽的报告供我们参考。裴文中就其初步的观察所得，以为这次发现的人类化石，完全是现代的人类，这就是说他们是真正的人类（Homo sapiens）。头骨上最显著的特点就是额骨高出，脑量特别发育；头盖骨的厚薄和现代人亦相似，下颚亦无原始性质，像向前突出等特征。按头骨的外形来讲，大约是蒙古人种，为已知中国人类之最早者②。

北满海拉尔附近的达赖湖和广西的武鸣县都发现了旧石器时代末期或中石器时代的遗存。在广西还发见了当时的人类之极破碎的颚骨和若干足趾骨。这些遗骨当属于"真人"（Homo sapiaens）。

中国旧石器文化的搜寻和研究，严格地讲不过是最近十几年来的事，我们知道得比较多的有以上许多材料；此外哈尔滨郊外的何家沟所发见之前期旧石器时代末期的遗存，我们还没有看到详细的报告，不能有所论列。

就以上的材料讲，我们知道在旧石器时代中国的华北一带已经有了人类的踪迹，他们曾经遗留下不少的文化遗存。这是不可

---

① 杨锺健：《中国人类化石及新生代地质概论》，第47页；裴文中：《中国史前文化概略》。

② 裴文中之"A Preliminary Report on the Late-Palaeolithic Gave of Choukoutien"。

否认的事实。

中国旧石器时代的各期里都或多或少的遗留下来一些人类的遗骨，从这些遗骨的特性上看来，他们很可能就是中华人民的前身。

现在我们叙述一下中国新石器时代的遗存。

中国新石器时代的遗存，在最近十几年来收获颇多，这些材料对于中华民族及其文化之起源问题有很大的贡献。现在依其先后的系列说明如下：

黑龙江、哈尔滨附近的昂昂溪曾发现了新石器时代的遗址，就中也有墓葬的遗存。这些人类遗骸还没有经过仔细的研究，也没有详细的报告发表，所以从这里得不到更多的人类学的证据。

和昂昂溪相似的遗址在东北各地都有所得，不过经过正式发掘的只此一处而已。

新石器时代末期的仰韶文化分布了相当广的区域，中国西北部的甘肃、陕西、山西和河南的西部都发见了不少这种文化的遗址。这些遗址里有不少是经过正式发掘的。

就这种文化遗存的本身加以分析，知道它有其自身发展的过程，我们不能"一视同仁"的说这许多遗址是同时间存在着的东西。

安特生（J. G. Andersson）在河南渑池的仰韶村曾得到不少新石器时代末期的墓葬，它们究竟应该属于仰韶文化遗存抑或属于龙山文化遗存？他还没有详细的报告发表，我们现在不能作任何推测。

安特生在辽宁的沙锅屯也得到了新石器时代末期的人类遗骨和石器骨器等堆积在一起。

布达生曾根据仰韶村和沙锅屯的十八具新石器时代末期的人类遗骨加以研究，作出如下的结语：

假若吾人将两系人骨（辽宁与河南）加以比较，在十八具中除了九具较有变异外，其余多数都可以显示出沙锅屯与仰韶村的人骨皆具有同样的性质。

　　将这种人骨的特性加以严密的探究，则吾人可以重新地看出石器过渡时代的人种与近代华北人的体质是相同的——所以吾人很难避免这一结语，即沙锅屯与仰韶村的遗骸，如果加以比较的话，足以代表现今的华北人。①

安特生在甘肃洮河流域得到了五十多具新石器时代末期的人类遗骨，这些墓葬的详细报告到现在还没有发表。关于这些骨骸的研究也没有详细的报告。布达生根据其初步的观察，曾作如下的结语：

　　故此搜集中大多数之头骨及骨骸呈列的品质确而无疑的属于蒙古种。比别于其他的黄色亚洲人，此种最似久复衣人及路格尼（Giuffrida-Ruggeri），所谓亚洲嫡派人种（Typical Homo Asiaticus）。

　　在我关于沙锅屯及仰韶遗骸之报告中，我曾证明为那两组骨骸所代表的人民之体质与现在同地的居民（即我之所谓北支那人）之体质同属一派，假如所证是实，则仰韶、沙锅屯居民之体质与历史前甘肃居民之体质亦相似；因为三组人之体质均似现代北支那人，即所谓亚洲嫡派人种也。

　　再说一句以作结束：初步测验这材料所得的印象使我们相信为这骨骸所代表的历史以前的甘肃居民，大多数是原形支那派的，不是加尔格伦（Bernhard Karlgren）教授所拟议的土耳其种；但是在最早期的居民骨骸之中，却有几个头骨

---

① 见 Human Skeletal Remains from the Sha Kou T'un cave deposit in comparison with those from Yang shao Tsun and recent North China Skeletal. Material p. 97.

与大多数同宗而不同派,或较之原形支那人更为原形。①
根据布达生研究这三组人类遗骸所得的结果,知道中国新石器时代末期仰韶文化的人类与现代人类比较,毫无差别,是人类学上所说的真正的人类(Homo sapiens)。仰韶文化的人类即今日中国华北居民前身,即现在华北居民的祖先。

中国新石器时代末期的龙山文化分布在山东、河南、南满和安徽北部的地带,山西境内也曾发见过这样的遗址。就多方面的分析,知道它和殷商文化有极密切的关系,它很可能就是殷代文化的前身。

1936年春,我们在山东日照的两城镇附近得到了五十多个龙山文化遗存的墓葬,这里的头骨虽说已经非常腐朽,动它不得了,但是经过了多方面的努力,终于收取了三十多个。这些材料于1936年秋才运到南京。洗刷保护的工作还没有作完,"七七"事变就发生了。抗日的怒潮汹涌澎湃的到来了,日本强盗的炮火正向着北平和上海轰击,南京也受到威胁了。这些材料不得不辗转搬运到大后方去,经过了长途的动荡是否还能保存得住真是问题。因此,在现在我们还不能对这些遗骨的性质有所说明。但是,就龙山文化和殷代文化的关系上看,它很可能是殷人的前身,这问题在今后考古学上是会得到具体的证据的,我这里不过是一个推测而已。

中国新石器时代末期之人类骨骸和文化遗存之研究,证明那时候在广大的华北地带已经有着人类的存在,且遗留下丰富的文化遗存。从体质人类学上观察,当时的人就是现代华北居民的祖先,从文化遗物的特征上看,龙山文化和其后殷代文化又有极密

---

① 布达生:《甘肃史前人种说略》,附载于《甘肃考古记》,中文,第49—50页。

切的关系。

殷虚（河南安阳小屯村）和其附近之小屯文化遗址及墓葬的发掘工作，进行了十年（1928—1937年）之久，得到了许多极可宝贵的史料，证明了殷代的历史是可靠的史实。因此，更加明了殷代后期社会的本质。在小屯文化的葬地里曾得到了五百多个当时的人头骨，这些头骨的研究是解决中华民族起源问题的一个重要的关键：向上可以接得着新石器时代末期的龙山文化，向下可以和周代墓葬以及现在华北居民的骨骼作比较的研究。可惜这批可贵的材料到现在为止，还没有经过相当的研究，什么时候才能够将简单报告发表出来，真是一件不能预测的事。

考古学和古文字学上研究的结果，知道殷代后期是中国社会发展过程中的一个阶段，是在崩溃过程中的氏族社会，它孕育着以后中华民族几千年来的文化。头骨的特性，固然我们所知甚少，但就文化传统的系列上看，也可以说殷商是中华民族发展过程中的一个重要环节。殷陵的头骨上的门牙，据说也有"勺形"这一特征，假若这话可靠，那末上述的推论就更加合理了。

我们在河南浚县的辛村发见了周代卫国的葬地。在一个残破的墓葬里（据说这里所出的铜器上有"卫文君夫人"的铭文）曾得到头骨一个，上面还涂着硃色。这头骨还宝贝似的贮藏在那里，并没有经过相当的研究。

现在根据以上的事实综合的作出以下的结语：

中国华北地带在几十万年以前就有了人类的足迹，以后使用着旧石器的人类在那里生活了相当长的年代。那时的人类很可能就是中华民族的前身。

新石器时代早期的遗存，现在我们在华北一带还没有发现，但不能因此就说中国没有经过这个阶段。安特生说："华北新石器时代之真确遗址，附有幼稚之陶器者，当有发现之可能。而其初期及中叶，亦有成立之日。"① 我深信这只是时间问题，中国考古学相当发展的时候，这问题一定会得到肯定的答复。

中国新石器时代末期已经有了不少的材料，在广大的华北区域以至于华中、华南都有它的遗存，且有其长期发展的迹象。就人类学的材料讲，它无疑的是现在华北居民的祖先。

殷周之际，就历史的传说上已经知道是中华民族的祖先，将来这些遗骨的研究，一定会肯定地证实传说中的这个民族发展的系列自有其史实的根据，而不是向壁虚造的谰言。

（二）从金文甲骨文中证明的古代传说之真实性

中华民族有五千多年的历史，有其自身的文化传统，这是一般中国人民异口同声的说法；证诸考古学上许多发现，我们说在中国这广大的领域之内不仅有五千多年的史迹，且有超过了十倍甚至超过了百倍的悠久的文化遗存。

中华人民是黄帝的子孙，这同样是一般中国人民所称述的事；但是究竟有没有黄帝这个人，在疑古的史学家提出了这问题之后，到现在还没有得到明确的答语。部分的学者不但怀疑黄帝是否真有其人，即夏禹也在怀疑之列。个别的历史学者为着寻求中国古代的信史，只是追述到殷代，殷代以前便以为是一笔荒诞无稽的谎账，因而置之不理。就其治学的态度上讲，我们固然不能妄加非议；但是，考古学上已经给我们不少的实证，知道在殷商之前中国已经有了悠久的人类的史迹。这证明古代的传说，绝非后人仅凭脑子虚构的事，一定有其具体的史实根据。丁山说："古帝王世系，亦必渊源有自，绝非晚周诸子、驺衍之徒所得凭

---

① 安特生：《甘肃考古记》，中文，第34页。

空虚构矣。"① 这话确系不易之论。

春秋时代的铜器陈侯因𰯺𣪘的铭文上有"高祖黄帝"一语，经过徐中舒和丁山的考释，确知其为传说中的"黄帝"无疑。他们就传说中"黄帝"和陈侯世系的关系加以分析，知道是大体和传说相符的。徐中舒认为陈侯因𰯺𣪘是"纪元前375年顷所作器"。那末，关于黄帝的传说在春秋时代已经是相当的流行了②。

帝喾、颛顼和舜都见于殷代卜辞之中，经过王国维、郭沫若及其他学者的考证，已无可疑之处。是知在殷代的时候已有着记述其祖先的传说，且与后来的传说大体一致③。

传说中的禹已见于春秋时代的铜器铭文中。秦公𣪘有"鼏宅禹责（绩）"语，齐侯镈有"虩虩成唐（汤）……伊少臣隹辅，咸有九州，处禹之堵"语。其所述前代事迹和春秋时代以前的著作相同④。

从这里我们知道殷代以前的传说，正是其以前之史实的反映；当然，反映这些史实的传说，因为受到了相当的社会制度以及意识形态的局限，会使史实有些不正确或失真之处。我们依据着考古学上所得到的材料，证之以古代的传说，则中华民族和其文化的起源问题，我深信会得到一个具体的近似的解答。

总之，从古生人类学、考古学和中国古代的传说中，得到了不少的材料，使我们确信中国这块广大的地带就是中华民族和其

---

① 丁山：《由陈侯因𰯺镈铭黄帝论五帝》，载《历史语言研究所集刊》第三本第四分，第520页。
② 徐中舒的《陈侯四器考释》和丁山的《由陈侯因𰯺镈铭黄帝论五帝》，载《历史语言研究所集刊》第三本第四分。
③ 王国维之《古史新证》及郭沫若之《卜辞通纂考释》中"世系"一部分。
④ 王国维之《古史新证》和徐中舒之《陈侯四器考释》。

文化的摇篮，中国的文化就在这块土地上发荣滋长起来。这是我们对于中华民族及其文化之起源问题的结语。

当然的，中华民族不是一个孤立的东西，中国社会是整个世界组成的一部分。它的历史的各个阶段都是在复杂万端的世界中向前进展着：中华民族部分的向他处迁移，其他种族或民族部分的移入中国内地的事实充满了整个中国历史的篇幅。种族或民族的混合，其他种族或民族文化和中国文化之融和，这是不可避免的现象。但是我们决不能为这些现象所迷惑，因而否认中国文化发生的渊源基本上有其独立性和其特异之处。

（三）对于"东来"和"西来"说的批判

关于中华民族来源的问题，西欧和日本的学者有不少的臆说，"东来"、"西来"、"南来"、"北来"的说法都有。就中以"西来"说为最有力；虽然，其中也有些分歧的地方，但其中心问题都是要证明中华民族来自西方，中国的文化并非本土的文化，而是从西方传来的东西。当然他们的凭证都非常薄弱，一些非科学的假设自不能取信于人，所以在这些学说发展的过程上有时候是比较消沉的；但是，在他们得到一些有利于其假设的材料时就又沸腾起来了。现在我们就其发展的过程加以分析。

法国的哥奈斯（Joseph de Guines）于1758年倡言中国人发源于埃及的一个殖民地，中国人的道德、宗教和文学都来自埃及，这种主张没有什么可靠的论据，早为一般学者所弃置了。拉克伯利（Terrien de Lacouperie）在其《古代中国文明的西方起源论》里认为中国的人种和文明发源于巴比伦，认为中国传说中的人物——黄帝是实在的人物，他率领着他的人民从巴比伦迁移到中国的西北来。法国的马伯乐（Henri Maspéro）曾中肯地批评了拉克伯利，说他"之所以精密地划出中国人所曾走过的路线，是因为他想建立中国文字的古形与楔形文字相同，和中国神话中的某些帝王名称，与某些美索不达米亚的国王名相同之说，他把中国人叫作'Bak'民族，实际上只是因为他不幸从'百姓'一字作了一个错误的文字游戏（Jeu de mot）"。

列格（James Legge）认为中国民族也是诺亚（Roah，希伯来人家长之名）的子孙，原来居住在黑海和里海之间，后来通过了阿尔泰山和天山山脉之间，到达了山西的南部，就停住在那里，以后就以那里为根据地向四周发展。德国的李赫特霍芬（Baron Von Richthofen）在其《中国》一书里认为东土耳其斯坦西南的和阗附近沙漠中的水草区域，正是中国民族的发源地。马伯乐曾批评了他们说："列格所以使中国人来自西亚细亚，是因为他要回到巴伯尔塔和语言的混乱①上去。李赫特霍芬之所以相信所以断定中国人是由西而来渐达于陕西的渭水流域，是因为他相信旧大陆的三大文化民族应该在中亚细亚一块儿住过。"他们的错误只是马伯乐这几句话就已经说明了，我们不必要再去过分理它了。

保尔（G. J. Ball）曾把中国和苏米尔（Sumer）的语言及文字拿来比较一下，由于其间有许多类似之处，就大胆地得出如下的结论："中国人和苏米尔人的祖先是血属相同的种族，约在纪元前四千年前，邻居于中亚细亚的高原地带，后来中国人向东方迁移，苏米尔人则向西方（巴比伦）迁移。"我们知道单就语言中若干单语的近似和在形成过程中之原始文字的形态相同，就断定两种族是有同一的血族关系，这是一种不正确的方法。特别是

---

① 《圣经》传说：诺亚的儿子们要想建筑巴伯尔塔（Tour de Pabel）以登天，上帝使语言混乱，以消灭他们这种无意识的工作，故以后"巴伯尔塔"即作为"混乱"之意。

把两个种族任意带到中亚细亚高原地带，使之相邻而居，最后又使之东西分飞的说法，实在是太离奇太荒唐了。

欧洲不少的学者，曾梦想中华民族及其文化来自西方，多方面去找些脆弱的证据，终于不能自圆其说；于是便不得不销声匿迹，暂时搁置了。

1921年安特生在河南渑池的仰韶村发现了新石器时代末期的遗存，其中有不少着色陶器和单色陶器；他后来又在甘肃洮河流域发现了不少相似的遗址。这些遗址里同时有石斧、石刀和少数铜器的存在。在这许多陶器里存在着鬲形陶器，它在河南较多，而甘肃甚少。

美国的潘培利（Raphael Pumpelly）等在俄领土耳其斯坦地方作了两次学术探险工作，其中一个考古学者休密特（H. Schmidt）在亚斯卡巴德（Askabad）附近的亚诺（Anau）进行发掘的结果，提供了在考古学上的一个很重要的贡献，特别是由亚诺掘出的有几何彩纹的着色陶器，很明显的和波斯苏萨（Susa）所发见的陶器及斯坦因（Aurel Stein）在塞斯坦（Seistan）所发见的陶器以及在南俄特里波里耶（Tripolie）所发见的陶器都极相类似，因此，一般认为这些和中国甘肃地方的彩陶器也有着密切的关系。

安特生和阿尔纳（T. J. Arhe）将河南和甘肃等地的着色陶器与亚诺及苏萨的着色陶器加以比较，看到了纹饰上有部分的相似之处，因而重新提出中国文化西来的旧说。阿尔纳曾说："要之，安特生博士所发见，不啻消除东西文化之独立，而确定之李赫特霍芬中华民族西来之旧说也。"安特生根据这些材料，以为中国民族原来是住在土耳其斯坦，并且接受了西方彩陶文化的影响，到了新石器时代，他们开始向中国的西域地方移动，更向甘肃前进。终于达到了河南及其他各地。

他们这样将"根本不同的文化"加以部分的比较，自然会得出可笑且荒谬无比的结论。佛兰克复（H. Fankfurt）批评得非常中肯。他说：

  ……顶奇怪的好像这种发现的重要（指安特生在中国的发现——李济），除了他们的本身价值外，因为与好些别的地方比较而增高，这一些混杂的地名排在一起却代表些根本上不同的文化，那唯一的相同点就是碰巧这些地方都有画陶器的艺术。虽说是这种艺术需要些机械的知识；但是现在我还看不出为什么这在几千年中各民族争相前进的时候，这种知识不能两次三次的不约而同的悟到……①

这些话证明两种文化遗物中之图案和花纹的偶尔相似，不一定就有相互传播的关系，更不能因而确定其有血统上之任何关系。

  安特生在这个问题上，并不曾将各地文化遗存之各方面的具体事实弄个清楚，然后作仔细的详尽的分析和比较；只是把握这各不同地域的文化之相同的部分，遽而肯定的作出那样的结论，自然会演出荒谬的悲喜剧。

  现在我们进一步分析安特生对于中国新石器时代末期遗物认识的错误。他在仰韶村得到了一些材料之后，就认为仰韶遗址是一时期的遗存，里面存在着彩色陶器和单色陶器，在单色陶器里存在着鬲形器。他将鬲形器和周代的铜鬲加以比较，以为这种陶器正是中国文化的特点，而彩色陶器的花纹和亚诺及苏萨相似，因此说中国文化源自西方。

  我们根据着六七年来研究的结果，知道仰韶村这一史前遗址里实包含着仰韶文化（以彩色陶器为特征）和龙山文化（以单色陶器为特征）两种不同的遗存。陶鬲正是龙山文化的特征，

---

  ① 引自李济《小屯与仰韶》一文，《安阳发掘报告》第 2 期，第 342—343 页。

与仰韶文化的关系非常疏淡，安特生自己也曾发觉了这样的事实，他知道在甘肃陶鬲很少，而河南陶鬲很多；其实，我们在河南境内所发见的仰韶文化遗址里，向来没有见到陶鬲的残片；且在龙山文化遗址里陶鬲却是常常遇到的东西。在甘肃仅仅是寺洼见到了两件，而其制作的方式和器物的形状都和河南的相去很远，且寺洼这遗址安特生以为是仰韶文化较晚期的遗存，这样我们更不能断定陶鬲和着色陶器有密切的关系，且不能因此就推定中国文化源自西方①。

从这里可以证明安特生和阿尔纳企图复活"中华民族西来"说的幻想又被铁的事实击得粉碎了。

马伯乐曾说："这个文化（指中国文化），欧洲学者曾想远在西方，那些地中海的老文化旁边寻找它的来源。但是他们的那些学说，如果切近地考察一下，则实在只是建筑在主观和成见上的，……没有一点有根据的影子，理它无用。"② 这话说得很对。我们且看以上许多说法，哪个不是满怀的民族成见，哪个不是在围绕着其民族的统治阶级的利益替他们说话。

"南来"说以为汉族发祥于印度支那半岛；"北来"说却又以为汉族起于美洲大陆。这些说法，都是只看到部分的个别的事实，就牵强附会的扯出一套，并没有充分的科学上的根据。

最后，我们当谈一谈"东来"说的错误：这一说法首倡于日本人，为了要证明中国民族是从日本来的这句话，就根据着汉代或汉以后的人的记述，以为中国民族之上古的帝王都生于东方。但是，这些记载并不是什么有力的证据，拿它们来附会一

---

① 详《中国新石器时代仰韶文化与龙山文化之分析》一文（闻已载《田野考古报告》第2册）。

② 《中国文化之原始》。

套,未免有些可笑。考古学和人类学上的材料已经告诉我们这种说法只是一种无聊的谎言。

好了,我们用不着花费更多的篇幅批评这不合于具体事实的一些假设了。第一和第二两部分里的事实已经足够答复这种别有用心的学者之荒谬的言论了。

*　　　　*　　　　*

全篇的结语:

中华民族及其文化是在中国这块广大的土地上发荣滋长起来的,并不是由它处移植过来的。

中国社会的发展同样也经过了原始共产主义社会的阶段,从氏族制以前的社会(约当旧石器时代)到氏族社会(约当新石器时代)以至氏族社会的崩溃,发展的线索历历在目,已经不容许我们有丝毫的怀疑了。

中国社会不是独立的,在某一时期或某一地区受到外来的种族或民族的影响,种族或民族的混合,以及种族或民族文化的交流都是不可避免的事;但是,这并不能否认基本上中华民族及其文化之来源有其独立和自别的特点。

欧美和日本的学者为着他们的统治阶级的利益,在证明"中华民族及其文化是从它处移植过来的",这种谬论已经被铁的事实击得粉碎了。

1940 年 1 月 23 日写完

关于殷商社会性质争论中的
几个重要问题*

十二年前郭沫若先生提出他对于殷商社会性质的估计之后，便引起很大的争论，到现在为止这问题还没有得到最后结论；但是不论参加论争的人们有怎样复杂的意见，综合起来，基本上只有两种不同的观点：

甲，认为殷代后期是氏族社会的末期：这种说法始于郭沫若先生的《中国古代社会研究》一书，后来他所写的《甲骨文字研究》和《卜辞通纂考释》两书都是围绕着这种观点写的①。

乙，认为殷代后期是奴隶社会：集这种观点之大成的是吕振羽先生，他在《殷周时代的中国社会》一书之前半，就是为这种观点而努力的结晶。到现在他还是这样的看法。

---

* 刊载于《中国文化》第二卷第一期（1940年）。——编者

① 郭沫若先生的意见到1936年还没有变更，他在其《屈原时代》一篇文章里曾说："中国社会的史的发展，我在七八年前写《中国古代社会研究》的时候，是分析殷代为氏族社会的末期，周代为奴隶制，秦汉以后为身分制的封建社会，直到最近年代才有近代资本制发生；这个见解我到现在依然是维持着的。"（《文学》1936年2月号）1937年他写的《奴隶制的再提起》文稿中还说："我的见解是：殷代是氏族制的末稍，西周是奴隶制，春秋以后才渐渐地入于封建制或身分制。"（见其底稿，未发表）

据我所见到的关于殷代社会研究之最大成果，就是这两位学者的著作。他们的确都从具体的史料里去探寻殷商社会的本质问题，都费了不少的心血，这是我们应当崇敬他们的事。但是，同样地依据着具体的史料，为什么得出两个不同的结论？这两种说法究竟哪一个比较接近真理？这便是我们目前所应当检讨的问题。

关于这一问题，我在《在崩溃过程中的中国氏族社会》一文里曾经比较详细地分析过了；在这里我只是提出几个比较重要的问题重新加以说明，并指出我所不能够同意的一些意见，和一些关心中国原始社会的学者讨论一下。

历史是具体的科学，只有把握着普遍的具体的史料，分别的研究这些史料的本质，才能够找到某一社会的基本内容。因此，我们对于殷商社会的研究首先应检讨当时的史料。

（一）殷商社会的史料问题

殷商社会的史料在现在讲可以说是相当的丰富了：不但有大批甲骨文字，且有十年考古发掘的收获，这一些发现和研究，为殷商社会增加了不少可靠的史料，使我们对于过去历史传说之批判得到了有力的物证；至于较早的古籍里也有一些足供参考的资料。为着使读者对于这一些史料的内容有更清楚的认识，我们有分别说明的必要。

甲骨文字是我们研究殷商社会有力的靠山，据比较可靠的统计，到现在已经有十二万片之多了。已经印出来的也不在少数。十几年来不少的学者对于甲骨的研究，已经有了相当大的成果，专著和论文已经在在皆是，多不胜收了，因为篇幅的限制我不愿在这里举出很多的书目来。总之，这些著作是我们研究殷商社会有力的凭借。

河南安阳小屯村及其附近的考古发掘，是我们研究当时社会的一批最有价值的史料。从1928年起到1937年止，中央研究院的殷虚发掘团曾在那里作过十四次的发掘工作，不但将小屯村——殷代帝王①的居住地——作过大规模的发掘，且对于小屯村附近的许多小屯文化的遗址也作过不少次的发掘工作。现在我们以小屯为中心，将其周围所发见之小屯文化的遗址分别简略叙述于下：

小屯村北地：殷代后期的"都城"，附近亦有墓葬；
花园庄：村落遗址，间有墓葬，在小屯村西南；
四盘磨：村落遗址，间有墓葬，在小屯村西；
薛家庄：村落遗址，有葬地，在小屯村东南；
高楼庄：村落遗址，有葬地，在小屯村东南；
广益纱厂：村落遗址，有葬地，在小屯村东，洹水北岸；
大司空村：村落遗址，有葬地，在小屯村东北；
武关村：村落遗址，在小屯村北，洹水北岸；
侯家庄西北冈：当时的葬地，有村落遗址，在小屯村西北；
柴库：村落遗址，在小屯村西，洹水南岸。

这些遗址大部分都经过相当的发掘，一部分为调查所得，我们确切知道它们都含有小屯文化遗存。它们都围绕着小屯村，最近的

---

① 布那柯夫（George W. Bounacoff）在他的《安阳龟甲兽骨》〔The Oracle Bones From Honan (China)〕一书中文节要里曾说："所以作者以为在殷代王字这个字的意思是'兵帅'（Military Leader），起初不像一般人所释为'皇帝'（King）的意思。因为'王'变为'皇帝'只在有阶级社会时期才可能。"（1935年出版于苏联研究院印书馆）——7月11日补注。

关于氏族制时期的"帝王"不能了解为后代的帝王问题，马克思和恩格斯都曾说明过，请读者参考《家族私有财产及国家之起源》第四章"希腊人之氏族"一章。（李膺扬译本，第165—168页）

约二三里，远的约十余里。这十年来的发掘和调查得到了很丰富的殷商史料，它们是最可靠最有力的物证。但是，可惜得很，关于这些材料的报告只出了四期，这四期《安阳发掘报告》之中，有个别的文章还存在一些不尽可靠的成分，他们所发表的还不及全部材料的三十分之一。在这个团体以外的学者们，虽然渴望着知道一些发掘的情形，但是，这些报告的发表，我相信在迟缓的工作进度的情形下，还要等待一个相当长的时间才会和我们相见。许多小的村落遗址很可能置之高阁，永远没有和我们见面的机会，这是研究殷商社会的损失。我们应当诚恳地要求他们将这些材料很快地发表出来，使对于殷商社会的研究得到有力的凭证。现在我只能就我所可能记忆的和还保存着的一些材料作为研究的依据。

甲骨文和考古学上的材料是我们研究殷商社会的主要凭借，只有研究这些具体的大量的史料，从这里搜寻当时社会生活的史实，才能够了解殷商社会的本质。

古代的典籍里也保存了一些殷商的史实，它们足以辅助我们去研究当时的社会生活；但是，这些古籍我们并不能一味相信，它们各有其自身的缺陷，其中所含有的史实也应当加以批判，才能够作为我们的史料。因此，分别的检讨各个与殷代有关的古书，是我们使用它们之先所应当注意的问题。

中国古书里记载殷商事迹最多且最早的应当是《尚书》里的《商书》了。《商书》里的《汤誓》，王国维先生怀疑它是周人重编的东西；其余《盘庚》、《高宗肜日》、《西伯戡黎》和《微子》四篇，王国维先生以为是当时的作品。就殷代后期文字发展的程度上看，当时是否可能写成那样的东西，还是值得研究的问题；退一步讲，即令后四篇的基本内容可能是当时的东西，但在西周之世很可能经过一次重新删写。《尚书》的本身是统治者剥削广大群众的法宝之一，它历代都为统治者所利用，假若说没有丝毫的删改，真是不可想象的梦话。《尚书》这部书定形化了的时代，大约是在东周，那末，那时候的知识分子于删写之际很可能将当代社会生活的成分混入。因此，我以为《尚书》的《商书》虽说是我们研究殷代社会的佐证，我们却不能毫无批判的一味相信。

《诗经》中的五篇《商颂》（《那》、《烈祖》、《玄鸟》、《长发》、《殷武》），也可以作为研究殷商社会的辅助材料，王国维以为它们是宗周时代宋人的作品。它们既非殷人当时的记载，而记述的时代又在社会上有了相当大的变动之后，那末，所记殷商的史迹是否完全可信，便是值得注意的问题。

《商书》和《商颂》是文献里记述殷商史迹最多且最早的东西，但，它们的自身都有其不可避免的缺陷。假若我们过分的相信了这些材料，不将它们放置在一定时代所写成的作品去看，那末，我们一定会将晚于殷商社会的时代因素和殷商混淆起来。这是必须注意的事。

《尚书》里的《周书》，《左传》、《史记》和先秦诸子的书籍里也有些许可供参考的零星材料。但这些书籍作成的时代去殷商较远，且社会的性质有相当的变化，以另一时代的人追述前代的事迹，如果说没有丝毫不合事实的地方，是不可能的事。且那些围绕着统治阶级的利益说话的知识分子，并非为探求古史而有所记述，他们实际上只是在设法证明统治特权的合理，因此，歪曲前于其时代的史迹是绝对可能的事。

这里我不愿费更多的篇幅去讨论殷商史料问题，仅就上面简约的叙述，大体上可以获得一个比较明确的观念了，综合起来，可以简单的说：

研究殷商社会最可靠的史料是当时的甲骨文字和当时的遗迹遗物，离开它们，就不可能写出殷商社会的信史。

文献上的材料大部分是后人的记述，我们应当弄清作者的时代和作者时代的社会性质，然后才能使用它们。假若一味相信，很可能发生时代混淆的错误，很可能把殷商社会看作比它还要进步一些的社会形态。

这是我对于殷商社会史料的看法。

（二）殷商社会的生产工具是铁器，是青铜器，还是石器？

我们研究殷代生产力发展的程度如何，首先应当看当时的生产工具发展到什么程度。这问题最好是从一般的大量的现象之中寻求具体的史实，让事实来作答复。

十年来的考古工作发现了小屯文化遗存之中，存在着大量的青铜，同时却又存在着大量的石器。仅仅这样讲还是不够，我们应当深入的研究它们出土的具体事实，应当分析这许多遗物的本质：那大批的铜器出于什么地区，它们都是些什么东西；那大批石器出于什么地区，它们又是些什么东西？

殷虚及其附近的发掘，明确的告诉了我们，铜器只是出于小屯村（即殷虚）及其附近的许多墓葬；在其他许多小的村落遗址里你很少见到它们的踪迹。且它们制作的范围，只限于兵器和礼器以及少数的零星饰物；到现在为止，我们还不曾见到铜制的农耕用具和其他与生产有关的器物。

小屯村附近的许多小屯文化的村落遗址里都存在着不少的石器——石斧、石刀等，但是，铜器和其他比较珍贵的东西却不曾见到。吴金鼎先生在叙述四盘磨小屯文化遗址时，曾说：

> 惟就发掘时表面之观察而言，于深度一公尺左右，确有小屯式之刻纹陶片。亦有小屯式之石刀。并有卜骨、带火号

之龟甲等。惟不见有铜范，蚌饰，玉器类之贵重物品。①
这只是许多小屯文化遗址中的一个例子，我们在十年的发掘中几乎没有遇到例外的现象。但是，小屯村遗址中也存在着不少的石器。就我们的观察，知道小屯村的文化遗存是经过长期的堆积才成功的，石器的存在并不是不可解的问题。

这是十年来许多次关于小屯文化遗存的考古发掘工作所见到的具体事实，现在为了说明以上的事实，将费相当的篇幅去作较详细的分析。

由于小屯文化之墓地的发掘，我们了解当时已经有了相当显著之阶级分化的现象，各个墓葬之大小丰啬的区别，非常显明；小屯村和其它遗址内容上丰啬的差别也很显明。小屯村存在着丰富的遗物遗迹，大批的甲骨文字、丰富且精致的铜制兵器以及其它珍贵的东西。小屯附近的小遗址里，却只是一些简单的陶片、骨器及石器等等，却不见有比较精致的物品。因此，我们对这一些材料应当分别的检讨一下，不能够混为一谈。我想当时的氏族社会已经走上崩溃的阶段，阶级的分化是必然的现象，我们将那些围绕着小屯村的许多小屯文化的遗存归之于一般的氏族成员，而将殷虚遗存和其它较大的墓地归之于当时的军长和其下级指挥官，我想这是必要的办法。

假若这样的分法没有错误，那末，石器出于小屯村附近的许多遗址之中，足证当时一般的氏族成员在生产过程中所使用的工具，多半还是新石器；铜制的生产工具之不存在和铜器之不存在于小屯附近的许多遗址之中，足证当时的青铜器还没有深入于生产领域之中，足证青铜的兵器和礼器并非一般氏族成员的东西。

---

① 吴金鼎：《摘记小屯迤西之三处小发掘》，载《安阳发掘报告》第4期，第628页。

恩格斯曾说："青铜供造工具及武器之用，但不能替代石器。"①殷虚考古发掘所得到的事实，更证明恩格斯这话之正确无误。因此，我们说当时的一般的社会性的生产工具还是以新石器为主。

铜器——兵器和礼器——不出于小屯村附近的村落遗址之中，而只出于小屯村和一些较大的墓葬里，这证明当时的兵器和礼器集中于军长的手里。恩格斯在叙述氏族社会的崩溃时曾说：

> ……现在战争及为战争的组织，是社会生活正规的职能。邻人的财富挑拨了那开始视获得财富为他们生活目的之一的民族的贪心……掠夺战争增大了最高军长及下级指挥官的权力。②

这是氏族社会发展的必然过程，殷商社会的发展也并非例外，小屯村北地（即殷虚）有一个地区曾出土过很多的戈矛，不少大墓葬里（如西北冈）成批的出现，青铜兵器已经集中在最高军长的手里了，这正是最高军长的权力高度发展的具体表现，这正是氏族社会走向崩溃道路的必然过程。精锐的兵器之集中和最高军长的权力相互推移，更加助长了最高军长的权威，更加速了氏族社会的崩溃。

精制的青铜礼器为什么同样集中在最高军长和其下级指挥官的手里呢？恩格斯在叙述希腊的氏族社会时曾说：

> 公共的宗教祭典，以及僧侣阶级之独占权，他们是奉祀一定的神，即想象上的氏族祖先，而用适合这种性质的别名被称呼的。③

祭祀的职权，也操之于最高军长之手，恩格斯在同一章里又说：

---

① 恩格斯：《家族私有财产及国家之起源》，李膺扬译本，第260页。
② 恩格斯：《家族私有财产及国家之起源》，李膺扬译本，第265—266页。
③ 恩格斯：《家族私有财产及国家之起源》，李膺扬译本，第156页。

军长除军事的职权以外，也有祭祀的及司法的职权。司法的职权虽未被详细规定，但牧师的职权是由于部落或部落联盟的最高代表的地位以规定的。①

殷代并不会例外，大批的人骨的存在，证明是殷氏族最高军长祭祀祖先或上帝时有以人作与牺牲的事。每事都贞问祖先或上帝，这明确的告诉了我们当时的宗教有着相当大的力量，它正是以血缘关系为组织纽带的氏族社会之有力的武器。最高军长是当时军事组织的领导人，同时也是宗教组织的执行人，精制的礼器集中于其手中，是必然的现象。

青铜器和新石器同时存在，是十年来考古学者在殷虚所得到的具体事实，我们深入的研究其发现的过程及其本身之后，自然会得到如下的结语：当时的一般生产工具还是以石器为主；青铜兵器的使用，助长了最高军长的权力，加速了氏族社会崩溃的步伐。这是氏族社会末期必然的现象。

现在我将进而研究许多学者对于殷代的生产工具发展程度之各种估计。

郭沫若先生在分析关于殷商的"社会基础的生产状况"之后，曾说："商代是金石并用的时代。"② 我想这样的说法似乎是等量齐观的去看铜器和石器，而不曾将它们在生产过程中的作用正确地加以估计。虽然他强调了石器用于生产领域之中，而对于铜器的理解，似乎还是捕风捉影的，不曾把握着它们的本质，而是从表面的现象中所得到的结语。因此，我不同意以金石并用这样的说法去估计殷代生产工具。

吕振羽先生费了将近九千字的篇幅，推求殷代生产工具的问

---

① 恩格斯：《家族私有财产及国家之起源》，李膺扬译本，第168页。
② 郭沫若：《中国古代社会研究》，第254页。

题。他的结论是这样:"因而就现有实物考究,殷代之为青铜器时代便能得到确认。"① 现在我们且分析以下的论据之是否可靠。

第一,他以为"冶炼术和冶炼场遗址之普遍的存在……证明殷代冶炼事业已发展到普遍存在的程度,……已十分盛行。"②但是,他却忘记密布着炼铜遗痕的地区只限于小屯村的北地(即殷虚);十年来多次的发掘,在小屯村附近的许多遗址里从不曾见到这样的痕迹。"将军盔"是否"炼锅"还是问题;即令它是"炼锅",那末,我们在其它遗址里见到这样的陶片并不多。铜范的出土,大部分集中于小屯村北地,且他们大都是礼器和兵器的样子,到现在我们还没有见到生产工具的铜范,这样是否就可以确定铜器已经使用于生产领域之中呢?这样我们是不是就可以说冶铜术已经广泛的盛行于一般的社会中去呢?

第二,他看到了殷虚出土大批的铜器,同时又出了更多的石器;就数量上讲石骨器反而多于铜器,这现象使他百思不解。于是就另找出路:首先,他以后冈蕴藏着丰富的悠久的文化遗存来推测殷虚堆积的遗物,有混淆的可能。其实后冈离小屯村还有三里远,后冈堆积的丰富并不能证明殷虚堆积的混乱。且后冈是仰韶、龙山和小屯三种文化遗存的叠压堆积,层位关系非常显明,我们绝无理由说它的堆积有什么混淆。其次,殷虚堆积的下层还存在着龙山文化的遗存,即殷虚本身的堆积也有其悠久的历史,这都是事实。但是,其文化遗物的自身固有其历历可寻的线索,又何能以前此遗物的混入来解释石器过多的现象呢?最后,他以为大批石斧石刀并存在"窑"里,就断定它们已经是弃置不用

---

① 吕振羽:《殷周时代的中国社会》,第29页。(1936年版)
② 吕振羽:《殷周时代的中国社会》,第19页。(1936年版)

的东西；却不知道这是在小屯村北地的现象，而其它小屯文化遗址里石器并不曾"弃置不用"。如果我们将殷虚和其它小屯文化遗址分别研究，那末，殷虚铜器算是多一些，而其它遗址里却看不见什么铜器。这样，我们能够说当时一般的生产工具已经是青铜器吗？

第三，他以为当时的工艺已经发展到高度，因而推测其必为青铜器时代，这也是不合于具体事实的说法。恩格斯说：

> 青铜供造工具及武器之用，但不能替代石器。只有铁可以替代，但铁的生产物尚未被知道。金与银是已用为装饰，且一定比之铜与青铜要贵重得多。①

这现象是存在于殷代社会之中的。甲骨文字和玉器的雕琢，铜器的制造以及黄金饰物的存在，都证明工艺发展到相当的高度；但是，就一般的生产工具讲"铜器并不曾代替石器"，这也是不可否认的事实。我们不能以工艺之相当高度的发展去否认这不可抹煞的具体事实。

根据以上的分析，我可以肯定的说他这推测是不合于具体事实之主观的论断，因此，也就不能够决定殷代一般的生产工具已经是普遍的使用着青铜。那末，当时是否青铜器时代的问题便可以迎刃而解了。

吕振羽先生曾根据殷代青铜中含有铁的成分和《诗经》的《公刘篇》里"取厉取锻"的记载，以为当时"十分有知道用铁的可能"。范文澜先生以为殷虚的发掘只是开始，即令没有发见铁，只有归咎于幼稚的考古学，断定"必无"还有些太早。其实殷虚的发掘已经有十年的历史了，所发掘的遗址和葬地不下二十处，到现在为止，除大批的铜、石、骨、陶等之外，还不曾见到

---

① 恩格斯：《家族私有财产及国家之起源》，李膺扬译本，第260页。

一块铁的踪影。这是不可抹煞的具体事实。因此，我们说殷代知道用铁的可能实在太小了；断定殷代不曾用铁，也许不见得太早。

我再重复的说一句：殷代一般的生产工具不是铜，更不是铁，而是石器；但是青铜兵器在社会发展的过程之中已经起了它应有的作用。

(三) 殷代主要的经济基础是牧畜还是农业？

殷代社会主要的经济基础究竟是农业还是牧畜，这是值得我们特别加以考虑的问题。最初强调殷代牧畜经济的是郭沫若先生。他在《卜辞中之古代社会》一篇里曾说：

> 产业状况已经超过了渔猎时期，而进展到牧畜的最盛时期。农业已经发见，但尚未十分发达。
>
> 商代的产业是由牧畜进展到农业的时期。①

这是他在写《中国古代社会研究》时的观点；后来他普遍的整理一遍甲骨文字，写成《卜辞通纂考释》这部名著。那时他发见甲骨文里记载牧畜的卜辞太少，而关于农业的卜辞却非常多，因此，他重新解释了这个问题，他说：

> 言刍牧之事者，以上举六片较为明晰，而为数实甚罕。然此不能为殷代牧畜未盛之证。观其牲牢品类，牛羊犬豕无所不备；而用牲之数有多至三百四百者，实为后世所罕见。余意殷代牧畜必为主要产业，其所以罕为刍牧贞卜者，盖包含于祈年之例中也。《诗·小雅·无羊》乃考牧之诗，末章云'大人占之：众维鱼矣，实维丰年'，是知古之祈年不限于稼穑矣。②

---

① 郭沫若：《中国古代社会研究》第一版，第254页。
② 郭沫若：《卜辞通纂考释》，第100页。

他在《卜辞通纂考释》的"食货"一章的结语中曾说:"大抵殷人产业以农蓺牧畜为主",从这里可以看到郭沫若的意见似乎也稍微有些动摇,最低限度他并不忽视高度发展的农业经济。

自郭沫若先生写过《中国古代社会研究》之后,关于研究殷代农业的文字,有万国鼎先生的《殷代的农业》和吴其昌先生的《甲骨金文中所见的殷代农稼情况》两篇①。吴其昌是1936年写的,他搜集了不少的甲骨文里的材料,证明殷代的农业已经是相当的发达了。接近具体材料最多的胡厚宣先生以十二万言的篇幅写成了关于殷代农业的专著;这文字虽然还没有付印,但我敢断定其中会有不少宝贵的具体事实供我们参考。相反的,到现在为止,除几册讲殷商社会一般现象不能不述及当时牧畜之片断说明之外,拿牧畜当作专题研究的人我还不曾见到。不仅甲骨文里有许多卜受年的记载,且当时的历法已有高度的发展,定住的生活已成为明显的事实,这在在都证明农业经济在当时确已占据着主导的地位。同时,牧畜在社会发展的过程中也有其相当的意义;但它只是次要的,而不是主要的经济部门。关于这些我在《在崩溃过程中的中国氏族社会》一文里已经分析过了,此地只是简单地提出基本的观点而已。

范文澜先生从《尚书》的《洪范篇》里找到了牧畜先于农业的论据,用以补充郭沫若先生的意见。他说:

> 《洪范》篇"八、庶征:雨旸燠寒风,五者来备,各以其叙,庶草蕃庑。"这正是畜牧时代人说的话。农业居第二位。《洪范》在"庶征"以后,接着说:"岁月日时无易,

---

① 万国鼎文载于金陵大学之《金陵光》中。吴其昌文载于《张菊生先生七十生日纪念论文集》中。(1937年商务出版)——1942年10月2日补注。

百谷用成。"百谷说在庶草之后，证明殷代是首牧畜而次农业。①

但《洪范》一篇早已被人发现其有错简，顾炎武先生曾说：

> 苏轼曰：此五纪之文也，简编脱误，是以在此当在五曰算数之后；黄震曰：九畴皆有演辞，而五纪独无之，自"王省惟岁"至"月之从星"一章，正叙五纪之说，而与庶征无关；移此置彼，文义方顺。②

是知范文澜先生所引者，正错简所在之处。崔东壁也曾说：

> 庶征章后，自"王省惟岁"至"则以风雨"，乃推岁月日星之得失，与此文正相表里，疑即五纪章之下，而错简于彼者。③

移置的结果，则不但百谷并不在庶草之后，且前于"庶草"许多；因此，以其叙述之先后言之，不但不能证明农业次于牧畜，反足证明其先于牧畜。

但是我们并不依靠《洪范》作为研究殷商社会的史料，刘节曾说：

> 洪范托始于禹，而箕子陈之。此亦神话传说参半；资为信史，毋宁阙疑。④

他曾根据多方面的考察，确认《洪范》一篇作成的时代并非周初。他说：

> 洪范一篇，据前诸证，实非周初箕子所传，其著作时代

---

① 范文澜：《关于上古历史阶段的商榷》，载《中国文化》第1卷第3期，第17页。
② 《五经同异》卷上。
③ 《丰镐考信别录》卷三，《洪范补说》。
④ 刘节：《洪范疏证》，《古史辨》第五册，第390页。

当在秦统一中国以前，战国之末。①
因此，我们不能毫无游疑的以战国时代的作品作为研究殷商社会的史料；退一步讲，即令其为周初作品，则周代的社会性质与殷代亦有相当的差异，自亦不得以后代史料移置于前代。

综合以上的说明，我们可以说殷代的产业部门之中是以农业为主，牧畜已降为次要的地位；但是，我们绝不能将牧畜在当时的地位估计过低，它虽然是次要的，而在社会发展过程之中，亦有其相当大的作用。

殷代的生产工具一般的还是新石器，主要的产业部门是农业，但是，我们了解当时的新石器，应当和社会发展的行程联系起来，它们绝不是前于殷代的农耕用具，必定有其向前发展的具体形态。关于这些，我想将来在那几篇专门研究殷代农业的文章里，一定会得到具体的答复。

（四）奴隶在殷代社会发展过程中的作用

我在《在崩溃过程中的中国氏族社会》一篇里曾经详细地分析了殷商时代的战争；现在为了探求当时奴隶的来源，有必要将那一段的结语重抄下来：

> 小屯文化的社会之周围，存在着不少的方国，"邻人的财富挑拨了那开始视获得财富为他们生活目的……的贪心。"（恩格斯语）于是战争便在那时候开始演着重要的任务。
>
> 开始的时候，这战争是为了全氏族的利益；但是，"掠夺战争增大了最高军长及下级指挥官的权力"（恩格斯语）。武器，那精制的青铜兵器，都集中在他们的手里，他们对于

---

① 刘节：《洪范疏证》，《古史辨》第五册，第402页。

战争的态度有了变化，这军事组织渐渐的变为"邻人的掠夺和压迫的组织"了。

在战争的过程里获得了大量俘虏，他们成为最高军长——当时所谓"帝王"的奴隶，助长了"帝王"的权威，这正是氏族社会渐渐走上崩溃的道路之重要的因素。

这是分析甲骨文里关于战争记载的结果，这里没有更多的篇幅去重述那许多证据。我为了使读者更加明了俘虏在当时的作用计，有必要将使用他们的各方面加以简单的分析。

从战争中所获得的大批俘虏之命运，首先就是用作牺牲。北去殷虚十余里的西北冈墓地里发现了大批的人头骨和无头肢体，他们都整齐地排列于大墓之中或大墓之旁。综合起来，所发见的人骨不下四百多个。这很清楚的是以当时的俘虏乃至奴隶用来殉葬或作为牺牲的现象，卜辞里也记载着于祭祀时"伐十人"或"伐卅人"的事①。这些都证明当时俘虏的命运，首先有惨遭杀戮或用作牺牲的危险。

驯顺的俘虏也被最高军长用作武士：在西北冈的大墓之旁，有一个或十个携带武器殉葬的人骨；甲骨文里有不少"乎多臣伐"某方的记载。这都证明当时的俘虏部分的奴隶化了，他们有可能作为最高军长的卫士和士兵了。

最高军长为了自己生活的舒适，选择驯顺的俘虏作为勤务，这是可以意料得到的事。西北冈的大墓里曾有人狗合坑殉葬的现象，这很可能是当时为"帝王"饲养猎犬的奴隶。甲骨文里的仆字也正像奴隶从事洒扫尘垢的样子。

但是，奴隶之用于耕作者，甲骨文中并不多见，与之有关的只有三片。"贞叀小臣令众黍"（《卜辞通纂》四七二）即其一

---

① 详吴其昌先生的《殷代人祭考》，《清华周刊》第37卷，第9至10期。

例。郭沫若先生以为"小臣即是奴隶,此为小臣所命令之众亦为奴隶无疑"①。假若有大批奴隶参加了农业生产,而农业又是当时的主要经济基础,决不会只有这样少数的记载。且用奴隶牧畜的只有一片,足证当时这样的现象还只是开始发生,而不是普遍的现象。

根据上面的分析,我们知道当时的俘虏除惨遭杀戮之外,即令有转化为奴隶的现象,而他们主要的任务在于替最高军长作武士或勤务,他们并不曾大量的广泛的深入于生产领域之中。大批的奴隶用作牺牲,适足以证明当时还不曾将他们看作会说话的生产工具,还不过分重视他们,这正是他们没有深入生产领域的有力的凭证。

但是,我们绝不能忽视这批奴隶的作用。他们作为最高军长的武士,更加增长了"帝王"的权力,更加使社会内部的矛盾尖锐化了,"帝王"反而依靠着他们和广大的氏族成员对立起来,这是氏族社会崩溃过程中的必然现象,他们加速了氏族社会走向坟墓里去的步伐。奴隶参加农业和牧畜生产的个别现象,正是新的社会形态的萌芽,是氏族社会母体内孕育着之新的社会因素。

《左传》和《庄子》都是东周的文献,里面所说的"圉"、"牧"、"臧获"之奴隶的称呼,很可能是西周社会中遗留下来的残迹。当然的,他们同样可能是殷代氏族社会母体内所孕育的奴隶称呼,通过西周传演下来的东西,我们以隔代的——含有后代社会意识的——材料推测往昔的社会,是一件冒险的事。

---

① 郭沫若:《中国古代社会研究》,第 284 页。

（五）殷代社会的组织机构及新的社会的因素之萌芽

由于上面分析殷商时代生产工具的发展，主要经济部门的确定以及奴隶在当时社会发展过程中之作用，已经使我们得到一个可靠的基础去认识当时社会之本质了。现在进而分析当时社会构成的具体内容。

王国维先生在很久以前，就其研究甲骨文和金文的结果，发现殷周之际，是中国社会的一个相当大的转变的时期，因而写成了《殷周制度论》一文。兹就其最重要者萃录于下：

> 殷以前无嫡庶之制，……商之继统法，以弟及为主而以子继辅之，无弟然后传子；……其以子继父者，亦非兄之子，而多为弟之子。……故商人祀其先王兄弟同礼，即先王兄弟之未立者，其礼亦同；是未尝有嫡庶之别也。……舍弟传子之法，实自周始。
>
> 商人无嫡庶之制，故不能有宗法；借曰有之，不过合一族之人奉其族之贵且贤者而宗之。其所宗之人，固非一定而不可易，如周之大宗小宗也。
>
> 自殷以前天子诸侯君臣之分未定也。……盖诸侯之于天子，尤后世诸侯之于盟主，未有君臣之分也。①

王国维先生未曾接近真正的社会科学；但他根据具体的材料，客观地加以分析，故能得到如此的结语。他给我们一些很好的启示去研究殷商社会。于此可知在殷代后期阶级社会的具体特征，固未曾如西周之定形化，这正是氏族社会崩溃过程中的特征，亦即新的社会形态萌芽的表现。

殷商社会基本上还是氏族制度，它是由于许多氏族结合而成的氏族联盟的组织。在甲骨文里有"王族"、"犬族"、"多子

---

① 录自《观堂集林》卷十。

族"和"五族"等记载；证明在"王族"的周围结合着不少的子族，构成殷商时代的氏族联盟，周武王灭殷之后，殷代的氏族组织还不曾即刻解体，《左传》里还记载着十三个殷氏族的名字。

假若我们将《尚书》里《盘庚篇》的形成放在西周，且将其所含有的后代成分加以批判，那末，《盘庚篇》所载的关于殷人迁居的事，正是一幕氏族长会议和氏族会议的写照。这正是氏族社会里民主政治的具体表现。

卜辞中贞卜祖先的许多记载，证明当时是崇拜同一祖先；每事必贞必卜，说明当时浓厚的迷信祖先的观念，还强固地凝结于各氏族成员的脑子里。这正是氏族社会的特征之一。

我们虽然没有积极的证据证明当时的土地还是共有，但到现在为止在甲骨文和殷代金文里还没有找到土地私有的证据。

因此，我们说当时的社会组织机构基本上还是以血缘关系为其纽带之氏族社会的组织。

但是，我们同样不能忽视另一方面的事实：

殷商时代，阶级和私有财产都在氏族社会的母体内胚胎了，小屯村附近的许多墓葬之比较，知道它们的殉葬遗物有很大的丰富与贫乏的区别。这现象正是当时阶级和私有财产发生的明白物证。

奴隶的使用在甲骨文和葬地的发掘的材料里都得到了证明，这也正是阶级发生的具体表现。

这些是旧社会内部所含有之新的社会的因素，这是新的社会渐渐向前发展的起点；但是，我们并不能强调它们，以为这萌芽的东西足以代表一般社会的组织机构。

(六) 简短的结语

我分析了确定殷商社会性质的几个重要问题之后，使我不能不得出以下的结语：

殷代后期的生产工具不是铁器，也不是铜器，而是石器；青铜兵器的使用，缩短了社会发展的行程。

主要的产业部门不是牧畜而是农业；但牧畜业在社会发展的过程中也起了它应有的作用。

社会的本质还是氏族组织；但是，在它的内部胚育着新的社会的胎儿，私有财产和阶级正在逐渐地发展着。

掠夺的战争提高了最高军长的权力，青铜兵器和奴隶武装集中在他的手里，促使着阶级和私有财产之加速发展，这正是社会矛盾之具体表现。

因此，我们说殷代后期的社会是在崩溃过程中的氏族社会，是没落的氏族社会走向坟墓里去的前夜。

最后，我应当说郭沫若先生对于殷代后期社会性质的估计，基本上是正确的；但是，他对于个别问题——如强调牧畜及彭那鲁亚家族等——的解释还不能够令人满意。

吕振羽先生把握着殷代社会发展过程中的一面，强调了氏族社会内部孕育着新的社会的因素，因而认为殷代后期是奴隶社会，这是不合于全面的具体事实的推论。

历史是具体的科学，只有把握着全面的具体史实，辩证地观察其发展的迹象，才能够了解某一社会的本质。

1940年"七七"后二日写成

关于殷商史料问题[*]

关于殷商社会性质的问题,目前看来,似乎是已经"渐趋一致",没有争论的必要了;但是,就我个人的分析,却和他们的结论不同,在《关于殷商社会性质争论中的几个重要问题》一文里曾经将主要的理由简单地写出来了。因为限于篇幅,不能够畅所欲言,引起了个别同好的误会或误解,使我不能不多费一些笔墨,慢慢地和同好的学人商讨一下。

我分析意见之所以分歧的中心环节,在于我们之间对于殷代史料的看法,或多或少的有些出入。正由于在这一问题上不够一致,所以结论也就不同了。

研究任何一个地区或一个阶段的社会,首先从大量的一般的材料上着手分析,这是每一个历史学者所应有的工作。因为如果想正确地把握社会的本质,必须依据正确的史料,必须正确地分析史料本身的可靠程度,才可能得到有相当安定性的结论。关于殷代的史料,方面很广:有考古学、古文字学和古代文献等等。这三种之间,我们也不能一视同仁的看待,即在各个部分之中也

---

[*] 刊载于《中国文化》第3卷第1期(1941年)。——编者

不能不具体的分析其本质，不能不分别的确定其可靠性之大小。如果没有这样的工作，如果一般地使用材料，就会使所得出的结果有些动摇！

这是我所以提出这个问题的理由，现在且逐步地加以分析：

（一）考古学上的材料

我在《关于殷商社会性质争论中的几个重要问题》一文里曾这样的说：

> 甲骨文和考古学上的材料是我们研究殷商社会的主要凭借，只有研究这些具体的大量的史料，从这里搜寻当时社会生活的史实，才能够了解殷商社会的本质。

是的，我强调了考古学上的材料，我将以它们作为有力的物证去研讨殷商社会。我深信这是一条可靠的光明的道路，理由非常的简单：

关于殷虚及其附近的发掘，已经有了十年的历史，所得到的遗迹遗物，已经有了相当大的数量，那里面包含着许多可贵的重要史料。这是我所以强调它们的理由之一。

这一些具体的"哑吧"的实物和遗迹，千真万确地摆在我们的前面；它们没有经过任何人的修改和粉饰，它们是最真实的事物。这是我所以强调它们的理由之二。

马克思曾指示我们研究有文字以前的社会要着重研究当时的生产工具，它们的重要和古生物学家依靠古代动物的骨骼鉴别动物一样。殷商时代是有文字记载的时代吗？从甲骨文字的本身，我们可以断定当时至多是文字形成的初期，还没有进入真正的有史时代，因此，我们同样有特别重视考古学材料的必要。这是我所以强调它们的理由之三。

根据这三个理由，所以我深信考古学上所供给我们的殷商史料，是最可靠最宝贵的东西。我们必须全面的更深入地把握着这一部分丰富的史料，才能够进一步的研究殷商社会。

殷虚的考古发掘，在这十年的过程里，是在逐渐的发展着进步着的：从最初的试掘到第十四次的发掘，在注意的方向上，是有相当大的变化的，局外人是难以了解这些的。因此，我有简略说明一下的必要。按照发掘的时间地点和发掘报告的相互关系，列成"安阳殷虚及其附近考古发掘年表"，附于篇末，以供参考。

从那个表里可以看到殷虚发掘之史的轮廓。且不谈考古技术的进步，就注意的方向上看，到1931年，虽说已经注意到小屯附近的殷代遗址，但是，当时的中心却在于搜寻殷代的墓葬，对于小遗址的注意还是不够。关于小遗址的报告，只有吴金鼎和梁思永两先生的极简单的文章而已。这个倾向直到1934年才有了相当的转机，对于其它小遗址的工作，才比较仔细地加以注意了。但是，到现在为止，还没有什么比较详细的报告发表。

一般研究殷代社会的学者，感觉到这批考古学上的材料非常重要，竭力在一些发掘报告里去吸取殷代的史实，这种追求真理的精神，我十二分的感佩！但是，我要告诉他们，目前所出的报告太少了，它们只是殷代遗址的部分的事实，并不能代表全部的殷代遗址发掘的史料。因为现在所见到的只是个别遗址或个别遗物的报告，所以往往会着重片面的事实，而忽略了大量的现象。

吕振羽和谢华两先生以及《中国通史简编》第一编的作者就是这样。他们所依靠的主要报告是李济先生的《十八年秋工作之经过及其重要发现》（《安阳发掘报告》第二期）和《殷虚铜器五种及其相关之问题》（《庆祝蔡元培先生六十五岁论文集》上册）两篇。它们是1930年和1932年脱稿的报告，其中所根据的材料，并不曾超越小屯遗址（即殷虚）的范围；附近的小遗址李济先生还没有十分注意。吕振羽先生根据李先生的报告和石璋如先生的小屯村北地（即殷虚）E区的报告就得出了"石斧和石刀的使用已被废弃"①的结论，谢华先生根据李济先生关于十八年小屯发掘的报告就得到下面一段的话：

>……现在有些人不承认殷代为奴隶国家，但在历史上又找不出任何反证，于是便拾取一点殷墟石器，来妄断殷代为氏族社会。可是不幸（？）得很，原来殷墟石器，除制骨用的刮刀外，大部分已不是日常用品，而是些艺术创造和宗教寄托之类的典瑞物了。②

但是，事实并不是这样，就是李济先生的报告里也曾经有下面的记载。他说：

>铸铜的艺术虽说是到了很高的境界，生铜的供给不多；好些日用的器具尚是用石作的。最普通的日用石器是一种石刀。③

就殷虚本身讲，石器和铜器都很多；且石器制作的范围，已经不限于日常的用具。1932年8月李济先生所写的《安阳最近发掘报告及六次工作之总估计》一文曾说：

>石器之多，不亚骨器，它们的用途较广。有类似陶器之容量器如皿等；武器有镞，矛头，与枪头；用器有刀，斧，杵臼，磨石等；礼器有瑗，戚，璧，琮等；乐器有磬；并刻作猪，鸟，人像以作祭祀建筑或装饰的应用；或琢成特种花纹镶嵌于他物作装饰品。④

在这篇报告里，李先生才注意到附近的小遗址，他曾经提到了王

---

① 吕振羽：《殷周时代的中国社会》，第25页。(1936年版)
② 谢华：《略论殷代奴隶制度》，载《中国文化》第2卷第4期，第17页。
③ 《民国十八年秋季发掘殷墟之经过及其重要发现》，《安阳发掘报告》第2期，第249页。
④ 《安阳发掘报告》第4期，第574页。

裕口、霍家小庄、四盘磨、侯家庄及后冈等地的小发掘；但是他所报告的中心还是殷虚。上面所说的现象完全是小屯北地（即所谓殷都）的事，并不曾将其它小遗址包括在内。

就小屯遗址的本身来说，其中的石器也并不曾废弃不用，"好些日用的器具尚是用石作的"。那么，吕、谢两先生的估计，已经和李先生的报告相矛盾了。在殷虚里面，不但可以看到大批铜制的礼器和兵器，同时你也可以看到石制的这类遗物，也可以看到其他的石制品，这是很自然的现象，这也是在殷虚里所俱有的事实了。但是不能因此就抹煞了一些日用的石器。

现在，我进一步的将小屯村和其周围的许多小遗址联系起来，将它们的关系重新加以估计，我想这是绝对必要的工作。我在《关于殷商社会性质争论中的几个重要问题》一文里曾说：

> 我们将那些围绕着小屯村的许多小屯文化的遗存归之于一般的氏族成员，而将殷虚遗存和其它较大的墓地归之于当时的军长和其下级指挥官，我想这是必要的办法。

大量的具体的殷商史料，使我不得不如此分析。我深信这样的分析法是合理的。那一些小遗址的内容虽说还没有详细的报告，但是从一些简单的报告里，我们依然可以看到它们的情形。后冈的上层是小屯文化遗存，梁思永先生在其《小屯龙山与仰韶》一文中曾说：

> 石类有：斧、单孔斧、刀、白石单孔刀、圆柱形白石筒。①

这明明指出在后冈的殷代遗存中有使用石器工具的事实。后冈的发掘，我始终是参加的，在那里我确不曾看到铜的生产工具。

吴金鼎先生在四盘磨的小屯文化遗存里曾看到了一些石刀，

---

① 《庆祝蔡元培先生六十五岁论文集》，第557页。

而精致的铜制品却不曾见到①。

就我个人所参加过的小发掘说，确知其为殷代遗存的还有侯家庄南地、大司空村南地和侯家庄的西北冈，在那里同样看到了一些日常使用的石器、骨器和陶器；但是，像殷虚那些精致的铜器、雕花骨器以及特别精致的石器却绝少见到。

假若我们全面的辩证地去观察这一些复杂的史料，将它们在当时社会生活过程的作用分别清楚，那么，这许多小遗址的确存在着石制的工具，它们并不曾废弃。除此之外，我们确不能找出金属制的生产工具。

事实告诉我们，以为殷代"一般的生产工具是石器"的说法，并不是"拾取一点殷虚石器"，而是从大量的多方面的具体材料里所得出的结语，更不是什么"妄断"！

如此说来，"殷代的主要生产工具当然不是石头制的，而是金属制的"的论断似乎和具体的大量的事实相距比较远一些。

我在分析吕振羽先生对于殷商生产工具之估计时，曾就殷虚和其附近的大量遗物之观察，得出如下的结语："殷代的生产工具一般的还是新石器，主要的产业部门是农业，但是，我们了解当时的新石器应当和社会发展的行程联系起来，它们绝不是前于殷代的农耕用具，必定有其向前发展的具体形态。"② 这并不是主观的推想，而是大量的史料逼着我不能不如此的说。至于铜器和石器的相互关系及殷虚中器物和其他墓地或小遗址之关系，我在《关于殷商社会性质争论中的几个重要问题》一文里曾经叙述过，这里不再烦琐地阐明了。

---

① 详其《摘记小屯迤西之三处小发掘》，《安阳发掘报告》第4期。
② 《关于殷商社会性质争论中的几个重要问题》，《中国文化》第2卷第1期，第36页。

我始终是这样想着，对于某一阶段的社会性质之确定，首先，应当分析当时的大量的具体的多方面的史料；其次，才是先于或后于当时社会之多方面的材料，这些可以作为旁证，但不得就以此自限。比如关于殷代生产工具"是铜是铁"的问题，谢华先生从战国向上追溯，占有千多字的篇幅，但是，说到殷代的时候，只是下面的两段：

> 周初紧接殷代，殷人的某些生产工具，至少是农具用铁，亦并非奇突之事。

谢先生又说：

> 然而，殷代炼铜术既已极其纯熟，铜的产量又相当丰富，用铜作农具也有可能。总之，殷代生产工具问题（主要的是农具问题）在殷代生产力的表现中，已相当解决了的。……因此，不论是铜也好，是铁也好，它总不是石头制的罢。①

我看了这些之后，并不曾得到一些积极的论据。他只是凭借着后一时期的社会现象，向前追溯，在殷代本身是否找到了金属的农具，便是问题了。我可以说：就这十年殷虚及其附近所见到的大批遗物里，还没有见到铜制的农具，更没有见到铁的踪影；相反的，却见到一些石制的斧刀等生产工具。那么"它总不是石头制的"这说法，和我所见到的事实是不相符的，为了真理，我不能不将我所见到的一些材料贡献出来！

谢华先生看到了殷代农业已经发展到相当高度，因此，就推测"殷代生产力……到以农业为主的时候了"；且说："在某种程度的生产力之下，必然具有适应这生产力的生产工具之存在的。"② 事实上生产力的里面不仅包括着劳动力和劳动对象，且

---

① 谢华：《略论殷代奴隶制度》，载《中国文化》第2卷第4期，第19页。
② 谢华：《略论殷代奴隶制度》，载《中国文化》第2卷第4期，第18页。

劳动工具也正是生产力的主要构成部分之一。我们分析生产力的发展，正需要统一的去观察这三个构成部分，割裂开就不能够得到生产力发展之整个内容。在有史以前的历史，马克思在分析生产力时，正着重于生产工具的研讨。如此说来，以农业的发展代表当时的生产力，而要求或推想当时生产工具是不妥当的办法。

且恩格斯在《家族私有财产及国家之起源》里说到野蛮中期时曾说："在西大陆始终食用植物的栽培与灌溉"①，在具体地分析之后，又说："他们还知道金属的使用——惟有铁是除外，即为此故，他们尚不能不靠石的武器及石的工具以生存。"② 那末，在农业初期发展的过程里并不一定就必然和金属工具联系在一起。瑞士底桩上房屋的遗存，据考古学家和原始社会史学者的研究以为它是以农业为基础的氏族社会，而"畜牧是农业之重大的援助"③。当时的生产工具基本上还是新石器。这样的事实，不一而足。由此看来，我们就不必看到了农业，必然要求它有金属农具的使用。从农业的发展上看，原始的农业是可以在新石器工具之上发生发展起来的。

因为篇幅的限制，使我不能写下去了，这里便将上面的分析简括的总结一下。

殷虚及其附近所得到的大批史料，是我们研究殷商社会所必需依据的最具体最可靠的材料。

具体且全面地分析这一些史料，是我们开始研究殷商社会时的必要工作。我们不能以初期发掘的材料和报告为满足，应当注意到所得到的全部史料，辩证地分析它们的相互关系。

---

① 恩格斯：《家族私有财产及国家之起源》，李膺扬译本，第31页。
② 恩格斯：《家族私有财产及国家之起源》，李膺扬译本，第32页。
③ 施米特：《由考古学的资料所见之氏族社会底各种模式》；《世界原始社会史》，第329页。

就大量的考古学上所供给我们的史料上看，我们还不能找到铜制的农具，铁的用具一件还没有见到。

由此看来，吕振羽、谢华两先生和《中国通史简编》第一编的作者所得到的结论，是和具体事实有相当出入的。所以，我依然不能够同意。

（二）甲骨文字

在殷商史料里值得我们特别注意的，就是大批的甲骨文字。

它们和其它考古学上的材料同时出土，互相间的关系非常清楚，层位关系也非常明白，因此，它们和考古学的材料一样是最可靠最贵重的具体材料。这是一。

它们是比较原始的文字记载，由于古文字学上考证的结果，发见了一些考古学上的哑吧材料所不能够知道的事实，同时也使那大批哑吧材料更加生动和有力了。这是二。

它们和古代的文献记录沟通起来了，证明了文献记载中，关于殷商的大部分的史实是可靠的，且指出文献记载中部分的错误。它们把文献和考古学上的材料统一起来，这是最足珍贵的功绩。这是三。

根据着这三个理由，所以在我研究殷代社会时就特别强调了这部分材料，我深信是应当且必须的办法。我的《在崩溃过程中的中国氏族社会》（《中国原始社会》，第一编，第三篇）和《关于殷商社会性质争论中的几个重要问题》两篇就是这样写成的。

我通读谢华先生的《略论殷代奴隶制度》和《中国通史简编》第一编，感觉到那里还没有充分且尽量地运用这部分极可贵重的史料。我以为这是一个相当大的缺陷。

不错，他们曾经就甲骨文字里所有的奴隶字样钩稽出来，以为这些是证明殷代为奴隶社会的绝好材料。就中个别的字是否可以当作奴隶解释还是问题；即令一部分字确系奴隶，也不能证明殷代就是奴隶社会。我多方面的分析当时奴隶使用的范围，曾得出以下的结语：

> 于此可知当时驱使奴隶从事生产还不是主要的目的，并不曾将奴隶看作重要的生产工具。①

到现在为止，还没有更多的材料使我变更这样的观点。是的，我承认殷商时代的后期存在着奴隶，但是，我们更深入更具体地分析他们在社会发展过程中的作用，把他们正确地估计一下，决不能因此就说是奴隶社会。我曾说：

> ……我们知道当时的俘虏除惨遭杀戮之外，即令有转化为奴隶的现象，而他们主要的任务在于替最高军长作武士或勤务，他们并不曾大量的广泛的深入于生产领域之中。大批的奴隶用作牺牲，适足以证明当时还不曾将他们看作会说话的生产工具，还不过分重视他们，这正是他们没有深入生产领域的有力的凭证。②

当时，我曾经推测这是氏族社会走向没落阶段的现象，也正是新的社会形态在氏族社会内部所孕育着的因素，现在我且举出世界其他地区的一点实例来。雷哈特曾说：

> 父权的氏族阶段所出现的家长制的奴隶制，如前所述是原始共同体中分工的结果。……在这阶段，……氏族的诸关系维持着时，奴隶与奴隶所有者的阶级的敌对，还在生成的过程中，还未成熟。可是，即在这时，奴隶身体已经奴隶化，生死操于主人的掌中。在几个原始种族之间，对于奴隶

---

① 《在崩溃过程中的中国氏族社会》，《中国原始社会》第一编，第三篇。
② 《关于殷商社会性质争论中的几个重要问题》，《中国文化》第 2 卷第 1 期，第 36—37 页。

> 的待遇就是贡献给祝祭上的共同体的自由人的葬仪之牺牲品。与这相似的习惯，见于斐齐群岛（大洋洲）与亚非利加某种族间。在格特瓦诺著作中（《奴隶制度的进化》，1897年），叙述奴隶制最初期阶段很清晰。这里，吃或杀俘虏的遗风还未绝迹。同时，即在将奴隶私有并供为牺牲的这些最原始种族间，奴隶地位，在被使于生产时，与自由人的地位几乎无异，这事实在家长制的家族，经济共同体最发展的形态存在的地方，还有它的势力（例如在古代罗马人之间）。奴隶是家族经济的细胞的全权代表者——家长（Pater—familias）之所有物。他们的地位，大体还与妇女小孩那样地位无异。是 House-hold（合家的）（一员）。他们还未全部负担起生产劳动的重荷，这时奴隶时常做为主人的辅佐人。奴隶与家族是同样劳动着，家虽被解放，还是以 House-hold 的一员残存。这里，仍然为榨取的限度所限，榨取形态虽说已有身体从属与压迫存在，不过还比较缓和。换言之，这时还未存在发展的阶级的敌对。直接的生产者奴隶与靠奴隶剩余劳动寄生，不生产的榨取者的对立，还未发生，奴隶不很多。这种形态的奴隶制度，显然表示阶级分裂。阶级形态的阶级敌对之最靠近的前提，但还不是最初的，发展的形态。①

殷代社会和雷哈特所说的这一阶段基本上是相同的，奴隶虽然存在，但还不曾成为决定社会性质的因素。

由此推测，那末，我深信甲骨文里所供给我们的材料里，虽然有不少奴隶字样存在，考古学上的材料虽然也有同样的现象，但它们还不能作殷代是奴隶社会的凭借。我们应当更具体地去分

---

① 详雷哈特的《前资本主义社会经济史论》，录李秉衡译文。

析奴隶使用的领域和他们在社会中的地位及作用，只有这样，才能够更正确地把握着当时的社会的性质。

这只是我对于个别学人使用甲骨文字的一点意见，至于甲骨文的本身还供给我们更多的史实，希望真正钻研殷代社会的学人更深入地翻检一下这些宝贵的材料。

（三）《商书》和《商颂》

现在我们来讨论一下殷商史料中的古典文献问题。

大约谁也不否认，遗留到现在的殷商文献史料，主要的是《商书》和《商颂》；它们辗转了三千多年，现在的文字和本子已经不是原来的样子了；在这辗转传闻或传抄的过程之中，是否有些修改或错误的地方，我想谁也不能保证。清末的学者崔述曾经这样说：

> 今之去二帝三王远矣，言语不同，各物各异，且易竹而纸，易篆而隶，递相传写，岂能一一之不失真？①

这些话非常合理。崔述是中国封建社会里的人物，他为了强调古圣先贤，强调封建社会的特点，才去特别尊重最可靠的经典；但是他的惑疑却为中国资产阶级学者所借重，去推翻圣贤遗训了。这一任务曾为顾颉刚等所负担，且曾得到了相当的成果。

就辩证唯物论的历史学者看来，崔述的话正说中了一部分的事实。在社会变化的过程之中，对于过往文献的传演是有相当的修改作用的；后代的人去"修饰和重编"古典文献，如果说不掺进半点修饰或重编者时代之成分，我想谁也不会相信，崔述说：

> ……《史记》直录《尚书》、《春秋》之文，而或不免

---

① 《考信录提要》卷上。

> 杂秦、汉之语，伪《尚书》极力摹唐虞三代之文，而终不能脱晋之气。无他，其平日所闻所见皆如是；习以为常而不自觉，则必有自呈露于忽不经意之时者；少留心以察之，甚易知也。①

他受到时代的限制，还不能够彻底道破此间道理！我想在阶级社会里文字已经变作统治阶级的工具了，知识分子也正是统治阶级御用的走卒；他们围绕着统治者的利益去"修饰和重编"古典文献，是不可避免的现象。这事情，在当时并不是什么罪行，而是他们自以为荣的"业绩"！殷代是在公有制转向到私有制的阶段，那时所遗留下来的当不只几篇《商书》。但是，大部分的东西，大约是认为不重要或无利于统治者而弃置了；部分的史料，像《盘庚》篇那样的，经过西周时代的"修饰或重编"，才传留下来；再经过几度的个别辞句的或部分的"修饰"，就成了现在的定本。我想这样的推测是合理的。因为我对古典文献持这样的态度，就引起个别学人的不满。谢华先生说：

> 我们认为不用真凭实据具体条举的方法来检讨历史文献的话，那简直是等于否定一切旧有的历史文献。②

谢先生要我拿真凭实据吗？那末，最可靠最有力的办法，就是等待地下挖出原本的《商书》那样的文献，然后，逐字逐句地去校对一过，那时候这问题就会使人毫无话说了！虽然这企望我并不放弃，但我深信这一幻想相当难以如愿以偿！必不得已而求其次，就是依据着大量的考古材料和甲骨文字去推测当时的社会性质。当时的社会性质明白了，那么，间接的就可以看出像《盘庚》篇等那些文献里所含有的后代成分！

---

① 《考信录提要》卷下。
② 谢华：《略论殷代奴隶制度》，载《中国文化》第2卷第4期，第13页。

记得吴玉章先生在看到《中国通史简编》第一编的稿子之后，曾写信来，说：

> ……一种是有成文史以前的历史传说的时期，这时期的材料有许多是后人伪造，假托，不是尽都可靠。

但是，以为它们不尽可靠，决不等于否定它们，吴玉章先生在同一信里又指出了对于这批材料的处理法则。他说：

> 我们只有用恩格斯《家族私有制度及国家之起源》一书作为尺度，特别是把摩尔根的时代划分表作为标准，更加以近年来所发掘的出土物等作为根据去辨别古书材料底真伪而定去取。

吴先生的指示，是我们应当特别记取的。根据着这样的方法，将传说中的史料加以扬弃，吸取其中的真正史实，是马列主义的历史学人所必需遵循的道路。我们既不完全相信古书，也不是完全否认古书；不十分相信古书就等于否认古书的看法，表面上似乎是科学的，实际上是犯了形式逻辑的"非甲即乙"的毛病。我们说传说里有其史实的素地，但同时又存在着不少后代的因素，辩证地了解传说的本质，是我们应当持的态度。我一向并不曾完全否认古书！

殷商时代是否是有史时代呢？据我看来，当时的文字还未大备！还不能够称为真正的有史时代，那末，《商书》和《商颂》又不能够保证的确不曾为后代所修改，因此，我们应当以最可靠最具体的史料作主要的基本的靠山，去研究殷商社会，似乎不应当过分强调古书——《商书》和《商颂》。

但是，这决不"等于否定一切旧有的历史文献"；相反的却是使旧有的文献脱却了不必要的后代的外衣，赤裸裸地呈见出它们的本来面目！这样对于旧文献的扬弃，正是马列主义的历史学人所应持的态度！

我本着这样的原则，去应用《盘庚篇》所提供的史料，将那里所说的事情了解为氏族长会议或氏族会议的史实。这并不是个人的创作，而是吸取了程仰之和郭沫若两先生的说法。我深信这和考古学、古文字学以及世界原始社会史所提供出来的一些材料正相吻合！并"不是故意抹煞历史事实"，而是将古典文献中的史料加以扬弃所得到的成果。

在这里我只是提出关于史料问题，来和同好的学人共同商讨一下，我相信只有具体地分别研究史料的可靠程度，审慎地将它们放置在应当放置的地方，才能够了解当时的社会的本质！

最后，我应当说：根据最可靠的史料讲，殷代后期还不是奴隶社会而是在崩溃过程中的氏族社会。

1941年1月28日写完

追　记

我写成《关于殷商史料问题》一文之后，又看到《中国文化》第2卷第6期的一篇论殷商社会的东西；关于这个问题在《中国文化》上已经前后发表过五篇文章了。在这里，我想将它的收获和还存在着的问题简单地谈一谈：

第一，到现在为止，关于殷代后期的经济基础大体上是"渐趋一致"了；我想不会有人再去强调已经降为次要的牲畜了。

第二，殷代后期还存在着氏族社会的组织机构，已经是有人承认的事实了；但是，它已经是"残余"的呢？还是主导的机构？我想这应当是今后讨论的中心问题了。

我认为氏族社会的组织机构还是主导的形态！到现在为止，还没有充分的理由使我修改这样的说法。

最后，约略地写出我对于以下诸问题的看法：

要根据殷虚发掘所获得的材料去研究殷商社会吗？那末，仅仅凭借那四册简单的报告是不够的，在那里自然不会看出更多的史料来！

安阳小屯村附近所有发掘的地区都是"殷代都城"的范围吗？我肯定地答复说：不是的！我不愿违背了追求真理的良心作出任何不合具体事实的答案！

拿埃及作旁证去证明殷代是奴隶社会吗？那末，请仔细地深入地去研究一下埃及的史实，它是否奴隶社会还是值得研究的问题。殷代社会性质的确认，基本上还应当求之于殷代史料的本身！

补于 1941 年 6 月 10 日夜

安阳殷虚及其附近考古发掘年表

年代		发掘次第	地点	发掘报告及论文
1928	冬	Ⅰ	小屯村附近	董作宾的《新获卜辞写本后记》脱稿
1929	春	Ⅱ	小屯村附近	董作宾的《民国十七年十月试掘安阳小屯报告书》，李济的《小屯地面下情形分析初步》及《殷商陶器初论》出版。
	秋	Ⅲ		
1930			发掘工作停止	李济的《十八年秋工作之经过及其重要发现》和《小屯与仰韶》，张蔚然的《殷墟地层研究》，董作宾的《大龟四版考释》及秉志的《河南安阳之龟壳》出版。

续上表

年代	发掘次第		地点	发掘报告及论文
1931	春	IV	小屯村北地、后冈和四盘磨	李济的《俯身葬》出版；董作宾的《释后冈出土的一片卜辞》和 H. C. H. Carpenter 的 "Preliminary Report on Chinese Bronzes" 脱稿。
	冬	V	小屯村北地和后冈	
1932	春	VI	小屯村北地、霍家小庄和侯家庄的高井台子	李济的《安阳最近发掘报告及六次工作之总估计》和《殷虚铜器五种及其相关诸问题》，吴金鼎的《摘记小屯迤西之三处小发掘》，董作宾的《甲骨文断代研究例》及郭宝钧的《B区发掘记之一》和《之二》脱稿。
	秋	VII	小屯村北地	
1933	冬	VIII	小屯村北地和后冈	梁思永的《后冈发掘小记》，石璋如的《第七次殷墟发掘：E区工作报告》及刘屿霞的《殷代冶铜术之研究》出版。
1934	春	IX	小屯村北地、后冈、侯家庄南地和武官村南地	李济的《中国考古学之过去与将来》一文脱稿。（载《东方杂志》三一卷七号）
	秋	X	小屯村北和侯家庄南地	
1935	春	XI	侯家庄的西北冈	梁思永的《小屯龙山与仰韶》出版；董作宾的《安阳侯家庄出土之甲骨文字》及吴金鼎的《高井台子三种陶业概论》脱稿。
	秋	XII	侯家庄的西北冈、大司空村南地及同乐寨	
1936	春	XIII	小屯村北地	杨锺健的《安阳殷虚之哺乳动物群》一书（英文）出版。
1937	春	XIV	小屯村北地	顾立雅（Herrlee Glessener Greel）的《中国的诞生》(The Birth of China) 一书出版（就中有述及西北冈材料处）。殷墟发掘总报告中《甲骨文字》部分之拓片在商务付印，但全稿并未写成。

前表说明：

一、表中所录之报告及论文大部分取自《安阳发掘报告》（第1—4期）及《田野考古报告》（第一册）；其确系有关安阳考古发掘之报告或论文而载于其它杂志者，则注明之。

二、表中所录论文及报告以与安阳考古发掘之殷虚有关者为限，其它甲骨文字及关于殷代论文概不列入。

三、表中所录之报告或论文，尽可能找出其脱稿时间；如不可能，则以出版时间为限。

四、表中所录有一小部分系作者就记忆所及者追述的，容当设法校正。

1941年6月13日重订

怎样学习祖国的历史＊

一　为什么要学习祖国的历史？

指导一个伟大的革命运动的政党，如果没有革命理论，没有历史知识，没有对于实际运动的深刻的了解，要取得胜利是不可能的。①

这是毛泽东同志在1938年中共扩大的六中全会报告中说的话。在这报告中，毛泽东同志号召我们加强学习，要我们研究马克思、恩格斯、列宁、斯大林的理论，研究我们民族的历史，研究当前运动的情况和趋势；并指出这是关乎革命胜利与否的问题。在这里，把学习我们民族的历史作为重要任务之一。

作为一个马克思主义的历史主义者，是不应当忘记了自己的祖宗的；毛泽东同志曾严厉地批评那种"对于自己的历史一点

＊ 刊载于《学习杂志》第4卷第12期（1951年）。——编者
① 毛泽东：《中国共产党在民族战争中的地位》，《毛泽东选集》第2卷，第521页。

不懂，或懂得甚少，不以为耻，反以为荣"① 的人，所以十几年来，毛泽东同志一再要我们注重研究祖国的历史实际，研究祖国近百年的历史实际。

学习祖国的历史，是为了更有效地推动祖国的社会前进。

一个马克思主义者，应当是革命的行动者，他不仅是认识世界，而且是要改造世界。毛泽东同志说：

> 社会的发展到了今天的时代，正确地认识世界和改造世界的责任，已经历史地落在无产阶级及其政党的肩上。这种根据科学认识而定下来的改造世界的实践过程，在世界、在中国均已到达了一个历史的时节——自有历史以来未曾有过的重大时节，这就是整个儿地推翻世界和中国的黑暗面，把它们转变过来成为前所未有的光明世界。无产阶级和革命人民改造世界的斗争，包括实现下述的任务：改造客观世界，也改造自己的主观世界——改造自己的认识能力，改造主观世界同客观世界的关系。②

我们既然肩负着改造世界的责任，首先肩负有改造中国的责任；那末，就应当运用马克思、恩格斯、列宁、斯大林的立场与方法，具体地研究中国现状与中国历史，具体地分析中国革命问题与解决中国革命问题。

应该了解，祖国现时的新政治、新经济是从古代的旧政治、旧经济发展而来的，现实的新文化也是从古代的旧文化发展而来的，今天的中国正是历史的中国之一发展。这一大民族的数千年的历史，有它的发展法则，有它的民族特点，有它的许多珍贵品。我们不应割断历史，应当对于祖国的历史遗产用马克思主义

---

① 毛泽东：《改造我们的学习》，《毛泽东选集》第3卷，第798页。
② 毛泽东：《实践论》，《毛泽东选集》第1卷，第284—285页。

的方法给以批判的总结。承继这一份历史的珍贵的遗产，"这对于指导当前的伟大的运动，是有重要的帮助的"①。为了当前的革命实践而钻研祖国的历史实际，这正是毛泽东同志所规定的学习祖国历史的目的。

二　学习祖国历史的立场、态度和方法

我们用辩证唯物论与历史唯物论——马克思列宁主义的科学方法来研究祖国的历史。马克思列宁主义的科学方法和无产阶级立场是分不开的。

必须具有坚定的无产阶级立场和无产阶级的感情，才能够正确地分析和研究祖国的历史，才能够从祖国的历史里发现珍贵的遗产，才能够把这些遗产变为推动当前革命实践的积极因素。

在历史学习中，有些同志对于"中国的奴隶社会从什么时候开始的？什么时候结束？""中国封建社会什么时候开始"等类问题特别感到兴趣。历史资料还占有得很少，就空谈起来，往往是长期争辩得不到什么结果。而对于广大劳动人民创造祖国历史的一些生动的场面，对于历史中生动的阶级斗争的场面，注意得是很不够的。关键并不在于那些问题是不是应当讨论或值不值得讨论，而是在学习历史的立场和态度。

在这一方面，我们应当很好地向革命导师毛泽东同志学习。且让我们举出一个生动的例证：

在1925年至1927年的革命高潮中，湖南广大的农民渐渐地组织起来了，四个月中就造成了空前的农村大革命。毛泽东同志

---

① 毛泽东：《中国共产党在民族战争中的地位》，《毛泽东选集》第2卷，第522页。

考察了五个县的情况,以高度革命热情迎接劳动人民的革命运动,歌唱群众的大风雨,写下了《湖南农民运动考察报告》这一光辉的历史文献。这一文献正是马克思列宁主义的理论与实际的统一,革命热情与实际精神相结合的典范;也正是用马克思列宁主义的理论深入理解祖国的实际运动和历史实际,并用以解决中国革命理论问题和策略问题的典范。

毛泽东同志坚定的无产阶级立场和充沛洋溢的阶级感情,贯穿着这篇报告的每一段,每一句。在这里不仅对当时阶级斗争的实际运动作了理论的概括,而且以极其丰富的革命感情概括了中国阶级斗争的历史实际,指出了当时阶级斗争正是历史的斗争之一发展。指出推翻几千年来根深蒂固的封建统治的伟大运动,是几千年来未曾成就过的奇勋。毛泽东同志深刻地历史地分析了当时农民运动的本质,对这一运动就必然"觉到一种从来未有的痛快",因而欢呼着这是:

> 无数万成群的奴隶——农民,在那里打翻他们的吃人的仇敌。农民的举动,完全是对的,他们的举动好得很![1]

从而科学地预见到:

> 他们将冲决一切束缚他们的罗网,朝着解放的路上迅跑。一切帝国主义、军阀、贪官污吏、土豪劣绅,都将被他们葬入坟墓。[2]

毛泽东同志用马克思列宁主义的立场、观点和方法,科学地分析了丰富的历史实际和社会实际,因而作出了正确的总结和科学的预见;且坚决而勇敢地站在这一革命运动的前头,领导着前进,经过了二十多年的艰苦斗争,已经胜利地实现了这一科学的

---

[1] 毛泽东:《湖南农民运动考察报告》,《毛泽东选集》第1卷,第17页。
[2] 毛泽东:《湖南农民运动考察报告》,《毛泽东选集》第1卷,第13页。

预言。

在毛泽东同志的著作中，有不少相似的范例。那里生动地指给我们如何去分析祖国历史实际的方法；那里告诉我们从祖国历史的认识中，如何使我们的阶级立场更加坚定；那里会唤起我们丰富的阶级感情；那里会给我们以有力的启示，告诉我们如何从祖国历史中吸取推动祖国前进的积极力量。

只有具备着坚定的无产阶级立场，只有对现实的社会实践抱着极大的责任感，只有对现实祖国的一切建设事业具有无限的热爱，才能够从祖国的历史中摄取伟大的力量，用以推动祖国历史的前进。这正是纠正学院式的历史学习的重要关键，假若以这样的立场和态度去学习历史，那么，对那些比较遥远而自己尚未掌握更多材料的问题，自然会搁置起来，把精力集中到更生动的具有更大积极意义的问题上去了。

我们在分析祖国历史的社会实际、历史事件以及历史人物时，应当从当时的社会实践的过程中去衡量，应当从其在社会历史中所起的实际作用上去衡量，而不应离开其社会实践的作用，从主观愿望出发去理解当时的历史事件和历史人物。毛泽东同志说："中国一切政党的政策及其实践在中国人民中表现的作用的好坏、大小，归根到底，看它对于中国人民的生产力的发展是否有帮助及其帮助之大小，看它是束缚生产力的，还是解放生产力的。"① 对于历史事件及历史人物，也应当从他对于社会的生产力发展的作用上去评判其好坏。

社会历史的发展"是充满着矛盾与斗争的发展"，历史的社会的实践正是一种严肃的斗争过程，是旧与新之间的斗争，衰亡的与新生的之间的斗争，过时的与正在发展的之间的斗争。新生

---

① 毛泽东：《论联合政府》，《毛泽东选集》第 3 卷，第 1079 页。

的、正在发展着的力量，在具体的历史条件下，向旧的、衰亡的、过时的力量进行着坚决的斗争，创造着社会的历史，推动着历史前进；而旧的、衰亡的、过时的东西，则用尽一切力量阻碍着社会的发展。在阶级社会里，这种斗争，必然表现为各种形式的阶级斗争；历史上一切被压迫、被剥削的广大劳动人民——奴隶、农民、无产阶级，在社会实践的斗争过程中，是推动历史前进的伟大的力量，正是社会历史发展的真正动力。

祖国的历史也正是一部斗争的历史，生产斗争和阶级斗争的历史。推动着历史前进的主力，是祖国的广大劳动人民。因此，随时随地联系着中国革命的实践，用马克思主义的根本观点——阶级分析的方法去考察、吸收和集中中国历史上阶级斗争之各种实践的经验，就必然成为学习历史的根本的方法。

我们只有用无产阶级的立场、观点和思想方法分析祖国的历史，才能够具体地发见祖国社会历史发展的规律，才能够从严肃的斗争的历史中吸取经验和教训，发见广大劳动人民创造的雄厚的力量，才能区别哪些是民族传统中落后的、消极的、反动的东西，哪些是进步的、积极的、革命的东西；对任何污蔑农民革命斗争，污蔑中国历史，污蔑中国民族的反动宣传，必然会以极大愤怒去揭发它，批判它。

毛泽东同志在十年前谈马克思列宁主义的态度时，曾教导我们说：

在这种态度下，就是应用马克思列宁主义的理论和方法，对周围环境作系统的周密的调查和研究。不是单凭热情去工作，而是如同斯大林所说的那样：把革命气概和实际精神结合起来。在这种态度下，就是不要割断历史。不单是懂得希腊就行了，还要懂得中国；不但要懂得外国革命史，还要懂得中国革命史；不但要懂得中国的今天，还要懂得中国的昨天和前天。在这种态度下，就是要有目的地去研究马克思列宁主义的理论，要使马克思列宁主义的理论和中国革命的实际运动结合起来，是为着解决中国革命的理论问题和策略问题而去从它找立场，找观点，找方法的。这种态度，就是有的放矢的态度。①

这段话，深刻而明确地指出了一个马克思列宁主义者在工作和学习中所应有的态度，同时，也指出了学习祖国历史的目的、态度和方法。毛泽东同志还强调指出："这种态度，就是党性的表现，就是理论和实际统一的马克思列宁主义的作风。这是一个共产党员起码应该具备的态度。"② 学习祖国历史的人应当记取这一警语。

三　学习祖国历史应以现代史和近代史为重点

学习的重点应当是现代史和近代史。

近三十年的现代史和我们当前的斗争关系最密切。现代史中包含着对帝国主义的斗争和国内阶级斗争的丰富的经验和教训。我们现在正是在现代社会历史的基础上，建设我们伟大的祖国。因此，深入研究近三十年来经济的、政治的、军事的、文化的各方面的历史规律，是我们的首要任务。

三十年来的中国是毛泽东思想形成、发展和胜利的时代。毛泽东同志是近三十年革命的英明的导师，他领导着革命走向胜利。为了正确地理解现代史，必须深入学习毛泽东思想。毛泽东同志的著作是学习现代史的主要的读物。

从毛泽东同志的著作中，不仅能获得正确的现代史知识，了

---

① 毛泽东：《改造我们的学习》，《毛泽东选集》第3卷，第801页。
② 毛泽东：《改造我们的学习》，《毛泽东选集》第3卷，第802页。

解其发展的规律及其发展之必然的前途，并且可以体会到毛泽东同志具体运用辩证唯物论与历史唯物论去分析中国历史的方法。

近代史，自鸦片战争到五四运动的历史，也应当是学习的重点，祖国的现代的历史正是从祖国近代历史发展而来，学习近代史也正是深入了解现代历史规律的关键。没有足够的近代史的知识，就不能够更正确而深刻地理解现代历史。

从1840年鸦片战争失败起，祖国广大人民在外国资本主义及国内的反动统治阶级的双重压迫下，灾难日益深重；先进的人物，奋斗牺牲，前仆后继，摸索救国救民的真理，但是多次的奋斗，都没有成功，学习这一时期的历史，会深刻了解资本主义侵入后的祖国怎样一步步陷于半殖民地的惨痛命运，对帝国主义及其在中国的走狗就会有深刻本质的认识。从这里也就能够体会到毛泽东思想指导下的革命路线的正确和伟大。

在现代史和近代史的研究中，包含着重要的思想斗争，帝国主义及其在中国的走狗——反动的统治阶级曾用尽一切方法来歪曲中国近一百年来的历史，借以进行封建的、奴化的、法西斯的思想教育。因此，把近百年历史，尤其近三十年的历史，恢复其真面目，使人们正确地认识祖国历史发展的规模，是一个严肃的政治斗争的任务。

那么，是不是就不学古代的历史呢？不是的，我们把重点放在现代史和近代史，是说把精力和时间更多的集中在那里，并不是割断历史，对以前的长期的历史不闻不问；对于长期的古代历史，应该以适当精力和时间，学习一些最主要最生动的问题，而不是学院式地纠缠在一些次要或一时还不可能获得解决的问题上去。

1951年10月16日

改进历史科学的研究工作

——为毛泽东同志发表《改造我们的学习》十五周年纪念而作[*]

1941年的5月,毛泽东同志在延安干部会议上作了《改造我们的学习》的报告,这是十五年前整风运动的开端。1942年2月间,毛泽东同志又作了《整顿党的作风》和《反对党八股》两个报告。这三篇文章是整风运动中的基本文件。在这些文章中,对主观主义、宗派主义和教条主义的倾向给以有力的批判。广大干部经过一再深入的学习,在思想上是大大的提高了,党也空前地团结了。

毛泽东同志在这篇文章里,对于我国历史科学的研究工作提出了极其宝贵的意见。十五年前所提出的这些意见,对于今天我们历史科学的现状来说,依然是极其恰当的。根据毛泽东同志的这些指示,来检查当前的历史科学的工作,应当说是十分必要的。

毛泽东同志在这篇文章里,指出了主观主义和教条主义对革命的危害,对科学理论的危害;要我们从马克思列宁主义的理论里找立场、找观点、找方法,去科学地分析客观存在的实际事

---

[*] 刊载于《人民日报》1956年5月30日。——编者

物，加以综合研究，从那里发现它们相互间的内在联系，发现它们的规律。要我们以实事求是的态度对待理论的研究。毛泽东同志说"实事"就是客观存在着的一切事物，"是"就是客观事物的内部联系，即规律性，"求"就是我们去研究。这种实事求是的作风，也正是理论同实际统一的作风。

《改造我们的学习》已经发表十五年了。在这十五年里，我们历史科学工作虽说也得到某些成绩，有了一定的进展；特别是近几年来，对于我国历史上的某些重要问题也初步展开了理论上的争论，大多数的史学家开始在运用马克思列宁主义探究我国历史上的某些重要问题。但是，认真检查起来，在历史科学的研究工作中，主观主义和教条主义的作风还是相当严重地存在着的。部分史学家还没有"详细地占有材料"，还不能在辩证唯物主义和历史唯物主义的理论指导下，认真分析大量的客观史实，从而引出正确的结论。相反的，往往是从马克思列宁主义的经典著作中的某些辞句出发，凭自己的主观想象臆造出某种理论，然后东拼西凑，片面地摘引某些史料，以证实其早已安排好的结论。这种现象在我国的古代社会分期问题的争论里，在民族形成问题的争论里，在资本主义萌芽问题的争论里，往往可以发现。这样下去，只会造成更大的混乱，却不可能导致问题的真正解决。在少数史学家中，还存在着"只见树木不见森林"的烦琐作风，这种片面的支离破碎的治学方法，不可能从复杂错综的历史现象中找出客观史实的内在联系，不可能发现历史现象中所存在着的客观规律。这种不健康的现象，应当加以克服。

我们应当以科学的实事求是的态度，马克思列宁主义的态度，对待我们的历史科学的研究工作，克服有害于历史科学发展的主观主义的教条主义的态度。

毛泽东同志在《改造我们的学习》这篇文章里，一再指出要我们重视祖国的历史，认真研究祖国的历史；并且批评了"对于自己的历史一点不懂，或懂得甚少"的现象。特别指出要认真研究"中国共产党的历史和鸦片战争以来的中国近百年史"，并且指出"应聚集人材，分工合作地去做，克服无组织的状态"。十五年前，还在抗日战争的最困难的阶段，毛泽东同志就是这样指示我们的。

十五年的时间过去了，革命事业在党中央和毛泽东同志的正确领导下，已经取得了胜利。中华人民共和国业已诞生六年了，并且为历史工作者创造了空前有利的条件。但是，检查一下历史科学进展的状况，应当说是十分不能令人满意的。到现在为止，我们的史学家们还没有在现有科学水平的基础上认真编出祖国历史的教科书；关于我国古代的历史和近百年的历史，都还没有真正开始深入的科学研究工作。我国历史上的许多重要问题，都还停滞在若明若暗的阶段；大量珍贵的考古及档案的历史资料，都还没有得到初步的整理，更谈不到充分的使用了；民族学的调查研究工作还没有认真展开。诸如此类，都充分证明我们的历史研究工作还存在着极其严重的落后现象。

从历史科学的组织工作上看，虽说在科学院已经成立了一些研究历史的机构，在综合大学和师范学院里，大都也设了历史系和不少的教研室。但是，基本上还是各自为政，还不能说是有组织地在进行工作。几十年来，我国长期处于半殖民地的状态中，长期处于战争的状态中，历史学的发展遭遇到极大的厄运，因之，基础也就十分薄弱，人力十分不足。近几年来，在人力的使用上，用非所学的现象，在史学界中是相当严重的。举例来说，蒙古史的研究是相当困难的，要有多方面的语文基础才能够进行深入的科学研究工作，据我们所知，我国仅有的几位蒙古史学者，或者改行了，或者是用非所学，这就把多年来打下的基础白白荒废了，更谈不到用他们的专长去培养下一代。历史地理是历史研究中极其重要的一个环节，需要长期的积累，才能从杂乱不堪的资料中理出一个眉目来。我国在这方面的专门人材本来很少，而仅有的几位学者，却都不可能专心致志从事这一工作。在这里，我只是举出两个例子而已，类似这样不合理的现象，并不是个别的，应当引起我们的重视。

如果要使历史科学健康地发展，就必须从根本上为这门学科建立巩固的基础，就必须在全国范围内从人力方面作必要的应有的调整。

从我国重要历史问题的自由争论上以及学术中的批语和自我批评上看，近几年来虽说已有初步开展，但是绝不能说已经十分健康了。一个史学家在辛勤的钻研中，发现某一历史现象的客观规律，因而形成自己的一套理论，他有义务尽力维护自己的理论。但是，历史的现象是复杂多端的，自己很可能过分强调了个别的或局部的现象，因而使自己的理论有所偏颇。其他历史工作者提出不同的看法，进行争辩，他就应当认为是对自己有益的帮助，不应该看做是对自己的攻击，因而心怀不满，从感情上制造某种人为的隔阂；更不应该以权威自居，盛气凌人地给提出不同意见的人以打击。只要自己的理论确实是建筑在巩固的科学研究的基础上，那就不会因为不同意见的提出受到损害。假如自己的理论根据确实不够充分，经过讨论，发现其中的缺点以至错误，就会得到修改，逐渐使问题获得解决。在开展学术上的批评的时候，我们应当是采取说理的方式，应当是有根有据地去分析研究某一理论的缺点或错误的关键。而不应采取简单的方式，戴上几个使人难以接受的帽子，就算了事。学术研究是一件细致的工作，批评任何一种理论或学说，都需要进行认真的科学分析。从理论上以及史实的根据上进行充分的研究，确切地找出其所以不对的关键所在，才能够具有说服力量。简单地一笔抹煞的办法是解决不了问题的。

总之，为了真理，批评是十分必要的，反批评也是同样必要的。没有学术上的批评和反批评，没有学术上的自由争论，历史科学就不可能得到正常的发展，就会停止下来。

最近，党中央和毛泽东同志提出在学术上的"百家争鸣"的方针，是十分及时，十分重要的。这一方针给史学家以极大的鼓舞，在这一方针下，将更能够充分发挥史学家的积极性和创造性，使我国的历史科学得到迅速的发展。

目前正在制定历史科学的远景规划，经过全国史学家反复讨论，这个规划将会更加切合实际。有了合于实际的长远目标，有了前进的具体步骤，在正确方针政策的指导下，历史科学工作者一定能够完成国家所给予的光荣任务。

毛泽东同志从《改造我们的学习》发表以来，在这十五年内，一直十分关怀我国历史科学的发展；党和政府并为我国的历史研究工作创设了空前有利的条件。我们相信，史学界的同志们是会充分运用这些条件努力前进的。

今后为了更加有组织有计划地开展工作，我们应当采取以下的必要措施：

编写有相当分量的中国历史教科书，应当是当前史学家的迫切任务。到现在为止，我们的广大干部对中国古代的和近代的历史还是不甚了然的，在大学、中学和小学的历史教学中困难是很多的。改变这种情况，应当是全国史学家的责任。

有人说："许多历史上的重大问题还没有解决，不可能编写教科书。"这种想法是不对的。解决历史上的某些重大问题，是史学家长期的工作，我们不能因此就拖延教科书的编写。根据现有的历史研究的成果，及早编写不仅是十分必要的，而且也是可能的。况且，所谓问题的解决，也只能有相对的意见；历史上重大问题的研究，往往随着新的史料的发现，有所变化，总是在日益充实，日益丰富，日益完备地发展着。长期等待，就等于取消教科书的编写工作。

有人说："根据任何一派的说法编写历史，都会阻碍历史科学的发展。"这种说法是没有根据的。编写教科书总是要根据一种学派的说法的。但是，这绝不等于"独尊一说"，废弃其他说法。并且，教科书绝不是"百世不移"的定本，它必然会根据历史科学的发展经常加以修改，以致于重新编写。学术性质的问题，应当采取"百家争鸣"的方针，这绝不是停止讨论，停止"争鸣"，相反的，其他的说法完全可以根据自己的体系编写历史。不同的意见，应当认真展开学术上的自由争辩，这只会推动学术的发展；不可能因为教科书的编写阻碍了它的前途。

总之，历史学家集中一定力量，认真编写出一部中国历史教科书来，是十分必要的。忽视这种综合性质的工作就会延缓历史科学的发展。

我国历史科学中有不少重要问题，长期争论，未能获得基本解决。如中国古代社会的分期问题，中国资本主义的萌芽问题，中国民族的形成问题，中国近代史的分期问题等等，到目前为止，依然是各是其是，各非其非，形成相持的局面。这种争论的开展，是我国史学界的好现象，今后一定要继续下去，以使各种不同的意见都能够畅所欲言，逐步弄清问题的症结所在，得出基本上令人信服的结论。我们认为，要使这些问题深入一步，坚持各种不同意见的学者都要付出更大劳力才有可能。如中国古代社会的分期问题，关涉的方面极广，从理论到史料都必须突破过去的局限。除进一步搜集研究文献资料外，还须扩大史料的范围，认真研究考古学上的发见以及民族学调查中所得到的资料。只有根据各方面的大量实际资料，经过认真的分析和综合工作，才能够深入下去，把问题理出一个眉目来。又如中国资本主义的萌芽问题，同样只有深入钻研在封建社会内部发展着的具体的经济情况，从各个方面搜集具体资料，加以分析，才能够得出结论来。

总之，建筑在实事求是的科学研究基础上的学术争论，将是推动历史科学迅速发展的重要保证。我们提倡切实朴素的学风，反对浮夸的学风，这就不会发生"头重脚轻根底浅"的现象了。

历史资料的搜集、保管、整理、编纂和出版，是发展历史科学的重要步骤，我们必须十分重视。近百年史的研究工作，如果说脱离了百年来的档案，就会发生极大困难。但是，大量的档案却积压在那里，连初步的整理都还没有认真动手。有关我国古代史和中古史的大量文献资料，考古的资料等，也大都还没有经过科学的整理和编纂，这就使得这方面的研究工作，产生极大困难。这些现象是极不正常的，必须及早组织人力，进行工作，拖延下去，就会造成很大的损失。毛泽东同志认为"没有调查就没有发言权"，并要我们"详细地占有材料"，作为史学工作者，对于历史资料采取漠不关心的态度，是绝不容许的。

历史科学和其它学科一样，已经具备了充分发展的有利条件，最大的困难就是人力不足。但是，社会主义建设事业的发展是很快的，各行各业都会日益感到人力不足，因此，消极等待是无用的。问题只是在于如何充分发挥现有史学家的潜在的力量，组织起来，在科学研究的实践中，积极培养大批新生力量。这就必须从整个历史科学发展的远景着眼，根据现有史学家的特长，加以组织调整，使他们各得其所；同时为他们配备必要的助手，使长期积累起来的学识得到进一步的发展，使他们有可能把他们的专长及早传给下一代。只有这样，才能逐渐解决人力不足的困难。

毛泽东同志在十五年前教导我们必须重视祖国的历史，认真研究祖国的历史。我们应当珍视这一指示，并把这一指示真正贯彻到历史科学工作中去，来推进历史科学的发展。

1956年5月

中缅文化的交流[*]

中国和缅甸是紧密的邻邦,有二千多公里绵延不断的共同边界。虽说隔着崇山峻岭,山高水急,却是山连着山,水连着水,二千多年来,经过两国各族人民世世代代的友好往来,早已开辟了水陆往还的通道。沿着这些水陆通道,两国之间久已进行着经济文化的交流。

一

我国的《史记》里,曾记载着这样的事情:

大约是在公元前138年(汉武帝建元三年),张骞出使西域时,在大夏看到中国的邛(邛崃)竹、杖和蜀(四川)布,他问这些东西是从哪里来的,大夏的人说是来自东南几千里的身毒国,从那里蜀商手中买到的;他还听说邛西二千里就是身毒国。公元前126年(汉武帝元朔三年),张骞回国之后,说大夏在中国的西南,想来中国通商,但是,匈奴遮断了东来的道路,他认

---

[*] 刊载于《人民日报》1966年4月18日。——编者

为如果开通了西南边地的路，就可以到身毒国（印度），这是一条近道。汉武帝派人开辟这条路线，走到滇（云南），被滇王留下了，没有能到身毒国①。

这次汉朝使者虽说没有能够从中国的西南到达印度，实际上说明在二千多年以前，西南人民从四川、云南到达缅甸，再经过缅甸通往印度及南海各国的交通线早已存在了。

我国《汉书》里又曾记载着由海道通往缅甸，经过缅甸再往南海诸国的航线：

> 自日南障塞、徐闻、合浦船行可五月，有都元国；又船行可四月，有邑卢没国；又船行可二十余日，有谌离国；步行可十余日，有夫甘都卢国。自夫甘都卢国船行可二月余，有黄支国，民俗略与珠厓相类。……自黄支船行可八月，到皮宗；船行可（八）[二]月，到日南、象林界云。黄支之南，有已程不国，汉之译使自此还矣。②

这里所说的邑卢没国、谌离国和夫甘都卢国，大都在现在的缅甸境内③。由此可知，纪元前一世纪，在缅甸境内已经建立了一些古代国家，且已和我国有了交往。鱼豢在《魏略》里曾经说：

> 大秦道既从海北陆通，又循海而南，与交趾七郡外夷比，又有水道通益州、永昌，故永昌出异物。前世但论有水道，不知有陆道，今其略如此。④

"有水道通益州、永昌"，这就是说，当时从中国的永昌通过太

---

① 《史记》卷116《西南夷列传》，中华书局版，第2995—2996页。
② 《汉书》卷28下，《地理志下》，中华书局版，第1671页。
③ 何健民译藤田丰八：《前汉时代西南海上交通之记录》，见《中国南海古代交通丛考》，商务印书馆1936年版，第99—106页。
④ 裴松之注的《魏志》中引鱼豢：《魏略·西戎传》，见《三国志》卷30，中华书局版，第861页。

平江或瑞丽江，顺伊洛瓦底江，到缅甸去。

这里，我不准备作详细的地理考证，只是想通过这些记载，说明在两汉、三国时代，不管从内陆或海上，我国和缅甸都已经存在着友好往来的通道。

从此，我国和缅甸的交往，适应着两国社会历史的发展变化，或经陆路，或经海道，时而陆路较多，时而海航往返，彼此之间的交往，一直不曾间断。

到了唐代，我国和缅甸的交往日益频繁，海陆交通，皆已大备。关于交通路线的记载，也就更加详细了。贾耽的记录就是有力的论据：

> 自羊苴咩城（大理）西至永昌故郡三百里。又西渡怒江（Salouen），至诸葛亮城二百里。又南至乐城二百里。又入骠国境，经万公等八部落，至悉利城七百里。又经突旻城至骠国（Prome）千里。又自骠国西度黑山，至东天竺迦摩波国（Kamarupa）千六百里。又西北渡迦罗都河（Karatoya）至奔那伐檀那国（Pundravardhana）六百里。又西南至中天竺国东境恒河（Ganges）南岸羯朱嗢罗国（Kajingala）四百里。又西至摩羯陀国（Magadha）六百里。一路自诸葛亮城西去腾充城二百里。又西至弥城百里。又西过山，二百里至丽水城。乃西渡丽水（Iraouaddy）、龙泉水，二百里至安西城。乃西渡弥诺江（Chindwin）水，千里至大秦婆罗门国。又西渡大岭，三百里至东天竺北界箇没卢国（Kamarupa）。又西南千二百里，至中天竺东北境之奔那伐檀那国。与骠国往婆罗门路合。①

---

① 《新唐书》卷43下《地理志》引贾耽记载，见商务百纳版。参考冯承钧译伯希和：《交广印度两道考》中《丽水及骠国》，《云南入缅甸之西南一道》，《云南入缅甸之正西一道》，中华书局1955年版；向达：《蛮书校注》第51—54页、第231—238页、第242—244页，中华书局1962年版。

上面所记，虽说是唐代的路线，实际上，它必然是唐以前存在着的路线之记录。在唐代的前后，两国习惯交界处的人民沿着群山中的河流、山路，来来往往，互通的道路决不止此，这只不过是一个不完全的记录而已。我们透过这段记录，可以看出当时我国的大理、永昌已经成为通往缅甸的重要城市，同时，经过缅甸伊洛瓦底江一带和其他各国频繁交往；在当时伊洛瓦底江的口岸不仅是缅甸和各国交往的要地，而且为我国通往海外各国给予极大的便利。

我们可以说，自唐代以来，我国和缅甸的海陆交通已经大体上形成了。从此历经宋、元、明、清，两国的交往日益密切，海陆交通的路线也逐渐比较完备了。

自古以来，通过这一些海陆交通的路线使两国人民的经济文化的友好往来，一天天的密切起来。

二

从古以来，我国和缅甸两国人民在经济上互通有无，经历了千辛万苦，开辟了来往的通路；道路的开辟，又促进了经济的以及文化的交往。这些道路，经过长期的往还，逐步形成为我国和东南亚各国贸易往来的畅通的路线之一。

我国魏晋时代，云南的永昌成为通向伊洛瓦底江的必经之地，大量的商品经过这里运往东南亚各国，同时，把缅甸及东南亚各国的商品送往内地。所以，当时的人说："永昌出异物。"

骠国是那时缅甸境内的国家之一，它的都城——室利差呾罗（今卑谬 Prome）成为贸易集散的要地；沿伊洛瓦底江溯流而上，江畔的缅甸古都太公城（Tagaung）成为往来商人休息站，海岸上的直通城成为当时缅甸和我国、印度以及东南亚各国贸易往来的商业城市①。

缅甸所产的棉花,在很久以前,就传入了我国;缅甸出产宝石,最著名的有琥珀、瑟瑟等,很早就输入到我国来了。

棉花,是人们生活所必需的东西;在晋朝就确知骠国产棉。郭恭义说:"梧桐有白者,剽国有桐木,其华有白氎,取其氎淹渍,缉织以为布。"② 桐木也就是棉花。这里说明棉花在缅甸已有很久的历史,且久已从永昌传到了我国的内地。诗人左思还以"布有橦华"③ 称赞过这种棉花织成的布。

缅甸棉花一直是输入我国西南的主要商品之一。1826年还输入1400万磅,价值22.8万英镑④。此后,帝国主义侵入我们两国,这种情况才起了变化。

汉朝的皇帝曾派人带着"黄金、杂缯",经海道去东南亚各国,换取"明珠、璧流离、奇石异物"⑤,到了当时缅甸境内的国家——邑卢没国和夫甘都卢国,就已经知道那里产宝石。

元、明两代,我国和缅甸的玉石珠宝贸易极为繁荣,云南的腾冲成为缅甸北部玉石的加工场所。经过缅甸的许可,我国有不少人到缅甸去开采玉石,运到腾冲,制成装饰品,运销我国。那时期,在缅甸的云南玉石珠宝商竟达百多家。缅甸的阿摩拉普拉古城的一个庙里,还保存载着清代的5000个中国玉石商人名字的刻石。在过去,缅甸缺乏铜铁。缅甸商人以玉石珠宝换取铜

---

① 陈炎译波巴信:《缅甸史》,商务印书馆1965年版,第15页。
② 见《后汉书·西南夷列传》注引《广志》;《艺文类聚》卷88引作"梧桐有白者,异国有白木,其叶有白氎,取其氎淹清渍,绩织以为布也。"《太平御览》卷956引作"梧桐有白者,其叶有白氎,取其氎淹渍,缉绩织以为布。"
③ 《蜀都赋》,《文选》卷4。
④ 周一良:《中国与亚洲各国和平友好的历史》,上海人民出版社1955年版,第45页。
⑤ 《汉书·地理志下》,中华书局版,第1671页。

铁；我国每年有上千的人把大量的剪刀、缝纫用针、铜锣、铁锅等用具运往缅甸。① 这种互通有无的友好往来，丰富了两国人民的生活，加强了两国人民的友谊。

象是缅甸的特产，白象，缅甸认为最高贵的动物，在两国使节相互交往的时候，缅甸常常用这类珍贵的特产作为礼品，赠送我国，这正体现着两国人民之间的深厚的友情。

正因为我们两国有着绵长的边境，那里，山连山，水连水，村寨毗邻，两国边民之间往往有着相同的血统语言，风俗习惯，早已是亲友往还了。我们正是通过交界的两国人民的推动，展开了长期的频繁的经济往来，这就必然促进两国间的文化上的交流。

三

缅甸和我国在文化艺术的交流上，有着悠久的历史。

公元 97 年（汉和帝永元九年）的时候，掸国——当时缅甸境内的国家之一，曾经派使臣来到汉朝的都城；120 年（汉安帝永宁元年），掸国又派遣使节，随之而来的有乐队和演幻术的人。这些幻术的演员能够"吐火，自支解，易牛马头。又善跳丸，数乃至千"②。缅甸自古以来就是爱好音乐的国家，音乐家之来，对我国古代的音乐当然会有一定的影响。在这些记载里，还记着这些演幻术的人"自言我海西人，海西即大秦也"的话，所以有人也怀疑这些幻术家可能不是掸国的人；他们是随同掸国的使者来的。但即使是大秦的幻术家，而掸国竟选了他们前来汉朝

---

① 周一良：《中国与亚洲各国和平友好的历史》，第 45—46 页。
② 《后汉书》卷 86 《西南夷列传》；《后汉书》卷 51 《陈禅传》亦载："永宁元年，西南夷掸国王献乐及幻人，能吐火，自支解，易牛马头。"

表演，足证这种幻术在掸国已经有了相当影响。我想，这种为人民所爱好的幻术——艺技，很可能在当时的掸国已成为一种民间艺术。

说到这里，我联想起汉代所流行的"都卢寻橦"之戏。张衡曾提到"都卢寻橦"，并说："橦末之伎，态不可弥"，且说："非都卢之轻趫，孰能超而究升。"① "寻橦"是一种缘竿的艺技。这种杂技，为什么称之为"都卢寻橦"呢？都卢是国名，因为都卢国的人"劲捷善缘高"，所以称云"都卢寻橦"。都卢国就是夫甘都卢国②。它正是当时缅甸境内的国家之一。当时把这种缘竿的艺技和缅甸境内的国家之一联系起来，说明那时候的都卢国存在着这种艺技。傅玄曾经绘形绘色地描写这种艺技：

> 乃有材童妙妓，都卢迅足，缘脩竿而上下，形既变而景属；忽跟挂而倒绝，若将坠而复续，虬萦龙蜿，委随纡曲；抄竿首而腹旋，承严节之繁促。③

至于跳丸的艺技，在文人的笔下也常常见到，李尤说："陵高履索，踊跃旋舞；飞丸跳剑，沸渭回扰。"④

这种"都卢寻橦"、"飞丸跳剑"的艺技，在汉代是相当普遍的。直到现在，在汉代遗留下来的石刻画像及画像砖上，还常常发见这些艺技的各种图像。⑤

---

① 张衡：《西京赋》，《文选》卷2。
② 参考《汉书·地理志下》颜师古注，《西域传下》注；冯承钧译费瑯：《昆仑及南海古代航行考》，中华书局1957年版；第61—62页。何健民译藤田丰八：《前汉时代西南海上交通之记录》，《中国南海古代交通丛考》，商务印书馆1936年版，第100—106页。
③ 傅玄：《正都赋》，《艺文类聚》卷61引。
④ 汉李尤：《平乐观赋》，《艺文类聚》卷63引。
⑤ 参考赵邦彦：《汉画所见游戏考》，载《庆祝蔡元培先生六十五岁论文集》上册；曾昭燏等：《沂南古画像石墓发掘报告》，文化部文物管理局1956年版；刘志远：《四川汉代画像砖艺术》，中国古典艺术出版社1958年版。

这里，我们不必要去探讨这种"吞刀吐火"、"都卢寻橦"、"飞丸跳剑"等等艺技"起源哪个国家，传播到哪个国家"的问题，也不想去摸索"谁影响了谁"的问题；我们所重视的，却是在纪元前，两国之间就相互交流着这种民间的艺技，那么，在这种艺技之外，必然会存在着其他方面的文化交流。

大约在5世纪左右，缅甸境内的骠国相当繁荣，它离我国的永昌约二千里。它"东陆真腊，西接东天竺，西南堕和罗，南属海，北南诏。地长三千里，广五千里"①。"往来通聘迦罗婆提等二十国。"② 后来骠国和唐朝的往来也多起来了。

公元802年（唐德宗贞元十八年）骠国的使节舒难陀来到唐朝的都城长安。这次他带来了一个三十五人组成的大音乐舞蹈团③。这里包括他们的国乐十二曲："佛印"、"赞娑罗花"、"白鸽"、"白鹤游"、"斗羊胜"、"龙首独琴"、"禅定"、"甘蔗王"、"孔雀王"、"野鹅"、"宴乐"和"滌烦"。携有二十二种不同的乐器：有铃钹四，有铁板二，有螺贝四，有凤首箜篌二，有筝二，有龙首琵琶一，有云头琵琶一，有大匏琴二，有独弦匏琴，有小匏琴二，有横笛二，有两头笛二，有大匏笙二，有小匏笙二，有三面鼓二，有小鼓四，有牙笙，有三角笙，有两角笙等④。这个音乐舞蹈团在长安演出之后，真是轰动一时，不少著名的文学家为此留下了诗篇：元稹、白居易都写有《骠国乐》。白居易用这样的诗句形容骠国的歌舞：

玉螺一吹椎髻耸，铜鼓一击文身踊；珠缨炫转星宿摇，

---

① 《新唐书》卷222下《骠国传》。
② 《旧唐书》卷197《骠国传》。
③ 《旧唐书》卷13《德宗本纪下》。
④ 《新唐书》卷222下《骠国传》。

花鬘斗薮龙蛇动。①

胡直钧在太常观看了这种歌舞的表演,曾说:

才可宫商辨,殊惊节奏新,转规回绣面,曲折度文身。②

在《新唐书》的《骠国传》里用相当大的篇幅叙述这次演出,从乐曲的配合,舞蹈的情形,乐器种类等等,各方面都有详细的记录。当时还记载着他们且歌且舞的姿态:

每为曲皆齐声唱,各以两手十指,齐开齐敛,为赴节之状,一低一昂,未尝不相对,有类中国柘枝舞。③

西川节度使韦皋在成都曾经看到骠国歌舞团的"舞容"和乐器都很新颖,还绘成"骠乐图",送到长安。这样歌舞的演出,当然会给我国的音乐和舞蹈以相当的影响。

在史籍里曾说这些"乐曲皆演释氏经论之词意"④。

骠国和天竺国是近邻,所以它的音乐和舞蹈受到了佛教的影响。佛教在汉代就已传入中国,从魏晋南北朝到隋唐,印度和中亚细亚的佛教徒从海路或陆路前来中国传教,而中国的佛教徒也常常从陆路或海路前往西域。佛教在南北朝到隋唐可以说是极盛的时期,对我国以后的文化有着相当大的影响。

那时期,永昌既已成为我国经缅甸通往东南亚及西南各国的陆行要道之一,印度和我国的佛教信徒,完全可能经过这条路把佛教经典介绍过来。东晋的僧徒慧叡曾"游方而学,经行蜀之

---

① 《骠国乐》,《白氏长庆集》卷3。
② 《太常观阅骠国新乐》,《全唐诗》卷464。
③ 王溥:《唐会要》中册卷33,中华书局版,第620页。
④ 王溥:《唐会要》下册卷100,中华书局版,第1795页。

西界"，"游历诸国，乃至南天竺界"①，他当然是经过缅甸到达印度的。

缅甸是小乘佛教通行之地，某些小乘佛教经典很可能曾从缅甸传入中国②。唐代的玄奘和义净，曾先后在印度游历多年。他们虽说没有到过缅甸，但是，在他们的著作里都记载着室利差咀罗国③。义净为僧徒慧轮作的传里，曾提到印度的"支那寺"。他说："古老相传云，是昔室利笈多大王为支那国僧所造。"且说："于时有唐僧二十许人，从蜀川牂牱道而出，向莫呵菩提礼拜。"他推测"至今可五（疑为三字）百余年"④。慧琳认为这里所说"牂柯（牱）道"就是经道缅甸向北部去印度的一条路⑤。这就是说，大约在东晋初年，曾经有僧徒二十余人，取道西蜀，过大渡河而下，源金沙江，至今姚安、大姚，然后西行，经过保山，入缅甸北部，经阿拉甘一带，至印度东部的阿萨密地方。可见，唐代以前就有僧徒从这条道往来了。

宋代的时候，在缅甸统一的蒲甘王朝业已建立。1106年（宋徽宗崇宁五年），蒲甘派来了外交使节和僧人，宋朝以大国视之，礼遇甚崇⑥。1136年（宋高宗绍兴六年），蒲甘使者赠送了金银书《金刚经》三卷、金书《大威德经》三卷；宋朝赠"色绣礼衣、金装剑"等⑦。这时候，两国使节并未中断。

到了元、明、清时代，两国统治者之间虽说曾经发生过几次

---

① 《高僧传》卷7。
② 汤用彤：《汉魏两晋南北朝佛教史》上，商务版，第375页。
③ 玄奘：《大唐西域记》卷10，三摩咀吒国条。义净：《南海寄归内法传》卷1，"东裔诸国，杂行四部"下注。
④ 义净：《大唐西域求法高僧传》卷上。
⑤ 慧琳：《一切经音义》卷81。
⑥ 《宋史》卷489《蒲甘传》。
⑦ 张知甫：《可书》，《十万卷楼丛书》本。

不愉快的事件，但是从这个时期看来，人民间的友好往来还是经常的，双方使节，从未间断。

从工艺美术上看，两国的漆器、象牙雕刻、彩伞以及扇子等等，虽说具有各自的民族风格，但是，无论在风格上，制作的手法上，以及彩画上，都有不少相似之处。缅甸的古代建筑，在我们看来，并不是那么生疏，反而感到相当熟悉，所有这些都充分说明，我们两国长期的友好往来中，相互影响，相互观摩，这里面早已存在着某些共同的因素了。

19世纪中叶，帝国主义者先后侵入了我国和缅甸，从军事、政治、经济、文化各方面来压迫、奴役、掠夺、剥削我们，也同样的压迫、奴役、剥削、掠夺缅甸。殖民主义者企图把我国和缅甸逐步变作它们的殖民地、半殖民地；同时，它们用尽一切办法，隔断中缅两国悠久的历史的友好关系。由于殖民主义者的侵略和压迫，使中缅两国长期陷于经济落后、生活贫困的状况。

从那时起，中缅两国的人民就掀起了反对帝国主义的斗争，前赴后继，一直没有停止下来。在为着独立和自由而进行斗争的历史中，更加使两国人民互相同情，互相关怀，因而也就加深了两国人民间的传统的友谊。

由于在整整一世纪的共同遭遇，同样的反对殖民主义的斗争历史，这就更加激发中缅两国的人民，回忆并珍重相互间的悠久的历史友情。正因为有着遭受殖民主义侵略和压迫的相同的历史，中缅两国人民同样会珍视共同反对殖民主义的斗争业绩，同样将继续为反对帝国主义和殖民主义而斗争，这正是今后友好合作的共同基础。

中缅两国的悠久的历史关系，二千多里的共同边界的近邻，使两国人民之间，在连绵不断的长期的经济和文化交流的日子里，互通有无、相互促进，丰富了双方的经济生活和文化生活，这就日益加深了相互间的友情。

伊洛瓦底江象征着两国间的历史的深厚的友谊，万古长流。

1966年4月

坚持用马克思主义指导社会科学研究

——在河南省社联第二次代表大会上的讲话*

我能够回到自己的故乡，参加这次盛会，与同志们一道探讨哲学社会科学领域内的问题，感到非常荣幸。特别是自己亲眼看到家乡的哲学社会科学战线有这么壮大的队伍、各个学科取得的许多成果，非常高兴。这是我们党的三中全会以来正确路线指引的结果，也是在河南省委的正确领导下哲学社会科学界同志们共同努力的结果。在这里，我特向大会和代表们致以诚挚的祝贺！

社联是社会科学各学科的群众性的联合组织。它既是党和政府领导社会科学事业的有力助手和参谋，也是党和政府联系、团结广大社会科学工作者的桥梁和纽带。它在社会主义物质文明和精神文明的建设中肩负着重大的使命。尽管社会科学的各个学科分别承担着自己的任务，反映着各个学科自身的特点、自己所研究和探讨的对象以及本身发展的规律，但是哲学社会科学领域内各个学科又具有共同的地方，存在着一些带根本性的共同问题。我想在这一方面谈谈自己的感想。

---

* 刊载于《中州学刊》1982年第3期。——编者

第一，关于坚持以马克思主义理论为指导思想的问题

无产阶级政党所领导的社会主义制度下的哲学社会科学，必然要以马克思主义理论作指导。然而，有一个时期，在部分哲学社会科学工作者当中，曾经出现过轻视理论、忽视马克思主义指导作用的倾向，甚至错误地认为马克思主义过时了。具体到历史学科中，听到这样一些说法：不要理论，一样可以搞历史，有了史料就有了一切。有的还提出"回到乾嘉去"，说什么搞资料保险，搞理论危险。

马克思主义究竟过时了没有？哲学社会科学离开马克思主义的指导行不行？

大家都知道，社会主义由空想成为科学，主要是由于马克思的两大发现——唯物史观和剩余价值学说。列宁称马克思主义的唯物史观是"唯一科学的历史观"，"唯一科学的说明历史的方法"，并且肯定地指出："在没有另一种想科学地说明某种社会形态的活动和发展的尝试以前，在没有另一种想像唯物主义一样把'有关事实'排列得秩序井然、把某种社会形态生动地描绘出来并给以极科学的解释的尝试以前，唯物主义历史观始终是社会科学的别名。"① 这些话至少告诉我们：第一，只有马克思主义才使社会科学成为真正的科学；第二，只有马克思主义才是唯一科学的理论和方法。马克思主义传入中国到现在已经六十多年了，哲学社会科学发生了本质的变化。同志们可以想一想，各个学科究竟是背离马克思主义能取得成绩，还是在马克思主义指导下更能够取得成绩呢？马克思主义理论的指导作用，在我国革命实践过程中是经过考验的。"五四"运动以前，我们这个多灾多

---

① 《列宁选集》第1卷，第10、13页。

难的民族，被帝国主义欺侮得国破家亡，无以为生。多次的反帝，多次的革命，多少个主义在指导，一次一次都失败了；只有在马克思主义指导下，成立了中国共产党，出现了国共合作，才有北伐的胜利。由于当时的马克思主义者还是初期的理论水平，党也是幼年的党，结果出现了右倾机会主义，脱离了马克思主义的指导，革命失败了，党也遭到破坏。那时，各种怪论都出来了，什么马克思主义不适用于中国，中国不是半殖民地半封建的性质了。中国的社会成了个谜，国内外许多社会学家都在猜这个谜。当时的马克思主义史学家、政治经济学家、社会学家，在白色恐怖下，坚持以马克思主义理论为指导，分析中国的社会性质。革命实践证明中国是半殖民地半封建的社会，适应这样的社会条件，毛泽东同志提出走"农村包围城市"的道路，搞革命根据地，成立苏维埃，使中国革命走向了胜利。《资本论》没有写这样的问题，《社会主义从空想到科学的发展》也没有写，这确确实实是马克思主义在中国的发展。大家看过《西安事变》这个电影。我们搞历史的，搞文艺的，搞社会科学的，怎么对待"西安事变"这个课题？我们可以想一想，如果不是在马克思主义指导下对当时的世界形势进行了科学的分析，如果不是对国内各阶级、各阶层及其有影响的人物作具体的分析，能不能动员一切有利于革命、有利于民族的积极因素呢？如果当时把蒋介石杀掉，抗日民族统一战线能不能形成？"西安事变"的和平解决，离开马克思主义的指导行不行？我们的现代史，特别是抗日战争以来的历史，是不是在马克思主义指导下一步步向前推进的？如果我们仅仅因为解放后在社会主义革命和建设中出现了某些失误，就惶惶不安，以至于否定马克思主义，否定历史，那就会使自己精神空虚。可以这样说，否定了现代革命发展过程中广大先烈、广大革命群众的业绩，就等于否定了自己。这不是任何个人的事情。有人觉得一提毛泽东思想，仿佛就是个人崇拜。毛泽东思想是怎样形成的？为什么称毛泽东思想而没有称别的思想？因为总结革命经验，总结中国社会发展基本规律，指明出路，继续前进，贡献最大的是毛泽东同志。关键时刻，挽救了革命，挽救了党，挽救了民族，因此才逐步地用毛泽东同志的名字来概括合乎中国国情的马克思主义。这并不是毛泽东同志个人的私产，而是许多革命先烈、广大革命人民长期用鲜血写出来的理论。中国的马克思主义，在伟大的民族革命斗争中，最大限度地动员了各个阶层的群众，尤其是农民。前一段，史学界有一种诽谤农民的说法，认为农民不起革命作用而起破坏作用。几千年的封建社会，不是农民养活整个社会吗？什么时候农民不种地，什么时候就要饿肚子。即使在战乱的过程中，也是农民打了粮食，养活社会。我们党领导的农村革命根据地依靠的是农民，抗日民族斗争依靠的是农民。农民与党，农民与马克思主义武装起来的革命队伍是长期生死与共，血肉相连的。一直到现在，农村政策仍然是党在整个社会主义时期各项政策中的重要组成部分。只有在马克思主义指导下实行正确的路线、方针、政策，才能够真正动员起广大农民的积极性；背离了马克思主义，必然要犯错误。

搞历史，搞社会科学同样如此，离开了马克思主义的指导，必然走到错路上去。当然，理论来自实践，实践丰富理论，马克思主义还要在革命实践中不断发展。我们不能把马克思主义的现成的、具体的结论作为教条去反复背诵，不能搞什么"凡是"。这些结论是什么时候讲的，针对什么情况讲的，为什么要那么讲，都要具体分析。把马克思主义理论僵化了，教条化了，必然犯错误。但是，决不能说由于出现了思想僵化、教条主义、生搬硬套、不实事求是的错误倾向，不能因为在前进中有过某些失误或遇到种种困难，就否定马克思主义；也决不能一碰钉子，就忧郁，就在自己的学科、自己的实际工作中裹足不前。我们要坚信，马克思主义并没有过时，马克思主义还在继续发展，并且能够解决社会发展过程中所遇到的新问题。我们的社会科学工作者应该义不容辞地回答面临着的一系列新问题。显然，不是马克思主义过时了，而是如何运用马克思主义的基本原则去研究和解决新出现的问题。我们不应当总纠缠在旧的问题上，而要对新情况、新问题作出马克思主义的说明。这样，不仅保证了各学科的正确方向，使之获得进一步发展，而且为丰富马克思主义作出自己应有的贡献。

第二，关于社会科学研究与现实、与政治的关系问题

学术与现实政治的关系，是经常遇到的问题。历史学科，尤其是古史研究，究竟要不要服务于政治，怎么样服务于政治，有没有超政治的历史学，争论很多。

首先应当指出的是，社会科学研究都无法摆脱时代的制约，不能不反映时代的要求。历史研究的对象是人类社会发展的以往过程，研究的是过去，似乎同现实政治无关。但是古往今来，有成就的史学家或史学著作，哪一个不是着眼于现实服务于政治呢？中国的封建史学在为封建政治服务这一点上，确实做到家了。所谓"述往事，思来者"[①]，"鉴往知来"，说得很清楚。司马光说得更明确，"资治"，就是资封建主义之治；"通鉴"，就是以历史当一面镜子。这部书是皇帝的政治历史教科书，不是为现实政治服务吗？我们仔细研究一下，封建史学家的立场确实很稳，许多知名的史学家，为了维护中国的封建统治，甚至不怕遭杀身之祸。能不能说他们为了政治就歪曲了历史呢？我看不能这

---

① 《汉书·司马迁传》。

样讲。《资治通鉴》在它那个时候,它那种情况下,并没有把历史跟当时的现实混淆起来,只是到一定程度讲讲"臣光曰"。作为一个优秀的封建史学家,达到了他可能做到的实事求是。资产阶级史学,在半殖民地半封建社会的情况下,一面吸取西方的东西,一面回味封建的东西,因而既服务于帝国主义,又服务于封建余孽。这也反映着当时统治者的要求。

有些同志说,我是搞考据的,不会搞理论。那么你搞考据,有指导思想没有?有指导思想,就总有理论。你的思想不是偏重于马克思主义,就是流于非马克思主义,不可能为考据而考据,也不可能考据时不动脑子。如果有同志说,请你把这个问题考证一下,这对解决历史上某个重大问题大有好处,请问你搞不搞?你说这是政治,我不搞,当然也可以。但是,你不搞这本身是不是一种政治倾向?每个人都离不开一定的政治,离不开时代的要求。所以,我说躲开政治,躲开现实,是不可能的。至于"回到乾嘉去"的说法,是不是想脱离马克思主义的指导,有意躲避社会现实?

历史学科尚且如此,其他学科与现实政治的关系可能就更加密切了。当然,社会科学研究联系现实需要,范围是广泛的,有直接的,有间接的,还有间接又间接的,各个学科不尽相同。因此,必须从实际出发,必须是科学的,而不是牵强附会的。各个学科要实事求是地去探索本学科的规律以及社会科学的共同规律。"四人帮"搞的什么"儒法斗争",那是反马克思主义的,是反革命的政治阴谋,同马克思主义史学根本不同。社会科学研究,既不能采取经院式的研究方法,闭门读书,脱离实际,回避对现实政治问题的解答,又要避免完全成为某项具体政策的注脚或附属品。至于历史研究,是要还历史的本来面目,把历史的真相挖掘出来,搞清楚,教育人民,推动社会前进。总结以往的经验教训，在处理学术与政治问题的关系上，要严格区分两者的界限。当然，理论工作在政治上应该同党中央保持一致，在重大原则问题上尤其要同党中央一致，但在理论学术领域内，理论性、学术性的争论，是正常的。要大力活跃学术研究的民主空气，鼓励对问题的探索，提倡不同学派、不同观点的自由争论，实行"三不主义"。要避免形形色色的派性表现，防止把学派搞成宗派，压制不同学术观点，以致影响、干扰"双百"方针的正确贯彻执行。

第三，关于坚持社会主义方向和党的领导的问题

我们党领导全国人民，经过几十年的浴血奋战，创立了社会主义的新中国，又胜利地进行了生产资料私有制方面的社会主义改造，从经济基础方面保证了我们国家的社会主义性质。这是天翻地覆的大事！私有制变为公有制，是几千年来不可想象的根本变化。只有这样，才能把我们这样一个半封建半殖民地社会改变过来，使我们整个民族取得真正的独立、真正的统一。对于占世界人口将近四分之一、长期处于饥饿状态之中的大国，只有社会主义制度才能保证做到基本上有吃有穿、有计划地进行经济建设。这样一个贫穷落后的国家，要建成一个现代化的社会主义强国，必须经过极大的努力，难免会走一些弯路。哲学社会科学属于上层建筑，应当自觉地为社会主义经济基础的巩固、壮大服务。这是我们社会科学各个学科极其光荣、极其繁重的任务。我们要从各个角度了解、认识、正视前进中的新问题，总结经验，提到理论的高度，供党和政府作为参考，以便在前进中少走一些弯路。因此，我们的社会科学研究，就能够不脱离社会主义方向。我们要反对资产阶级自由化倾向，反对封建残余思想和其他错误思想。当前经济领域内的歪风邪气在社会科学领域也有不同

程度的反映和表现。反对资产阶级思想意识的腐蚀，既是经济战线的战斗任务，也是思想文化战线上的战斗任务。我们应当有分析、有说服力地宣传社会主义制度的优越性，批判一切腐朽没落的、反动的意识形态，更好地为四化建设服务。我们社会科学的发展也充分说明社会主义制度的优越性。从我们河南来讲，有这么一支理论队伍，有这么一个发展速度，没有社会主义，是不可能达到的。就考古而言，河南也有很大发展，其速度、广度都是旧社会所不可想象的。我在河南搞考古时只有几个人，只发掘了那么几处遗址。今天听说，考古队伍已有一千多人，发掘的遗址上千。历史学科和其他学科的发展，都说明了这一点。

河南确实得天独厚，在考古、在历史这些学科方面过去为祖国的历史研究提供过许多新的资料。解放以来又提出了许多新的问题，解决了许多新的问题。大河南北，在祖国历史发展过程中是炙手可热的地方，是各族劳动人民逐渐融合形成中华民族的重要场所。好多地下资料还没有发现，有些发现了也没有很好利用，好多课题在河南是大有可为的。河南在历史上为祖国作过贡献，在社会主义制度下，应该做出更大的贡献。

现在需要很好地解决这样一个问题，就是由于种种原因，学术领域内难免出现这样那样的思想。比如，集体主义集不起来，什么名呀、利呀、稿费呀，谁的名字排在前面呀等等，使得许多集体工作没人愿意参加，愿意搞个人的项目。固然，学术研究需要独立思考，容易表现为个人成果。再加之某些客观原因，四五十岁的同志，这么多年受"四人帮"的干扰，十多年没有好好读书，业务上没有得到提高，现在任务重，又搞正规化，评职称、提级，不拿出东西也不太好办。但是应该明白，社会主义事业是千百万人的事业。社会主义制度下各个学科的发展，如果不依靠集体力量，成绩毕竟是小的，只能局限于个人所能达到的小圈子里面。河南等四省修订的《辞源》，如果仅仅是一个省或几个人，肯定不可能搞好。现在集体搞出来了，确实功德无量，使许多人受益。《中国历史地图集》也是全国协作，一直搞了十几年。从世界讲，不能不说只有在社会主义制度下才能达到这样的成就。许多事情，也只有在我们这个社会主义国家，才可以采取集体合作的办法，把多数人的智慧、资料、思想集中起来，使各个学科得到健康的全面的发展。

目前，还存在着某些封锁消息、垄断资料、互相保密的现象。我想，这种不正常的现象只是暂时的。我们要坚持社会主义方向，在科学研究中应该发扬集体主义学风，群策群力，互相学习，互相促进，共同提高。提倡把个人的科研积极性同集体的研究项目紧密联系在一起，使每个人都充分发挥自己的主观能动性，集众人之长，相辅相成，成为一个有机的学术整体。只有在社会主义制度下有领导、有计划、有步骤地使大批资料比较系统地、及早地提供出来，才能打破垄断资料、封锁消息等不正常状况。我们一定能够逐步地自上而下、自下而上，经过反复努力，把这些事情制度化，从而突破抱残守缺、孤芳自赏的局面。

关于坚持党对社会科学研究的领导问题。同志们都很清楚，如果没有党的领导，我们的事业就无法前进。党的领导能够使我们各个学科的研究活动沿着正确的方向发展，从而发挥它们的巨大作用。坚持党的领导，就是要在政治上保证党的路线、方针、政策的贯彻，调动各个方面的积极因素。同时也只有在党的领导下，各个学科才能够有计划、有步骤地协调发展。抓好科研计划，组织科研力量，做到知人善任，为科研创造条件，全面落实党的知识分子政策，都是党领导科研工作的重要内容。各科研机构、学术团体和广大科学工作者，要自觉地接受党的各级组织的领导，及时请示、汇报科研工作，以便更好地在建设社会主义精神文明中发挥应有的作用。

　　河南是我的家乡，自己了解河南。特别是历史上的河南，对祖国曾经有过巨大的贡献。未来的河南，也必将为祖国做出更大的贡献。河南地处中原，是祖国东西南北各个方面交通的枢纽，将来也会成为世界各个友好国家、国际朋友们所热切希望参观访问的地方。我十分热切地希望河南的历史、考古和其他社会科学工作者，很好地研究河南，能够把河南的历史进一步搞清楚，把历史遗迹，把能够反映祖国历史、反映劳动人民创造力的文化遗产进一步系统地整理出来。这不仅对祖国人民有教育意义，对世界历史也将是一个重大的贡献。

关于史学研究中的几个问题

——在郑州大学历史系的学术报告*

同志们、同学们：

昨天的座谈会上，大家给我出了一些题目，今天限于时间，不能一一回答。我把同志们的题目归纳为三个问题，作一次综合性的答辩。第一是史学研究的方向问题。第二是史学与考古的问题。第三是学风问题。

先讲史学研究的方向问题。

昨天有的同志提出这个问题，还提到史学研究中的长远规划等问题，我想就从这里讲起。前几天在省社联大会上，讲了应该坚持用马克思主义理论指导社会科学研究的问题。今天从历史研究领域中究竟如何贯彻唯物史观，如何运用阶级斗争的理论，如何处理与现实的关系，以及治史方法等方面谈一谈坚持马克思主义史学研究方向的问题。

唯物史观，"是唯一的科学的历史观"，也是"唯一科学的说明历史的方法"。用唯物史观的观点观察历史，既包括唯物主义，又包括辩证法，还包含发展学说。但是，现在似乎有一种倾

---

* 刊载于《郑州大学学报》（哲学社会科学版）1982年第3期。——编者

向，讲马克思主义的唯物史观，只讲社会发展的物质基础这一条，关于过去的全部历史是阶级斗争的历史，关于社会存在与社会意识的辩证关系，等等，仿佛都不是马克思主义唯物史观的基本内容了，于是，只谈生产力、物质生产是社会前进的唯一动力；不谈农民起义、农民战争推动历史前进的作用，反而说起破坏作用，造成中国封建社会缓慢发展，乃至停滞不前等等。马克思主义的唯物史观是一个完整的科学体系，是统一的、有机的整体。某一个时期，或针对问题，强调其中的某些基本理论是可以的，但是要把这样一个完整的科学体系肢解开，各取所需，甚至不惜歪曲、阉割，那是绝对不允许的！否则，我们的研究工作必然迷失方向，走入歧途。完整地、准确地、系统地学习、掌握马克思主义的思想体系，对我们从事社会科学研究，从事历史研究，十分重要。我们不要为一时的现象所迷惑，一定要学会完整地掌握和运用马克思主义的唯物史观，在自己的实际工作中加以消化，变成自己的思想、方法。这样，才能避免左右摇摆，保证我们的史学研究坚持正确的方向，取得科学成果。

马克思主义关于阶级斗争的理论，在社会历史发展中，给我们指出了一条指导性的线索，使我们能够在迷离混沌、错综纷纭的社会现象中发现规律性。马克思主义理论指导下的史学研究应该牢牢把握住这一条指导性的线索，用它去解开社会历史研究中的关键性疑难问题。当然我们做到真正理解、消化，并能够运用于具体探索问题中，就不那么简单了。由于客观的、主观的种种因素，在运用中往往会出现片面性、主观性，以至于失误。在革命实践中，在学术研究中，这是难免的事。在这种情况下，马克思主义的敌人，往往利用这种机会对马克思主义进行歪曲和污蔑，像"四人帮"那样的阶级敌人，用马克思主义的词句作掩护，极尽歪曲之能事，以达到他们反对马克思主义、反革命的罪恶目的。我们要提高警惕，决不能由于对他们的深恶痛绝而怀疑马克思主义的基本理论。在阶级社会里，是否存在阶级斗争，马克思主义史学家是肯定的，阶级社会当然存在着阶级斗争！地主阶级史学家虽然不懂阶级斗争的理论，但是"二十四史"哪一部不反映着阶级斗争呢？他们一提到农民、农民的反抗斗争，就统统称为"贼"，而对统治阶级内部斗争的失败者，只称"叛"、称"逆"。可见其阶级区分是清楚的。我们不是也没有因为封建史书中这种鲜明的地主的阶级观点，就完全否认它们的历史价值吗？研究历史上的阶级社会，不用马克思主义的阶级分析方法，怎么能够真正解决历史上的重大问题？阶级社会的历史正是阶级斗争的历史，这难道还能否认吗？

承认以马克思主义为指导理论，还仅仅是第一步，紧接着就是，马克思主义指导下的史学研究为了什么？直接说，就是史学研究与现实的关系问题。这也是一个方向性的问题。

史学服务于现实政治，是中国史学的一个传统。董狐、齐太史兄弟冒死写史，体现着史学的强烈政治性。修史、取鉴、资治，构成封建史学的主体，更是紧密地与政治联系在一起的。司马迁如此，司马光讲得更明确。封建史家哪一家不是明确地服务于封建统治者的政治呢？但是，他们却从他们的统治立场出发，把封建历史的社会面貌勾画出来了。资产阶级史学也是这样。地主阶级、资产阶级都非常懂得史学与政治的关系，甚至不惜冒杀身之祸去写他们的历史，立场坚定得很！马克思主义史学家则是站在无产阶级立场上，分析社会历史，写出科学的历史，并以此教育广大人民热爱我们的祖先世世代代所创造的历史，认识劳动人民创造历史所走过的曲折道路，从而热爱我们的社会主义祖国，积极投身于祖国的四化建设。这正是我们历史工作者最大的政治任务。

我们研究历史，是为了探寻历史发展的必然规律，引导人们向前看。就是说，我们不仅要作历史的研究者，更重要的是要成为历史前进的推动者。司马迁指出"述往事，思来者"，记述历史，为了未来，他虽然不可能找到历史规律，但提出这种思想，足以显示其具有远见。中国历史上有作为的史学家都不曾把自己的史学著述仅仅局限于记述往事上，而是有着一种对未来的寄托或向往。我们有马克思主义作指导，应该通过研究历史，树立坚定的信念，引导人们前进，为历史的发展做出应有的贡献。

在当前，一个很现实的问题就是如何通过中国的历史，引导人们，特别是引导青年人向前看，引导全体人民更加热爱我们伟大的祖国，激发起强烈的爱国主义精神，去从事艰苦卓绝的社会主义事业，迎接共产主义的到来。昨天不少同志提到，现在一些青年同志不愿学习中国历史，愿意学习世界历史。除了一些客观原因外，恐怕用历史进行爱国主义教育是很重要的一个方面。我们祖国有灿烂的文化遗产，有着我们自己的历史特点，有着很典型的奴隶社会、很典型的封建社会及其制度、文化等等，值得我们研究，其中的许多优秀遗产，都是进行爱国主义教育的很好教材。这里尤其应该利用河南的有利条件，进行爱国主义教育、社会主义教育。这里也有个方向问题。

在研究方法上，同样存在着方向性的问题。昨天有位同学提得好，说现在有一种倾向，作小题目，就事论事，忽视了综合性的大问题的研究。这确是一种倾向性。两千多年前，司马迁曾提出："网罗天下放失旧闻，考之行事，稽其成败兴坏之理"，"亦欲以究天人之际，通古今之变，成一家之言"[①]。这几句话历来很受推崇。他所说的"网罗天下放失旧闻，考之行事"，就是对

---

① 见《汉书·司马迁传》。

当时可能收集的资料，进行全面的考察，不能说不重视史料吧！但他考辨史实的目的却并不局限于辨一字、一事之是非，而是有更高的目标，即后面那三句话，总结成败兴衰之理，研究人和人以及人和自然的关系，探索社会的发展变化，最后写成历史专著。后来的史学家，可以说，凡是有作为、有成就的，都分别在这几个方面有所继承和发展。相反，那些局限于一字之辨、一事之考的史学家，虽然对史学的发展也作出了一定贡献，但就其史学成就、对史学的发展和作用看，不能说不是一种带方向性的问题了。马克思从商品这一常见的一般东西研究起，最终揭穿了整个资本主义制度剥削的秘密，发现了人类社会历史的规律。马克思这种探索问题的方法，正是我们史学工作者所要认真学习的楷模。我们一定要深入学习马克思主义，掌握精神实质，用以深入探索社会历史发展的规律，这样才能在史学领域内取得较大的成就。当然，这种研究绝不是把马克思主义教条化，用现成的公式去代替对于社会历史具体事物的具体分析，而是树基于大量史实之上的科学工作。马克思主义的历史著作，都是以极其丰富的、科学的史料为其坚实基础的。一个马克思主义史学工作者必须认真下一番刻苦的功夫，搞好基本功的训练，扎扎实实地、一个脚印一个脚印地在历史科学实践中逐步前进。应当注意的是史与论的统一，而不是人为地割裂开两者的关系。

下面讲第二个问题，考古与史学的关系问题。

昨天许多同学提出考古学的基本理论和基本方法问题。我想，这个问题可以从考古与史学的关系讲起。考古作为一门学科，有自己独立的体系，围绕着考古又有许多分枝学科正在产生和发展，如C^{14}测定、体质人类学等等，每一个学科又都有自己的规律。但是，考古的最终目的应是为人类历史提供可靠的、生动的实际资料，应该成为历史科学的有机构成部分，通过实际的历史资料的研究，以了解人类以往的历史。考古遗址的调查、发掘、整理、研究并不是最终目的，而是要把遗迹遗物所含蕴着的社会生活的丰富内容，如实地、明白无误地从考古学语言翻译成社会历史的语言，从而进一步探索社会历史发展的规律，为解决我国古代社会历史的某些关键性问题贡献力量。我国考古学过去曾经为古代社会历史研究提供了可靠的论据，丰富了祖国古代社会历史的实际内容。考古学的长足发展，同样存在着以马克思主义基本理论为指导的问题，即在马克思主义理论指导下，全面而深入地钻研大量的考古新资料、新现象、新问题，从丰富的实际资料中综合、概括、提炼、反复推敲，以解决社会历史研究中所必须解决的有关考古学方面的关键性问题。

科学的田野考古及其综合研究，既存在着理论问题，也存在着基本方法问题。科学的调查和科学的发掘，为综合研究提供可靠的资料和论据；而科学综合研究的结果，反过来又指导并推进调查工作和田野发掘。二者之间互相渗透、互相作用、互相推动。必须严格遵守应有的科学程序，即大规模的考古调查，有计划的科学发掘，确切的发掘报告，认真的比较研究和综合研究等等。在马克思主义理论和方法指导下，经过这一系列的科学程序，才能从考古学的角度把这些复杂错综的现象理出一个眉目来。河南仅新石器时代的遗址就有上千处，龙山文化是否找到了典型，能不能明确地提出个一、二、三来？能否从考古体系中提出了它的基本特征？简报虽多，但重复亦多，而且简单，不能够提供反映某种文化遗存的社会生活面貌的具体论证。可见，不注意科学的综合研究，发掘工作往往处于盲目状态。马克思主义的考古工作不应只满足于个别的盆盆罐罐、个别无关宏旨的所谓"奇宝"，必须进行艰巨而富有理论性的学术综合工作。这种综合研究所依靠的资料，不仅是一个个孤立的个别的东西，而是把这些遗物作为某一具体社会中相互联系的、不可分割的构成因素，然后和其它考古文化遗存进行比较研究，找出一定时期一定地区的考古文化遗存的基本特征，再与不同时期不同地区的文化遗存进行全面的比较、分析，把长时期内各种不同文化在不同地区的发展过程弄清楚，逐步科学地复原其社会历史的真实面貌。

当然，综合研究必须在科学的考古调查和发掘的基础之上，才能够作得好，而考古调查和发掘又必须具备熟练的田野考古技术。把技术看成唯一的东西，固然会失去主体，而忽视乃至轻视技术，就会把自己的综合研究建筑在极不巩固的沙滩上。一个真正的新石器时代考古学家，必须是一个熟练的田野考古学家，充分掌握田野考古的基本技术和科学规格，带着综合研究中所提出的重大问题去进行调查和发掘；而又充分运用考古技术观察、分析田野考古中所发现的重要现象，以寻求得解决问题的论据和钥匙。这样才能使自己的综合研究获得真正的科学基础。因此，我们说田野考古是考古研究中十分重要的一环。必须熟练的掌握考古技术，亲自下田野进行实地考古，决不可只凭考古报告进行研究。没有一定的田野考古的训练，要消化、理解一般考古报告，就会受到局限。所以，一定要重视田野考古，准确地掌握第一手材料，才能把自己的研究工作立足于巩固的科学基础之上。

关于考古资料的使用问题。考古学有自己的科学体系、自己的概念、自己的语言，史学工作者使用它，就有一个过程，即把其中的考古概念翻译成历史学的语言。现在看来，从考古到历史，这个翻译过程还相当艰巨。考古工作者根据考古资料写出的社会历史，往往类似于综合性的考古报告，缺乏生活气息和社会气息；史学工作者运用考古资料，又隔于理解考古工作的术语、概念，不能准确无误地把考古的丰富可靠资料写入史册。大量考古资料长期积压在那里，报告也出不来。于是，史学界对考古学界有意见，考古学界又对于出版部门有意见。史学与考古学本来应该是近亲，但长时间以来，关系相当疏远，这是不正常的现象。作为史学工作者，应该理解和了解考古学的艰巨，懂得一定的考古学知识，以便更好地消化、掌握、运用丰富的考古资料；而考古学家，则不应把视线仅仅限于一个个孤立的个别的具体事物中，忽视"探索当时的社会面貌"的最终目的。这样，在马克思主义指导下，考古学与史学的关系就能逐渐密切起来，使考古学真正成为历史科学的一个有机构成部分，取得更加辉煌的成果。

考古学的发展，不仅仅是本学科的问题，还需要其它学科的扶持和协作，需要历史学、民族学、体质人类学、动物学、植物学以及物理、化学等许多学科的大力支援，从这些学科中吸取必要的营养资料。现在我们的考古工作与许多学科都有着相应的配合，但还缺乏长远的学术目的，还需要有组织，有计划的全面安排。

总之，要把考古学全面健康的发展起来，应当进行全面的学术检查，找出积极的发展方向，有组织、有计划地开展各个学科的通力协作，把考古学的水平提高一步。

最后一个问题，学风问题。

粉碎"四人帮"以来，社会科学，尤其是史学领域，确确实实是迎来了科学的春天，几年中，历史研究不论在深度、广度方面，还是在新开辟的领域方面，都取得了很可喜的成就。就河南来讲，这次省社联大会，检阅了各方面的丰硕成果，反映出党的三中全会以来，哲学社会科学战线同全国一样取得了辉煌的成绩。另一方面，也反映出某些问题。表现在学风方面，同志们提出，近年来在少数史学工作者中却想"标新立异"，为了表现自己观点的所谓"新"、"异"，往往背离马克思主义的基本原则，在理论上出现了一些不正常的说法，什么列宁关于帝国主义的理论过时了，什么历史上的平均主义比封建主义还坏，诸如此类。同志们还提到研究课题的摇摆问题。有些同志认为三十年来我国史学研究中一些重大历史问题、理论问题的争论，似乎都弄错了，马克思主义的基本原则好像应当被抛弃，颇有全部否定之势；近代史的研究中，又有由大骂到大捧"洋务派"的不正常现象；农民战争在历史上的作用也要重新估价，阶级斗争是历史发展的动力也成了问题，等等。这些观点都值得我们严肃、认真地加以注意。同志们还提出，近来存在着垄断资料、相互封锁的不良风气。图书资料以及考古发掘的资料，搞史学工作的同志很难看到，造成了史学研究进展的困难。所有这些现象都是不正常的，不是社会主义社会里所应有的作风，也不是马克思主义的史学工作者所应有的作风。当然，造成这种现象的原因是多方面的，有主观的，有客观的，也有历史遗留的，要作具体分析，找出原因。只要大家积极呼吁，大力开展多方面的学术协作，倡导集体主义的学风，我相信问题一定能够逐步得到解决。

我想，这里面也有一个品德问题。我国古代的史学家很注意"史德"。我们马克思主义史学工作者应当有更高尚的品质，有我们的"史德"。搞历史研究，不应该摇摆不定，看风使舵，为了某种不纯的目的去歪曲历史事实，马克思主义史学家要有自己的骨气，是就是，非就非，不能东倒西歪，扭扭捏捏。

昨天有的同学提出来学术争论的问题。本来，在马克思主义指导下的学术争论，是很正常的现象。"百家争鸣"作为学术活动的一项方针是长期起作用的。当然，在史学领域内执行这一方针中曾经出现过某种毛病，也有一些教训，史学界的同志如果回忆一下过往的情况，大都会有所体会的。那么，现在我们应当怎样从中吸取经验教训呢？怎样发扬过去的好经验，预防曾经出现过的错误呢？我想这是应当认真考虑的一个问题。

我们的祖先为我们留下了极为丰富的史学遗产，继承这份产业，对漫长而复杂的社会历史进行探索，是我们史学工作者光荣而艰巨的任务。对各个朝代的历史，对各个方面的专题，都需要我们运用马克思主义的立场、观点、方法加以严肃的、科学的分析，从而得出比较确切的结论。这就要求我们通力合作，从各个角度开展研究，经过反复争论，逐步取得比较合乎历史实际的结论。这是我国史学发展的必经之路。由于对马克思主义理论的理解不尽相同，由于所掌握的具体资料不尽相同，逐渐对历史上的关键性的理论问题出现了不同的认识，有时甚至距离极大，必然引起强烈的学术争论。三十年来，史学界曾经出现过可喜的局面，对马克思主义史学的深化，起着催化作用。然而，也曾出现过某种不正常的现象。由于认识不同，意见相左，引起过人与人之间的"不快之感"；不同"学派"之间，或多或少带着某种"学派"情绪，学术意见的异同，引出了个人关系的亲疏，学术是非转化成"个人是非"，甚至在争论过程中表现出某种宗派情绪，给史学研究的开展带来了不健康的因素。我们应当在马克思主义指导下，就史学领域内的关键性学术问题，展开"百家争鸣"，使之继续讨论下去，既不可急急忙忙地采取组织手段去评论其学术是非，也不应再出现"学派"问题的不正常关系。当然，背离马克思主义，歪曲"百家争鸣"方针，则是另外一回事了。

关于社会主义制度下集体主义的协作精神，尊重个人研究成果，今后都需大力提倡。近年来，似乎集体主义少了些，这中间有许多客观原因。比如四十到五十岁左右的人，前十几年搞不成业务，现在多数是业务骨干，负担很重，而且评职称又不能靠两人合作，提级要看文章，这都是一些现实问题。我认为，关键是个人的研究成果怎样同整个马克思主义史学的发展融为一体的问题。《甲骨文合集》经过多年的协作，克服了重重困难，总算是印出来了；工作基本完成之后，参加工作的同志大都感到只有靠集体力量才能收到相互促进、共同提高之效。《中国历史地图集》也是全国范围的长期大协作，集中了不少学科、不少专家的意见，也是克服了重重困难，才完成了内部稿子，还未公开发行，国外就打算翻印了。这都是在比较一致的基本指导思想下采取集体形式取得的成果。这种社会主义制度下的集体主义精神、协作精神，应该大加提倡和发扬。这些成就，不仅没有湮没个人的研究成果，而且把每个人的研究成果都吸收进来，成为集体的更巨大的成就；个人的成就也在集体工作过程中得到了极大的提高。

河南是中华民族古老文化的发祥地，是我们从事史学研究、考古研究的肥沃土壤。古往今来，中原地区的人民气质非常高昂，又有着大量的地上、地下的历史资料，相信同志们、同学们一定会对祖国的社会主义物质文明、精神文明建设做出更大的贡献。

祝大家成功！

1982 年 7 月

从考古到史学研究的几点体会

——1982年4月22日在母校
河南师大的谈话*

同志们、同学们：

今天，我能够回到河南师大，向自己的母校汇报我在半个世纪左右的时间内所经历的道路、感受以及从事学术工作的一些体会，向母校的师生同志们交交心，非常兴奋！尽管自己不自量力，上午到龙亭、潘家湖发掘工地跑了半天已经精疲力竭了，但是一想到今年是建校七十周年，在校庆前夕到了河南，怎么能够不回来看看母校的巨大变化呢！所以，同母校师生见面、谈心的急迫心情，又支撑着我这虚弱的身体来了。回来看到母校发展规模的宏大，校园的扩建，教学设置的更新，生活条件的改善，尤其是全校师生员工高昂的气质和精神面貌，使我由衷的高兴！

这个学校，最早是河南留学欧美预备学校，后来改成大学，曾改过多次名字。我在这个学校的时候，是中州大学的预科，以后又改叫河南中山大学、河南大学。我是1925年考入预科的，是1928年到1932年在本科学习。最先学哲学，后来在国文系学习；最后的一年多由学校派往安阳，参加中央研究院的殷墟田野

---

* 刊载于《河南师大学报》（社会科学版）1982年第4期。——编者

考古实习，1932年以后，在当时的中央研究院历史语言研究所考古组作研究生。后来留在那里工作，一直到1937年底。当时中央研究院同河南省政府合组了一个河南古迹研究会，就在龙亭下边的西院。今天上午去看了，早已拆除了。我在河南古迹研究会进行两年的考古调查和发掘。从1931年起，到1936年，这段时间，主要在豫北、山东从事考古发掘。最初参与了梁思永先生在安阳县西高楼庄后冈的考古发掘，后冈的发现揭开了小屯、龙山和仰韶三种文化的堆积关系，解决了中国史前史上的不少悬案，找到了一条探索中国史前期社会的正确道路。1932年河南古迹研究会在浚县进行发掘辛村及大赉店遗址的工作。我在大赉店发现了和安阳后冈相似的遗址，也发现龙山和仰韶两者的堆积关系。1933年又与石璋如调查同乐寨（在安阳西的洹水岸边）的遗址，知道龙山层下也有仰韶层存在。1934、1935两年还参加了安阳西北冈殷代墓地的发掘。1936年，我又和梁思永、祁延霈两位在山东日照两城镇作考古发掘，进一步探讨新石器时代的龙山文化。1937年冬，由于日本的侵略，我们迁往长沙，当时还打算把《两城镇》这个发掘报告的草稿写完。但是，日本对长沙的轰炸，使我下定决心离开这个学术机关，参加了抗日。

由于我们党很重视祖国的历史，要我参加史学研究和历史著作的编写工作。从此，我的注意力逐渐集中在我国原始社会的研究上面。研究我国氏族制的社会结构，考古学中新石器时代的资料是十分重要的，要想把氏族制度在我国发展的序列弄清楚，首先应当把我国业已发现的新石器时代资料的时间序列基本弄清。所以，我的第一步工作就放在我国新石器时代的分期问题上了。关于我国新石器时代分期问题，有个瑞典人安特生，最早提出了他的理论，而且在我国史学界有着相当的影响，并形成了我国个别史学家在我国远古社会历史研究中的某些错误看法。不突破安特生在我国新石器时代研究中所造成的混乱,就不可能把我国远古社会历史中这一阶段的状况搞清楚。因此,我的工作就首先集中在这一点上了。

安特生在我国河南和西北曾作过一些考古调查和发掘工作,在甘肃一带曾找到不少新石器时代的遗址。他根据这些资料把甘肃的遗址分为六个时期。多年来这个分期的体系在我国一直流行。我着重分析了他的分期工作,认为他的理论根本靠不住。从资料本身讲,他所根据的大都是地面调查所得,不可能作为分期的基础;他发掘所得的部分材料,因工作粗疏,未曾把文化堆积的层位关系弄清楚,因而科学价值也相对减低了。从他的治学方法看,是形而上学的。尤其是他带着民族偏见研究我国远古的社会文化,从而得出了错误的理论——"中国文化西来说"。

1937年针对安特生在中国新石器时代分期问题中的错误,曾写过《龙山文化与仰韶文化之分析》。1939年以后,就我国新石器时代的考古资料作过进一步的探索,试图突破安特生的体系,建立起中国新石器时代的比较可信的体系。我把1937年以前发掘所得的比较可信的材料作了一番初步整理,以此为基础,审慎地找出各种文化遗存的先后关系,比较全面地分析了各种文化遗存的具体内容。对那些地面调查以及不可凭借的发掘材料,都大胆割爱了。在这个过程中,写成《中国新石器时代》一文。我逐渐认识到实事求是的综合研究是十分必要的;没有综合性研究,就不可能使这一学科的理论逐步提高,也不可能从全面的综合研究中发现问题,找出解决问题的钥匙。同时还体会到,根据片面的个别的材料,就海阔天空的侈谈什么理论,除了制造混乱外,是解决不了任何问题的。但是,以矜慎为名,把精力只放在个别孤立的事实上,而不去作全面的综合性的考虑,同样也会阻碍研究工作的迅速发展。这两种偏差应当说是没有正确解决好考古理论同考古资料的关系。1940年，又根据十几年考古学、古人类学以及其他有关的材料，写了《中华民族及其文化之起源》一文，说明中华民族及其文化是在中国这块土地上繁荣、滋长起来的，用以批判外来说的谬论。在这段时间内，把过去搜集的资料作个初步整理，写出了《中国原始社会》一书的草稿，1943年由延安作者出版社印出了。我把这作为我正式研究原始社会的起步，也是我对中国社会历史发生浓厚兴趣的开端。

研究社会历史，研究原始社会史，对于我这个搞新石器时代考古的人来讲，复原氏族制度的社会面貌这一观念，就时常在脑中徘徊着。那么，怎样复原？着重在哪些方面？关键在哪里？氏族制度的整个面貌大体上是什么样子？这样一些问题经常在思想深处酝酿着，盘桓着，逐渐形成自己在理论问题上的自觉的责任感。这样，自己综合研究工作的主题就逐渐明确起来了。这并不是放弃大量考古现象的深入钻研，而从事脱离客观实际的抽象、概括，以至不着边际的空谈；相反，正是运用马克思主义有关原始社会的精神原则，深入钻研大量的新资料、新现象、新问题，从这些丰富的实际资料中，综合、概括、提炼，去解决复原氏族制度所必须解决的考古方面的关键性问题。突破了这一关，真正占领了这一阵地，进而探索原始社会的氏族制度，就有了巩固的科学基础了。我以田野考古为起点，正是经历了这样一个漫长的过程，深刻体会到搞考古没有马克思主义的理论指导是会迷失方向的，其结果可能重新成为某种错误理论的俘虏。1955年，我写了《论中国新石器时代的分期问题》，进一步分析安特生关于中国新石器时代分期问题的错误理论。

随着新石器时代考古工作的发展和原始社会氏族制度研究的深入，在编写祖国历史的工作中，又遇到了一些新问题。我翻遍了这一段的考古资料，参考了一些考古论文，企图从大量的资料中搭起我国氏族制度社会发展的基本间架，但是，一着手就困难重重，理不出个头绪来。大量的报导往往是千篇一律，太简化、太一般化了，在这里，大都是部分遗物的提示，个别遗迹的描述，往往不能提供较多的科学根据，用以说明当时人们社会生活的具体状况。为什么面向着大量资料，却又不能具体而生动地反映或描绘出祖国氏族制度的图景呢？这就给考古发掘的综合研究提供了新的问题：如何使新石器时代的考古资料较全面、较系统地反映出某一类型文化遗存的社会面貌？考古与历史科学应该是一种什么样的关系？科学发掘与综合研究又应是怎样的关系？等等。1962年，我根据有关新石器时代考古新发现的资料写了《新石器时代研究的回顾与展望》一文。在那里曾提出了一些学术性问题。然后，又反过来从解决这些问题的角度出发，检查这些资料本身所存在的某些缺陷，考虑这些年里新石器时代考古工作的某些问题。因而，对新石器时代工作从理论、学术以及田野考古等各个方面提出了自己的意见。到现在整整二十年了。二十年前提出的问题，有些已经进入解决过程之中，有的还有待于寻找进一步解决的途径。我对新石器时代的考古工作一直怀着极大的热情，期待着在某些重大学术问题上有所突破。现在看来，必须在马克思主义的理论指导下，首先作好新石器时代的考古工作，才能够为氏族制度的历史研究打下巩固的科学基础。氏族制度的研究是马克思主义史学的重要阵地之一，是理论战线中不可缺少的课题，因此，新石器时代考古学负有严肃的科学责任。忽视这一学术目的，就会使新石器时代考古迷失方向。

我的学术工作经历，可以说就是在处理理论与具体材料的关系的过程中，一步步地走过来的。搞考古，那么多遗址，那么多器物，一件件实物，一个个报告，这个文化，那个文化，简直使你眼花缭乱！究竟为什么？从考古进入史学研究领域，面对着那么丰富的文化遗产，那么完整的封建史学体系，究竟怎么继承，继承什么？确实存在着许多复杂而繁难的问题。

我国社会历史的分期问题，从30年代开始，一直争论不休，直到现在，仍然意见纷纭，相持不下。建国以来，史学界在一系列重大问题上都曾展开过争论，如汉民族问题、农民战争问题、历史人物评价问题，等等。长期纠缠不清的关键何在？究竟是材料问题，还是理论问题？为什么同一条史料可以引出不同的结论？前几天在郑大历史系座谈，有的同学提出：为什么这些老问题总是争来争去，没完没了？我觉得，根本问题不是理论多了，而是掌握和运用马克思主义的理论还存在某些问题。史学领域中这些重大理论问题的讨论，一步步把我的兴趣引向马克思主义史学理论中去，从50年代起，我的注意力渐渐转向我国史学理论争论问题的探讨中去了；1962年后，精力大都集中在这个方面，试图探索我国史学理论发展所存在的问题。由于十年浩劫，中断了许多年，现在，只有从头作起了。昨天座谈会上，不少同志提到理论与资料的关系问题。借这个机会再多谈谈个人的看法、个人的体会。

理论与资料本来是编写历史中的不可或缺的两个方面。在一定的理论指导下，根据史实编写历史，这是中国史学发展进程中长期遵循的路数。所谓孔子作《春秋》推崇的"义"，是不是那时他所强调的理论呢？司马迁"网罗天下放失旧闻，考之行事"，可以说是收集了大量的资料，进行了细致的考辨。为了什么？用他的话说，即"稽其成败兴坏之理"。明确地提出"理"来，是不是在搞理论？以后的班固，提出"究汉德"等等，不都是他们的理论吗？至于刘知几、章学诚就更着力于封建史学理论探讨了。刘知几提出的史家三长，其中的史识是不是指的史学思想、史学理论？史识同史才、史学相比，刘知几把它放到更重要的位置上。章学诚对同时期的考据之学,则认为不是史学。他说:"整辑排比,谓之史纂;参互搜讨,谓之史考,皆非史学。"这些思想、认识,多为治史者所首肯,认为像孔子、司马迁、刘知几、章学诚等注重史学理论是应当充分肯定的,而他们的史学成就也为人们公认。是不是可以说,注重史学理论,是中国史学的一个传统?至于资产阶级史学,大家对梁启超在这一方面的建树,也是肯定的。封建史学家、资产阶级史学家,凡是有作为的、有成就的,可以说无一不是注重史学理论的。但是,我们并没有因此就认为他们不注重史料,即使对刘知几、章学诚也没有认为他们是空发议论。作为马克思主义指导下的史学研究,强调或注重史学理论问题,我想同样应该受到足够的重视和给以充分的肯定。大家想一想,是不是这么个道理?理论与史料的问题,通过中国史学的发展,总可以看清楚二者究竟是一种什么样的关系了。

就我们从事马克思主义史学研究的目的来看理论与史料的关系。马克思研究历史,研究社会,从商品这一社会最基本最常见的东西出发,最终揭穿了整个资本主义制度的趋势,发现了人类社会历史发展的规律。马克思从最基本的商品研究起,但并没有把他的研究仅仅停留在个别的、单一的、孤立的商品上,而是进行了全面的、综合性的研究,抱着比研究商品本身更高更大的目的去进行探讨,寻求规律。他研究法国历史,特别是巴黎公社史,也没有仅仅停留在具体史实的考辨上,而是在基本史实基础上,总结出了要砸烂旧的国家机器这一无产阶级革命带有规律性的结论。

当然,我这样讲,决不是否定史料的重要性,而是说,理论与史料的关系,在中国史学领域内,是史学家们从来就相当注意的问题。我国史学史上的著名史学家及其历史著述,在理论与史料的关系上一般处理得都比较好，他们都是在他们的理论指导下，驾驭着那样丰富的史料，写成了一些历史巨著。他们并没有把理论与史料人为的对立起来，也没有把两者割裂开来，而是统一地融合在他们的历史著述之中。当然，在阶级社会中，由于阶级的局限性，当时的史学家对史料的甄别，自然会带有阶级的偏见。今天，我们在马克思主义理论指导下，驾驭着更丰富的社会历史资料，就一定能够写出新的更加合乎历史实际的史学巨著来。这正是我们马克思主义史学工作者义不容辞的责任。

胡乔木同志在史学会成立大会上曾谈到史学理论问题，他说：“历史本身就是一种理论性的研究”。中国史学的发展，已说明这一点了。乔木同志指出，"我们史学界对于马克思主义理论的掌握还是很不够的，还存在很大的片面性和很多的武断"。具体讲来，要么认为马克思主义的历史理论"过时"了，不适用了；要么就是不去认真分析社会历史现象的复杂性、多样性，竟而简单从事，作出所谓论断，甚至用马列著作中的只言片语来代替事实的论证。这就不能说是真正地掌握了马克思主义的史学理论。现在，问题是应当对我们的史学理论状况认真进行科学的实事求是的总结，搞清楚什么是马克思主义的史学理论，哪些是被歪曲甚至阉割了的，使我们有一个比较清醒的认识，然后，把马克思主义的基本理论运用到社会历史研究的科学实践中去，审慎地探索社会历史的真实面貌。当然，在研究过程中，肯定会遇到新的问题，这些新问题在马克思主义经典著作里不可能找到现成的具体答案。在这样的情况下，我们是否定马克思主义理论的指导作用呢，还是在马克思主义基本原理指导下去探索这些新课题，进而丰富和发展马克思主义的理论体系呢？我想，我们应当坚持的是这后一种态度。

昨天，有位同志提到最近关于《甲申三百年祭》一文的争论是否因理论与史料关系的处理问题上有不同认识所产生的？我这样想，郭老在某些具体史料的运用上，限于当时的条件，没有来得及作更多的考察，后来郭老也曾谈到过。但个别史料的确切与否，并不曾影响这篇文章的结论。在这里，他运用马克思主义理论，总结李自成失败的原因，不仅具有重大的学术意义，而且向我们的党和人民提供了重要的历史鉴戒。如果从郭老所用的某些史料不那么够确切，来全面否定这篇论著的学术价值和政治意义，那就不太恰当了。

最后，简单谈一谈继承祖国文化遗产的问题。

我国历史悠久，文化遗产极为丰富，不论是地上的还是地下的，也不论是文献资料还是遗迹遗物，其内容丰富、历史之悠久，是世界各国所罕见。讲原始社会，我们总是举外国资料。但是，研究无阶级社会，研究从无阶级社会到阶级社会的过渡，哪一个国家的资料最多呢？我看，我们的祖国是相当丰富的，世界上都在谈人类起源的问题，现在来看，大量古人类学的资料出自中国。研究氏族制度，所有新石器时代考古资料，哪一个国家最丰富呢？过去外国人认为只有黄河流域有新石器时代的遗存，长江流域可能没有。现在看来，长江流域也相当丰富。过去讲中国只有新石器，没有中石器，没有新石器早期。现在看来，既有中石器，又有新石器早期的遗存。总之，过去总觉得中国不那么全面、不那么完整，现在可以说这些问题都正在解决之中。地下的是这样，地上的实物、文献，从原始社会末期经奴隶社会，到封建社会，恐怕世界上没有哪个国家像我们这样连绵不断，这样无比丰富。但是一说到什么典型社会，总要向西方去找。原始社会，找西方；奴隶社会，一找就是希腊、罗马；封建社会，也要向西方找典型。总认为中国奴隶社会是不那么成熟，中国封建社会不那么典型。请同志们想一想，中国这么一个大地，两千多年来，封建社会从中原地区渐渐发展到边远地区，从畜牧业到农业……如果我们指导思想对头，方法对头，又有着极为丰富的社会历史资料，我想，我们是完全可以研究出中国这个封建社会的典型性来的。从整个社会的经济、政治、思想文化等各个方面反复进行深入的探索，还它本来的历史的社会面貌，已经成为我们马克思主义史学工作者无可推卸的责任了。不久前《人民日报》报导的清华大学学生学习历史特别是近代史的收获，很值得我们大家认真读一读。其中有这么几段话：

> 现在历史该我们这一代来写了，是"爱国"还是"忘国"，这个问题摆在我们面前。……能因为祖国贫穷就抛弃她吗？近代的中国是贫穷的，但近代中国那些英雄们并不因为她贫困就不爱她了。
>
> 作为一个有良心的中国人，有什么理由不为自己的民族、祖国的繁荣富强而奋斗呢？我们要为祖国、民族的繁荣富强做出自己应有的贡献。
>
> 一个国家的公民爱自己的祖国是何等的重要！它是一个公民神圣的职责，是自己奋斗上进的动力，是一个公民的骄傲。我们身为中华民族的子孙，有什么理由不以中国近代史中的那些英雄，那些忠诚的人民为榜样，为中华民族的崛起而奋发图强呢！

这表达了青年一代热爱社会主义祖国、立志奋发图强的心声。从青年一代身上看到了我们伟大祖国的光辉前景，一切消极的论点、民族自卑的思想，都是没有根据的！我们历史科学就是要坚持马克思主义，给人以科学的历史知识，给人以前进的力量，看到光明的前途，通过了解过去，更好地洞察未来。

河南地处中原，历史被称为中国文化的摇篮，地下、地上有着大量的、丰富的历史资料可供我们研究。从史学发展的情况看，许多重大问题，不论是考古的，还是社会历史研究方面的，往往是从河南这个地方的社会历史中提出来的。河南在历史学领域是大有作为的地方，师大又有悠久的历史，有丰富的教学、科研经验，大量的历史资料，比我在这里的时候条件好多了。我们那时不懂多少马克思主义，看马克思主义的著作还要杀头。但是，许多青年人却以极大的爱国热情，通过对祖国历史的了解，放眼未来，不甘心当亡国奴，毅然投奔革命，为创建新中国英勇奋斗乃至流血牺牲。今天，我们学习马克思主义的条件、学习祖国历史的条件，都更加优越了，应该通过对祖国历史的学习，对祖国优秀文化遗产的继承，激发起更强烈的爱国主义热情，努力为实现高度文明和四个现代化的美好前景而学习和工作！

我这个人见识迟，学识浅，考古没有学好，对史学理论也还是在尽力摸索之中，因为是回到母校，才把这些不成熟的感想、体会，倾吐出来，请老师们、同学们指教。讲错了，就请同志们对我这个老校友毫不客气地提出来。

祝同志们思想进步，身体健康！

1982 年 7 月

马克思主义与中国历史学的发展[*]

恩格斯曾经指出,马克思一生中有两个伟大的科学发现,其中之一,"就是他在整个世界史观上实现了变革"[①],创立了历史唯物主义,第一次使历史学置于真正科学的基础之上。

马克思逝世三十多年以后,他的学说开始传入中国。随着唯物史观的传播和运用,我国历史学也发生了一场前所未有的、极其深刻的革命性变革,并在无产阶级和人民群众完成推翻旧世界、建设新社会的伟大事业中,日益发挥着重大的作用。今天,我们为开创历史科学研究的新局面,努力建设具有中国特色的马克思主义历史学,回顾和总结中国历史学的发展以及马克思主义给中国历史学带来的变化,是十分有意义的。

---

[*] 原文曾作为全国纪念马克思逝世一百周年学术报告会论文印发,后经修改,发表于《河南大学学报》(社会科学版)1985年第4期。——编者
[①] 恩格斯:《卡尔·马克思》,《马克思恩格斯选集》第3卷,第40页。

一

列宁曾经指出:"无产阶级文化并不是从天上掉下来的","无产阶级文化应当是人类在资本主义社会、地主社会和官僚社会压迫下创造出来的全部知识合乎规律的发展"①。我们谈论马克思主义给中国历史学带来深刻变革,简要回顾和总结我国史学自产生以来的发展历程和优良传统,是十分必要的。

在我国,自文字出现之后,就有了历史记载,其后,编纂成书,逐渐产生了史学。经过奴隶社会、封建社会和半殖民地半封建社会,中国历史学走过几千年的历程。

我国的历史学,从其产生之日始,就同现实紧密地联系在一起。所谓"南面以君天下者,咸有史官";史官"掌官书以赞治","由赞治而有官书,由官书而有国史",都清楚地表明,"史"与"治"、"史官"与"国君"有休戚相关的联系。司马迁著《史记》,就明白地提出"述往事,思来者","稽其成败兴坏之理"。到了司马光,一部《资治通鉴》更成了"皇帝的教科书"。地主阶级的杰出史家,从其阶级立场和利益出发,为了封建王朝的"长治久安",把历史当作一面镜子。他们有的着重总结前朝政权的盛衰得失,有的系统探索政治统治经验,还有的通过对社会结构的考察求得巩固统治的方略,等等。每当社会发生激烈的变动之后,史学总是以不同的形式反映这种变动,或是涌现出具有代表性的巨著,或是在史书编纂上有创新,或是学术思想和理论有突破。总之,史学直接与现实紧密相连,它根植于社会矛盾之中,紧贴政治斗争的脉搏。几千年来,社会向前发展

---

① 列宁:《青年团的任务》,《列宁选集》第4卷,第348页。

了，史学也连绵不绝，世代相续。

考察我国古代史学所取得的成就，可以发现，史学家为总结国家的兴亡治乱，不得不重视人事。司马迁为了"稽其成败兴坏之理"，提出"亦欲以究天人之际"，在《史记》中重点考究了人的作为。当然，封建史家笔下的人事，主要是指帝王的圣明和权臣的贤能，但有时在一定程度上也包括了人民的作用，记录了他们的斗争事实，客观上反映了人民大众在推动社会发展方面的威力。我们还可以看到，一些历史著述在记录社会变迁时，力求探索这种变化的缘由。司马迁讲"通古今之变"；杜佑、郑樵、马端临由"通"到"会通"，进而要推寻"变通张弛之故"，都比较明确地表述了这种进步的历史思想。

社会物质财富对社会政治的影响和作用，也是封建时代进步史家已经注意到的一个方面。《史记》有《货殖列传》和《平准书》，《汉书》创辟《食货志》，系统地记述西汉末年以前一千多年社会经济发展的重要内容。唐以前"正史"中《食货志》的修纂时有间断，而唐以后《食货志》则成为"正史"中不可缺少的一部分。《隋书·食货志》序文还从财富聚散的角度说明民众的物质生产活动与政权兴亡的关系。《旧唐书·食货志》以下，都程度不同地继承和发展了这一思想和编纂方法。《通典》在众多繁杂的典章制度中，以"食货"居首，考察视野愈益重视社会经济生活。

封建社会中央皇朝在实行政治统治的时候，都十分注重与四周少数民族政权的关系，认为"四夷之戒，安可不深念哉！"因而，一部"二十四史"连续不断地记述了数千年间中国境内各少数民族的活动和各民族交往、争战的历程。此外，还有从不同角度、不同程度表现这一长过程的极为丰富的历史记录，成为我国古代史学发展中一个不可少的组成部分。当然，这种历史记录充满着"夷夏之辨"的浓厚封建色彩。

此外，我国古代史学在其发展过程中，逐渐形成对史家的严格要求，强调"才"、"学"、"识"为史家必须兼备的条件。同时认为，作为考察问题时所征引的史料和历史知识的"史学"和作为史法的"史才"，都离不开包含思想观点的"史识"。后来又提出"史德"，要求撰史者"心术"正，做到"直笔"、"实录"。当然，这里讲的"直笔"和"实录"是有很大局限的。

至于我国古代史书形式的多样、修史制度的完备，考辨史实、钩沉辑佚、校注补遗、订讹辨伪，以及金石、目录、训诂、名物、校勘等等，也都是我国文化宝库中的珍贵遗产。它们对后世史学的发展产生过影响。

我们应充分估价我国自春秋以来史学所取得的成就，无视它的优秀传统，甚至不承认史学逐渐成为一门独立学科的客观存在，显然是不对的。但是，另一方面，我们也应该看到，那时的史学，在很大程度上毕竟是封建政治的附庸，汗牛充栋的历史记载和史学著作，受着神学的天命史观和儒家的纲常伦理所支配，社会的发展最终只被归结为帝王将相的行动。史学还不能成为一门科学。

鸦片战争后，社会经济结构和社会矛盾的重大变更，促使史学发生新的变化。人们受到西方资产阶级进化论思想与治学方法的影响，为社会新思想所驱使，起来抨击封建主义史学的弊病。在此基础上，逐渐形成中国资产阶级的新史学，出现过一批各具特色、颇有成就的名家，梁启超当年曾把资产阶级史学的主要成就概括为两个方面，"其一为客观的资料之整理"，"其二为主观的观念之革新"。

然而，正像毛泽东同志所分析的那样，中国近代，资产阶级（主要是指民族资产阶级）在文化思想上比其在政治、经济上的表现，更为落后。由于社会变动迅速，封建主义的思想传统根深蒂固，加之无产阶级登上历史舞台后，在文化上也很快形成一支生力军。所以，中国资产阶级未能对封建史学作出全面、彻底的总结与批判，也没有足够的时间和条件来建设一套完整而成熟的新史学体系。在反帝反封建的新民主主义文化运动中，它也只是在一定程度上作为无产阶级的一个盟员，而且就其阵营自身来说，大致从三、四十年代开始，就逐渐发生了分化。他们中有的表现为某种程度上的倒退，与封建主义的正统史学合流；有的盲目地崇拜和效法西方帝国主义的反动学说，趋向买办化和半殖民地化；有的则接受了更为科学的唯物主义历史观，逐渐成为中国马克思主义史学队伍中的一员。

恩格斯在分析费尔巴哈"半截子"唯物主义的局限性时曾经指出，人类社会和自然界一样，也有自己的发展和自己的科学，可是由于时代条件的限制，直至18世纪，对于历史联系的合理看法仍不可能产生，"历史至多不过是一部供哲学家使用的例证和插图的汇集罢了"[①]。因此，恩格斯提出，"任务在于使关于社会的科学，即所谓历史科学和哲学科学的总和，同唯物主义的基础协调起来，并在这个基础上加以改造"[②]。马克思和恩格斯做到了这一点。在中国，一批用马克思主义思想武装起来的先进的共产主义知识分子和学者，通过长时间的艰辛努力，才逐步完成对于历史学改造的任务。

[①] 恩格斯：《路德维希·费尔巴哈和德国古典哲学的终结》，《马克思恩格斯选集》第4卷，第225页。

[②] 同上书，第226页。

二

马克思主义广泛地传入中国,并推动了历史学的新变革,是自"五四"运动以来才开始的。伟大的共产主义先驱李大钊同志是在我国系统地传播马克思历史观的第一人,是我国马克思主义历史学的奠基者。

从李大钊之后,直到现在,中国马克思主义历史学走过了六十多年的历程。六十多年来,中国历史学从走上真正科学的道路,到取得比较大的发展,成就是辉煌的,经验也是多方面的。我们还未来得及进行全面的、细致的总结。这里仅从马克思主义对中国史学改造的角度,谈三个方面的问题。

第一,关于社会发展一般规律的理论及其运用。

人类社会是不断地演变和进化的,然而,以往的历史学却不能正确地说明社会的发展,解释其变化的规律。问题的最终解决,只有赖于马克思主义的历史理论。

列宁曾指出,确定作为一定生产关系总和的社会经济形态的概念,确定这种形态的发展是自然历史的过程,就是马克思历史唯物主义的基本思想。根据这一思想,人们可以把纷繁复杂的社会关系还原为生产关系,又把生产关系归结为生产力的发展水平。这样,"使我们有可能把主观主义者认为不能应用到社会学来的一般科学的重复律应用到这些关系上来"[1],从而,第一次使科学的社会学的出现成为可能。非但如此,马克思和恩格斯还

---

[1] 列宁:《什么是"人民之友"以及他们如何攻击社会民主主义者?》,《列宁选集》第1卷,第8页。

考察了自野蛮时期以来社会经济形态发展的具体的自然历史过程，最迟至恩格斯《家庭、私有制和国家的起源》问世，创立了人类社会发展从低级到高级经过原始公社制、奴隶制、封建制、资本主义以及未来的社会主义等五种形态的学说。列宁认为，这五种形态依次更替地运动，乃是世界各国所有一切人类社会发展所表现出来的一般规律性、常规和次序。当然，所谓一般规律性，丝毫也不排斥个别国家或地区的个别阶段，在发展形式与顺序上的特殊性。根据这一学说，科学的历史学的出现也就成为可能。

在我国，马克思主义关于人类社会发展一般规律的学说，和唯物主义历史观的其它原理，自20年代初被介绍进来以后，很快就被一部分先进知识分子所接受，并进一步加以传播。那个时候，在一些进步势力较大的大学里，讲"社会经济发展史"、"社会形态发展史"是个热门。其中，最为著名的就是李达在湖北大学开设的《社会进化史》。这一时期关于社会发展史的讲授虽然还没有和中国历史的实际结合起来，但是作用是不可低估的。循此，人们也找到了寻求中国社会进化法则的通道。所以，大革命失败后，当文化界围绕着中国向何处去的问题，展开一场关于中国社会性质和社会史问题的论战时，进步的学者就能够通过对于中国社会发展进程的正确分析，提出寻求关于中国革命性质和前途问题的正确答案。我们可以说，20年代末开始的社会史论战，对于革命知识分子和进步学者来说，实际上就是一次把马克思主义理论同中国的社会和历史结合起来的科学实践。这当中，首先作出卓越贡献的是郭沫若。他在1929年出版的《中国古代社会研究》是我国第一个运用马克思主义关于人类社会发展规律的学说来研究中国历史的代表著作。尽管这部著作像他自己所说，是"草创时期的东西"，存在一些"错误的结论"①，但在运用马克思主义理论对中国历史进行探索这一点上，对中国现代史学发展产生了深远的影响。在这部书中，郭老明确指出中国经过了原始公社制、奴隶制和封建制等历史阶段，以历史发展的具体事实批驳了反动文人的"中国国情特殊论"。与此同时，吕振羽、翦伯赞等人都为中国历史规律的研究献出了优秀的成果。在论战中，革命的史学工作者批判了"新生命派"和托派文人所散布的中国"无奴隶制"和"商业资本主义"论。论战大体在抗战全面爆发时中止了。但是，对中国社会史发展规律的研究仍在深入地进行。30 年代末和 40 年代初，延安和重庆等地都出现了讨论中国社会发展规律，也就是古史分期问题的热潮。在共同确认马克思主义的"五种社会形态"学说为指南的前提下，关于古代历史时期的具体划分上，有了几种现在为大家所熟悉的意见。自 40 年代初开始，几部新型的中国通史著作就陆续出版了。这几部通史突破了传统的纪传体或编年体的体例，按照社会发展的规律及具体的时代划分来安排章、节，在中国史学史上成为划时代的新作。我们可以这样说，通过前三十年在激烈的斗争中和艰苦的条件下的摸索，到全面解放之日，马克思主义关于社会发展一般规律的学说，已被中国的历史实际证明是颠扑不破的真理。在这一学说的指导下，中国历史学才逐渐成为一门阐述社会发展规律性的科学。新中国建立后，在这一问题上有了更为广泛和深入的研讨，新成果不断涌现。今天，尽管大家对中国社会发展在个别阶段的形式和顺序上的特殊性还有分歧，有待进一步的研究和探讨。但是，唯物主义历史观的这一基本思想，已为我国史学界的绝大多数人所接受和运用。

---

① 《中国古代社会研究》1954 年新版"引言"。

第二，关于如何看待人民群众在历史上的作用。

以往的历史理论恰恰没有人民群众的活动，而贯穿全部封建主义"正史"的一条主线，就是宣扬"帝王中心"论。梁启超讲的"国民"、"群体"，也是指他所代表的那个经济上要求长足发展、政治上要求统治权力的资产阶级，而不是作为社会生产力主要承担者的劳动人民群众。"只有历史唯物主义才第一次使我们能以自然史的精确性去考察群众生活的社会条件以及这些条件的变更"①，复现了人民在历史活动中的地位。

李大钊宣传和介绍马克思主义，明确指出：历史"不是那个伟人圣人给我们造的，亦不是上帝赐于我们"的，而是"平民"阶级所创造。他号召"平民"阶级"赶快联合起来"，"创造一种世界的平民的新历史"。

社会史论战时期，进步史学研究的另一重点则集中在社会经济形态的探索和人们经济关系的考察上。这种研究对于正确地认识人民群众的历史地位和英雄人物的历史作用，提供了一个科学的前提。这时，华岗的《中国大革命史》，"满怀着革命的激情，歌颂中国广大的工人、农民、知识分子所掀起的新民主主义的第一次大革命运动，痛斥了使这次革命遭致失败的右倾机会主义者，为在革命中流血牺牲的几十万革命烈士树立了一座不朽的丰碑"②。抗日战争是动员群众最广泛、规模最大、时间最长的一次民族革命战争，挖掘和研究中国人民革命斗争的优良传统，成为进步史学界一项重要的工作。与此同时，在统一战线中的极少数反共的顽固势力，包括国统区史学界的反动学者，为了替蒋介石"一党专政"的法西斯主义张目，又在竭力地鼓吹着英雄史

---

① 列宁：《卡尔·马克思》，《列宁选集》第2卷，第586页。
② 华岗：《中国大革命史》"重版前言"（廖盖隆）。

观。所谓"战国策"派就以"比较历史家"自诩，认为在社会领域中，"人类意志是历史演变的中心，英雄是人类意志的中心"①。在与这些史学派别斗争中，中国马克思主义历史学得到进一步的发展。毛泽东的《中国革命和中国共产党》既是指导中国革命斗争的文献，同时也可以看作是一部历史科学的光辉著作。它论述和阐发了历史科学的许多关键性问题，尤其肯定了农民起义、农民战争在中国历史上的重要地位和作用，第一次十分明确地指出：在中国封建社会中，"只有农民和手工业工人是创造财富和创造文化的基本阶级"；"只有这种农民阶级斗争、农民的起义和农民的战争，才是历史发展的真正动力"②。在这之后出版的几部通史中，人民群众的阶级斗争、生产斗争都作为全书的主要内容加以重点叙述，改变了封建史书"无非记载皇帝贵族豪强士大夫少数人的言语行动；关于人民大众一般的生活境遇，是不注意或偶然注意，记载非常简略"③的弊病。

这里我们自然应该提到郭沫若的《甲申三百年祭》。这篇文章热情歌颂了明末农民起义，肯定了这次农民战争的历史功绩，还对其失败作出总结，从中寻找了历史教训。它与当时反动派宣传的"李自成万年流寇，崇祯帝旷代明君"的观点相对立，不仅讴歌农民革命的领导者李自成，而且还同情了地主阶级的叛逆李岩兄弟，体现了"帝王思想与人民思想的斗争"，因而招致国民党反动当局的诋毁、攻击和诬蔑，"引起过轩然大波"④。应该承认，这是郭老运用马克思主义研究封建社会农民起义的成功之作。它的意义并不会因为关于李自成起义的史料不断丰富、研究

---

① 陈铨：《论英雄崇拜》，《战国策》第4期，第4页。
② 毛泽东：《毛泽东选集》第2卷，第619页。
③ 范文澜：《中国通史简编》上编"序言"，延安1941年版。
④ 郭沫若：《历史人物》"序"，《沫若文集》第12卷，第327页。

水平不断发展而湮灭。

新中国成立以后，从50年代到60年代中，我国史学界曾就农民战争、社会动力等问题进行过深入、广泛的讨论，出现过生动活泼的"百家争鸣"的局面，参加讨论的既有老一辈的著名史学家，又有青年一代不知名的史学工作者；既有研究中国史的，也有从事文物考古以及研究世界史的。涉及的问题很多，比较重要的就有中国农民战争的性质、特点、发展阶段、起因、历史作用、发展规律、农民政权、失败原因，以及与土地问题的关系、与宗教的关系、与民族斗争的关系，等等。在讨论中，大多数同志力图以马克思主义的理论作指导进行研究，同时又都注意到观点与材料的统一。尽管讨论中许多问题都存在分歧和争辩，短时间内也不可能取得一致的认识，但是，对于人民群众及其阶级斗争推动历史前进的伟大作用，却比较普遍地得到了人们的确认。

第三，关于民族问题的处理和研究。这也是运用马克思主义对中国旧史学实行改造的又一重要内容。

我国古来逐渐形成一个多民族的国家。由于历史上的反动统治阶级的民族压迫政策，造成了国内各民族间，特别是汉族同各少数民族间的长期对立与隔阂；自近代以来，我国又是一个半殖民地的国家，反对帝国主义的侵略、争取民族的解放、国家的独立，成为摆在中国人民面前的首要革命任务。因而，在历史研究中如何正确处理我国历史的民族问题，从一个方面反映着历史科学的成熟程度和发展水平。封建主义的正统观和资产阶级的褊狭的种族主义论，割裂和肢解我们的历史，尤其不能反映各少数民族社会的发展及其对祖国历史的贡献。

早在我国马克思主义历史学创立初期，民族问题就受到重视。1929年李达出版了《民族问题》一书，运用马克思主义，对于民族的特征、民族的产生和发展,以及民族运动的重要性,作了比较系统的分析和论述。为适应民主革命的需要,该书着重阐述了殖民地和半殖民地国家的民族问题,正确地规定了民族革命的性质和任务。这一切,对于观察中国历史上尤其是近代的民族问题无疑是有益的。抗日战争时期,民族问题在现实斗争中显得更为尖锐。日本帝国主义要奴役中国人民,企图进一步造成中国各民族的分裂,以便"分而治之"。我们党制定了抗日民族统一战线的一系列政策。从阶级关系讲,是中国工人阶级(通过中国共产党)与国内各阶级、各党派的统一战线;从民族关系讲,是国内各民族的统一战线。从后者出发,就要求尊重各少数民族,使其与汉族一样享有平等的权利,以民族平等作为民族大团结的基础,而祖国的统一和各民族的团结,是打败日本帝国主义侵略的基本保证。当时的党中央西北局还专门设立了民族问题研究机构,研究和制定有关少数民族问题的政策。现实民族政策的制定和民族问题的研究,极大地丰富和发展了马克思主义关于民族问题的学说;反过来,它又指导着对历史上民族问题的探讨和研究,从而推动着马克思主义历史学的进步。于是,在最早出现的几部通史里,都强调"尽可能照顾中国各民族的历史和其相互作用,极力避免大民族主义的观点渗入"①,把历史上各个民族放在平等的地位上,认为"中国的历史应该是全国各兄弟民族共同的历史,各民族劳动人民共同创造的历史"②,肯定了各族人民创造和发展我国历史的功绩。此外,还出现了介绍少数民族历史的专门著作,如吕振羽的《中国民族简史》。它力图以马克思主义理论为指导,对中国境内汉族以外的一些少数民族的

---

① 吕振羽:《简明中国通史》第一分册"序言"。
② 吕振羽:《简明中国通史》第二分册"后记"

起源和历史变化作简要的介绍，说明不论哪个民族的人民革命斗争都应予以充分肯定，对中国历史的发展都作出了应有的贡献。但是，总的来说，当时对中国境内的少数民族史和民族关系史的研究，遇到一个最大的困难，就是历史资料的极度缺乏。直至全国解放以前，对于进步史学界来说，这方面的问题几乎是不可能得以解决的。所以，迟至50年代初，我们对问题的重要性虽然已有了相当程度的认识，而研究的现状仍然十分落后。

1956年，在党中央和国务院的直接关怀下，学术界开始了这方面的基本建设工作，派出十六组、近千人的调查队伍，深入到各少数民族地区调查历史和习俗，抢救各种资料，并着手编写少数民族历史。与此同时，民委还在1957年召开全国规模的民族问题讨论会，周总理亲自出席作指导，并与学术界的专家共商推动研究工作的大计。从此，关于民族问题的探讨更加深入，涉及的方面也更为广泛。例如关于历史上中国的疆域、民族和民族政权，关于历史上民族关系的主流，关于历史上民族战争的性质，关于民族英雄和爱国主义问题，关于民族同化与民族融合问题，以及汉民族的形成，各民族的形成、发展、社会形态演变、社会经济结构、思想意识、语言文字、宗教、民俗、与汉民族的关系、对祖国历史的贡献，等等。讨论中免不了有不同意见的分歧，但是有一点是绝大多数学者一致肯定的，那就是在现今中华人民共和国境域之内（包括台湾）的各民族的历史都为我们的研究对象。我们讲一部马克思主义的完全崭新的中国通史，就要完整地反映中国疆域内各民族的发展和变化，而抛弃过去一切旧史的陈规，即仅仅把中国史写成实质是夏、商以来的一些中央王朝的更替。当然，真正地做起来并非容易。截至"十年浩劫"前，从整理资料到撰述专著，这方面已经获取了相当可观的成果。毫不过分地说，少数民族史和民族关系史的研究是建国以来中国历史学发展中进展最为显著和迅速,成就最为辉煌的门类之一。

马克思主义对中国历史学的改造是全面的,以上所述只是比较突出的三个方面。一个是社会发展的规律性,一个是历史的主体,一个是中国史研究的范围,我以为都是六十多年中国马克思主义历史学发展中带根本性的问题。当然,史学在发展,我们不能只简单地重复前人已经取得的进步。就是这三个方面,仍有大量的新问题需要去探讨。总之,从"五四"以来,通过几十年的研究实践,可以这样说:封建时代的以及资产阶级的一些可供继承和借鉴的治史传统,我们继承了,而且,许多方面有所发展;而封建主义和资产阶级的学术思想所不能达到的,我们做到了。无产阶级在运用历史学作为了解和改造社会的有力武器的过程中,有可能真正实现这门学科本身所要求的科学性和革命性的统一。中国历史学的发展史告诉人们,要使我国史学沿着正确和健康的方向向前发展,就必须坚持以马克思主义为指导。除此以外,别无出路。

三

党的十二大号召全国各族人民为全面开创社会主义现代化建设的新局面而努力奋斗。在这样一个新的历史时期,我们史学界应该怎么办?怎样才能开创历史科学研究工作的新局面?我想谈如下几点意见。

第一,加强马克思主义史学理论的研究。

"五四"运动以来,重视马克思主义历史理论的研究逐渐成为我国进步史学的一个优良传统。李大钊的历史著作虽然不多,可是他的《史学要论》和没有出版的《史学思想史》确在理论研究上开了新风，为马克思主义历史学奠定了基础。老一辈马克思主义史学家郭沫若、吕振羽、范文澜、翦伯赞、侯外庐等，都很重视理论的探索。比如翦伯赞的《历史哲学教程》，在当时的影响就很大。解放后，马克思主义历史理论的研究工作有着新的突破和发展，尽管受到"左"倾错误的干扰和破坏，成绩还是主要的。十年浩劫中，"四人帮"把理论工作引向邪路，在一些人当中造成了所谓"信仰危机"。党的十一届三中全会以后，随着人们思想上的禁锢被解除，理论工作又恢复了生机。胡乔木同志在中国史学会恢复成立大会上讲："历史学本身就是一种理论性的研究"，"从实际的成果来看，我们史学界对于马克思主义理论的掌握还是很不够的，还存在很大的片面和很多的武断"。如何适应新时期的要求，把史学理论的研究工作大大提高一步？很重要的一点，就是根据中国历史的实际，对马克思主义历史学理论作出系统的、创造性的阐发。

唯物史观是马克思、恩格斯吸收前人研究成果，通过对阶级斗争实践的总结和政治经济学的研究确立起来，并不断得到充实和发展的唯一科学的历史观和方法论。列宁对马克思主义唯物史观有过许多精辟的论述。毛泽东根据我国革命斗争所提供的经验，对唯物史观又有重大发展。但是，在我们的史学研究中，对于唯物史观的形成、发展，及其基本原理，缺少完整的、系统的探讨和研究。唯物史观作为一种完整的科学体系是"五四"时期开始广泛传入中国的，对于这一科学理论在中国传播的历史，我们也几乎没有研究过。现在一谈五种社会形态的学说，就提斯大林《辩证唯物主义与历史唯物主义》那本书的影响，似乎1938年以前，中国人还不知道和未曾运用马克思主义的这一学说，这显然不是事实。不研究唯物史观的形成和发展史，不研究唯物史观的传播史，都是我们史学理论工作中的欠缺。今天，我们完全有责任来写好一部《唯物史观的发展史》，用以总结一百多年，尤其是近半个世纪以来自然科学和社会科学研究的新成果，使得我们都能较完整地掌握这一科学理论的形成、发展过程，掌握这一历史理论的完整体系，学会马克思、恩格斯、列宁、毛泽东等无产阶级革命领袖运用这一历史观的完整的方法，从而发展这一科学的历史观和方法论。

前面谈到，马克思、恩格斯关于社会形态的发展学说，对于历史科学具有重要指导意义。但是，我们还应看到，马克思、恩格斯健在时，对于资本主义社会和原始社会以外的几种形态的研究尚不充分，他们尤其少于接触像中国这样大的文明古国的实际材料，因此对于东方国家（包括中国）的一些论断，难免具有假想的成分。今天，在我们祖国历史文献和出土材料日益丰富的情况下，我们应当义不容辞地写出高水平的中国《原始社会论》、《奴隶社会论》、《封建社会论》和《半殖民地半封建社会论》，以充实和丰富马克思主义关于社会形态的学说。

在加强马克思主义历史理论研究的同时，我们还应当对历史这门学科的理论探讨给予充分的重视。我国历史学的发展告诉我们，重视史学理论是我国史学的优良传统。刘知几、章学诚、梁启超在对历史学这门科学的理论总结方面都做出过有重要影响的贡献。我们今天，在马克思主义理论指导下，应该写出超越《史通》、《文史通义》、《新史学》和《中国历史研究法》等的史学理论论著，在这方面做出更大的贡献。

总之，历史科学理论研究的天地极其广阔，我们要彻底改变近几年来一度出现的冷清和漠视的状况，在坚持马克思主义的基础上，开辟出发展马克思主义历史学理论的新局面。中外史学发展的实际经验反复证明，历史学的每次大发展都是以历史学理论研究的昌盛和重大突破为先导和衡量标尺的。

第二，把研究历史和研究现实紧密地联系起来。

马克思曾经说过："现代历史著述方面的一切真正进步，都是当历史学家从政治形式的外表深入到社会生活的深处时才取得的。"① 中国古代进步史学凡成就显著的，都与此有某种相似之处。由于"四人帮"破坏和践踏了这一传统，以致在一段时间内，少数人对此发生了动摇，产生了怀疑，这并不足为怪。但是，"对人类生活形式的思索，从而对它的科学分析，总是采取同实际发展相反的道路。这种思索是从事后开始的，就是说，是从发展过程的完成的结果开始的"②。也就是说，应当把解剖高级形态当作考察低级形态的钥匙。远的不说，就近几年中国古代史研究的状况来看，大家都承认，对于封建主义，尤其是封建主义经济结构的研究和讨论是比较活跃的，它吸引了众多的研究者，而且取得了一定的成绩。可是，有谁能够否认，批判和研究封建主义这一课题的提出，本身就是清算林彪、江青反革命集团大搞封建法西斯专制主义的斗争，也是我们进一步肃清封建主义残余毒害所必需的呢？"四人帮"被粉碎以后，人们痛定思痛，自然而然地感到几千年的封建主义的阴魂未散。于是，加强对它的研究，也就成为自觉的行动了。这正说明，今天是历史的延续和发展，现实社会的种种矛盾往往促使我们从古今联系中看清历史传统的本质。所以，研究历史的人，首先要研究现实，"深入到社会生活的深处"，去发现问题，提出问题。当然，我们讲的联系是在尊重历史发展客观规律前提下的一种内在的联系，而不是胡编乱造，也不是简单的比附。比如，解放以来，尤其是合作化和人民公社化以来，直至目前实行了生产责任制以后，农村形

---

① 《马志尼和拿破仑》，《马克思恩格斯全集》第12卷，第450页。
② 《资本论》第1卷，人民出版社1975年版，第92页。

势的反复变化,自然向人们提出这样的问题,究竟怎样看待中国的农民经济?它在不同社会阶段的历史形态,以及它的前途如何?我看,不仅经济学者要研究和解答,历史学者也应该加以研究和解答。以马克思主义为指导,写出一部有特色的中国封建社会经济史,应该说,是对中国封建社会史研究的一大突破,同时,也是对现实国民经济研究的一个有益的贡献。类似的问题很多,只要真正深入到现实生活中去,历史学研究的领域会越来越宽广的。

第三,改进研究的方法。

过去,有一种误解,似乎马克思主义史学工作者只讲理论的重要,而不讲究治学的方法;或者认为讲理论自然是马克思主义,而讲方法还是封建主义的、资产阶级的一套管用。其实,方法论是以历史观为基础的,有什么样的历史观,就会有什么样的方法论,这也是史学史证明了的公例。就拿经常谈起的考据来说,中国封建时代,考据之学在乾嘉时期达到顶峰。到了近代,王国维等人以地下实物求出古史新证,并在考辨中讲究分析、归纳、演绎和推理。不能说他的考据方法就是乾嘉考据的简单翻版,而应该说有了新的发展。郭沫若也是重视考据的,他在运用中又有了创新。他以唯物史观为指南,在考辨史实和资料中,注重多种因素的综合研究,讲究辩证和发展,强调社会规律的探索,所以,往往能发前人所未发,使古史研究达到新的境界。同样是考据,可以说,从乾嘉考史到王国维,再到郭沫若,体现着方法论的区别。倘若今天我们一提起资料的考证,眼光就向后看,要"回到乾嘉去",显然是不合时宜的。考据如此,其他一些偏重于治史方法的历史学的旁支学科,如校勘学、版本学、年代学等等,也是如此。在中国史学发展中,这些旁支学科是得到充分发展的。今天,我们有必要组织人力写出这些学科的发展史，阐释马克思主义的方法论在这些领域中的具体运用。这是批判地继承我国丰富的史学遗产中的一项有意义的工作。

另外，还要考虑历史科学研究的现代化问题。我们现在的研究手段还是手工业方式，这与全面开创新局面的形势很不适应。要考虑图书资料、情报工作的现代化手段，注意历史研究中应用先进科学技术。

第四，注意研究人材的培养。

这是个大问题。没有足够数量的高水平的研究队伍，没有宏大的后备力量，开创历史科学研究的新局面，就没有基本的保证。当前，要充分发挥老专家的骨干作用和中青年研究人员的生力军作用；同时要及早考虑定向培养研究人材的方案，保证质量，把确有研究水平的人材吸收进来。

一百多年前，恩格斯在给康·施米特的两封信中反复强调说："在理论方面还有很多工作需要做，特别是在经济史问题方面，以及它和政治史、法律史、宗教史、文学史和一般文化史的关系这些问题方面，只有清晰的理论分析才能在错综复杂的事实中指明正确的道路。"① 他还指出："很少有人下一番功夫去钻研经济学、经济学史、商业史、工业史、农业史和社会形态发展史。"② 恩格斯既强调了理论工作的重要意义，只有正确的理论分析才能在错综纷纭的历史事件中探寻出历史发展的真实；同时又指明了从事历史研究的重要方法，即开展综合研究，既把握各个局部，又充分注意"总的联系"。那个时候，他就殷切地期望历史科学工作者，"必须重新研究全部历史，必须详细研究各种社会形态存在的条件，然后设法从这些条件中找出相应的政治、

---

① 《马克思恩格斯全集》第37卷，第283页。
② 《马克思恩格斯选集》第4卷，第476页。

私法、美学、哲学、宗教等等的观点"。他说:"这个领域无限广阔,谁肯认真地工作,谁就能做出许多成绩,就能超群出众。"① 一百年来,在唯物史观的指导下,马克思主义历史科学取得巨大发展。今天,我们应该按照恩格斯的叮嘱去做,争取成为"超群出众"的历史科学工作者,为发展马克思主义的历史科学"做出许多成绩",给人以前进的力量,推动我们祖国社会主义精神文明的现代化建设。

1983 年 1 月

---

① 《恩格斯致康·施米特》(1890 年 8 月 5 日),《马克思恩格斯选集》第 4 卷,第 475 页。

郭沫若与古代社会研究[*]

1978年6月，郭沫若同志不幸离开了我们，到现在已经二年多了。

这几年，同志们常常催促着我，认为我在历史学的探索过程中，同郭老的关系比较密切，时间也相当的长，应当就郭老在历史学方面的业绩有所阐述，有所体会，特别是在古代社会研究这个方面。时间一年年过去了，我为此也在读郭老的著作，也在探索郭老进入古代社会研究这个领域的社会的历史背景；但是，由于郭老是一位博学的马克思主义历史学家、古文字学家、考古学家，即便是历史学方面，他所涉及的面极广，上自远古，下及明清。我自愧没有这样的学力去探讨郭沫若同志在历史学领域的各个方面的成就，即使是古代社会这一方面，也只能就我力所能及的方面谈谈自己的理解。

30年代，我读了郭沫若同志关于古代社会的著作后，就很自然地吸引着我了，从此，我就逐步进入古代社会研究这个阵地

---

[*] 刊载于《中国史学集刊》第一辑，该书于1987年由江苏古籍出版社出版。——编者

了。我之所以学习考古，而且走向革命，都同样是受到了郭老的影响。但是，1945年以前，从没有见过他；他的《古代研究的自我批判》发表之后，我曾在《解放日报》写了篇介绍他的研究工作的文章。后来，经过周恩来同志，同郭沫若取得了联系。直到北平解放，我才见到了他，从此，在他领导下，我在史学领域工作了多年。

  1945年，我所写的《郭沫若先生与中国古代社会研究》，作为我在那个阶段对他在古代社会研究业绩的认识，作为《前篇》，基本上就不作修改了；这里我把1949年以后同他长期接触过程中的感受、体会和认识补写出来，作为《续篇》。直到现在，自己总觉得还没有真正认识到作为马克思主义历史学在我国的开拓者郭沫若同志的历史学的精髓。这里只能作为我在两个学习阶段的试卷。

前　篇

（一）

  1927年大革命失败以后，白色恐怖笼罩着全国，不少的青年知识分子大都徬徨歧途，无所适从，他们对中国革命的信心是减低了，对中国社会发展的规律和动向存在着一些糊涂观念。这时候，正迫切的要求着这一问题的解答。

  正是这个时候，郭沫若先生以杜衍的笔名，在《东方杂志》上，陆续发表了几篇关于中国社会的文章；后来把它们集起来，加上了其它的几篇，就印出那本《中国古代社会研究》。记得在它出版以后，销路就相当的好，不仅仅一般大学生争先恐后的购买，不少的中学生也都以先睹为快，捧读至再。所以，再版、三版不断的印出，依然是供不应求，翻印的本子也就应运而生了。

这大批的青年真正能了解郭先生这本著作吗？我想，他们是不能够完全了解的。但是，在那里明确指出，中国存在过氏族社会和奴隶社会，证明中国社会的发展，并不曾逃脱一般社会发展的规律，同时指出了未来的动向。且以锋利的文学手法，把枯燥的中国古代社会写得那样生动，那样富有力量，对当时的青年知识分子，正像打了针强心剂。

这是郭先生的《中国古代社会研究》出版之后的一方面的功绩。

但是郭先生这一本书的功绩绝不止此，在中国，这是以唯物史观的观点研究中国历史的第一部巨著，从中国历史科学的发展上看，它确是一部划时代的作品；由于它的诞生，才把陈腐的中国古代史料点活了，才奠定了研究中国古代社会历史的基础。

（二）

郭先生在这部书里明确的提出两个问题：确认殷代是氏族社会的末梢，西周是发展到奴隶制度的社会。这正是他苦苦钻研史料所得到的成果。

郭先生研究中国古代社会的态度是非常审慎的，他深刻的了解古籍的特点，并不曾醉心于那些真伪莫辨的古书，而别辟生面，从最可靠的史料着手研究。关于殷代，他在1928年到1929年的9月，写成了《卜辞中之古代社会》一文；但因"印刷关系，凡原文原字均不便过于征引"，就把他研究的成果写成了另一部《甲骨文字研究》。这部书出版之后，很快的就轰动了国内外的古文字学家，他们看到了这许多新颖的创见，也不能不惊叹不止，甘拜下风了。

郭先生在国外那样困难的条件下，继续研究甲骨文字，几年的时间，写成了《卜辞通纂考释》一书，它成为中国空前的、综合性的、关于甲骨文字的杰作，每一个研究古代社会和古文字学的人，都依靠着它作为最可靠、最珍贵的读物。

殷代的卜辞出土的不少了，历来依靠着它们作为史料的人，大都混然一团，不曾将卜辞本身的发展弄清楚。董作宾先生根据着各方面的材料，将卜辞分为五个时期①。由此"我们可以知道每一辞或每一片甲骨是属于那一王的绝对年代了，这样便更增进了卜辞的史料价值，在卜辞本身中我们也可以看出发展了。"②这的确是中国古文字学上的创见，同时也正是研究殷代社会的学者所必须重视的收获。

董先生是殷墟发掘者之一，手头储藏着丰富的材料，加之以深入的研究，必然得到这辉煌的成果。但是，飘零异国，失却自由的沫若先生，手头的材料既受到很大的限制，又不可能见到那些"锄头考古"所得到的资料，却同样能够发现这一断代的方案，他说：

> 余为此书，初有意于书后附以《卜辞断代表》，……继得董氏来书，言有《甲骨文断代研究例》之作……体例甚密。……③

由此可知，"断代"的方案虽出于董先生之手，而郭先生也有同样的看法，就两人所处的不同条件看来，我们不能不敬佩郭先生学识的卓越。

在郭先生开始研究"殷代社会"的时候，殷墟的科学发掘还不曾开始；由于当时材料的限制，他只有依靠那些可靠的卜辞和古董、高价辗转相售的殷代铜器。后来殷墟的发掘开始了，郭

---

① 详《甲骨文断代研究例》。
② 郭沫若：《古代研究的自我批判》。
③ 详《卜辞通纂》。

先生就非常关怀这批可贵的史料。他说：

> 然我辈所急欲知悉者乃殷墟之地层关系与商室之人种问题（此事由地层中发掘之人骨可以考订）……①

于此可知，郭先生绝不曾以已知的事物为限，而是不停滞地在追逐着新的史料、新的发见，尤其是真实而可靠的考古学上的收获。他最近发表的《古代研究的自我批判》里还说：

> 靠着殷墟的发现，我们得到一大批研究殷代的第一手资料，是我们现代考古者的最幸福的一件事。就靠着这一发现，中国古代的真面目才强半表露了出来。

在这篇文章里，他依然是重视着殷墟的发掘，且经过他十余年研究的结果，对于殷代社会的结论有了修正，他确认当时是奴隶社会。

从开始发掘殷墟到现在，业已过了十八个年头，不少研究古代社会的学者都热望着这大批材料的印出。但是，由于发掘的团体还没有一个总的全面的报告，所发表的只是很少部分的零星文章，且多系早期发掘所得的材料；因此，这些宝贵的史料还不曾让一些学者看到它整个的面貌，这不能不说是中国学术史上的大损失！假若郭先生能够见到全部的材料，我深信对殷代的研究一定会有更大的收获。

现在且来说一下郭先生研究西周社会的过程。

郭先生很明白的知道"周代的社会历来以为是封建制度"，这"固定了几千年的传统"不易翻案，但是他绝不因为传统而裹足不前。首先他以敏锐的方法分析了所遗下来的一些史料。他说：

> 以《易》《诗》《书》为研究资料大有问题。《易》

---

① 详《中国古代社会研究》的《追论及补遗》中。

《诗》《书》虽可证明其为古书,然已传世数千年,正不知已经多少改变;而几千年的传世注疏更是汗牛充栋。要排除或甄别那些旧说绝不容易。①

不错,郭先生也曾经根据《易》《诗》《书》去研究过西周时代的社会性质;但他绝不曾以此自限,相反的,他明白的知道这些材料的缺陷,而去追寻那些更加可靠的史料了。他说:

> 真实地要阐明中国的古代社会还须要大规模地做地下的挖掘,就是要仰仗"锄头考古学"的力量,才能得到最后的究竟。②

在当时,中国的"锄头考古学"还不曾开始,真正的可靠的材料,只有历代出土的一些周代铜器。郭先生说:

> 这些古物正是目前研究中国古代史的绝好资料,特别是那铭文,那所纪录的是当时社会的史实。这儿没有经过后人的窜改,也还没有什么牵强附会的疏注的麻烦。我们可以短刀直入地便看定一个社会的真实相,而且还可借以判明以前的旧史料一多半都是虚伪。我们让这些青铜器来说出它们所创生的时代。③

他就以这样追求真理的精神,周严的钻研着西周的铜器铭文,写成了《周金中的社会史观》一文。在这里,他确认"周代上半期是奴隶制度,同时也举出了它的并非封建制度的例证"。正因为他用最真实最可靠的史料,突破了传统的束缚,所以他肯定的说:

> ……我自信我这观点是十分正确,我想凡是无成见的

---

① 详《中国古代社会研究》。
② 同上书。
③ 同上书。

人，见到本篇所举的一些古物上的证明，当然不会以我为夸诞。①

在他的《甲骨文字研究》中的《释臣宰》一文，也正是前论有力的补充。为了探究这些史料，他绝不曾掉以轻心，而是经过科学的研讨，《殷周青铜器铭文研究》一书，正是这一研究的成果。它同样是一部轰动国内外的学术的巨著。

沫若先生对铜器铭文的研究，还在继续前进，经过他五、六年的工夫，又写成了一部《两周金文辞大系》的图录和考释，使"一片浑沌"的周代最可靠的史料得到了一个明晰的系统。这不仅在中国古文字学上是一部很好的著作，而且这批宝贵的史料价值，也因之大放异彩。

上面我叙述了郭先生为了殷周的史实，怎样努力的钻研那时的全部的史料，怎样从这史料里踏出一条康庄大道。但是，郭先生的业绩，并不止此，在研究史料的成果上，还有许多的贡献，除上述的著作之外，这里把有关古代社会的其它著作列在下面：

《金文丛考》

《金文余释之余》

《古代铭刻汇考》

《古代铭刻汇考续编》

《蒲剑集》

《今昔集》

《由周代农事诗说到周代社会》

其他有关历史的书籍和论文还有许多（如《甲申三百年祭》等），因超出古代社会研究范围，且限于篇幅，不再列举了。

---

① 详《中国古代社会研究》。

（三）

郭先生的《中国古代社会研究》发表之后，在学术界——不论是国内国外——曾引起了极大的争论，但到现在为止，基本的观点容或不同，而这部书的价值并不曾受到影响。郭先生根据将近十五年的研究，把这一时期的史料详加分析，完成了八种有关史料的专著，写出了许多检讨史实的论文。1944年的10月间又发表了有极大意义的文章——《古代研究的自我批判》。

这篇文章从郭先生自身研究的经过里，检讨了中国古代社会中的许多问题，把十几年研究的菁华简要的写出来了，这的确是古代研究中的一件极宝贵的文献。关于那许多问题的论断，郭先生已经有了明确的叙述，这里不再多说了。我觉得特别值得提出的，正是郭先生严肃的科学的治学精神。郭先生在这篇文章的开始，就说：

>　无论作任何研究，材料的鉴别是最必要的基础阶段。材料不够固然大成问题，而材料的真伪或时代性如未规定清楚，那比缺乏材料还要更加危险。因为材料缺乏，顶多得不出结论而已，而材料不正确便会得出错误的结论。这样的结论比没有更要有害。

的确，不论任何研究，如果你粗心大意，不仔细分析所依据的材料，就草率的做出结论，没有不弄出错误的。研究历史自然更不能例外，自己如果先有了成见，然后又不分材料的可靠程度和时代性，只要合于自己的公式，便硬套进去，这样没有不错误之理。郭先生这句真理，表面看来似乎谁都知道，但检查一下某些历史著作，就会了解不少的学者还不曾认真注意这点。郭先生的指示是应当记取的，这样认真分析史料的精神，正是我们研究历史的人们所应当学习的精神。

分析史料是第一步的且最重要的工作，但中国的史料实在太多太杂，绝非一手一足之力所能完成的；且分析或识别这许多古代史料，已经分别的逐渐的发展成各种专门学问了，如版本、辨伪、金文、甲骨文，以及考古学等等。所有这些，都在日新月异的前进着，如果不了解各科专门学问的最近且最新的成果，不批判的吸取学术界的新收获，就会走到固步自封、漏洞百出的境地！郭先生在《古代研究的自我批判》中说：

> 新史学家们对于史料的征引，首先便没有经过严密的批判。……对于旧文献的批判根本没有做够，不仅《古史辨》派的阶段没有充分达到，甚至有时比康有为、阎百诗都要落后，这样怎么能够扬弃旧史学呢？

对于旧文献不加批判，忽视了过去"辨伪"的业绩，于是就把神话传说作为信史，搬上历史舞台，这难道还不会铸成错误吗？

不仅对旧的文献我们要批判的吸取过去许多学者所得到的成果，即其它材料亦应有"迎头赶上"的精神。郭先生说：

> 卜辞研究是新兴的一种学问，它是时常在变迁着的。以前不认识的事物后来认识了，以前认错了的后来改正了。我们要根据它作为社会史料，就应该采取"迎头赶上"的办法，把它最前进的一线作为基点而再出发。目今有好些新史学家爱引用卜辞，而却没有追踪它的整个研究过程，故往往把错误了的仍然沿用，或甚至援引错误的旧说以攻击改正的新说，那是绝对得不到正确的结论的。

> 甲骨文字的研究是方兴未艾的一种学问，前人的成说每每不久便被推翻，我们如不去全面追踪或过于轻信，便容易以不狂为狂，以狂为不狂。

郭先生在这里不仅指出对旧文献和甲骨文的误用，同时也指出把传说"无批判地视为信史"是不对的,指出周代彝器"笼统活脱地被使用着,不肯从分别时代上着眼"是不对的。

所有这些,正是郭先生为我们指出的一条研治古代社会的大道,我们应当根据着这种精神,来检讨自己!在前面我们说过了郭先生研治古代社会的业绩,那里正看出他对史料的分析和甄别如何的勤奋,这方面的成就可以说空前的了!

总之,我们说郭先生的治学精神是严肃的、积极的、前进的和科学的精神。这种精神是值得每一个新史学家学习的。

郭先生在国外的大学里学医,后来又从事文艺运动,很快的就成为这一运动的健将,不少的人都读过他的文学作品(如《女神》等),那种富有活生生的生命的力,对一代青年真是极可珍贵的东西;他介绍了文学的、社会科学的以及科学的名著(如《政治经济学批判》、《生命之科学》等)。在任何一部分工作中,他都有很大的功绩!尤其是最近几年的历史剧——《屈原》、《虎符》、《高渐离》……等等,他根据着丰富的历史知识,以文学的锐利的笔锋,刻划出封建统治者的嘴脸,在推动中国的社会的前进中,都起了极大作用。

郭先生是文学家,是诗人,是历史学家,是古文字学家,是考古学家……他有丰富的各方面的知识,加之以这样的治学精神,必然能写出了不少杰出的作品。但是,郭先生虚怀若谷,以诚挚的态度,根据十几年研究的成果,对最初的《中国古代社会研究》进行了自我批判,这不仅是郭先生对古代社会研究的进一步的发展,同时也正是今后研究中国古代社会的指标。郭先生在《谢陈代新》一篇短文里说:

> 对于古代的批判应该要有一个整套的看法。尽可能据有一切的资料,还原出对象的本来面目,是什么还它个什么,是最严正的批判。"疯狗过街,人人喊打",只要你把疯狗

的姿态刻划出来，你就不喊一声打，别人自然要打它了。

歪曲了的矫正过来，粉饰着的把粉给它剥掉。但用不着矫枉过正，用不着分外涂乌。矫枉过正，分外涂乌，反授敌对者以口实，会使全部努力化为乌有，甚至生出反效果。

对于意见不同者是在说服，除别有用心的顽固派之外，只要有公平的正确的见解，人是可以说服的。说服多数的人便减少顽固派的力量。

我们应该要比专家还要专家，比内行还要内行，因此不可掉以轻心，随便地感情用事。不要让感情跑到了理智的前头，不要强不知以为知，一切的虚矫、武断、偷巧、模棱、诡辩、谩骂，都不是办法，研究没有到家最好不要说话，说了一句外行话，敌对者会推翻你九仞的高山。

这段话正是今后研究中国古代社会的人们的正确方向。

1945 年 3 月写于延安清凉山

续　篇

1945 年，郭沫若同志的《古代研究的自我批判》在重庆发表之后，《解放日报》即全文转载，报社的同志要在延安的历史工作者就此发表意见，我是被邀者之一。那时，我在中央出版局工作，虽说曾经比较认真的读过郭老的著作，但由于工作性质的转变，已经有八年没有继续研读了；猝然应邀，来不及作出应有的探索，只好把自己多年接触郭老著作的感受，如实写出，以供参考。这就是写了《郭沫若先生与中国古代社会研究》（即本文之《前篇》）。

这篇文章在《解放日报》的 3 月 13 日发表后，重庆的《群众》的第十卷第七、八期于4月间转载了。不久,周恩来副主席从重庆回到延安,写信给我,要我把自己的著作给他一册,他返回重庆时,好转给郭老;同时,还要我继续写文章,以便使重庆和延安两地文化工作者相互配合,开展工作。1946年春我从延安到了晋冀鲁豫的北方大学,8月间接到从延安转来郭老的来信和《十批判书》。

从30年代起,我就在郭老的影响下,逐步走上了用新的史学观点探索古代社会的道路。在相当时间里,在我虽说在从事具体的考古发掘,但由于郭老的影响,我始终尽最大可能读了一些进步的理论书籍。应当说,在治学的精神上,我已成为郭老的私淑弟子。

1949年北平解放,郭老从东北来到了北平。这时候,我认识了他,得到了面受教益的机会。1953年,在中国科学院,我帮他筹建历史研究所第一所,并筹办《历史研究》。从此,我在郭老的领导下,工作了近二十五年,直至郭老去世。

我同郭老的长期接触中,感受最深的是他的锲而不舍的治学精神。1945年,我写了文章,对郭老在古代社会研究提出的自己的看法,现在由于多年亲聆教诲,有了较深的理解、体会,这里想试作进一步的探索。

1945年初,郭老在《古代研究的自我批判》发表的时候,他曾说:"关于秦以前的古代社会的研究,我前后费了将近十五年的工夫,现在是达到了能够作自我批判的时候。"郭老的《中国古代社会研究》是1930年出版的,这本书不仅在当时曾经"发生过相当大的影响",而且直到现在它的学术生命力还在闪闪发光,还在给古代社会研究者以前进的动力。这一点是很值得我们回味,很值得我们探索,很值得后学的人认真体会的关键。

我认为,那时对于我国古代社会问题的提出,完全不是一个学术性的问题，而是和社会性质问题一样是从社会革命中提出来的，迫切要求解答的理论性问题。1927年大资产阶级叛变了，夺取了革命的果实，整个社会处于白色恐怖之中，革命与反革命的斗争，进入一个新的阶段。就在这个时候，郭沫若同志发表了《请看今日之蒋介石》的讨蒋檄文，遭到了反动集团的追捕，不得不逃亡日本。那时候，在国内，反动统治者一方面对革命运动进行武装围剿，另一方面纠集了各方面的反动文人，制造反动舆论，进行文化围剿，妄图把革命镇压下去。

大革命失败了。革命的失败能归咎于马克思主义吗？马克思主义不适用于中国吗？这在广大革命干部和革命人民中确实曾经出现过一定的迷惑不解。郭沫若同志在日本统治者监视的重重困难的条件下，进入了革命理论的探索。1928年以后，他一步步深入下去，写出了《中国古代社会研究》这部划时代的名著；1930年在国内出书之后大受欢迎，很快便再版、三版了。它确实在理论界、学术界起着极大的推动作用，影响极大。这就引起了反动统治者的警惕，他们动员了各式各样的反动文人围攻《中国古代社会研究》，肆意诽谤，说甚么"郭沫若是个社会科学的门外汉"呀，"他既非辩证家又不是唯物论者"呀，从而得出"郭沫若关于中国史的著作完全失败了"的结论，从此，《中国古代社会研究》成了反动统治者文化围剿中长期揪住不放的对象了。这种围剿的反动性质，我们只要翻阅一下《读书杂志》四本关于中国社会史的论战专辑，就会瞭然于胸中，不需要在这里多说了。

但是，历史总是在迈步前进。群众性的社会的革命实践，在无情地考验着各个阶级的每一个人。从1930年到现在已经半个世纪了，在革命风暴中，在文化领域里，经过这种严肃的历史的考验，谁是谁非，谁革命，谁反动？不是一清二楚的作出了历史的结论了吗?《中国古代社会研究》作为第一部在马克思主义理论指导下探索古代社会规律的著作,它的问世把中国历史学的发展推进到一个崭新的阶段,从此,新的历史学在迅猛地前进。今天,郭沫若同志虽然去世了,但这种严正的历史科学的方向却在学术界生根发芽,开花结实了。那些反动文人、叛徒、托派的叫骂声到哪里去了?不是随着他们主子的覆灭而销声匿迹了吗!

为甚么郭老关于古代社会的著作具有这么大的生命力?为甚么草创阶段的急就章竟能像常青树一样还在开花结果?这是很值得我们认真探索的一个关键问题。

我认为,郭老一生的科学实践已经充分说明这个问题。他充满着坚定的信念走进古代史这个领域之后,很快就发现,不能以"唯物史观的公式,往古代的资料上套",即使所"根据的公式是确切不移的真理",而对资料的选择、甄别也应当给予极大的注意。就这样,当反动文人正在喧嚣的叫骂时,郭老却一往直前,进入长期为封建的及资产阶级的学者们视为世袭领地的后院,积极"找寻第一手的资料,例如考古发掘所得的,没有经过后世的影响,而确确实实足以代表古代的那种东西"。那时候,我国的考古发掘只是刚刚开始,资料极为贫乏。身处异国的郭老在探索中所遇到的困难是可想而知的,但他有进无退。1947年,他在《中国古代社会研究》的再版后记里,曾这样说到:

> 我用的方法是正确的,但在材料的鉴别上每每沿用旧说,没有把时代性划分清楚,因而便夹杂了许多错误而且混沌。隔了十几年,我自己的研究更深入了一些,见解也更纯熟了一些,好些错误已由我自己纠正。那些纠正散见于《卜辞通纂》、《两周金文辞大系》、《青铜时代》、《十批判书》等书里面,尤其是《十批判书》中的《古代研究的自我批判》那一篇。

郭老对于古代社会的看法改变过好多次，"差不多常常是今日之我在和昨日之我作斗争"。直到1973年7月间发表《中国古代史的分期问题》时，他对于古代历史探索作了一个小结性的概括，他说：

中国社会的发展，曾经经历了原始公社、奴隶制和封建制，和马克思主义所划分的社会发展阶段完全符合。这已经成为一般的常识。四十年前，托派所叫嚷的中国社会空白了奴隶制，在原始公社的废墟之上建立起封建社会的谬论，早已被吹送到九霄云外去了。

这是他离开我们的六年前所作的一个总结。我想，我们只要不固执己见，是会同意这个科学的准确的结论的。

至于各个阶段的具体划分，史学界存在着相当大的分歧，这也是明摆的事实。就是郭老也一直在探索中，也在不断修改过去的观点。他最先认为殷代是原始公社制的末期，后来确认为典型的奴隶社会。由于西周的青铜器铭文里发现"不少以奴隶和土田为赏赐品的记载"，而且还发现了"西周中叶的奴隶价格：五名奴隶等于一匹马加一束丝（见孝王时代的《曶鼎》铭文）。故我认为西周也是奴隶社会"。但是，关于奴隶制的下限，郭沫若同志就先后改变过三次：

最早我认为：两种社会制度的交替是在西周与东周之交，即在公元前770年左右。继后我把这种看法改变了，我改定在秦、汉之际，即公元前206年左右。一直到1952年年初，我写了《奴隶制时代》那篇文章，才断然把奴隶制的下限划在春秋与战国之交，即公元前475年。

这就是郭老生前对古代社会研究的一个重要贡献，也是他长期钻研的结晶。

我在这二十多年同郭老的接触中，深深体会到他永远在积极追求着真理,追求着尽可能确切的科学结论。他从没有认为自己已经抓住"绝对真理"而执拗地坚持己见。这是他之所以能使自己学术生命像长青之树一样为后学人所系念的重要因素,这应当说正是很值得我们学习的马克思主义历史学家之严肃的科学态度。

郭沫若同志坚定不移长期探索古代社会的过程,不仅其本身具有严肃的理论斗争的意义,取得了极大成绩,而且他的深入到古代社会资料中去之后,使这个领域也起了空前的大变化。原来,古文字学是一个冷门,金文、甲骨文也只是少数文字学家的一块冷冷清清的园地,并没有引起历史学家应有的重视。1929年郭沫若同志进入这个领域初期,在《中国古代社会研究》的"自序"里曾这样说:

> 中国的社会固定在封建制度之下已经二千多年,所有中国的社会史料,特别是关于封建制度以前的古代,大抵为历来御用学者所湮没,改造,曲解。
>
> 在封建思想之下训练抟垸了二千多年的我们,我们的眼睛每人都成了近视。有的甚至是害了白内障,成了明盲。

在这里,他告诉我们,他带着马克思主义的唯物史观这样锐利的武器以战斗的姿态,进入为封建的和资产阶级的学者长期把持的禁区。他以批判的态度对待我国社会历史的资料,这就意味着是对资产阶级学术的批判。旧有的文献作为社会历史的史料,由于其真伪难分、时代混沌,不能当作真正的科学研究的素材。像甲骨文、金文这类第一手资料,在旧学术界大都也还处于"创通条例,开拓闽奥"的初期阶段。一个在旧学中长期抟垸着的第一手资料,一直没有发挥应有的史料作用。是郭老把甲骨文和金文的研究推向一个新的阶段,是郭老把马克思主义的治学方法注入这个古老的学科里去,使之有了新的生命力,成为探索古代社会秘密的、经过科学甄别的真正第一手的资料！这对于资产阶级的历史学，对于半殖民地半封建性的金石学，对旧的古文字学都起着批判的、再造的作用。是的，"没有辩证唯物论的观念，连'国故'都不好让你们轻谈"。郭沫若同志说得是何等的坚决！

郭老在甲骨文、金文上的成就，远远地超过了在他之前的老文字学家，这是中国学术史上的自然的现象。到现在，有些学人不能从整个学术发展过程的"最前进的线作为基点而出发"，相反，却跟在后面指手划脚，甚至"以旧说攻击改正的新说"，这确是一种怪现象。周公制礼作乐的儒者的幽灵曾让王国维这样的大师走过岔路，到现在我们不是还隐约地感到封建儒学思想影响的存在吗？郭老在半个世纪以前对留恋旧学的人所敲起的警钟，至今仍不无意义：

> 已经是科学发明了的时代，你为甚么还锢蔽在封建社会的思想的囚牢？

1980 年 11 月 30 日写于北京

悼念梁思永先生[*]

　　考古学家梁思永先生于 1954 年 4 月 2 日在北京逝世了，这是祖国考古事业发展中的重大损失！

　　思永先生生于 1904 年，竭毕生精力从事于中国考古事业，对中国新石器时代及殷代的考古研究工作都有相当贡献，对中国的田野考古工作的发展起了积极的推进作用。

　　思永先生早年在国外研究考古学和人类学。1930 年回国之后，参加了前中央研究院历史语言研究所考古组的工作。发掘过黑龙江昂昂溪的新石器时代遗址，调查过热河境内各地的新石器时代遗存，参加过山东历城城子崖的发掘工作；在河南曾参加过殷虚发掘，主持后冈遗址的发掘，领导安阳西北冈殷陵的大规模的发掘工作。从 1930 年到 1935 年，思永先生大部分时间和精力都用之于田野的调查和发掘的考古工作。

　　思永先生对科学事业是热情的，工作精细、忠实，且富于创造性。因之，当时在考古发掘的方法上，思永先生起了积极的推进作用，使中国的青年考古工作者逐渐积累了比较丰富的中国田

---

[*] 刊载于《文物参考资料》1954 年第 4 期。——编者

野考古工作的经验。正因为如此，所以思永先生能在当时可能掌握的大量的具体资料的基础之上，提出若干新的问题，并指出解决这些问题的途径。

瑞典人安特生在河南渑池仰韶村发见中国新石器时代的著色陶器之后，西方帝国主义国家的所谓学者，带着种族的偏见，硬要用片面的比较方法从这些资料里寻找"中国文化西来"的论据。1930年及1931年的秋天，山东历城龙山镇新石器时代遗址的发见和发掘，找到了中国新石器时代的另一体系的文化遗存——龙山文化。这为中国新石器时代的研究供给了新的资料，提出了新的问题；这一发见，对帝国主义国家的所谓学者的论调是一个正面的有力的驳斥。

从这一遗址的发掘和报告发表之后，龙山文化和仰韶文化的关系究竟如何？龙山文化和中国古代文化究竟有什么关系？……这一系列新的问题，在当时就提到考古学者的议事日程上去了。

这遗址虽然是吴金鼎先生发见的，但它的发掘及报告的整理，思永先生是始终其事的。正因为思永先生对龙山遗址付出了极大的劳力，所以对龙山文化的认识就非常具体而深刻。因而对于解决这一系列新问题的要求，思永先生也比别人更为迫切。

1931年的春天和秋天，思永先生主持河南安阳的后冈遗址发掘工作，在这里找到了小屯文化、龙山文化和仰韶文化之具体的层位关系，从这样显明的堆积现象上，确定了龙山文化早于小屯文化而晚于仰韶文化，最少也应当说在河南北部这三种文化的时代序列是基本上肯定了。这好像是一把钥匙，有了它，才能打开中国考古学中这样的关键问题；有了它，才把猜不破的谜底戳穿了。这是中国新石器时代考古发展中的一个极其重要的转折点。这功绩应当归之于思永先生。

思永先生之所以能够掌握这把钥匙，决不是偶然的机运，这和他的丰富的田野考古经验及深刻的中国新石器时代遗存的学力是分不开的。思永先生曾参加过小屯村殷虚的发掘工作，由于他的参加，才把殷虚的考古发掘提高到应有的科学水平，才把殷虚发掘工作中存在的混乱局面澄清；因之思永先生对殷代的遗物遗迹也获得了具体而深入的认识。同时，思永先生对仰韶文化遗存，亦有相当研究，他曾具体地分析过山西夏县西阴村的陶器，并写成了《山西西阴村史前遗址中的新石器时代的陶器》一书。且思永先生是龙山遗址的发掘者和整理者，因之对龙山文化遗存的特征就十分清楚。以这三方面的具体认识为基础，通过精细的发掘工作，很自然地会把后冈这样复杂错综的堆积关系找出清楚的眉目来，找到解决这一关键问题的锁钥。我们仔细去钻研思永先生的《后冈发掘小记》、《小屯龙山与仰韶》和1939年写的《龙山文化》就会看出他的结实的学力和精细的治学态度。

思永先生的另一业绩，应当说是主持安阳西北冈殷陵的发掘工作。1935年春天，当时田野考古工作的朋友们已经相当的积累了辨认和发掘西周和殷代墓葬的具体知识，在安阳附近找到了殷代大墓的迹象，适逢思永先生到安阳主持发掘工作，在朋友们的鼓动下，思永先生毅然决定着手筹划这个大规模的殷陵发掘工作。两季中所发掘的大墓虽说都不完整，但收获之丰富，发掘工程之浩大，在中国考古发掘的历史上都是空前的事情。这对殷代社会历史的研究，应当说是极有价值的贡献。如果不是思永先生的学力、经验和魄力，在当时就不可能收到那样大的效果。

1930年到1937年，是思永先生致力于田野考古工作的时期。这时期正是蒋介石盗取革命果实，投靠帝国主义，重建大地主、大买办、大资产阶级王朝的时期；在国内掀起了无数次的内战，招致了日本帝国主义的侵入东北，进窥华北，企图灭亡中国的惨祸。在这样反动统治下的多难的祖国里，田野考古工作同样也是在困难重重的情况下勉强支持的，发掘记载和所得的实物，由北京而南京，而长沙，而昆明，辗转万里，最后逃到了四川的李庄。考古工作者在辗转逃亡的生活中，实物的整理及报告的编写，都受到了极大影响。思永先生虽然竭力想把西北冈殷陵的报告整理出来，但在这样的情况下，工作是不可能顺利进行的。1942年思永先生肺病剧作，从此即卧病床褥，长期和病魔搏斗。1945年秋，日寇投降，思永先生即北来休养；而西北冈的记载和实物却运往南京，这批宝贵的史料的整理，更无从说起了。1949年，人民解放军大军南下，蒋介石狼狈而逃，鼠窜台湾，西北冈的记载和宝物就被蒋匪的仆从们全部劫持以去。

多年来的中国考古工作，在帝国主义的控制下，受尽了重重的折磨，在中国考古工作的进展中，在中国考古学的理论深处，到处都套上了帝国主义的枷锁，打上半殖民地性的烙印。思永先生的工作亦自不能例外。

1949年春，北京和平解放，思永先生适在北京，这时候，他已经卧病八年，身体极度消瘦衰弱。

1950年中国科学院成立，思永先生被任命为考古研究所副所长。思永先生过去所接受的是资产阶级的教育，以后长期在半封建、半殖民地的中国的学术机关里做考古工作，自然在立场观点上是存在着问题的，这也正局限着他的学术事业上的成就。解放之后，他已渐渐认识到这一点了，他努力提高理论水平，藉以批判过去的思想方法，同时积极筹划考古研究所的田野发掘、室内的整理研究，以及行政工作。考古研究所之有今天的局面和成绩，和他的努力是分不开的。但他终因身体太差，不得不长期在卧室里从事工作，在这样的具体情况下，他的工作自然会走些弯路。

中央人民政府成立以来，思永先生亲身体会到了祖国的伟大，体会到在这样的独立、统一、自由的祖国里进行考古工作，实在是太顺利了，常以身体太坏，不能在这样的时期从事田野考古为憾。他常兴奋的说：这是中国考古事业大发展的时代，但是旧中国遗留下的考古工作的人才实在太少了。干部缺乏给考古工作带来的困难，长期地成为他梦寐为之不宁的中心问题。

中国科学院的领导同志，看到他的身体很弱，常常劝他休息；但思永先生总是放不下工作，往往在短期休息之后，就又恢复工作。去年9月间，身体实在不能支持了，领导同志劝他作长期养病，他经过反复考虑，才同意了。四个月的休养中，病体稍好，但仍头痛失眠，心悸气短。2月23日入医院检查，知左肺完全失去生理功能，且发现有严重心脏病。经多方治疗，终归无效，竟于4月2日下午逝世了。

思永先生在逝世的前夕，犹关怀着考古研究所的工作，念念不忘祖国的考古事业。

中国考古工作者以万分悲切的心情怀念着思永先生，感到失去了这样一位考古学者，是考古事业发展中无可弥补的损失，我们将以思永先生忠诚不倦地致力于考古事业的精神，团结一致，结合着祖国经济建设的高潮，做好考古工作，以推进祖国考古事业的发展。

1954年4月13日

梁思永先生著作

一、《山西西阴村史前遗址的新石器时代陶器》（英文），1930年，单行本。

二、《东亚考古学中的几个问题》（英文），美国《人类学者》第 34 卷第 3 期（第 365—376 页）。

三、《昂昂溪史前遗址》，1933 年《国立中央研究院历史语言研究所集刊》第四本第一分册（第 1—44 页）。

四、《后冈发掘小记》，1933 年《安阳发掘报告》第四册（第 609—625 页）。

五、《小屯龙山与仰韶》，1933 年，《蔡元培先生六十五岁庆祝论文集》下册（第 555—568 页）。

六、《城子崖》1934 年，其中部分为思永先生所写，全书是思永先生任编辑的。

七、《热河查不干庙林西双井赤峰等处所采集之新石器时代石器与陶片》，1936 年，《田野考古报告》第一册（第 1—67 页）。

八、《龙山文化》（英文），1939 年，《第六次太平洋科学会议会报》第四卷（第 69—79 页）。

悼嵇文甫同志[*]

嵇文甫同志在10月10日上午逝世了。我们失去了一位社会活动家，失去了一位质朴的学者，失去了一位循循善诱的老师，失去了一位同志。

嵇文甫同志逝世的消息传来之后，整夜不能入睡，一幕幕的往事重现出来。

1948年6月，我人民解放军解放开封后，嵇文甫同志在党的帮助下，偕同部分进步人士和大批进步青年，进入豫西解放区。他曾这样表达当时的心情：

> 多年来沉闷窒息的生活乃告结束，像游子返乡一样，终于回到了革命大家庭。

是的，嵇文甫同志到达解放区，结束了多年的"沉闷窒息的生活"，从此开始了革命大家庭中的新的生活。这在他确实是截然不同的两种生活。

我们且回忆一下嵇文甫同志多年在"沉闷窒息"中生活的往事。

---

[*] 刊载于《历史研究》1963年第5期。——编者

1917年以后，国际国内发生了一系列的变化。这时伟大的十月社会主义革命胜利了，马克思主义传播到了我国，中国共产党诞生了；无产阶级领导的反帝反封建的新民主主义的革命运动，以空前的规模，从政治、经济、文化等各方面展开了。在帝国主义时代的半殖民地的国土里，资产阶级软弱无能，资产阶级思想在外国帝国主义奴化思想和中国封建主义复古思想的反动联盟的反击下，像游魂一样，成了大地主大资产阶级反动统治下的附庸。

　　在半殖民地半封建的国土里，政治上、经济上及文化上都反映着半殖民性和半封建性。而文化思想上，国外帝国主义和中国封建主义的反动联盟，不仅反对马克思主义，而且也反对资产阶级民主主义思想。这样，在帝国主义代理人——大资产阶级大地主的政治统治下，对一切进步的思想都采取文化围剿的手段，刁难、压制、威胁、暗害，直至公开的屠杀。从北洋军阀到蒋介石，这种情况日益严重，日益反动，日益残暴。文网益密，摧残日急，真是窒息得知识分子透不过气来。少数买办文人和封建文人，推波助澜，成为反动统治者的同谋或帮凶。这就把学术界、教育界弄得乌烟瘴气。

　　嵇文甫同志1918年毕业于北京大学的哲学系，参加了五四运动的新文化运动，参加了当时的政治活动。记得大革命时期，在课堂上曾听到他讲宋明哲学，感到这是一位造诣很深的学者；在广场中曾听到他激昂的讲演，感到他是一位热情的社会活动家。大革命失败后，他重操粉笔生涯，潜心研究学问去了。

　　嵇文甫同志是一位笃实的学者，有些时候，曾经是一位热情的社会活动家，对革命是有一定了解的。大革命失败之后，一方面是反动的残暴统治，一方面是无产阶级领导之下的轰轰烈烈的革命运动。嵇文甫同志在反动统治的窒息、控制乃至迫害之下，研究学术，从事科学工作。在这样的情况下，嵇文甫同志的内心当然会存在着矛盾。在抗战前和他的接触中，在他解放前的著作中，都侧面透露出这种内在的心理矛盾和苦闷。像文甫同志这样敦厚质实的学者，当时反动统治者还是节节进逼，纠缠，搅扰和迫害。真是威迫备至，无所不用其极。这样的处境，在他的思想深处，怎么能不产生极度的矛盾？怎么能不感到窒息得透不过气来？怎么能不感到沉闷？

我想，这正是文甫同志"多年来沉闷窒息的生活"的基本原因。

1948年6月开封解放了，而蒋介石还在顽抗，半个祖国还在反动的统治之下。嵇文甫同志当时在开封教书，由于党的帮助，他毅然进入解放区。这就结束了他"多年来的沉闷窒息的生活"，感到"像游子返乡一样"，"回到了革命的大家庭"。

从1948年到现在，这十几年里，嵇文甫同志总是生气勃勃地、愉快地在工作、生活和学习，充分说明了他的心情的变化。

这十几年，他一直积极的参加社会政治活动，当选为全国人民代表大会的代表，担任过中南军政委员会委员、河南省人民政府副主席、河南省副省长、河南省文教委员会主任委员，同时还担任着其他社会团体的职务。不仅如此，他还一直不曾脱离教育工作，总是兼任着河南省的高等院校的院长、副校长以及校长的职务。在频繁的社会活动中，他始终没有放下学术研究，还在抽空讲学；他一直是中国科学院哲学社会科学部的学部委员，在百忙中还写出了一些专著和论文。

这十几年，我们接触较多，他那种朴素的生活作风，平易近人的风度，确实十分感人。对青年总是那么热情的爱护、帮助，对同志总是那么真挚而恳切，使人感到一种浑厚的长者的亲切。

这十几年，我们的国家在党的领导下，进行着社会主义革命和社会主义建设，不断取得伟大的成绩。这十几年里，阶级斗争如波浪起伏，时而比较缓和，时而尖锐。在历次的政治运动中，嵇文甫同志在大是大非的问题上，总是立场坚定，是非鲜明，没有什么含糊的。记得1957年资产阶级右派向党猖狂进攻的时候，曾经是乌云满天，大有山雨欲来风满楼之势。在这样的情况下，嵇文甫同志也表现得十分坚定，他说："不管怎样大鸣大放，必须拥护党的领导和无产阶级专政。"这就是嵇文甫同志在尖锐的政治斗争中的明确结论。

嵇文甫同志总是那么积极热情的学习毛主席的著作，十几年来连续不断地写出自己的心得。他感到毛主席的著作，"越读越感觉意味深长，越读越引人入胜"。他认为"凡是按照毛主席的思想去从事革命和建设的，总是得到胜利；凡是和毛主席思想相违反的，就都遭到失败，这已经成为一个颠扑不破的真理"。嵇文甫同志以这样强烈的热情钻研毛主席的著作，体会主席思想，当然在政治上、思想上以及工作上都会取得很大的进展，终于在1959年党的生日光荣地参加了中国共产党。

嵇文甫同志是一位历史学家，在读毛主席的著作时，总是从中吸取营养，从而用之于自己的学术研究中去。他曾说：

> 毛主席紧紧抓住阶级斗争这一历史唯物主义的理论核心，把它深入贯彻到历史研究领域的各方面去，无论讲什么历史发展规律问题、历史人物评价问题、文化遗产继承问题……，都一贯用阶级观点来分析，因而立论坚实有力，并且处处闪着革命的光芒。

他把毛泽东同志的著作看作是"深入探索中国历史发展规律的一把钥匙"。他反复读毛泽东同志的著作，反复地学习毛泽东同志如何创造性运用马克思列宁主义的阶级分析方法来分析历史和现实问题。他认为离开阶级分析和阶级斗争，就无法谈历史发展的规律，无法谈历史人物的评价，也无法谈文化继承问题。他认为在历史研究的各方面，都必须深刻地贯彻阶级斗争的观点。我想，正因为嵇文甫同志抓住了阶级观点、阶级分析这个关键，所以他在政治上、思想上以及学术上就取得很大的进展。

嵇文甫同志在繁忙的社会政治活动中，挤出时间，还从事学术论著。在我们谈话时，他总是虚心的说自己对马克思列宁主义，毛主席的著作还需要认真地钻研，并且计划在学习马克思主义的同时，还要进而检查自己的学术研究工作。这种态度确实令人敬佩。最近几年，他挤出较多的时间，在马克思主义理论指导下，探索他钻研已久的宋明思想。我们正期待他作出更多的成果，不幸被严重的疾病夺去了生命，我们不能不深为惋惜！

嵇文甫同志和我们永别了，但是，他的质朴的作风，谦逊而和蔼的态度，勤勤恳恳的治学精神，将永远活在我们的心里。

文甫同志，我们将久远怀念着您！

1963年11月5日

深切怀念马克思主义史学家尚钺同志[*]

尚钺同志和我们永别了,我们深深怀念着这位久经考验的无产阶级革命老战士,怀念着这位著名的马克思主义历史学家。

尚钺同志一生的丰富的革命经历和坎坷的治学道路,在当代的历史学家中是少有的。他的坚定的革命意志,顽强的治学精神和实事求是的科学态度,表现了一个马克思主义史学家的可贵的品质。

尚钺同志从中学时代起就追求进步,"五四"时期是河南学生运动的主要负责人之一。在北京大学学习期间,他追随鲁迅从事进步文学活动。他曾自发地深入到贫苦农民中去,组织他们迎接北伐。他在李大钊同志的指导下走上了革命的道路。1927年7月,在蒋介石、汪精卫相继叛变革命,全国一片白色恐怖,革命遭到极大挫折的时期,他毅然加入了中国共产党。从此,他就将自己的生命和马克思主义紧紧联系在一起,和无产阶级的革命事业紧紧联系在一起。他在革命运动中,做过党务工作、宣传工作,也做过军队工作、统战工作。他曾两次被捕入狱,在敌人的

---

[*] 刊载于《中国史研究》1982年第2期。——编者

严刑拷打下,忠贞不屈。由于党内错误路线,他曾被开除过党籍,但他依然是一心向着党,坚持为党工作。

他不仅是一位坚强的革命战士,而且早在30年代就是一位有影响的革命文学家。在严酷的革命实践中,他表现出战斗的革命乐观主义精神,不论遇到怎样的挫折和艰难险阻,他都不曾停止前进的脚步。

40年代初,尚钺同志出于革命的需要,转入历史教学阵地。几十年来,特别是中华人民共和国成立以后,他不仅为人民培养了一大批优秀的历史工作者,而且在历史研究中作出了相当的贡献。

作为一个马克思主义历史学家,尚钺同志在对祖国历史的探索中,有他自己鲜明的个性和气质。他是在革命的文艺创作中,在革命实践中,学习和掌握马克思主义的。当他进入史学领域时,早已是一个坚强的无产阶级战士,并且已经有了较高的马克思主义理论修养。他思想敏锐,眼界开阔,始终坚定不移地运用马克思主义来指导自己的历史研究和教学工作。他学习毛泽东同志把马克思主义与中国革命实际相结合的思想,研究中国的历史实际,"总结历史经验,认识历史发展规律"。他在去世前写的《坚持用马克思主义研究中国历史》这篇文章里,还强调指出:

> 我们应当理直气壮地说,历史必须用马克思主义作指导。我们应当抛弃的是那种对马克思主义的歪曲和阉割,我们所反对的是那种把马克思主义教条化、庸俗化的态度。至于真正的马克思主义,我们的历史研究离了它是寸步难行的。

正因为他具有明确的理论指导,所以在历史研究中就能够抓住一些重大的问题,进行创造性的探索。他对中国古代史分期和资本主义萌芽问题的看法,在国内外史学界都有相当大的影响。他曾经形象地对一些同志说："没有马克思主义，历史是躺着的；有了马克思主义，历史就站立起来了。"他追随鲁迅之后，满腔热诚地要寻找祖国历史的"脊梁"，使躺着的历史成为站立起来的历史。

尚钺同志在中国人民大学长期主持历史教研室和后来的历史系的工作、讲授中国历史这门课程。50年代初，他根据自己对一些关键性的理论问题进行探索所取得的成果，组织教研室的同志编写讲稿，这就是由他主编的《中国历史纲要》。这部《纲要》是建国后出版的第一本简明的中国历史著作。由于它理论一贯，通畅易懂，受到了学校师生和干部的欢迎，引起了史学界的重视，在国外已有几种文字的译本。尚钺同志在教学中认真严肃，要求极为严格。他所培养的许多史学工作者，目前已经成为史学界的骨干力量，在历史教学和研究中发挥着重要的作用。

尚钺同志为人坦率开朗，决不隐瞒自己的观点，因而容易被人误解为"自以为是"。其实，他以一个革命的老战士进入历史教学与研究的领域，常常说自己是"半路出家"的新兵，因而孜孜不倦，认真钻研。他虚心向前辈学习，向同辈请教，经常注意了解历史研究的新成果和出现的问题。他尊重前辈的成果，但决不随风转舵，人云亦云。不论是哪个权威的观点，他都要经过自己的探索，才决定然否。我曾同他相处多年，对他这种勇于提出问题，敢于坚持自己学术见解的治学态度，留下了深刻的印象。

尚钺同志所主张的"魏晋封建论"，以及关于明清之际资本主义萌芽等问题的一些观点，在史学界有不同的认识，这本来应该在百家争鸣的方针指导下，经过同志式的讨论，使这些问题的研究深入下去。但是，由于左倾思想的影响，他的学术见解被不公正地说成是修正主义的观点，并且对他进行了批判。有一个时期,他甚至被剥夺了讲授历史和发表意见的权利。但尚钺同志始终以一个马克思主义史学家的坚定的态度,坚持实事求是,不屈服于压力,不轻易改变自己的观点。他在一生最后的那篇文章里,在谈到百家争鸣问题时,曾经这样说:

"百花齐放,百家争鸣"是繁荣科学文化的正确方针。无情的是,这一方针在相当时期内没有得到很好的贯彻,使史学研究遭到了莫大损失。我们用马克思主义去研究历史,是用它正确的立场观点方法,并不是攫取对于某一问题的具体的结论。如果我们的研究只限于使历史事实去适合某种论断,那么我们的研究还有什么意义?马克思主义并没有写尽真理。社会有发展,科学技术有进步,理论也不能停止不前。马克思主义的史学研究,许多问题至今还没有得到解决,谁能说哪一种结论是百分之百的正确呢?学术上不应该有权力标准。在真理面前人人平等。领导人,包括高级领导人在学术问题上的意见也只是一家之言,要和不同的意见进行平等的讨论。学术工作者之间更要破除门户之见,提倡一种民主生动的学术空气,让各种意见在不断深入的研究中得到考验。

这是他的临别赠言,是他的遗愿,也是对今后史学工作的诚挚的忠告。我既是他的同志,又是他的学友,过从较密,相知较深,对他的不公平的遭遇和长期困难的处境,我自己常常感到有某种责任和内疚。这里给我们以极大的教训。我们应当从中吸取经验,使之化为前进的力量,做好今后工作。我想这也是尚钺同志生前恳切的愿望。

在十年浩劫中,尚钺同志遭到"四人帮"的疯狂迫害,丧妻失子,精神上、肉体上都受到了极大的摧残。但是,他依然保持着革命者的本色,坚定不移,相信黑暗终会过去,胜利一定属于人民。他以富有远见的乐观精神,鼓舞着一同遭到"四人帮"

迫害的同志，度过了苦难重重的岁月。他说："历史是人民写的，人民是历史的主人。想凭借手中权力改变历史方向的人，将受到历史的惩罚。"历史果然宣判了"四人帮"的死刑。在"四人帮"被粉碎之后，尚钺同志和同志们一起，紧张地投入了修订《中国历史纲要》的工作，同时积极参加对"四人帮"的批判。他愤慨地指出："到了林彪、江青等野心家的手里，史学就完全不成其为历史学了。""史学园地一时榛莽丛生，成了最无信誉最不干净的去处。"他深刻地揭露了"影射史学"的反科学的实质：

> 有的人搞影射比附，从现实政治的模式出发，硬将历史上的某人某事指为今天的某人某事，不能不歪曲历史以削足适履。比如一些人硬把共产党的领袖和古代帝王拉上关系，使之一荣俱荣，一损俱损。这些帝王忽而高大无比，文治武功浩浩荡荡，谁也说不得半点坏话，否则就有反党反社会主义之嫌；忽而又一钱不值，一无是处，谁也再不提他的功德。皇帝忽而写不得，忽而大家都来写，这决不是研究历史的科学态度。

这样的话，对于我们清算"四人帮"的流毒，我想是很有教益的。

尚钺同志在他生命的最后时刻，根据他的切身体会，提出了要重视"史德"的问题。他说：

> 古代史学家要求一个"良史"不仅应具备史才、史学、史识，还要具备史德。我们马克思主义史学家也要有一种史德。我想这就是光明磊落，实事求是的品格。那种善于察颜观色，探测风向，是同马克思主义史学家应具有的史德不相容的。史学工作者应该用自己辛勤的劳动，拿出独立的研究成果，去丰富历史科学的宝库，即使不是珠玑，哪怕是砖瓦

也好。如果今日某人曰"此",则纷纷撰写文章曰"如此如此"。明日某人曰"彼",又绞尽脑汁撰写文章曰"如彼如彼",这不是研究历史,只能是糟踏历史。一个优秀的历史学家,应该能识别历史发展的方向。他所争的不是"一时之是非",而是万世之是非,所追求的不是一时的荣显,而是客观真理。历史学家研究历史,历史也将考验他们的研究。

尚钺同志这段话讲得十分透彻,十分亲切。我之所以不厌其烦地用了这么一大段,是因为当我读到他这篇文章时,眼前展现着他那种刚毅果敢的老战士的风骨,真是如见其人,如闻其声,给人以巨大的感染力。应当说,具有这样的史德,才不愧为一个真正的马克思主义的史学家。

尚钺同志和所有久经考验的无产阶级战士一样,对党无限忠诚,对社会主义充满信心。我们的人民今天正在谱写历史的新篇章。尚钺同志的临终遗言说:"我希望史学园地百花盛开。我们留给子孙后代的,不应该是鏖战之后的残垣断壁,而应该是一座五彩缤纷的大花园。"我深信,我们史学界一定能够团结一致,共同前进,以自己的辛勤劳动来促使史学园地出现百花盛开的局面,尚钺同志的遗言一定能够成为现实。

1982年3月7日

《甲骨文合集》前言[*]

五年来，《甲骨文合集》陆续分册出版，现已全部编完付印了。这是中国社会科学院历史研究所承担的国家科研"十二年远景规划"中的一个大型项目，我们有责任把这一项工作进行的过程作必要的说明。

郭沫若同志曾指出：这样大型的学术性资料工作，一定要集思广益，取得全国古文字学家及有关单位的支持，尽可能集中丰富的资料，经过科学地整理和编纂，使之成为一部比较完整的学术资料的汇编。

历史研究所根据郭沫若同志的意见，召开了古文字学家及有关单位的会议，充分讨论了这项工作应当注意的各个方面。这次会议还决定成立了《甲骨文合集》编纂委员会，由郭沫若同志任主任委员，由历史研究所先秦史研究室承担具体编辑任务。先秦史研究室主任胡厚宣同志根据这项工作的要求，组成了《甲骨文合集》编辑工作组。多年来，这个组始终在胡厚宣同志具体指导下进行工作。

---

[*] 刊载于《甲骨文合集》第一册（1982年由中华书局出版）。——编者

甲骨文出土已八十多年了，著录的书已有百余种。这批研究商代社会历史的极为珍贵的史料，长期处于分散状态，未能充分发挥其应有的作用，确实是我国古代历史研究工作中的重大缺陷。

《甲骨文合集》的编辑，是一项集体性质的工作，我们经过长时间的学术实践，才逐步认识这种集体的学术资料工作的重要意义。我们曾听到这样的评语：《甲骨文合集》是一种技术性工作，"无非是剪剪贴贴"，但是，同志们经过这些年的亲身体会，确认这是一项严肃的科学任务，参加工作的年轻的同志中，除个别人曾经学过古文字学外，其他同志对甲骨文还是相当陌生的。进入这一工作的初期，曾感到烦琐，但工作进行到一定阶段时，就认识到它的每个环节都具有一定的学术性质，必须逐步掌握古史、考古、古文字等各个方面必要的知识，才能处理好手头的资料。选片、辨伪、去重、缀合等过程，看起来相当烦琐，但这里却包含着有关甲骨文必不可少的知识，不具备这些知识，就无法进行工作。进入分期、分类、释文这些环节，就需要反复探索，才能逐步胜任。同志们经历了全部工作过程之后，深深感到：这样对甲骨文字资料作全面的彻底整理，确实是十分必要的事。这对古代社会的探讨，对商代历史的再认识，对我国古文字学的深入探索，都是必不可少的极为重要的步骤。

同志们从工作中认真学习，全面地检视了甲骨文字的资料，从而取得了比较系统的认识。由于接触了大量资料，也发现了其中的某些问题。在编纂《合集》的同时，不少同志还选了专题，进行了必要的探索，写出了论文。我对甲骨文是个外行，不便有所品衡；但是，我认为这种发现问题、积极探索的精神是极其可贵的。他们的探索涉及到各个方面：有关于文字的考释，有关于甲骨文字分期的问题，有关于商代史实的考证，有关于古代社会的研究,总之,这是一个极其可喜的起点。我深信同志们一定能够再接再励,一往直前,取得更好的成果。

这项集体的学术资料工作,从1959年起,先后参加工作的有二十余人,旷日持久,屡作屡辍,拖延了近二十年,走过这样那样的曲折道路,摆脱了形形色色的干扰,终于完成了这项"智者不为"的繁重的科学任务,它都是在风风雨雨里成长起来的集体果实。

这样规模的较全面的学术资料工作,决非个人或少数人所能为力的,当然,在工作中存着各种矛盾,特别是个人和集体的矛盾。但是,实践证明,这样相互依存的集体关系,久而久之,确实能够做到互相学习、互相启发、互相促进、共同提高的效益。否则,就不可能使每个参加者取得较全面的系统的甲骨文知识;也不可能对于某些学术性问题,经过相互交流,取得进一步的认识。这个"统一的整体工作"在不断克服矛盾中步步前进,这已经自然地成为同志们多年共同辛劳的必然报酬了。厚宣同志从事甲骨学研究经历了半个世纪。多年来,这位甲骨学的里手和同志们走遍了国内各地的有关单位,采集了大量的新的资料,在整个工作中他付出了极大的精力。

《甲骨文合集》编辑组的全体同志一致认为,这样大规模的协作只有社会主义制度下才能办得到,协作单位遍及全国,有的把多年搜集的拓片无保留地给编辑组选用,有的把收藏而尚未发表的拓片送给编辑组,像考古研究所、北京图书馆、中国历史博物院、北京大学、北京师范大学、清华大学、上海博物馆、南京博物院、山东省博物馆、旅顺博物馆等,都大力支持,给工作上以极大的方便。不少古文字学家在编辑过程中提出了许多宝贵意见,有的同志还把国外新出版的甲骨文书刊寄给编辑组使用。这种社会主义大协作的高尚风格,正是新社会中所形成的新学风、新风尚。我们在这里向所有支持这一工作的单位和专家致以衷心的感谢！

十年浩劫，林彪、"四人帮"横行霸道，党的革命传统遭到了严重破坏，长期在人民中形成的社会主义的风尚受到了严重的影响。粉碎"四人帮"之后，全党和全国人民努力拨乱反正，革命的好传统、好作风正在恢复，马克思主义、毛泽东思想长期哺育下所形成的好学风正在逐步恢复，学术协作的好风尚也逐渐复苏了。《甲骨文合集》的能够完成，就是有力的见证。

现在《甲骨文合集》图版的编纂虽然已经完成，但是，它的全部任务并没有完结，为了使这批宝贵的资料发挥更大的作用，还必须想尽一切办法使学者能够在较短的时间内尽快地运用这批史料。同志们除努力作出全部释文外，正在编辑为了解《合集》所需要的各种目录索引。他们将把甲骨来源、现藏情况、著录现状、《合集》与过去著录甲骨的关系、甲骨缀合、甲骨真伪等等，以应有的方式，向学术工作者提供尽可能详细而准确的情况。这样一系列的工作，正是学术事业中最必要、最基本的工作，这正是大有益于学术发展的贡献。

《合集》的出版，不仅仅为古代社会研究提供了一部丰富的"资料汇编"，更重要的是反映着社会主义社会的学风。我们古稀之年的人都不会忘记，在旧社会想搞一点点学问是多么困难啊！那时候，某些所谓学者把占有资料作为"学术资本"。自以为占有了资料就占有了"学问"，对资料的保密、封锁，只限于一、二知己的欣赏，他人是难以染指的。这种恶劣的学风，早已成为学术前进中的绊脚石！《甲骨文合集》把珍贵的资料集中起来，公诸同好，使之成为学术工作者的共同财富，这对旧的垄断资料的恶习正是一种有力冲击。

同志们力图运用唯物史观的观点编辑这部资料合集，以便于学者参考。在分类问题上曾经发生过一些分歧和争论,走过一些弯路;为此,我们召开过多次会议,经过认真讨论,最后才决定采用了现在的分类办法。当然,要把大量史料十分妥帖地纳入各类中去,并不是一件容易的事;现在所采用的办法也还会存在着不妥之处。编辑组的同志们为提供学术资料,付出了二十年大量的心血,使学者们得以充分运用这批经过科学甄别的材料,这必然会加速科学研究前进的步伐,为古史研究作出更大的贡献。

我深信,同志们在长期的学术实践中,一定能够逐步把社会主义的学风推向更高的思想境界。

在搜集甲骨文资料的过程中,厚宣同志曾多次谈起,希望尽可能搜集齐全;他确实为此而作了最大努力。我曾告诉他,八十年来这些甲骨失散于国内国外,不可能搜集齐全,况且还会陆续发现新资料,只能作到相对的"全";书出之后,还可以根据新获资料编出《续集》。1973年小屯村南地发现了相当重要的整批甲骨。那时,《合集》正在分期编排中,收入吗?这批甲骨还在清理之中,而且发掘报告尚未编出,会打乱"报告"的程序;如果不收,既称《合集》,而又出版于发现这批资料之后,就有点说不过去。我们同考古研究所商量后,决定报告未出之前,除选录已发表的几片外,待今后编辑《续集》时,再行选录。《合集》出版后,散诸国内外的,新出的材料,将继续搜集,为了推动学术迅速发展,我们将集中精力,早日编出《续集》来。

中华书局为出版这类学术性的大型集子,付出了无法估计的人力和物力,这种积极推动学术发展的精神,我们十分感佩。

历史研究所有些同志曾在不同的时期参加过这项工作。由于工作变动,他们未能参加到底,但他们曾付出了一定劳动,使我们永远不能忘怀。在工作进程中,一位对缀合工作付出大量精力的桂琼英同志竟被病魔夺去了生命,《合集》里蕴含着她的心血和业绩。

郭沫若同志在病中看到最初印出的《甲骨文合集》样书时，非常高兴地接见了编辑工作组的同志，从具体编辑工作到学术问题，进行了亲切而热情的谈话。同志们曾请郭老为《合集》写篇"前言"，郭老欣然承诺。此后，郭老的病情日重，未及动笔，便与世长辞了。郭老去世后，他最后会见时的教导，化为推动编辑工作前进的力量，从而加快步伐，迅速完成了全书的编辑任务。

郭沫若同志逝世已经三年了，我们仅以《甲骨文合集》的出版，告慰于我们永远怀念的这位卓越的马克思主义历史学家。

1982 年 2 月 1 日

《中国新石器时代》后记*

  这是我在这二十年里所写的关于我国新石器时代的几篇主要论文的集子。

  这些论文，从写成的时间说，虽然相隔很久，但它们却总是围绕着一个中心：从批判过去的关于我国新石器时代的研究工作中，以建立起我国新石器时代的体系。

  这是一件比较艰巨的任务，从我的学力上说，要完成这项任务，就十分不易。但是，我国远古社会的研究迫使我们不能不在这方面做最大的努力，以便逐步找到正确解决问题的关键。在这里，我只是一种尝试而已。

  研究我国氏族制的社会结构，考古学中新石器时代的资料是十分重要的。我们要想把氏族制度在我国发展的序列弄清楚，首先应当把我国业已发见的新石器时代资料的时间序列基本弄清。所以，我的工作的第一步就放置在我国新石器时代的分期问题上了。

---

* 刊载于《中国新石器时代》一书（1955年由三联书店出版）。——编者

关于我国新石器时代分期问题，瑞典人安特生是最早提出意见的一个，他的理论在我国史学界有着相当的影响，他的错误理论也就形成了我国个别史学家在我国远古社会历史中的某些错误看法。不突破安特生在我国新石器时代研究中所造成的混乱，就不可能把我国远古社会历史中的这一阶段的状况搞清楚，因此，我们的工作，就首先集中在这一点上去了。

安特生在我国的东北、河南和西北曾作过一些考古调查和发掘工作，在甘肃一带曾找到了不少新石器时代的遗址。他根据这些资料把甘肃的遗址分为六个时期，多年以来，这个分期的体系就在我国流行着。

我们分析了他的分期工作，认为他的理论根本是靠不住的。从资料的本身说，他所根据的大都是地面调查所得的东西，不可能作为分期研究的基础；就是他发掘所得的部分材料，也因为发掘工作的粗疏，不曾把文化堆积的层位关系弄得清楚，因而其科学价值也就相对的减低了。这就是说，他作为分期的证据的本身，就成为问题了。从他的治学方法上看，肯定说是形而上学的唯心主义的方法，形式主义的逻辑在他的著作里到处都是。更值得注意的是他带着民族偏见来研究我国的远古的社会文化，从而得出了极其错误的理论——"中国文化西来说"。这一些都是值得我国爱国的科学家们所深切注意的问题。

在这集子里，我用了不少的篇幅去批判安特生的错误理论，这是我二十年来始终不曾放弃的一个问题。我认为，只要是实事求是的科学工作者，在这样的具体事实面前，应当是放弃安特生错误的理论的时候了。不走出安特生的迷宫，头脑是永远不会清醒的！

《中国新石器时代》稿是在1939年写的，主要目的是试图突破安特生的体系，建立起中国新石器时代的比较可信的体系。

在这里，我以发掘所得的比较可信的材料作基础，审慎地找出各种文化遗存的先后关系，比较全面的分析了各种文化遗存的具体内容。那些地面调查的以及我所不敢凭藉的发掘材料，我都大胆的忍心割爱了。这样做我以为是十分必要的，我们不能够拿一些似是而非的材料作为理论基础，把自己的理论系统建筑在沙漠上面。

我本着这一样的精神，把1937年以前所得到的关于我国新石器时代的材料作了一番初步的整理，大体上找出一个基本的体系来；当然，这还只是极其初步的东西，新资料发现必然会充实、修正、乃至完全废弃某些看法。但是，不能否认，实事求是的综合研究是十分必要的；没有综合性的研究，就不可能使这种学科的理论逐步提高，也不可能从全面的综合研究中发见问题，从而找出解决问题的钥匙。

根据片面的个别材料，就海阔天空的驰谈什么理论，除造成某些混乱外，是解决不了任何问题的；但是，以矜慎为名，把精力只是放在个别的孤立的事实上，而不去做全面的综合性的考虑，同样也会阻碍研究工作的迅速发展。这两种偏差应当说都是主观唯心主义在考古学中的反映，我们应当加以克服。

中华人民共和国成立以来，我国考古事业和其他事业一样获得了空前的发展；考古的队伍扩大了，考古工作的地区和范围扩大了，考古材料空前的丰富起来了，新石器时代遗存的新资料也空前的丰富起来了。但是，由于结合基本建设的考古工作的急迫，许多材料还没有来得及作系统的发掘和整理，从这些新的材料中虽说已经提出了不少新的问题，但是，要真正解决这些问题，就必须作进一步的深入的科学研究工作。因此，在这册书里我并不曾把新的材料整理进去。例如，关于"硬陶文化"，我以为大有认真发掘和研究的必要！它是新石器时代的呢？还是晚于新石器时代的呢？它和我国远古的文化有什么关系呢？所有这些，都应当实事求是的在发掘和整理的过程中弄出一个比较可信的结果来。只是根据现有的材料还不可能作出什么可靠的断语来。我在《论中国新石器时代的研究工作》中所说的也只是一个极其初步的推断，迫切希望考古工作者能切实的对这一种文化作一全面的研究。

《中国新石器时代》这一部分稿子，梁思永先生在病中曾仔细看过，且提出了不少宝贵意见。这次付印时，我曾作了某些修改。《关于赤峰红山后的新石器时代遗址》是《中国新石器时代》一文的补充，就是梁思永先生提出的意见。他本来希望我插在那篇里面，因为那篇写得较早，不便大动，所以就附在后面了。现在梁思永先生已去世一年多了，我谨以这册书的出版永志思永先生的热情。

《论中国新石器时代的分期问题》的初稿是去年12月间写的，曾经在考古研究所讨论过，所内不少朋友提出了许多可贵的意见；今年4月间，我根据这些意见把它重新写过一道。夏鼐同志又看了第二次的稿子，并代为校正了其中的一些译文；裴文中同志为这篇论文曾和我谈过两次，提出了不少宝贵意见。在这里我对考古研究所的同志们及夏、裴两位特致谢意。

书中的图版有一部分是文化部文物局和南京博物院供给的，在这里特向热情的王冶秋同志和曾昭燏同志致谢。

1955年8月3日

《新石器时代》再版后记[*]

1955年,我把过去写的有关新石器时代的文章,集在一起,名为《中国新石器时代》,由三联书店出版。到现在,已经九个年头了。

去年4月间,出版社和我商量,准备再版;我认为原样再版,实在没有必要。在那里,大都是1939年以前写的,所用资料大都限于1937年以前。只有三篇写于解放之后,那时候,新石器时代考古虽说已有相当开展,但事实上还处在大力培养干部,组织各地力量,迎接大发展的准备阶段。1955年以后,适应着祖国经济建设的迅速发展,新石器时代考古事业也以空前的速度开展起来了。就遗址的数量说,1955年以前调查所得,只有二百多个,而1955年以来这八年多的时间里,经过一定发掘的就有二百多处,调查所得已达三千以上。《中国新石器时代》这册书,如果不增加1955年以来的内容,原样再版,也只能作为个人学术历史过程中的陈迹,却没有更多的意思。

我本着这样的理由,不同意再版。出版社一再表示,希望修

---

[*] 刊载于《新石器时代》一书(1979年由三联书店出版)。——编者

改付印。我想，过去所写的东西，既是个人探索这个学科的历史产物，功过自有评论，保留下来，也未始不可。但是，必须把1955年之后的新发现增补进去，方能付印。就这样，我承担了增补的义务。

1962年6月，病魔为虐，不得不摆脱工作，移地休养。就在休养的一个多月里，以《新石器时代研究的回顾与展望》为题，重温了搁置已久的新石器时代考古行业。稿成四分之三，休养的地方已不能再安静下来，就带着这份未完稿回来了。从去年8月到今年的3月，总是忙着其他工作，无暇顾及。直到最近，才忙里偷闲，深夜捉笔，草草补上了后一部分，了此心愿。

我必须申明：如果没有《新中国的考古收获》这册书，就个人的时间、精力和工作情况说，都不可能在较短的时间把全国范围内三千多遗址的丰富内容综合起来。我完全了解，《新中国的考古收获》是在全国考古工作者支援下写出的，综合了大量的具体资料，这正是进一步研究的必不可少的科学基础。因此，我就以这册书的资料为基础，运用注释中有关新石器时代的文献索引，根据着它那里综合的体系，一步步把具体资料作了一番探索。开始时，打算再概括一些，扼要写出。但是，反复考虑，还是具体些、实在些比较好。就这样，在有些部分里竟直接集录了一些具体材料；所不同的，只是重新考虑了某些资料的组织和安排而已。当然，在写的过程中，也曾参考了更新的资料和新近的文献，补了一些；但基础还是《新中国的考古收获》。

我分析了这些经过综合的资料，反复思考：它究竟解决了哪些老问题？提出了哪些新的问题？如何解决新发见中所提出的新问题？从这些方面，提出了个人的意见。如果说我新增加了什么的话，那就是这一部分。

几年来，我参与了编写中国历史的工作。在阅读有关氏族制度的稿子时，使我深深感到史学和考古学的关系太疏淡了，真是"鸡犬之声相闻，老死不相往来"。史学家面向这样丰富的资料，束手无策，无法写出具有丰富内容的具体的历史来，因而，抱怨考古学家的工作太差劲，没有为史学家提供加了工的现成史料。考古学家写么？又局限在考古学的行业之内，写来写去，写出的历史，却类似于综合性的考古报告，缺乏生活气息和社会气氛。史学家如果提出意见，那么你会听到：我们不是史学家呀，写历史是你们的事呀！这种左右交相抱怨的教训，还不够深刻吗？作为原始社会的史学家不理解新石器时代考古学的艰苦，不具备考古学的基本知识，就不可能消化、掌握、运用这样丰富的原始资料，怎么能够从这些丰富的资料里吸取营养，写出具体而生动的历史呢？新石器时代考古学家，如果把视线仅仅局限于自己的小行业之内，在一个个的孤立的个别具体事物中转来转去，流连忘返，不知所归，压根儿忽视了"探索当时的社会面貌"的最终目的，这样下去，怎么能使这一行业生龙活虎，发出辉煌的光芒呢？怎么能使新石器时代考古学真正成为历史科学的一个有机构成部分呢？怎么能把自己逐渐锻炼成为真正马克思主义的考古学家呢？

我常常这样想：新石器时代考古学家比其他各时期的考古学家所负担的任务都更加繁重，因为他们负担着探讨氏族制度的社会历史的沉重任务。这一时期，大体还没有文字的记载，一些后代的传说，固然可供参考，而传说却神话化了，披上了后来的社会意识形态的层层外衣。因此，新石器时代考古学家就必须较全面的承担这个任务。这就是说，从社会的组织结构、社会的生产和生活状况及社会的意识形态等各个方面，都需要通过大量的考古调查和发掘，通过艰巨而繁重的综合性的科学研究，逐渐弄出一个比较可信的眉目来，在这个基础上，才能够谈到科学的复原氏族制度的社会面貌的工作。

1955年冬，我们所最崇敬的导师，曾问到我国古史分期问题讨论的情况，指出了解决问题的科学途径，告诉我们：问题的解决在于锄头。这就是说考古学家应当严肃注视着自身所应承担的史学任务，解决古史中悬而未决的理论问题。

如果说古史的问题还有待于锄头考古的话，那么，探索远古的氏族制度的任务，新石器时代考古学家就更加责无旁贷了。当然，这是一个十分严肃而艰巨的科学任务，决不是一蹴而就的事；操切从事，就会闹出许多岔子来。从当前新石器时代研究的现状看，确实存在着某些值得注意的倾向。

有些人沉醉于个别遗址乃至个别遗物的钻研，长期埋头于个别现象之中，而忘却了整体。即使进行综合性的研究，也往往陷于局部遗物之间的纵横比较，把科学的探索导向烦琐的道路上去，从而忽略了复原社会面貌所需要的重要现象和科学问题。

有些人急于把新石器时代的考古研究推向氏族社会研究的领域，从而放松了考古学的综合工作，不重视、不尊重田野考古的科学程序和科学基础，在一些尚未经过科学检验的资料基础上，一再推论，纵横驰思，从而制造出一些似是而非的所谓"理论"来。

我们认为这些都是不健康的倾向。正因为如此，才为编写原始社会历史的工作带来一些麻烦和困难。我认为首先应分清两个不同阶段的科学工序：有关氏族制度历史的研究，是科学工作的一个程序；而新石器时代的调查、发掘和综合研究，却是另一个科学工作的程序。

这两个不同的科学工序，当然是相互关联着的、科学研究进展过程中先后不同的两个阶段，而不是孤立的、互不相关的两个阶段。但是，各个阶段自有其着重钻研、解决的主要方面。混淆起来，就有可能模糊各个阶段不相同的中心任务，延缓科学工作的进度，对工作的开展是不利的。

目前看来，问题的关键是新石器时代的综合研究这一环太弱了。大量资料涌现出来，发现了不少新的现象，反映出许多新的问题，不论是"纵"的研究或"横"的研究，都还仅仅限于局部的现象，而未能全面深入下去。到现在，要刻画出一个切实可信的全面的轮廓，还相当吃力。

为什么出现这种现象呢？

十几年来，这一学科发展的速度过猛，田野工作过于繁重，这固然是客观的重要原因。从另一方面看，新石器时代考古学家本身存在着一定的弱点，还不能适应这样的速度，紧紧地抓着综合研究这一环节，及时提出关键性的学术问题，以指导考古调查和发掘工作。这应当说是更主要的因素。

为什么放松了综合研究这一环节呢？

我认为，根本问题是，新石器时代考古学家对马克思主义的思想方法及基本理论掌握、消化得还很不够，对马克思主义关于原始社会的理论研究不足，消化不良，因此，对这一学科所负荷的史学责任的认识，还不是那么深刻、亲切、完整。这就难以更深刻地认识到综合研究的迫切性、重要性和目的性了。我想，这应当是新石器时代考古的综合研究所以没有跟得更紧更好的一个重要原因。

一个马克思主义的新石器时代考古学家，他进行综合性的科学研究时，复原氏族制度的社会面貌这一观念，就会时时刻刻在脑子里徘徊着。那么，在马克思主义的理论指导下，怎么复原？着重在哪些方面？关键在哪里？氏族制度的整个面貌大体上是个什么样子？……这一些问题经常在思想深处酝酿着，盘算着，形成自己在理论斗争中的自觉的责任感。这样，就会使自己的综合研究工作的主题非常明确了。这绝不是说，放弃大量考古现象的深入钻研，而从事于脱离客观实际的抽象、概括以至于不着边际的空谈；相反，这正是说，运用马克思主义的思想方法，在马克思主义有关原始社会的理论指导下，深入钻研大量的新资料、新现象、新问题，从这样丰富的实际资料中，综合、概括、提炼，解决为复原氏族制度所必须解决的考古学方面的关键问题。我们突破了这一关，真正占领了这个阵地，进而探索原始社会的氏族制度，就有了巩固的科学基础了。

新石器时代的综合研究，必须在科学的考古调查和发掘的基础之上，才能够作得好，而考古调查和发掘却必须具有熟练的考古技术。把技术看作唯一的东西，固然会失却主体，而忽视、乃至轻视技术，就会把自己的综合研究建筑在极不巩固的沙滩上。一个真正的新石器时代考古学家，同时必须是一个熟练的田野考古学家，充分掌握着田野考古的基本技术和科学规格，带着综合研究中所提出的重大问题去进行调查和发掘，而又充分运用考古技术去观察、分析田野考古中所发现的重要现象，以寻求解决问题的论据和钥匙。这就会使自己的综合研究获得真正的科学基础。

这样做法，是否会妨碍新石器时代考古学本身的发展呢？是否会影响作为考古学的各方面的专题研究呢？我们想，这是绝对不会的。新石器时代考古学的最终目的明确了，这就为新石器时代考古学各方面的专题开辟了广阔的道路。陶器、石器、骨器、房屋、墓葬等等各方面的深入研究，都能够成为既是一种独立的专题研究，又有利于历史研究的科学工作。至于新石器时代的体质人类学、生物学、年代学等等各方面的研究，都会在这一总的要求和推动下，逐步发展、成长以致形成为一种新鲜的学科。这里我只是约略的举些例子而已,在这一丰富的科学领域之内,只要目的明确,积极推动下去,我国新石器时代考古学肯定会出现全面发展的局面,而且还会出现我们所意想不到的新课题、新专业。我们说,指导思想明确了,科学的目的性明确了,本学科的任务明确了,就为这一学科展示出一幅光明而广阔的前景,这不仅不会妨碍它,相反的,会推动着它迅速前进,从而出现一个丰富多彩的新境界。

我在写《新石器时代研究的回顾与展望》时,翻阅了1955年以后的有关新石器时代的资料,分析了这些资料,从而就各个地区提出了不少的学术性的问题。这时候,我反过来从解决这些学术问题的角度出发,检查这资料本身所存在的某些缺陷,考虑了这几年来新石器时代考古工作中的一些问题。在这里,我对新石器时代考古工作从理论、学术以及田野考古等各方面提了不少意见。多年来,我虽然也曾参加考古的行列,但是,实际工作的重点却不可能放在这里。所以,我就没有可能全面而深入地去研究几年来的全部资料,也不可能更深刻地体会到当前新石器时代考古工作中的实际困难。这里所提出的意见就未必正确,希望新石器时代考古学家予以批评。

我想,新石器时代考古的全面总结,是新石器时代考古学家的事,像我这样"一脚门里,一脚门外"的人,只能从另外的角度提出个人的意见。从我个人说,《新石器时代研究的回顾与展望》这篇东西,只是在考古学的范畴之内把现成的资料作一次极其初步的探讨,它只是个人进一步研究的预习,或者说是一个跳板;如果工作、精力和时间许可的话,还想从考古学这方面再钻研一番,比较系统的研究一下其中的一些问题。如果工作、精力和时间许可的话,我还想在这一基础上进而钻研我国氏族制度的历史。我将以最大的努力争取新石器时代考古学家的帮助和协作，以实现这个愿望。

《新石器时代研究的回顾与展望》初稿的后一部分，曾送请考古学家们审阅批评，他们提出了不少宝贵意见，大都一一吸收修改了。在这里，我特向这些朋友致衷心的谢意。这一部分，曾以《新石器时代考古工作的回顾和展望》为题，在《新建设》（1963年10月号）和《考古》（1963年11月号）上发表过；这次排印时，又作了一些修改。

这篇文章的图版大都是考古研究所的同志们代为选择、供给的。考古研究所的同志替我重新编绘了一幅《中国新石器时代遗址分布图》，在编绘过程中，曾遇到一些困难，这里只是就力所能及的尽量把某些文化遗存分布的轮廓画出了。就中有几点需要说明：

（一）细石器文化，没有把陕西大荔沙苑、西藏黑河两处发现细石器的遗址包括在范围内。

（二）细石器文化、龙山文化的不同类型都有待作进一步的分析研究，图中对不同类型的分布地域都未加区分。

（三）东北地区的原始文化，除细石器文化及红山文化之外，其他文化的分布情况还不清楚，没有画分布范围。

（四）大汶口类型遗址暂用了龙山文化的图例，没有作为另一种文化处理，妥否尚有待进一步研究。

（五）长江流域的以青莲岗、屈家岭、大溪为代表的三种文化类型，它的分布情况还不清楚，只标了地点，没有画分布范围。

（六）西南地区原始文化只标了遗址地点，没有画分布范围。

我这样想，分布图本身正反映着综合研究的状况，它是否恰当，也正反映着综合工作中所存在的问题。有这张图，就比较具体一些，比没有图要方便一些，这就更便于作进一步的探索。把它作为补充、修改的底图看，我想是必要的。在这里，对编绘分布图的同志们一并致谢。

这本书《论我国新石器时代的考古研究工作》一文的图版四曾错选了两件印纹陶器的照片，1955年11月虽说作了更正，但这几年里我始终不能忘怀，这次趁再版的机会，把它删去了。

这本集子原来叫做《中国新石器时代》，趁再版机会，我索性把名字改得更简单些，名之为《新石器时代》。

它就要付印了，在校样时，我总怕自己辞不达意，没有把自己要说的话交代清楚，因此，喋喋不休地写了这个冗长的后记，把再版的原委和个人的意图，作了一个自以为必要的交代。

1963年10月9日记

附录一　照林与侯家庄 1001 大墓[*]

石璋如

1934 年秋至 1935 年春，照林在侯家庄西北冈发掘 1001 大墓，其中出土遗物甚多，最为照林所赏识、重视，且有有趣故事者数则，配合人像及墓形，请同事赖淑丽小姐设计制图作为纪念。

一　人像

人像系 1936 年春，在南京所照，尚未脱去棉袍的时光，该年照林决定不去安阳工作。

二　墓形(右上角)

1001 为四道大墓，墓室南北长 18.90 米，并有东西两耳，若加上四道，南北总长约 67.0 米以上，东西总长约 45.0 米以上，深 10.50 米，在时代的序列来说，它是西北冈上殷代的第一

---

[*] 刊载于《中国历史博物馆馆刊》1995 年第 1 期。

大墓。

三 石虎(右下角)

1934年11月24日，墓深4.2米，有一个空前的大发现，即石虎的出土，以往谁也不知道殷代有这样的石雕。身高371毫米，全体纹饰。当天大家异常兴奋，依惯例，有新发现时即予命名，晚饭后齐集思永先生的办公房内讨论命名。有人主张叫"孑民石虎"，因为在安阳是以研究院的名义发掘，以蔡元培院长的号"孑民"呼之，为研究院的最大发现，也是该石虎的最高荣誉。有人主张安阳发掘是历史研究所的工作，应该以本所所长傅斯年的号"孟真"名之为"孟真石虎"。又有人主张这是第三组负责发掘，应该以三组主任李济的号"济之"，称之为"济之石虎"。还有人主张，现任殷墟发掘团的团长是梁思永先生，应该以梁先生的名字称之为"思永石虎"。梁先生则谦逊的说：这是照林亲手发掘的，应该叫它"照林石虎"。大家热烈讨论，没有结果。因为已经深夜了。次日还要下田野工作，大家都同意暂时搁置，改日再谈。这场论辩，戏称之为"石虎之夜"。嗣后各有各的发现，各忙各的工作，未再交谈。

四 石枭(左下角)

1935年3月26日，墓深8.75米，照林又有一次重大的发现，即石枭的出土，该鸟身高336毫米，虽然比石虎稍小一点，可是构图的优美、雕刻的精工，更为可爱，大家的评估，都认为高在石虎之上，于是石虎之命名也就不再提了。

以上两件器物，都是由翻葬坑中出土，都已脱离母体，到现在尚不能十分明了它们的用途，究竟安放在什么地方。

五 抬盘(照林右手所扶者)

抬盘，原为木质漆器，仅具形象，实质不存。原放在墓内二层台上的仪仗群中，许多木漆器条集一处，个体难分，由照林剥剔出土，经梁先生绘图复原，现在只有图像，没有实物，其它墓中均未之见，也算是1001大墓中的稀有珍品，长约2.30、宽约0.60米。梁先生又称之为举，是抬运祭器，或放置祭器之用。其上的兽面都是用石片或蚌片镶成的，出土时器是红色，镶嵌品是白色，红白相映，非常美观，可惜当埋葬时就被打坏了。

以上这些故事，也许照林对您说过，或者因工作太忙而未提及。伟超先生告诉我说，临行被嘱，只带"话"问好，不带任何器物，并嘱回时亦然。现在乘俞先生返京之便，敬遵钧嘱，只带"话""画"，不带任何器物，特此问好。附记，璋如上94—11—26。

附记：照林是刘燿即尹达同志的字。本世纪的20—30年代是我国考古学的奠基阶段，这时期为开创我国考古事业而奋斗的一批前辈学者的工作、思想，曾对我国考古学以后的发展，产生了巨大影响，而因他们在当年的活动情况，甚至是以后的经历、遭遇，都备受大家关注。可惜时间已距今半个世纪以上，中间又经过抗日战争、解放战争，当年的一些考古学者后来又曾长时间的分离于海峡两岸，许多值得纪念的、甚至是对研究中国考古学成长史应当知道的往事，已经逐渐被淹没掉。所以，大家对于新了解到的一些有关当时考古学者活动的情况，都倍加珍惜。

在此我国考古学的开创阶段，殷墟发掘是经历时间最长、规模最大、收获最为丰富的工作。其中，1934年秋殷墟第十次发掘中侯家庄M1001大墓的发现，尤其令人瞩目。这座大墓就是尹达同志发现并主持发掘的，故石璋如先生写出此文，以志纪念。

1994年11月24日至29日，我曾在台北市至"中央研究院历史语言研究所"作了短期访问，看到了侯家庄M1001中出土的许多珍贵遗物。因为它们是我四十多年以来一直希望看到的原物，所以当亲眼见到时，心情非常激动。但是最令我动感情的，则是有机会和石璋如先生多次会面、交谈。石璋如先生当年在殷墟发掘中，首先总结出认土、找边等一套适应我国特点的发掘方法，并成为传统而延续至今。而且，石璋如先生和王湘、胡厚宣先生是当年进行殷墟发掘的三名仅存的元老，我自然会特别尊重他。

由于中国历史博物馆在其早期阶段中，即于1929年8月至1933年3月，曾一度归"国立中央研究院历史语言研究所"管理，故石璋如先生在1991年10月2日给我的信中，还曾说"回忆贵馆在午门时尚属于史语所之一部，梁思永先生曾代理主任一个时期，算来我们还有前后同事之缘"。当年和石璋如先生共事多年的尹达同志，在1959年时又和邓拓同志共同承担了中国历史博物馆筹备展出"中国通史陈列"的总负责之职。尹达同志的夫人高岚同志自1959年10月至"文化革命"时又是中国历史博物馆的副馆长，在1980年9月直至1983年离休，还是中国历史博物馆的顾问。正是因为这些关系，石璋如先生在1994年11月28日晚于史语所中，便深情地把他近日为怀念尹达同志而写出的此文，请我带回北京，转送给高岚同志存念。

当看完这篇文章，特别是所附由尹达同志当年容貌和M1001墓形、石虎、石枭、漆抬盘所组成的墨线图后，高岚同志因当年史语所考古组同仁的友谊感触得自尹达同志去世后第一次掉泪；我也深深被半个世纪以前在殷墟为创立我国考古学而忘我工作的前辈们的深厚友情而大为感动。这样一个动人感情的纪念性事件，当然不能埋没，故特向高岚同志求得此文，在本刊予以发表。

石璋如先生还曾写过一篇《刘照林先生的考古工作》的文稿，送给高岚同志，记述了许多当年史语所的考古工作中的具体事情。其中的"清溪阁醉别"一节，道出了抗日战争刚爆发时史语所考古组成员们同仇敌忾的激愤心情，记录了现在鲜为人知的全组成员送别尹达同志等奔赴另一天地的感人场面。这是了解我国第一代考古学家们当时思想感情的重要史料，我相信，所有我国考古学的同行，都希望知道这些情节，故亦向高岚同志索得此稿，迻录于此：

（民国）二十六年的双十二（后来说是十三）是南京沦陷。在长沙的史语所知道了这个消息后，即作再行动的准备，当时所务会议决定，同仁中无家可归，即已沦陷者，随所后迁。尚未沦陷即有家可归者，暂返家乡，待所址迁走后再行通知，其他愿自动离开者，由其自便。于是三组同人于十四日的下午在长沙清溪阁二楼举行离别宴，参加者有李济、董作宾、梁思永、刘燿、李景聃、李光宇、石璋如、王湘、祁延霈、胡福林（胡厚宣）、高去寻、潘悫、杨廷宾，还有魏喜臣、胡占奎、王文林、李连青等。叫了一桌酒席，酒菜上来后，大家起立，先恭祝研究所人员、文物均能平安的迁移到理想的目的地，一杯；次恭祝三组同人，不论随所或他去，日后均能保持联系和安全，一杯；然后再恭祝小屯一杯；西北冈一杯；瓦屋村一杯；大孤堆一杯；六杯下肚，酒量也差不多了。后来你和我对，我和他对，有些同仁还大声喊出积压在胸中不平的醉话。由于空肚子喝酒，太过量了，饭菜尚未上桌，多已大醉，卧倒在清溪阁的楼板上大吐不止。有若干位醉意较轻的也都歪在椅子上觉得天晕地转，动弹不得。饭菜来时只有平常不能喝酒的董作宾先生一人和未参加喝酒的魏善成、胡占奎、王文林、李连青等享用，也由他们清理善后，有家眷的雇车分别送回家去，无家眷的由魏、胡、王、李等照料送回圣经学校卧室。第二天十二月十五日，照林、子湘、廷宾、霈苍要离职的几位朋友，把早已理清的作业捆好交给公家，醉意尚未完全离身，便忙着上路去开拓另外的新天地了，这是考古组惊天动地的一件大事，国仇组恨终身难忘。

这篇短文和"清溪阁醉别"，表达出为我国考古学奠基的一批前辈并不是两耳不闻窗外事的书生。他们对考古学是如此倾心，对国事又是奋不顾身，而且相互之间竟是这样地爱护与尊重。我认为，这是有关殷墟发掘史的珍贵档案，亦将能激发起年青一代考古学者正义的、高尚的情感。

俞伟超，1995年2月16日
凌晨于中国历史博物馆

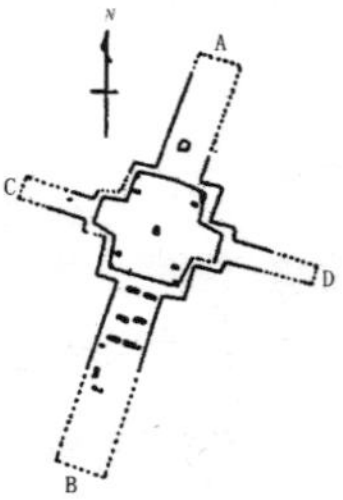
N
A
C
D
B

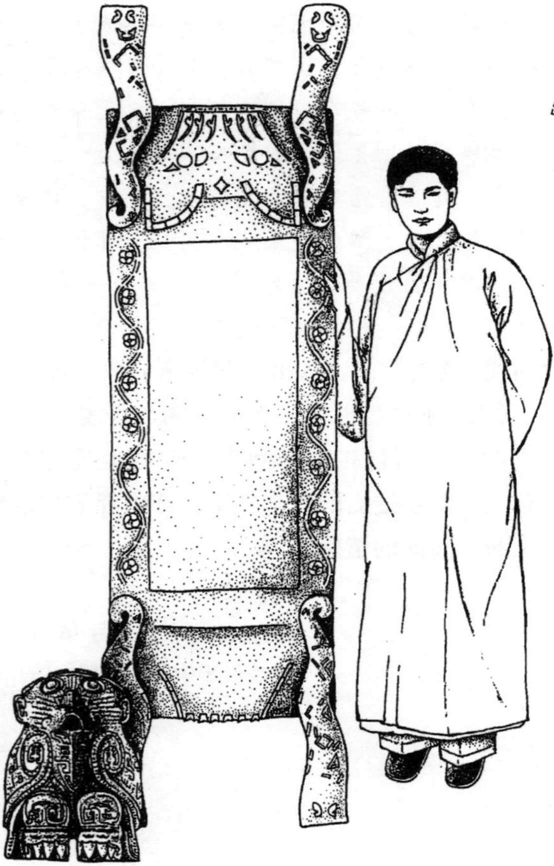

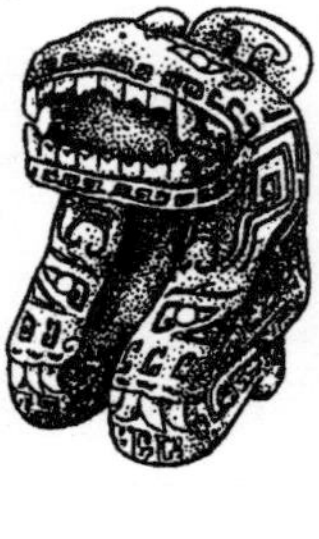

附录二　刘燿先生考古的五大贡献[*]

石璋如[**]

刘燿（1906—1983），字照林，崇敬武億（字虚谷）的金石学、考据学，遂又字虚谷。1906年10月17日生于河南滑县牛市屯。1925年考入河南中州大学预科（河南大学前身）。1928年升入该校本科，初入哲学系，后转入国文系。爱好新学问，虽为国文系学生，却选修经济学、社会学等。1928年冬，董作宾先生来校讲演安阳殷虚第一发掘甲骨出土情形，听讲之后颇觉新奇。1929年冬，史语所所长傅斯年先生来开封与河南省政府商讨解决殷虚发掘事宜。下榻该校，每于晚间在该校六号楼大礼堂，讲演现代科学考古及利用地下的材料解决历史上不易解决的问题，因此对于考古工作心向往之。

1931年春，三年级下学期，适遇时机，奉学校派往安阳参加发掘殷虚实习工作，直至1932年毕业继续不辍。1932—1934

---

[*] 刊载于台北中央研究院历史语言研究所七十周年纪念文集《新学术之路》（下），台北中央研究院历史语言研究所印行，1998年。

[**] 中央研究院院士。——原注

年留所为研究生，1934—1937 年升为助理员，他的考古工作前后七年。

初到安阳时，先在小屯参加发掘，旋即调赴后冈协助梁思永先生工作。1932 年春，梁先生卧病，后冈停掘，转赴浚县参加卫墓及大赉店发掘。旋又回安阳，后又到山东，足迹遍豫鲁。也曾参加过侯家庄南地，大司空村南地等处发掘，都不是重点所在。他的重点工作及主要贡献可以说是在一店（大赉店），两冈（后冈、西北冈），两村（浚县辛村、山东日照两城镇瓦屋村）。简言之他有五大贡献，兹先从一店说起。

一　大赉店史前遗址

1932 年春，正在浚县辛村发掘的时候，在浚县火车站东南，淇河的东岸大赉店村西南，发现一处史前遗址。因刘燿先生曾随梁思永先生发掘过后冈史前遗址，有两次的经验，遂让他前往发掘。从 5 月 5 日到 22 日，经过十八天发掘的结果，认识了该遗址的内涵，却与后冈相似，也是三层文化。下层为仰韶、中层为龙山，上层的代表陶器为细把豆，较小屯期略晚。他写了一篇报告《河南浚县大赉店史前遗址》（《中国考古学报》第一册）。这篇文章除指出大赉店遗址的特征外，并把淇滨与洹滨的史前文化遗迹与遗物，加以比较系统的列出先后，是他从事考古以来的第一篇文章。他有眼光，有证据，有勇气，又写出《龙山文化与仰韶文化之分析》（《中国考古学报》第二册）一文，指出老考古学家安特生（Andersson, Johan Gunnar）在层位上的错误，后经夏鼐先生在甘肃发掘的证实，使人大为钦佩。这个成就，可以说是他在研究上的第一大贡献。

二 辛村两个卫墓

1932年秋，他参加辛村第二次发掘，发现了墓五。1933年春，又参加辛村第三次发掘，发现了墓十七，两者都是南北二道大型墓，东西并列，相距仅六公尺。

1. 墓五

墓五在东，墓室长6.5公尺，宽5公尺，深8公尺；椁室长4.5公尺，宽3.15公尺，深3.7公尺，总深11.7公尺。南墓道长30.2公尺，宽5.0公尺。北墓道长度不清，经过盗掘，遗有小陶罐十余个。墓室内遗物分布，分三层：上层为车器，如铜辖、𫪛、𫐄等，两组十余器。又有衡、轭、钩、枒、铃、环、衔、镳、小兽头等。中层有大铜片椁饰，可对成饕餮面。又有小方彝、铜泡、铜环、骨圈、白石圈、红白玛瑙珠、绿松石珠、雕花骨版、贝、蚌、蛤蜊、大螺、兽牙、象牙雕刻等。下层有绿松石雕刻小兽面、骨鸳鸯笄首一对、骨弧形花笄一只，都是女子用品。另在墓道、室的残遗中有破碎遗物千余件。据此确定为一贵妇人墓。

2. 墓十七

墓十七在西，南北向，北偏东10度。墓室长6.5公尺，宽5.0公尺，深11.8公尺。南墓道长30.2公尺，宽5.0公尺。北墓道长度不清，深5.7公尺，有屈姿人骨、犬骨及犬项饰小铃、小管等。因被盗，椁室被破坏不清。遗物有铜镞2、铜戈1。戈的形制，中胡二穿，锋端为正三角形，为东周初年的特别形式，此墓的位置正在东周初期区。由戈、镞等武器证明，此墓墓主当为一贵男子。与东邻墓五相比较，同大小，同深度，同方向而且相并列，两者可能为一对夫妇异穴合葬墓。郭宝钧先生据《礼记·檀弓下》，孔子的一句话，认为是卫人的习惯。

孔子曰：卫人之祔也，离之。(《礼记》卷十)

按注，祔是合葬，离是分开。如何合葬，如何分开，即男女如何安位的问题。《礼记·檀弓下》，有子张的一个故事。

国昭子之母死，问于子张曰：葬及墓，男子夫人安位。

子张曰：司徒敬子之丧，夫子相，男子西乡，妇人东乡。

这个仪式，正好拿来解释：墓五在东为女子，墓十七在西为男子的实际现象。

此外在墓五的上层为车器，辛村墓地出土车器很多，正好借此比较夫人所乘的车，与男子所乘的车有何不同。这个男女合葬又分穴的发现，可以说是刘先生的第二大贡献。

三 后冈两个第一

1933年秋，刘燿先生又回到安阳，因梁先生卧病，他来主持后冈的第三、四两次发掘。在这两次发掘期间，除了增加龙山、仰韶等的资料外，他又得到了两个第一。

1. 东区第一：铜甗

在东区，发现殷代的若干小墓，在H321B墓，椁外西北隅的二层台上，出了一个完整的铜甗，当时的纪录（见石璋如《河南安阳后冈的殷墓》，《六同别录》上）。通耳高四公寸一，口径约二公寸六分五，腹部有三道鼓起的弦文，腿之粗大处各有一个简单兽面。内部有放箅之孔但无箅子。其上无铭文。就大而完整的铜器说，它是发掘安阳以来第一次的发现。

2. 西区第一：殷代大墓

西区得殷代二道大墓一处，南北通长38.60公尺，至腰坑，通深9.0公尺，恰到水面。分墓室、木室、腰坑等三部墓室长方形，上口现地面下0.4公尺，南北长7.0公尺，东西宽6.20公尺，深8.5公尺。底面南北长5.50公尺，东西宽4.20公尺。在未被扰乱的夯土中，时有被砍下的人头出现。

木室上口深7.0公尺，南北长5.7公尺，东西宽4.4公尺。亚形南北两端约宽2.6公尺，向外各突出1.0公尺；东西两端各宽2.30公尺，各向外突出5公寸，本身高度1.5公尺。

腰坑在墓室中心，南北长1.2公尺，东西宽1.1公尺，深0.5公尺，土穴。

墓道，南道南北长20.0公尺，宽2.55公尺，底坡形。中间一段较平，放车器。北道长11.6公尺，宽2.25公尺，现存23阶，平均当为30阶。

墓形及南墓道的车器以及用人头殉葬等，均为从前所不知，这是西区的第一。有此两个第一，对于殷商文化的贡献，实非浅鲜。这可以说是他的第三大贡献。

四 西北冈的大小殷墓

1. 西区1001大墓

1934年秋，刘燿先生参加梁思永先生主持侯家庄西北冈发掘，通称为殷虚第十次发掘。初开始大家都是开长探坑找夯土，他是以出三个大铜盂的地点为出发点，首先发现了大墓的轮廓抢得第一。遂称为HPKM1001大墓。大家尚未找清眉目的时候，他便不停的出土花骨、石器等。11月24日深4.20公尺出土那件高371公分精美完整的人体兽面石雕的时候，那一夜大家为之狂欢，称为石虎之夜，好像圣诞节似的，大家都向他翘起大拇指庆贺。真是为从前所未见过，所未听过的珍品。这个大墓这一期并未挖完，第二年春即西北冈第二次发掘的时候，继续出土石雕猫头鹰，石雕牛头，大型连尾兽俎面式石雕，更为精美。深10.5公尺到底，椁穴亚形。底部的中心及四隅有九个腰坑，每坑一人、一狗、一戈。除中心坑为玉戈外，其它八坑均为铜戈。此外在未被扰乱的夯土中，有人头，肢体分层埋葬的人骨。在置器面上有虎杆，鸟杆及朱漆，蚌饰的木质抬盘，都是稀世之珍。简直令人不可思议，殷人有如此高深的文化。在四道大墓中的排序，不论墓形，不论时代，不论蕴藏，都居第一。对于殷代文化的贡献也是第一。详细的情形均在侯家庄1001大墓报告中。虽然报告不是他写成的，但是每件器物出土的纪录，每幅现象草图的绘制，每张照片的拍摄等等，都是他的手迹，也可以说1001的资源是他供给的。

2. 东区小墓

1935年秋，即西北冈第三次发掘，他到东区发掘小墓，发现有人头坑，无头葬，刀斧葬，单全葬，多全葬，鸟坑、兽坑，弓矢葬等多种。小墓的深度，深浅不一，有深3.0公尺的，有深5.0公尺的，还有不到1.0公尺的。绘图要在墓底，照像要在墓口，如需特写，还要寻找角度。每日上上下下忙个不休，至少要作三个至五个或更多的墓葬。西北冈大小墓葬初步所知共1263墓。刘先生所作小墓234处，已很接近五分之一的数字，在十三位工作人员来说，不属第一也属第二。配合着西区1001大墓来算，这可以算是他的第四大贡献。

五 瓦屋村发掘与报告

1936年夏初，他与祁延霈先生到山东日照参加梁思永先生所主持两城镇发掘工作。两城镇在日照县东北，遗址在镇的西北。1933年春，祁延霈先生在鲁南调查时，在那里发现了两个遗址，一个是瓦屋村，一个是大孤堆。此次工作，梁先生分配瓦屋村由刘燿先生领导发掘，大孤堆由祁延霈先生领导发掘。实行他多年以来所主张的一个遗址发掘告一段落后，即由领导者编辑报告，在报告未完成之前，不许再到田野工作。因此刘燿先生便于发掘工作结束后，回到南京研究室，埋首作他的编辑报告工作。虽然刘燿先生染有肺病，仍然抱病从事，不肯休息。由于此址蕴藏丰富，经复原之陶器有鼎、鬲、杯、盘、罐、盆、豆等数百件。形制精巧，色泽黑光，尤其竹节、树叶、云雷等文饰，为其他遗址所未见。石器亦多，制作精美，又有墓葬四十余处，更为龙山遗址所少见。经过年余的努力整理，图版及器物草图多已完成，虽值"七七"抗日，所址西移长沙圣经学校，在敌机轰炸下仍然继续工作，希望早日把报告完成出版，以了宿愿。12月12日南京沦陷，全国震惊，史语所又拟西迁，但所址尚未确定。值此时也，全所振奋。刘先生认为，此时国将不国，何学术为！抗日第一，爱国为先，不顾一切，毅然决然离开本所，前往抗日。留所同仁在清溪阁为离所同仁送行，对于他们的高昂志气，无限赞仰；但对于他即将完成的瓦屋村报告，未能出版，尤觉惋惜。报告虽未出版，但就发现与成就来说，更可列为他的第五大贡献。1937年12月15日终于离去。总之，他，考古工作凡七年，五大贡献人称赞。此后改名为尹达。

作者论著目录

《关于社会分期问题》 发表于1931年《飞跃》双周刊（河南开封），署名水牛。

《河南浚县大赉店史前遗址》 作于1932年，发表于1936年《田野考古报告》第1册，署名刘燿。

《情诗译丛引端》 发表于1934年4月《河南教育月刊》第4卷第6期，署名刘燿。

《考古研究法》（书评） 发表于1934年9月《出版周刊》第96期，署名刘虚谷。

《龙山文化与仰韶文化之分析》 1937年7月7日作于南京，发表于1947年3月《中国考古学报》第2册，署名刘燿；收入《中国新石器时代》一书时，加了副标题《论安特生在中国新石器时代分期问题中的错误》。

《山东日照两城镇龙山文化遗址发掘报告》 1937年12月写完主体部分，为抗日救国奔赴延安，来不及写结论。主体部分稿本现存台湾中央研究院历史语言研究所。

《中国原始社会》 于1939至1940年写于延安，1943年由作者出版社出版。其第一编《从考古学上所见到的中国原始社会》之第二篇《中国氏族社会》，后略加修改，改为《中国新石器时代》，收入《中国新石器时代》一书。

《中华民族及其文化之起源》 发表于1940年7月《中国文化》第1卷第5期，后收入《中国原始社会》一书。

《关于殷商社会性质争论中的几

个重要问题》 发表于1940年9月《中国文化》第2卷第1期,后收入《中国原始社会》一书。

《民族统一的中央集权的封建国家成立后对外扩张到外族的内征——秦汉至南北朝》 编入《中国通史简编》第二编,与范文澜、佟冬合著于1940年,1941年由新华出版社出版;1947年7月上海新知书店出版;1949年4月长春新知书店出版。

《关于殷商史料问题——兼论殷商社会性质》 发表于1941年6月《中国文化》第3卷第1期,后收入《中国原始社会》一书。

《书籍版式汇编》 1945年在延安出版。

《郭沫若先生与中国古代社会研究》 发表于1945年3月13日延安《解放日报》;4月,《群众》周刊第10卷第7、8期转载。

《怎样学习祖国的历史》 发表于1951年10月《学习杂志》第4卷第12期。

《关于开展考古工作的建议》 发表于1954年3月《文物参考资料》第3期。

《悼念梁思永先生》 作于1954年4月13日,发表于1954年4月《文物参考资料》第4期。

《四年来中国考古工作中的新收获》 发表于1954年10月《文物参考资料》第10期。

《关于赤峰红山后的新石器时代遗址》 1954年12月2日作,1955年收入《中国新石器时代》一书。

《论我国新石器时代的研究工作》 作于1954年12月4日,发表于1955年2月《考古通讯》第2期;后收入《中国新石器时代》一书,该书再版时,改题为《论我国新石器时代的考古研究工作》。

《论中国新石器时代的分期问题——关于安特生中国新石器时代分期理论的分析》 作于1955年4月,发表于1955年9月《考古学报》第9册,后收入《中国新石器时代》一书。

《中国新石器时代》 1955年10月由三联书店出版;1979年2月增订再版,改名为《新石器时代》。

《关于"硬陶文化"的问题》 发表于1956年1月《考古通讯》第1期。

《改进历史科学的研究工作——为毛泽东同志发表〈改造我们的学习〉十五周年纪念而作》 发表于1956年5月30日《人民日报》。

《考古工作中两条道路的斗争》 发表于 1958 年 10 月《考古通讯》第 10 期和 10 月 16 日《人民日报》。

《组织起来,大家动手,编写〈十年考古〉——在编写〈十年考古〉座谈会上的发言》 发表于 1959 年 3 月《考古》第 3 期。

《新中国的考古收获·后记》《新中国的考古收获》一书,1961 年 12 月由文物出版社出版。

《从〈延安文艺座谈会上的讲话〉最早的版本谈起》 发表于 1962 年 6 月《图书馆》第 2 期。

《新石器时代研究的回顾与展望》 作于 1962 年 6 月至 1963 年 3 月,后一部分以《新石器时代考古工作的回顾和展望》为题,发表于《新建设》1963 年 10 月号和《考古》第 11 期。全文编入《新石器时代》一书;中央党校印行了单行本。

《悼嵇文甫同志》 载 1963 年 11 月《历史研究》第 5 期。

《必须把史学革命进行到底》 作于 1964 年 8 月,发表于 1966 年 2 月《红旗》杂志第 3 期和 3 月 2 日《人民日报》,此文为《史学遗产与史学革命》一文的一部分。

《中缅文化的交流》 发表于 1966 年 4 月 18 日《人民日报》。

《在史学工作中发扬党的优良学风》 发表于 1977 年 9 月 15 日《光明日报》;1984 年 8 月收入重庆出版社出版的《历史理论研究》一书。

《革命精神永世长存》 发表于 1978 年 6 月 24 日《光明日报》。

《郭老与中国古代社会研究》 发表于 1979 年 7 月《中国史研究》第 2 期。

《中国史稿地图集·前言》 该书于 1979 年 12 月由地图出版社出版。

《郭沫若与古代社会研究》 作于 1980 年 11 月 30 日,收入吴泽主编《中国史学集刊》第一辑,1987 年 4 月由江苏古籍出版社出版。

《深切怀念马克思主义史学家尚钺同志》 发表于 1982 年 6 月《中国史研究》第 2 期;后作为《尚钺史学论文选集》一书代序,编入该书,于 1984 年 5 月由人民出版社出版。

《坚持用马克思主义指导社会科学研究——在河南省社联第二次代表大会上的讲话》 发表于 1982 年 6 月《中州学刊》第 3 期。

《从考古到史学研究的几点体会——1982 年 4 月 22 日在母校河南

师大的谈话》　发表于1982年7月《河南师大学报》（社会科学版）第4期。

《关于史学研究中的几个问题——在郑州大学历史系的学术报告》　发表于1982年9月《郑州大学学报》（哲学社会科学版）第3期。

《甲骨探史录·前言》　该书于1982年9月由三联书店出版。

《尹达同志谈考古学研究》　发表于1982年9月《中原文物》第3期。

《贺昌群史学论著选·序》　作于1983年1月1日，中国社会科学出版社1985年2月出版。

《马克思主义与中国历史学的发展》　于1983年1月在全国纪念马克思逝世一百周年学术报告会上印发，1985年7月发表于《河南大学学报》（哲学社会科学版）第4期。

《郭沫若所走的道路及其杰出的学术贡献》　发表于1983年3月《史学月刊》第2期。

《衷心的愿望——为〈史前研究〉的创刊而作》　发表于1983年3月《史前研究》创刊号。

《中国史学发展史》　1985年由中州古籍出版社出版，该书由尹达主编，由中国社会科学院历史研究所史学理论、史学史研究室组织编写的集体著作。

《郭沫若》　收入1985年4月由中州古籍出版社出版的《中国史学家评传》下册。

《尹达史学论著选集》　由人民出版社于1989年9月出版，该书由中国社会科学院历史研究所中国史学史研究室编辑。

作者生平年表

尹达原名刘燿，又名刘虚谷，字照林。

1906年（丙午　清光绪三十二年）

10月17日，诞生于河南省滑县牛屯集。

1919年（己未　民国八年）　13岁

在本村私塾读书。

1920年（庚申　民国九年）　14岁

8月，在滑县县立小学读书。

1921年（辛酉　民国十年）　15岁

9月，在汲县第12中学读书。

1925年（乙丑　民国十四年）　19岁

9月，在中州大学（河南大学前身）预科读书。

1926年（丙寅　民国十五年）　20岁

继续在中州大学预科读书。

1927年（丁卯　民国十六年）　21岁

因北伐战争，休学在家。

1928年（戊辰　民国十七年）　22岁

9月，在河南大学本科学哲学，后转国学系学文史。

1931年（辛未　民国二十年）　25岁

春，经学校推荐，参加由中央研究院历史语言研究所考古组主持的河南安阳殷墟发掘实习，先在小屯北地，旋即调赴高楼庄后冈协助梁思永工作。

1932 年（壬申　民国二十一年）　26 岁

5 月 5 日至 22 日，主持发掘河南浚县大赉店史前遗址。

秋，参加河南浚县辛村卫墓发掘。

大学毕业，留为中央研究院历史语言研究所研究生。

1933 年（癸酉　民国二十二年）　27 岁

春，参加浚县辛村卫墓发掘。

秋，主持安阳后冈第三次发掘。

与石璋如一起调查安阳同乐寨遗址。

1934 年（甲戌　民国二十三年）　28 岁

春，主持安阳后冈第四次发掘。

秋，参加由梁思永主持的安阳侯家庄西北冈发掘，负责发掘西区 1001 大墓。

1935 年（乙亥　民国二十四年）　29 岁

春，继续发掘侯家庄西北冈西区 1001 大墓。

秋，发掘侯家庄西北冈东区小墓。

1936 年（丙子　民国二十五年）　30 岁

春，参加由梁思永主持的山东日照两城镇发掘，负责瓦屋村遗址（另有大孤堆遗址由祁延霈负责）。

下半年，在南京中央研究院历史语言研究所考古组研究室编写有关日照两城镇发掘的考古报告。

1937 年（丁丑　民国二十六年）　31 岁

上半年，继续在南京研究室编写有关日照两城镇发掘的考古报告，其主体部分、图版及器物草图多已完成。

6 月，研究生毕业，被聘为历史语言研究所助理研究员。

"七七"事变后，随历史语言研究所西迁至长沙圣经学校。

12 月 15 日，为抗日救国离开历史语言研究所，奔赴延安，12 月 31 日到达延安。

1938 年，（戊寅　民国二十七年）　32 岁

1 月，在延安短训班学习，准备到前线抗日。不久，因捐款捐物支援毕业同学，被组织发现是科研人员而被安排到陕北公学学习，改名尹达。

4 月，加入中国共产党，开始在马列主义学院学习。

11 月，调任陕北公学分校教员。

1939 年（己卯　民国二十八

年) 33 岁

2月，任马列学院历史研究室研究员，兼任陕北公学总校教员。

春，前往河南襄城县一位老乡家中，将撤离前存在那里的中外文图书、资料运回延安。

是年，在延安开始著《中国原始社会》一书。

1940 年（庚辰　民国二十九年）　34 岁

参加《中国历史》（即《中国通史简编》）的编写工作。

1941 年（辛巳　民国三十年）　35 岁

7月，调任中共中央出版局出版科科长。

1943 年（癸未　民国三十二年）　37 岁

《中国原始社会》一书由延安作者出版社出版。

1945 年（乙酉　民国三十四年）　39 岁

春，响应周恩来副主席的号召，著文声援、介绍坚持在国统区作文化工作的郭沫若，并写信、送个人学术著作给郭沫若。郭沫若复信并回赠个人学术著作。二人从此建立了通讯联系。

11月，调任中共中央宣传部作出版工作。

1946 年（丙戌　民国三十五年）　40 岁

5月，调任北方大学教员兼图书馆馆长。

1948 年（戊子　民国三十七年）　42 岁

7月，北方大学与华北联合大学合并，成立华北大学，任该校教务处长。

1949 年（己丑）　43 岁

北平和平解放后，随校至北平。

2月，任北平军事管制委员会文化委员会文物部部长，负责接收故宫等文物单位。

6月，与郭沫若、范文澜、陈垣等50位史学家为成立中国新史学研究会发起人，并参加筹备会。

1950 年（庚寅）　44 岁

年初，中国人民大学成立，任研究部副部长。一度兼中国历史教研室主任、讲授中国近代史。

1951 年（辛卯）　45 岁

7月，在北京参加中国史学会成立大会，在会上当选为常务理事。

1953 年（癸巳）　47 岁

9月，从人民大学调到北京大学任副教务长。

12月，协助郭沫若筹建中国科

学院历史研究所第一所、《历史研究》编辑部。

1954 年（甲午）　48 岁

春，中国科学院历史研究所第一所成立，任研究员、副所长、学术委员会委员。

2 月，兼《历史研究》主编、《史学译丛》主编。

4 月，与裴文中去苏联参加苏联科学院历史学部考古学和民俗学科学大会。

6 月，任中国科学院党组成员、兼任中国科学院编译出版委员会副主任委员。又兼任考古研究所研究员、副所长以及《考古学报》、《考古通讯》编委。

本年，当选全国人民代表大会代表。

9 月 15 日至 28 日出席第一届全国人民代表大会第一次会议。

1955 年（乙未）　49 岁

6 月，任中国科学院哲学社会科学部常务委员，并出席中国科学院学部成立大会。

7 月 5 日至 30 日，出席第一届全国人民代表大会第二次会议。

11 月 27 日，应日本学术会议之邀请，作为中国访日科学代表团成员，转道香港赴日本。在从香港乘荷兰的飞机起飞后不久，飞机发生故障，又安全返回香港。

12 月 1 日抵达东京。31 日回国。

1956 年（丙申）　50 岁

年初，参加拟制全国长期科学规划工作，拟就《发展历史科学和培养历史科学人才的十二年远景规划纲要草案》（初稿）。

2 月 8 日，拟制《编写中国历史教科书计划》（草案）。

6 月 14 日，与参加制定规划的科学家一起，受到毛泽东等党和国家领人的接见并合影。

6 月 15 日至 30 日，参加第一届全国人民代表大会第三次会议。

7 月 1 日，出席郭沫若在北京主持召开的编写《中国历史》、《中国哲学史》座谈会。

1957 年（丁酉）　51 岁

2 月，重订《〈中国历史〉的编写计划》。

5 月 23 日至 30 日，出席中国科学院学部委员会第二次会议。

6 月 26 日至 7 月 15 日，出席第一届全国人民代表大会第四次会议。

1958 年（戊戌）　52 岁

2 月 1 日至 11 日，出席第一届全国人民代表大会第五次会议。

6月17日，再次起草修订《〈中国历史〉的编写计划》。

夏，组织历史研究所第一所业务人员，编辑《马克思主义经典作家论资本主义以前社会诸形态》一书。

组织全所老中青研究人员，搞历史研究基本建设，选摘古籍中有关资料，剪贴在特制的大卡片上，分类编排成断代史资料、专史史料后放入特制的卡片柜中。

8月8日，尹达、侯外庐、刘大年等三个历史研究所的实际负责人和负责编写现代史部分的田家英、科委的刘列夫等开会，研究编写《中国历史》一书的计划、分工等问题。会议的初步决定，后经主编郭沫若同意后付诸实行。尹达除参加主持中国古史的编写工作外，还负责协调各段编写工作、人员调动等组织工作。

8月中旬，赴大连，草拟《中国历史》有关文件。

8月20日，回京，带回在大连草拟的《编写〈中国历史〉的指导思想》、《关于历史理论的处理》、《编写〈中国历史〉的体例》等。

10月15日，范文澜、尹达、侯外庐、刘大年、田家英、白寿彝等14位《中国历史》各段编写组的领导、专家学者，对《编写〈中国历史〉的指导思想》等文稿进行研讨。会议决定：本年10月25日前，完成各段编写人力组织调配工作；11月将各段编写大纲完成。

本年，《红旗》杂志创刊，任编委。

本年，开始与吴晗负责组织由谭其骧为主编的改绘杨守敬《历代舆地图》（即后来出版的《中国历史地图集》）工作。

1959年（己亥） 53岁

本年，任《甲骨文合集》编委。

本年，任中国历史博物馆筹建组副组长。

年初，草拟《〈中国历史〉编写提纲及说明》经主编郭沫若同意后，印发全国各高等院校历史系、历史研究机构和史学工作者、专家征求意见，意见集中后，组织编写人员研讨、修订。

1月，出席编写《十年考古》座谈会，会后组织人力着手编写《十年考古》（即《新中国的考古收获》一书）。

3月5日至13日，协助郭沫若组织召开全国史学工作者代表大会，讨论《〈中国历史〉提纲》、《〈中国历史图谱〉计划》以及《中国历史博物馆陈列说明》。

4月18日至28日,出席第二届全国人民代表大会第一次会议。

11月底,与编写组人员一起开始编写《中国历史》。

本年,兼任中国科学院考古研究所所长。

1960年（庚子）　54岁

2月26日,历史研究所第一、二所合并,任历史研究所副所长、领导小组组长,所学术委员会副主任委员。

3月30日至4月10日,出席第二届全国人民代表大会第二次会议。

4日,因北京大学、北京师范大学的《中国历史》编写人员先后回校工作,重新组织人力,改组编写组。

6月,《中国历史》古代部分草稿完成。

8月,《中国历史》征求意见本印发全国有关专家和单位征求意见。

12月,出席中国科学院哲学社会科学部第三次扩大会议,在会上代表《中国历史》编写小组作《〈中国历史〉初稿的编写情况、体会和存在问题》的报告。

《中国历史》古代史部分二改稿完成。

本年,辞去《历史研究》主编等50多个兼职。

1961年（辛丑）　55岁

兼任全国高教文科教材历史教材编审组副组长、全国历史指导委员会委员、国务院哲学社会科学历史组副组长。

3月21日,与郭沫若听取范文澜、翦伯赞、黎澍等专家,对《中国历史》稿的意见。

3、4月间,《中国历史》初稿（古代部分）印成七大册,发送全国各地有关单位、专家征求意见。

5月,组织编写人员,分头到全国各大区听取广大学人对《中国历史》初稿的意见。

6月,组织《中国历史》编写人员,对收集来的近7000条意见,进行分类、归纳,逐条进行研讨,并提出处理办法。

经与郭沫若商定,将《中国历史》改名为《中国史稿》。

1962年（壬寅）　56岁

3月27日至4月16日,出席第二届全国人民代表大会第三次会议。

9月,因病休养,在休养期间,应中共中央高级党校历史教研室之邀请,在该校讲《新石器时代研究的回顾与展望》。

本年，辞去中国科学院考古研究所所长一职。

1963 年（癸卯）　　57 岁

11 月 17 日至 12 月 3 日，出席第二届全国人民代表大会第四次会议。

1964 年（甲辰）　　58 岁

鉴于"中国"一词在中国历代史书上的含义不同，有的确指中原王朝，但据此写一部多民族的中国历史，显然是会把少数民族排斥在祖国历史之外。为此，作《史学遗产与史学革命》。

10 月，赴山东省海阳县下院口村参加"四清"工作，任分队长。

12 月 20 日至次年 1 月 4 日，从山东海阳回北京，出席第三届全国人民代表大会第一次会议。

1966 年（丙午）　　60 岁

春，率中国社会科学代表团赴缅甸访问。在缅甸参观访问期间，作《中缅文化的交流》的报告。

"文化大革命"中被迫停止工作。20 世纪 70 年代初期，到河南省息县明港"五七"干校参加劳动。

1972 年（辛亥）　　65 岁

春，在明港"五七"干校，写信给郭沫若，建议重新组织人力，把搁置多年的《中国史稿》改写工作完成。郭沫若收到信后请示周恩来总理，经批准，组成新的写作班子，离明港回京开始修改《中国史稿》。

1975 年（乙卯）　　69 岁

"反击右倾翻案风"中，《中国史稿》的工作被迫再次停止。

1977 年（丁巳）　　71 岁

中国社会科学院成立，任历史研究所研究员、副所长。

1978 年（戊午）　　72 岁

春，开始招硕士研究生，并为学生讲课。

2 月 24 日至 3 月 8 日，出席中国人民政治协商会议第五届全国委员会第一次全议。

1979 年（巳未）　　73 岁

4 月，被选为中国考古学会第一届理事会副理事长。

6 月 15 日至 7 月 2 日，出席中国人民政治协商会议第五届全国委员会第二次会议。

1980 年（庚申）　　74 岁

1 月 15 日，被邀请参加重建中国史学会座谈会。

4 月，当选为中国史学会第二届理事会常务理事。

8 月 28 日至 9 月 12 日，出席中国人民政治协商会议第五届全国委员会第三次会议。

1981 年（辛酉）　　75 岁

11 月 28 日至 12 月 14 日，出席中国人民政治协商会议第五届全国委员会第四次会议。

12 月，任郭沫若著作编辑出版委员会委员，负责历史编的编辑出版工作。

1982 年（壬戌）　　76 岁

4 月，出席河南省社联第二次代表大会；往母校河南师大（河南大学）作学术报告；在河南期间，还为郑州大学历史系师生讲史学研究中的几个问题。

7 月，始任中国社会科学院历史研究所顾问。

11 月 10 日，出席纪念郭沫若诞辰九十周年纪念会。

1983 年（癸亥）　　77 岁

5 月，当选为中国考古学会第二届理事会副理事长。

6 月，成为中国人民政治协商会议第六届全国委员会委员，因病未能出席本届第一次会议。

本年，兼任国家文物委员会委员、国家大地图集历史地图集编纂委员会委员和中国大百科全书考古分卷编辑委员会委员。

尹达先后作为中国学术代表团成员还访问过朝鲜、越南。

7 月 1 日上午，在北京协和医院病逝。

7 月 11 日，在北京八宝山举行向尹达遗体告别会，亲友、学生，赵毅敏、李伯颉、穆青、刘导生、关山复、夏鼐、梁寒冰、熊德基、东光、吴友文、杨向奎、胡厚宣、张政烺等四百七十多人参加。张劲夫派代表参加。

中旬，河南省委、人大在郑州市花园口黄河岸堤上举行尹达追悼会，由省委书记、省人大常委会负责人张树德致悼词。参加追悼会的有尹达子女、中国社会科学院历史研究所代表，河南省委宣传部、省社会科学院、省社联、省博物馆、河南大学等单位负责人及代表三十多人。追悼会后，尹达的骨灰由其子女撒入黄河。

尹达逝世后，由他参加并主持编写的《中国史稿》古代史部分七册出齐，最后一册于 1995 年 4 月以编写组的名义由人民出版社出版。

编者后记

尹达先生是中国现代著名的历史学家和考古学家。原名刘燿，字照林，1906年10月17日生于河南滑县。1925年考入河南中州大学（今河南大学前身）预科。1928年升入该校本科，初读哲学系，后转入国文系。1931年至1932年，由学校委派，参加中央研究院历史语言研究所考古组主持的安阳殷墟发掘工作。1932年至1934年留所为研究生，毕业后即留所工作。1937年升为助理员。在此期间，曾先后参加安阳小屯、后冈、西北冈、浚县大赉店、辛村、日照两城镇等遗址的发掘；撰写《龙山文化与仰韶文化之分析》一文，批评瑞典考古学者安特生的错误观点，以考古发掘资料为依据确立仰韶文化早于龙山文化的科学分期。1937年，抗日战争全面爆发。先生以为"抗日第一，爱国为先"，于当年12月毅然奔赴延安，投身革命。此后改名尹达。1938年4月加入中国共产党。1939年至1941年任马列学院研究部历史研究室研究员兼陕北公学总校教员。在此期间，撰有《中国原始社会》一书，结合传世文献和考古资料对中国原始时代的诸多问题予以系统阐释；并参加由范文澜先生主编的《中国通史简编》的编写工作。1941年7月任中共中央出版局出版科科长。1945年11月调任中共中央宣传部做出版工作。1946年5月调离延安，至山西潞城北方大学任教，后随学校数次搬迁。1948年，北方大学与华北联合大学合并为华北大学，先生任教务处长。北平和平解放后，任北平军管会文化接管委员会文物部部长。1950年中国人民大学成立，先生任该校研室部副部长，兼任中国历史教研室主任。1953年9月调任北京大学副教务长。当年12月，调到中国科学院工作，协助院长郭沫若先生筹建历史研究所第一所，任副所长。1958年历史研究所第一、二所合并后任所领导小组组长、副所长，直至1982年。1954年2月《历史研究》创刊，先生任主编，直至1960年。1954年至1959年兼任考古研究所副所长，1959年至1962年兼任考古研究所所长。自1955年起任中国科学院哲学社会科学部委员会常务委员。在此期间，撰有《改进历史科学的研究工作》、《新石器时代研究的回顾与展望》等文，对历史学和考古学研究提出许多具有指导性的意见。主持由郭沫若先生主编的《中国史稿》编写工作，拟就《〈中国历史〉的编写计划》、《编写〈中国历史〉的指导思想》、《编写〈中国历史〉的体例》及《关于历史理论的处理》、《〈中国历史〉编写提纲及说明》等重要文稿。参与主持中国历史博物馆建馆。参与组织由郭沫若先生主编的《甲骨文合集》和由谭其骧先生主编的《中国历史地图集》等编稿工作。1977年和1983年被推选为中国考古学会第一、二届理事会副理事长，1951年和1980年被推选为中国历史学会第一、二届理事会常务理事，1983年任国家文物委员会委员。1983年7月病逝于北京，享年77岁。

先生生前曾将其部分考古学论文结集为《中国新石器时代》出版，后又增补再版，改为《新石器时代》。本文集即以此为基础，增补现已搜集到的散见于各报刊的重要文章，共计28篇。

其中包括《河南浚县大赉店史前遗址》等考古报告和论文10篇，以体现先生在考古学方面的高深造诣和突出贡献。限于编辑体例，原文所附图版和插图大部分被删掉，原文中相应的标注文字亦删去。而《河南浚县大赉店史前遗址》一文插图系先生早年绘制，且刊载其文的《田野考古报告》第一册存世量很少，极难寻觅。《中国新石器时代》一文所附日照两城镇遗址出土的龙山文化陶器插图，因其考古报告（存台北历史语言研究所）至今未得出版，只能由此获得相关信息；所附延安出土的石器和陶器插图，系先生在延安时代绘制，亦仅见于此。二者具有多方面的价值。征得编辑同意，特予以保留（其中有些图幅因缩小，于器物图形下所标明约为原大的几分之几等，已与实际不相符，原器物规格以文中所述尺度为准）。其《中华民族及其文化之起源》等10篇历史学论文，属20世纪40年代及五六十年代者各3篇，属80年代者4篇，大体上可以反映出先生在不同历史时期所关注的重点问题。此外，选有先生所写的评述、悼念著名学者的文章及前言、后记等7篇，从中可见其学术主旨和治学态度。先生在逝世前应邀为《史前研究》撰写发刊词，在为此而作的《衷心的愿望》一文中回顾近世以来中国考古学和历史学的发展，指明进行科学研究所应遵循的基本原则，总结其一生的治学体验。1983年4月，先生在病中见到这篇文章刊出时感言："这是我最后一次宣传马列主义了！"表达了这位怀有使命感和责任感的现代学人的由衷心声。本文集即以此文代为序。所收文章均以发表时为准，其发表后在收入论文集时又有所修改，则以后者为准，除排印错误外不做改动，引文大部分经重新核对，另有少部分早期论著中引文由于难以找到原著，未能核查，仍因其旧。先生早年在历史语言研究所的同事石璋如先生晚年撰有《照林与侯家庄1001大墓》、《刘燿先生考古的五大贡献》等文，追思其从事考古发掘及清溪阁壮别诸事，对了解和认识先生的品格及学术地位具有重要价值，故将此二文作为附录收入书中。书末《作者论著目录》和《作者生平年表》由翟清福编写。

本文集的编辑得到高岚先生的大力支持。石兴邦、林甘泉、叶桂生、谢保成等先生亦热诚相助，提出许多宝贵的意见。责任编辑冯广裕先生校改文稿颇费心力。在此一并致以衷心的谢意。

曲英杰　翟清福
2005 年 10 月